股市进阶之道
一个散户的自我修养

李杰 ◎ 著

中国铁道出版社有限公司
CHINA RAILWAY PUBLISHING HOUSE CO., LTD.

图书在版编目（CIP）数据

股市进阶之道：一个散户的自我修养/李杰著. —
北京：中国铁道出版社，2014.4（2025.9重印）

ISBN 978-7-113-18050-8

Ⅰ. ①股… Ⅱ. ①李… Ⅲ. ①股票投资－基本知识
Ⅳ. ①F830.91

中国版本图书馆CIP数据核字（2014）第025359号

书　　名：	股市进阶之道：一个散户的自我修养
作　　者：	李　杰

责任编辑：	刘　伟　　编辑部电话：（010）51873035	电子邮箱：	lampard@vip.163.com
特邀编辑：	王雪松		
责任印制：	赵星辰		
封面设计：	多宝格		

出版发行：	中国铁道出版社有限公司（100054，北京市西城区右安门西街8号）
印　　刷：	三河市兴博印务有限公司
版　　次：	2014年4月第1版　2025年9月第40次印刷
开　　本：	700 mm×1 000 mm　1/16　印张：26　字数：539千
书　　号：	ISBN 978-7-113-18050-8
定　　价：	55.00元

版权所有　侵权必究

凡购买铁道版图书，如有印制质量问题，请与本社读者服务部联系调换。电话：（010）51873174
打击盗版举报电话：（010）63549461

献给我亲爱的女儿

序
Preface

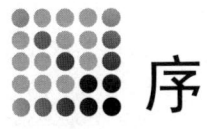

股票投资如果是一个"职业",那么这个职业有一个最突出的现象:从业人的教育背景各种各样,且进入这一行业时基本也没有系统的学习和培训。还有一些人觉得这个行业似乎属于某个专业的专利:比如学经济的、财务的、金融的……以为股票投资只不过是其一个分支。但事实却是,在股票市场上,还没有迹象显示有某个学科教育背景的人在投资上就有得天独厚的优势。另外,还可以看到,这一行中,"哲学"、"方法"等这样的词汇比任何其他行业中的都多,"投资哲学"、"投资方法"、投资偶像或所谓的"股神"满天飞,但真正能成为市场的长期赢家却很少。

这些现象充分表明,投资并非是某个学科、某个专业的"分支"。常识也告诉我们,一个没有理论的行业是不能存在的。因此,如果对投资没有系统的思考和学习,没有能上升到理论高度的认识;那么,一个投资者将长期处于个性化经验的不断总结－推翻的循环之中,投资业绩也将大起大落而难以真正取得进步。

对于一个投资者来说,究竟如何去学习、思考投资呢?

本书著者李杰先生把投资的学习归结为三个方面:第一,建立正确的投资价值观;第二,掌握企业价值分析的方法论;第三,理解市场定价的内在特质和规律。这样的总结,让我想起了巴菲特所讲的投资主要"学好两门课",一是学会给公司估值,二是要了解市场如何定价并利用市场。相比较,著者首先强调了"投资价值观"的重要。从我和徐星投资公司长期的投资研究和实践体会,我非常赞同这一点。投资的价值观,其实是投资者投资根据的底线和根基。例如,信奉股票收益由"庄家"决定的投资者,不可能对价值分析有信心,更不会认同股价由内在价值决定的观点;相信能预测股价走势的人,自然对公司价值不会很感兴趣;迷信内幕消息的人,也不可能去认识公司价值的决定因素和市场股价的长期趋势;而认定中国不会产生高价值企业的人,更不会相信长期投资、价值投资……在投资价值观还不清晰之前，是难以学好分析企业价值和理解市场定价这"两门课"的，因为价值观决定了投资方法和如何理解、看待市场。因此可以说，这三个方面，正是投资者欲进入投资世界的"自由王国"时必须面对的三大问题。

由此，我想起自己进入股市投资以来的两点深刻感受：

第一，市场看似诡异复杂，但却有如神力似的定价机制——公司的经营价值。在1994年刚开始接触股市时，我发现市场上最流行的是三大投资方法：一是技术分析；二是庄家分析；三是听内幕消息。但我发现在这些方面自己要么没经验、没感觉，要么完全没有资源。股市中像我这样的人就不可能赚到钱？一天，一位当时很流行的股市杂志的编辑朋友向我约稿，说你所做的"无形资产评估"也应该可以分析股票，我很吃惊，难道我也能成为业内的"专家"？从此我尝试着以资产评估的方法来看待股票，并逐渐地发现，以基本的经营分析和评判价值的方法，我能理解的公司定价大都"基本合理"，如果发现有明显的业绩增长因素，这类股票稍不留意通常都会很快地涨上去了，不管在什么情况下。例如1995年，尽管市场极度低迷，看起来只有偶尔的各种概念股、庄股行情，但上海股市却出现了四川长虹，深圳股市出现了川老窖、苏常柴、深中集等独立的小盘绩优成长股的行情，而对于这些股票的把握，仅依据基本的公开信息的经营分析再加耐心的等待即可，完全不需要内幕、庄家等的帮助。在我的印象里，并不认为20世纪90年代中期还被称为"赌场、庄家市、政策市、消息市"的A股市场，与现今的股市，以及国际上所谓的"成熟股市"在定价机制上有多大的不同。此外，正因为我一直身在市场的底层，完全不知道机构、庄家、管理层的内幕和各种猫腻，仅凭对自己能把握的一家家公司的分析（当然有不明白的公司和价格，不去管它就是了），觉得市场定价的单纯、投资的正当和满足。

第二，"独门绝技"可靠吗？在我刚入市时我正在做无形资产评估工作。有一天，我们接受了一个软件公司委托评估其独门的选股和选时的软件。对股票感兴趣的我当然也对之很好奇。在做尽职调查的时候发现，他们的这些"绝招"就是将一些近期股价波动的经验（例如自编的技术指标组合、机构大户的进出数量、K线图的特征等）编成了软件。在解释当时股价并在运用时它确实有一定的作用，但纯粹是经验的归纳而并无可信的根据。

后来还陆续接到过类似的软件项目评估的委托。我发现，这类"独门绝技"式的股市软件在市场上流行周期最多一两年，然后就销声匿迹了，而沉迷于此的投资者，最终都摆脱不了亏损而放弃的结局。而这类软件商，从我了解的来看，从未有靠这样的"投资诀窍"软件能持续做下去的。市场似乎是这样的一台机器：专门用来毁坏那些能短期立即获利的"独门绝技"，而"放过"那些长期能升值的方法。

本人自己近二十年的投资和研究经历，其实都印证了著者所提出的投资要解决的三大课题。面对市场上的各种现象，虽然有着各种不同角度的认识和解释，有宏观形势、政策、心理博弈、机构（庄家）行为、内幕信息、股价走势图等，但是，真正能长期起作用且最终起决定性作用的还是以公司价值为依据的方法。不过，即使从公司价值上去认识投资，市场中也有各种表述和理解。应该说，机械、表面和片面地看待价值投资的书籍占了大多数。本书中，著者对市场上流行的多种观念和方法提出了很多独到又精辟的见解，相信读者读到后会有切身的感受。此外，投资需要的是对公司的系统分析及对市场定价的理解，而不是偏执于某个专门的技巧和知识，这也是本书一再强调的。

投资的过程，也是思考的过程。成功的投资分析本身是优美逻辑和思维的体现，让人认识投资和市场上林林总总的现象。这是投资给人带来快乐的另一方面。没有这种分析之美，投资事业也很难有快乐和持续性可言。而本书的另一大特点正是，著者不是以抽象的概念出发进行学术式的论述，而是从对常见的投资和市场现象的剖析出发，案例式地引出价值观、价值分析和市场定价的问题。这样的叙述方式，更易为读者理解。由于本书是通过投资中一个个需要搞清楚的投资问题，如何通过学习使投资水平进步展开叙述的，而不是去介绍某个投资分析上的"独门绝技"，正因为如此，这种书的生命力才会更强。我相信，本书的出版，是初入市场及那些对投资倍感困惑的投资者的福音！

深圳市徐星投资管理有限公司总经理　张东伟

2014-1-1

前言
Foreword

自证券市场诞生的那天开始，如何在股市中取得可持续的良好收益就一直是每个投资者面临的巨大挑战。虽然从理论而言股市提供了参与分享实体经济发展的机会，但"七亏两平一赚"却似乎是个魔咒，困扰着一代又一代的股民们。

这不禁让人思索原因何在？首先是股市本身的特性决定了一笔交易的实现必须同时存在买卖双方，站在对立面的两人不可能都成为胜出者。但更重要的可能隐藏在一个投资界长久以来的疑问背后，那就是：投资到底是一项科学还是一门艺术？从一般定义来看，科学是从现象出发去把握实质及内在规律的一种知识探索，它非常强调逻辑和证据。对于艺术的认识则复杂和多元得多，甚至美国美学家莫里斯·魏兹认为艺术根本无法定义。但通常而言我们倾向于认为，艺术是某种具有创造力、触及深层感受却又难以言说的微妙的活动，艺术往往要求对度的把握异常精妙。

以此来对照证券投资，它在企业内在价值的研究方面也许更体现出科学性的一面，而在市场定价和估值方面似乎更具有艺术性。因为前者建立在高度逻辑化和具有各种可观测指标的现代会计制度、企业管理、市场营销学等一系列基础知识之上。而后者似乎更加瞬息万变和令人捉摸不定，并且十分敏感于对尺度的把握。

但这似乎又不尽然。一方面，科学本身并不像我们想象的那样精准无误和极端确定，特别是在量子物理学诞生后，即便是在科学研究中"不确定性"和"概率性表述"也并不罕见。另一方面，艺术难道就是毫无规章的肆意发挥吗？从钢琴到绘画，哪一个不是建立在扎实系统的基本功之上的呢？同样，对企业经营的研究本身无论如何深入，也永远面对着不确定性，而市场定价和估值即便再微妙却也具有内在运行的基本规律。

所以我的结论是，投资既需要一些科学思维的严密务实，又需要一些艺术视角的不拘一格和灵性，它是科学性与艺术性的结合，在不同时刻、不同方面具有不同的侧重。丹麦物理学家波尔曾说：如果谁没有对量子论感到困惑，那他就没有理解量子论。我觉得似乎也可以这样说：如果谁不对投资感到困惑，那他也没有理解投资的实质。因为这种困惑是来自于思考足够深入后对一些深层矛盾点的思辨，一个一无所知的人是很难产生这种"又理解又困惑"的想法的。

上述思考有助于我们理解如何提升投资成功的概率。无论是科学还是艺术，扎实的基础知识都是一个必然前提。在此之上，学会形成一种透过现象看本质，在刚性的原则上灵活运用的能力则十分关键。显然，这两个挑战之大足已淘汰掉绝大多数股市的参与者了。事实上这也正是促使我写这本书的主要原因。在从一个初出茅庐的小散户到职业投资者的历程中，我强烈地感受到：能帮助学习者在浩瀚的投资世界里提炼关键知识点，并且在此之上建立系统投资观的著作实在太少了，我个人为此可以说付出了很大的学习精力和机会成本。并且，在日常与网友们的交流中也发现这种困惑是个很普遍的现象。

在我看来，想成为股市中一个理性和成熟的投资者，必须具备三个条件：首先是建立正确的投资价值观，其次是掌握企业价值分析的方法论，最后是理解市场定价的内在特质及规律。因此，本书构思了三大认知版块，即正视投资、发现价值和理解市场。这三大部分分别对应着投资之道、价值之源和估值之谜。不了解投资之道很难养成正确的投资观，既容易陷入各种行为和认知的陷阱，又难以在股市跌宕中泰然处之；不懂得价值之源则永远只能看见事物的表象，不但不可能孕育出识得真金的慧眼，反易成为股市黑嘴黑幕的牺牲品；不理解估值之谜，就只能被市场牵着鼻子走，懵懂不知所以然，绝妙的交易时机出现之时也茫然不知而只能过后一声叹息。这不正是绝大多数股民的真实写照吗？那么，如果你也有类似的苦恼并且决心摆脱这一切，本书会对你有所启发。

我个人认为，投资学习中最重要的一点，是从一开始就建立起投资全局性的视野和思维习惯——就是对影响投资的各个主要方面都具有均衡的理解，对于它们各自的适用范围和前提以及相互的影响具有辩证的认识。懂得将庞杂的知识融会贯通，能理性全面地看待问题。与之相对立的，就是对投资只有片面的、碎片化的理解，这样是最容易流于表面和陷入偏激。这也是此书编写的最大挑战和目标,如果最终能达到这一目标的80%,那么笔者将非常欣慰。当然,对这一点的评判者是读者。

与其他的投资著作相比本书的特点还在于:全书贯穿了一条主线,那就是"高价值企业的特征"。这既是我过去几年重点思索和实践的课题,也将是本书中的一个核心内容。此外,本书还对于市场溢价与折价、发现和利用错误定价、制定投资策略等以往较少被系统提及的问题进行了探讨。这些问题有的曾经困扰了我很长时间,且相对于基本面分析而言现成的文献资料少之又少。因此这些理论虽只是我的一家之言,但也许它能带来一场有力度的头脑风暴。

最后,考虑到很多初学者的实践经验有限,本书将提供一系列以表格形式展现的、实战性较强的问题提炼和小贴士,通过这些读者可以获得一个思路上的指引,从而对实战中将面临的最典型、最重要或者最危险的问题提升注意敏感性。

换句话说,这会是一本不但要讲投资的"Why"和"What",也要提供投资"How"的书,不但要坐而论"道",并且还会将各种"术"分门别类细细展现。然而一本书永远不可能解决所有问题,任何具体的"招式"都可能由于环境和条件的变化而不再适用。因此除了讨论具体的知识体系外,我也努力将概率思维、辩证思维和逆向思维这三个在投资中最重要的思维方式穿插到每一个重要的讨论中。这样不但能读懂死的"招式"更掌握了活的"心法",从而逐渐形成自己解决问题的能力。当然限于笔者的学识能力,书中错漏之处不可避免,为此欢迎读者朋友交流指正或提出见解(本人工作邮箱:Lj_ehealth@hotmail.com)。

对于这本书最终能够完成,我要特别感谢我的家人,因为是父母的言传身教让我具有了良好的价值观。而如果没有妻子一直以来的极大信任和宽容,我肯定无法做到这一切。每当遇到挫折和困难的时候,是女儿可爱天真的笑容,给我继续写下去的力量和勇气。当然,我也要感谢一直以来热心捧场的网友们和为本书的出版提供支持帮助的各位朋友。

本书当然包含了笔者对于股票投资如何从起步到逐渐深入、从青涩到相对成熟的基本看法和建议,但事实上在高深莫测的市场面前所有人其实都只是"在路上"而已。通过网络熟悉我的朋友们知道，我的博客以"一个散户的自我修养"为名，这既是一种看待投资的态度也是一种对自己的勉励。所以，随着这本书一起再出发的，也包括了我自己。

最后，我想将我博客中曾写下的话放在这里自勉并供读者参考：学习与不学习的人，在每天看来是没有任何区别的；在每个月看来差异也是微乎其微的；在每年看来的差距虽然明显但好像也没什么了不起的；但在每5年来看的时候，可能已经是财富的巨大分野。等到了10年再看的时候，也许就是一种人生对另一种人生不可企及的鸿沟……所以，让梦想从此刻的行动出发吧。

2013年11月8日 夜 北京

目 录
Contents

第一部分　正视投资

第1章　有关股市的事实 ·········· 1
  1.1　低门槛与高壁垒 ·········· 2
    1.1.1　少数人获胜的游戏 ·········· 2
    1.1.2　三重困难、四种层次 ·········· 4
    1.1.3　糊涂赚还是明白亏 ·········· 8
  1.2　股市也没那么可怕 ·········· 10
    1.2.1　小概率中的大概率 ·········· 10
    1.2.2　虚假的安全感 ·········· 12
  1.3　远离"大多数人" ·········· 15

第2章　你其实也有优势 ·········· 18
  2.1　学会扬长避短 ·········· 19
    2.1.1　专注也是竞争力 ·········· 19
    2.1.2　时间与长期利益 ·········· 20
    2.1.3　不必随大流 ·········· 22
  2.2　专业知识是天堑吗 ·········· 23
  2.3　宏观到底怎样研究 ·········· 26

第3章　捅破投资的"窗户纸" ·········· 28
  3.1　投资、投机与赌博 ·········· 29
  3.2　易学难精的价值投资 ·········· 31
  3.3　不可动摇的基石 ·········· 32
    3.3.1　从企业视角看投资 ·········· 33
    3.3.2　谨守安全边际 ·········· 34
    3.3.3　确定自己的能力圈 ·········· 36

		3.3.4 了解"市场先生"	38
		3.3.5 有效的自控能力	39
	3.4	把预测留给神仙	40
	3.5	跨过"投资的万人坑"	43
	3.6	投资修炼的进阶之路	46
		3.6.1 投资素养的进阶之路	46
		3.6.2 四个阶段的关注点	47

第4章	像胜出者一样思考		49
	4.1	制造你的"核武器"	50
	4.2	下注大概率与高赔率	54
	4.3	聪明的承担风险	58
	4.4	深入骨髓的逆向思维	61
	4.5	以退为进的长期持有	62
		4.5.1 小聪明和智慧的区别	62
		4.5.2 抗压性与自控力	64
	4.6	会买的才是师傅	66

第5章	认知偏差与决策链		68
	5.1	隐形的决策链	69
	5.2	让大脑有效运作	72
		5.2.1 先入为主的想当然	73
		5.2.2 屁股决定脑袋	74
		5.2.3 真实的偏颇	75
		5.2.4 超出能力圈的复杂判断	76
		5.2.5 专业自负与"灯下黑"	77
		5.2.6 顽固的心理弱点	79
	5.3	跨过信息的罗生门	81
		5.3.1 利益与立场的干扰	81
		5.3.2 保持信息的客观完整	83
		5.3.3 解读能力的天壤之别	84
		5.3.4 从信息碎片到框架分析	85

投资感悟：微博摘录（一） ······ 87

第二部分 发现价值

第6章 揭开价值的面纱 ························ 89
6.1 透视内在价值 ························ 90
   6.1.1 不同语境下的价值 ························ 90
   6.1.2 职场与现金流折现 ························ 92
6.2 DCF三要素 ························ 94
   6.2.1 经营存续期 ························ 95
   6.2.2 现金创造力 ························ 96
   6.2.3 经营周期定位 ························ 100
   6.2.4 总结和心得 ························ 104
6.3 有价值的增长 ························ 105
   6.3.1 价值创造的内涵 ························ 105
   6.3.2 资本回报率 ························ 106
   6.3.3 净资产收益率 ························ 109
   6.3.4 增长的导向 ························ 111
6.4 其他影响价值的因素 ························ 113

第7章 让视角回归本质 ························ 114
7.1 透过供需看市场 ························ 115
   7.1.1 六种供需格局 ························ 115
   7.1.2 典型问题和误解 ························ 116
7.2 商业竞争定生死 ························ 118
   7.2.1 竞争的烈度差异 ························ 119
   7.2.2 不同类别的护城河 ························ 122
   7.2.3 护城河的宽与窄 ························ 125
   7.2.4 行业和个股哪个优先 ························ 126
7.3 前瞻把握未来 ························ 127

第8章 高价值企业的奥秘 ························ 131
8.1 巨大的商业价值 ························ 133
8.2 优良的生意特性 ························ 135

		8.2.1 生意的三六九等 ……………………………	135
		8.2.2 寻找"印钞机" ……………………………	137
8.3	处于价值扩张期 ……………………………		140
8.4	高重置成本及定价权		143
		8.4.1 无形胜有形 ……………………………	143
		8.4.2 定价权的层次 ……………………………	145
8.5	优秀可信赖的管理层 ……………………………		147
		8.5.1 企业家精神及产业抱负 ……………………………	148
		8.5.2 卓越的战略视野及规划 ……………………………	148
		8.5.3 坚强有力的组织 ……………………………	150
		8.5.4 创新的魄力和活力 ……………………………	151
		8.5.5 值得信赖的商业道德 ……………………………	152
		8.5.6 好管理和好生意的选择 ……………………………	153
8.6	放下傲慢与偏见 ……………………………		154

第9章 经营观测与守候 …………………………… 159

9.1	建立逻辑支点		160
		9.1.1 先找树干再看树叶 ……………………………	160
		9.1.2 长期投资的层次 ……………………………	163
9.2	经营特性分析 ……………………………		164
		9.2.1 三种经营特性 ……………………………	164
		9.2.2 定位主要矛盾 ……………………………	169
		9.2.3 财务不仅仅是数字 ……………………………	172
		9.2.4 财务与业务的结合 ……………………………	173
		9.2.5 警惕这些业务特征 ……………………………	175
9.3	成长来自哪里 ……………………………		180
		9.3.1 内部驱动还是外部驱动 ……………………………	180
		9.3.2 收入扩张还是利润率提升 ……………………………	183
		9.3.3 梳理逻辑及测算弹性 ……………………………	186
		9.3.4 对前景的理解和把握 ……………………………	188
9.4	几个实用小贴士		191
		9.4.1 如何看年报 ……………………………	191

	9.4.2 现场调研经验谈	194
	9.4.3 建立"认识卡片"	195
9.5	重点和总结	199

第10章　从雪球到雪崩　　202

10.1	那些蛛丝马迹	203
	10.1.1 行为总会留下痕迹	203
	10.1.2 投资不是法庭辩论	206
10.2	穿越财务迷宫	207
	10.2.1 主观与客观条件	208
	10.2.2 业绩调节的把戏	209
	10.2.3 瞪大眼睛看资产	214
	10.2.4 亮起黄灯的信号	216
	10.2.5 养成投资的洁癖	220
	10.2.6 财报无用论很危险	221
10.3	失败者档案	221
	10.3.1 可控性因素是关键	222
	10.3.2 "伟大"也有时效性	224
	10.3.3 错误的战略假设	225
	10.3.4 创新之殇	227
	10.3.5 慎言市场"饱和"	229
	10.3.6 教训和启发	230
10.4	认识失败的价值	233

第11章　对象、时机、力度　　235

11.1	对象和态势	236
	11.1.1 当前优势型	237
	11.1.2 高峰拐点型	238
	11.1.3 持续低迷型	241
	11.1.4 低谷拐点型	242
	11.1.5 未来优势型	243
	11.1.6 难以辨认型	248
	11.1.7 态势与转化	248

        11.1.8 对象的辨别 ·················· 250
    11.2 时机与周期
        11.2.1 买入和卖出的原则 ··············· 252
        11.2.2 当前优势型的时机 ··············· 253
        11.2.3 高峰拐点型的时机 ··············· 254
        11.2.4 持续低谷型的时机 ··············· 255
        11.2.5 低谷拐点型的时机 ··············· 256
        11.2.6 未来优势型的时机 ··············· 257
    11.3 力度和仓位
        11.3.1 力度的影响 ·················· 258
        11.3.2 形成投资策略 ················· 260
    11.4 我的总结与选择 ···················· 262

投资感悟：微博摘录（二）······················ 264

第三部分　理解市场

第12章　市场定价的逻辑 ······················ 266
  12.1 有效还是无效
      12.1.1 矛盾和争吵 ··················· 267
      12.1.2 捡钞票还是鉴宝 ················· 269
      12.1.3 最后谁说了算 ·················· 270
      12.1.4 发现错误定价 ·················· 272
  12.2 折价、溢价与泡沫
      12.2.1 三个影响因素 ·················· 274
      12.2.2 四种溢价程度的处理 ··············· 287
      12.2.3 溢价与安全边际 ················· 289
  12.3 估值差的影响
      12.3.1 弹簧总是有极限的 ················ 290
      12.3.2 从偏离到回归 ·················· 292
      12.3.3 不稳定性和复杂性 ················ 294

第13章　预期与回报　296

13.1 企业与股票的和而不同　297
13.1.1 增长率陷阱与戴维斯效应　298
13.1.2 强大而危险的武器　302
13.1.3 预期的发展和转化　306
13.1.4 关键现象的投资启示　308
13.1.5 估值波动对持股的影响　310

13.2 低风险高不确定性的启示　312
13.2.1 不确定性与预期的时间差　313
13.2.2 大桥建成之前的评估　314
13.2.3 四种局面的选择　317

13.3 回报率数据的密码　318
13.3.1 回报率与市值有关联　319
13.3.2 估值也具有决定性　320
13.3.3 统计与经验的矛盾　322
13.3.4 将规模和估值结合　324

第14章　永远的周期轮回　326

14.1 周期背后的推手　327
14.2 资本的环境温度　327
14.2.1 利率与通胀　327
14.2.2 供求关系　331
14.3 市场情绪与心理　333

第15章　估值的困与惑　339

15.1 "指标"背后的故事　340
15.1.1 市盈率（PE）　340
15.1.2 市销率（PS）　341
15.1.3 市现率（PCF）　343
15.1.4 市净率（PB）　344

15.2 PE与PB组合的暗示　346
15.2.1 低PB，低PE　346
15.2.2 低PB，高PE　348

15.2.3　高PB，低PE ………………………………… 351
　　15.2.4　高PB，高PE ………………………………… 353
15.3　扩展估值的思维边界 ……………………………………… 354
　　15.3.1　存在"万能指标"吗 ………………………………… 354
　　15.3.2　多维视角下的"称重" ……………………………… 355
　　15.3.3　市值冗余与市值差 …………………………………… 362
15.4　估值的本质指向 …………………………………………… 364

第16章　客观理性看A股　365

16.1　最好的投资市场之一 ……………………………………… 366
　　16.1.1　毫不逊色的回报率 …………………………………… 366
　　16.1.2　天堂只在梦里有 ……………………………………… 370
　　16.1.3　监管是个伪命题 ……………………………………… 372
16.2　看好未来的逻辑 …………………………………………… 375
　　16.2.1　历史的借鉴 …………………………………………… 376
　　16.2.2　现实的潜力 …………………………………………… 380
16.3　该听谁的呢 ………………………………………………… 386

投资感悟：微博摘录（三） …………………………………… 389

总结篇　好生意，好企业，好投资

参考文献 …………………………………………………………… 398

第一部分　正视投资

第1章
有关股市的事实

股市在很多人眼里一直披着一层神秘的面纱,每个人都听过几段和它有关的故事,但很少有人真正思考过它意味着什么。所以在本书的最开始,让我们以一个客观的态度对股市进行一个全方位的审视。在这个过程中,也将对如何在股市中生存以及如何在投资的道路上找到自己的位置展开一系列的讨论和分析。

1.1　低门槛与高壁垒

股市这个游戏的进入门槛非常低，任何年满18周岁的公民只要去开一个股票账户，就能马上实现足不出户的交易。任何投资者都可以在几千只股票中自由地作出自己的选择，从决策到交易完成只需要敲几下键盘即可。这可能是有史以来最"简单"的工作，没有学历限制、不需要笔答面试、没有外貌和年龄段的要求、不受天气和地理因素的影响。可以说，进入股市基本没有任何门槛。

但这个游戏的另一面却是，要想成为真正的获利者面临极高的壁垒。

1.1.1　少数人获胜的游戏

对于股市，不同的人有不同的认识和理解。管理层说股市是现代金融和市场经济不可缺少的重要组成部分；学院派说股票市场是已经发行的股票转让、买卖和流通的场所；理财顾问说股市是理财的重要手段，股票是一种让资产随着时间增值的方法；老百姓传统上喜欢说股市就是一个圈钱的赌场。

以上说法我觉得都有一定道理，但如果要用一句话来描述股市，我想它是"一个注定最终只有少数人获胜的财富游戏"。这是完全从结果下的结论，这个结果与我们认为股市是怎样的、抱着怎样的期待来股市以及股市具体处于哪一个发展阶段都没有太多关系。

随着近些年来巴菲特的名声在国内如日中天，一些投资者将巴菲特的话简单孤立地拿出来做宣传，频频提出"投资其实很简单"之类的论调，似乎在股市中赚钱是一个非常轻松和容易的事。不得不说，这是与我个人的观点完全相悖的，并且我认为这种论调对于投资者认识股市和投资客观上起到了极大的误导作用。

让我们看一些基本的事实：从1608年世界上最早的证券交易所在荷兰的阿姆斯特丹成立至今，股票已经存在超过400年了。在这400多年中，古今中外的各个证券市场经历了数不清的牛熊转换。以最成功的美国市场为例，其中最具代表性的道琼斯指数在1906年1月时约为100点，截至2012年12月末约为13 200点，106年间增长了132倍。据《上海证券报》的一个统计，过去

30年美股涨幅排名前五的行业涨幅分别为：信息服务229.77倍、批发零售131.34倍、生物医药77.86倍、电子半导体电讯57.65倍、消费品41.09倍。

但即使是在这样超长期持续上涨、不断孕育出大牛股的市场里，我们又见到了多少获得良好长期回报的投资者呢？美国的股民们因此获得了投资普遍的成功吗？

答案是：没有。不仅没有获得普遍的成功，在整个美国证券历史中反倒是充斥着血本无归的惨剧。那么，在还处于发展成熟期的中国股市中，我们得以自信满满的理由何在呢？

可以说无论在任何市场投资，都注定了将是个最后只有少数人获胜的游戏。如果哪个阶段它让你看到了大多数人都在赚钱，甚至大赚特赚。那我们最好小心，因为几百年的历史告诉我们，每一次都没有例外，"我个人"成为一个例外的概率就更低。

巴菲特确实说过"投资很简单"，但他说这句话的时候我们最好想想这句话是否对所有人都成立？说投资很简单的巴菲特，是哥伦比亚大学经济学的研究生，导师和毕业后的老板是价值投资的伟大开创者格雷厄姆，他在说"投资很简单"的时候已经从事投资很长时间并且取得巨大成功。就像拳王泰森告诉你拳击很简单，梅兰芳告诉你京剧很简单，李宁告诉你体操很简单一样，恐怕大多数人听了后都会有自知之明。但创造了投资界神话的一位老人说这句话的时候，为什么很多人就欣然接受了呢？

何况，巴菲特的原话是："投资很简单，但并不容易"。太多人大大高估了前半句对自己的适用程度，而远远低估了后半句所隐含的极高壁垒。

也许有人看到这里已经满腹狐疑了：哪儿有你说得那么难啊？我就觉得很简单啊，股市赚钱确实很轻松啊。好吧，如果这是一种真实的感觉，那么有三种可能性：

第一，阅读本书的时候恰逢一个大牛市，股市基本上已鸡犬升天；

第二，正好处于个人运气非常棒的阶段，俗称的买啥啥涨卖啥啥跌；

第三，确实是人中罕有的天才。

第一种：在一个蓬勃的上涨市中，你确实会发现赚钱其实很简单，牛市就是一个分辨不出谁是傻瓜的环境。我向来认为牛市和熊市都是让人忘记历史和未来的特效药，比忘情水的效果好多了。所以第一种情况得出投资很简单是很自然的，而且说这话的人往往与说"股市是毒药，这辈子再也不碰了"的是同一批人。只不过在牛市喜欢说"简单"，在熊市喜欢说"毒药"而已。

第二种就更有迷惑性，明明股市并非鸡犬升天，但我的成绩就是好，这总不能用"牛市"来解释了吧？很遗憾，这依然可能是运气的眷顾而不是能力的结果。在一个不过几年的环境内，由于市场偏好等因素的差别，股价是可以完全脱离其价值规律而呈现高度不规律的波动性的。在这种较为随机的环境里，一定会出现一些幸运儿。这就像那个著名的故事：1 000个人扔硬币，每次将扔到正面的人留下，20次后真的会出现一些连续20次都扔了正面的家伙。但如果他认为自己能留下是因为技术好而不是幸运，那么可以试试继续以此为职业扔5年、10年看看结果如何。

我也不否认第三种情况的存在。但常识告诉我们天才必然是一个极小概率的事件，特别是当一堆人都认为自己是天才的时候，这事儿就更不靠谱了。何况，我相信没有天才会需要和恰好翻开这本书，所以这种情况可以从统计意义上忽略不计了。

其实通过常识就会很清楚，就算是经营一个小百货商店或者小饭馆，在激烈的竞争中想获得很好的收益也是件非常不容易的事情。怎么一到了证券市场上就突然天上会掉钞票了呢？经济原理告诉我们，任何一个行业要想获得超额收益都需要有一个壁垒，股票投资不可能是个例外。

我曾经想，到底怎么才能解救大众：一个超级牛市，或者开诚布公的股神，完美的制度？最终答案是，什么也拯救不了。或者这样说，让大众都轻松地从股市中赚钱这个目的本身就是"反科学"的，如果实现，那么社会从此会一路倒退。那些因为大多数人赚不到钱而痛心疾首的人，其实自己还没走出认知的怪圈。

在我看来，只有充分认识到股市将注定是少数人获胜的游戏，充分理解投资"简单但不容易"的内在意义，才算是开始正视了投资，开始有机会进入投资的大门。**因为认识到这一点的人，很自然地会思考下一个问题：我凭什么才能在这样一个最终注定是少数人获胜的游戏中胜出呢？**

1.1.2　三重困难、四种层次

知道在股市投资获利是一件困难的事固然是件好事，但更重要的是知道它难在哪里。知道难可以让我们正视它，但只有知道困难来自哪里才能帮助我们更好地学习并自我提升，从而提高成功的概率。

曾经有朋友问我怎样才能在股市获利，我想了想最终给的答案是：低买高卖。

朋友颇为失望，我理解他的想法但我认为他并没有清楚地理解我的答案。我并没有搪塞他，股市获利的本质就是低买高卖。任何一笔投资要想获利，其表现形式必然是卖出价高于买入价。但所有的困难和问题也就发生在这个环节中。

不妨想想股价是由什么构成的呢？很显然，是"每股收益 × 每股估值"。也可以理解为公司的业绩与公司在市场上所获得估值的乘积。那么由此事实推导，我们想要获利必然要通过以下几种途径：

（1）在估值不变情况下，公司在未来卖出时的业绩高于你买入时的业绩；

（2）在业绩不变的情况下，公司在未来卖出时的估值高于你买入时的估值；

（3）公司的业绩和估值都高于你买入时的业绩和估值。

由此可以推导出，在股市中获利的两个关键变量是：公司未来的业绩走向和市场给予公司的估值。

1. 投资者的三重困难

那么问题来了，对这两个关键变量的判断和把握，是一件简单和容易的事情吗？毫无疑问这远非那么简单。至少有三个最重大的困难是每一个投资者都要面对的，见下图。

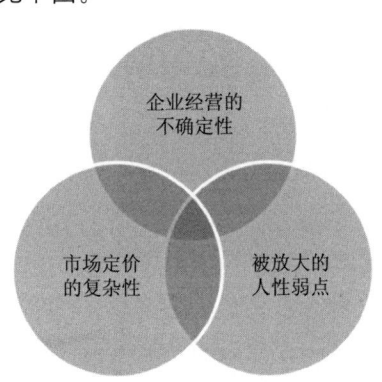

企业经营的不确定性

市场定价的复杂性

被放大的人性弱点

第一道难关是"企业经营的不确定性"。公司的业绩是一个结果，是其在特定商业环境下面对竞争交出的成绩单。但只要是竞争就没有100%确定的，越是自由市场环境下竞争的强度就越高。所以要达到投资获利的第一个条件"取得未来更高的公司经营业绩"就需要对企业的商业前景进行推断，而这一过程融合了从企业管理、市场营销到财务会计，甚至是特定的专业知识的一系列学科的内容。但这仅仅是初级的，真正优秀的投资者必须具有敏锐的商业判断力，能够对于其商业价值和竞争格局有一个前瞻性的认识和判断，这种能力的培养并非靠学院教育就可实现，往往还取决于一个人长期实际工作经验的积累，甚至是对社会发展规律的观察和感悟。

第二道难关来自于"证券市场定价的复杂性"。如果仅仅是预料到一个公司未来的经营绩效将会增长就可以在投资中获利，那么在股市的投资起码能简单一半。但很可惜，在股市中大量的实例表明，即使你准确判断到公司未来的业绩还会增长，依然无法让你赚钱。因为股市从本质上而言并非是对企业业绩进行交易的场所，而是对企业业绩的预期进行交易的场所。市场定价的复杂性就表现在，股价往往并不与企业业绩呈现同步，企业的投资价值也并不与其当期的业绩增长高低、规模大小呈现完全的对等关系。市场会以复杂但精密的方式对不同类别的企业和不同阶段的企业差异化定价，有的会溢价有的会折价，如果不理解其中的原理和逻辑，就会出现买了最伟大的企业却亏损的尴尬。

第三道难关就是"市场对人性弱点的放大"。我们经常见到这样的情况，某人对某只股票的判断最终被证明是正确的，但他最后却非常懊悔。为什么呢？因为他根本就没买，或者买了又扔了，又或者在一只大牛股上只有很少的仓位。"看对做错"这种事儿在投资上屡见不鲜，"看对"属于学识上的问题，"做对"可就要面临克服人性弱点的考验了。股市在某种程度上与赌场很像，就是它们几乎都是精确瞄准了人性中最根深蒂固的弱点而设计的：贪婪、恐惧、犹豫、自负、盲目、急躁、患得患失……它是一个人性的放大器，可以用最有效的方式让人失去理智。

常说喝酒和打牌能看清一个人的秉性，但是我说，这和股市比起来简直是小儿科了。一个人最真实的秉性其实是在股市中得以展现——这里没有表演的成分，却有金钱这个现实利益的考验。所以一个内心不强大、无法在压力下保持理性的人，哪怕才高八斗、智商超群，也注定只能成为这个市场中的失败者。

2. 投资能力的四个等级

我相信只要在股市中打拼过几年的人，恐怕都不难体会到这三个困难的厉害之处。反过来讲，这三大挑战也就成为了在股市中成功的最大壁垒。具体来说，拥有以下三种能力的人才有望在股市中成为最终获利的少数人，也即七亏两平一赚中的"一"。

敏锐的商业判断力
- 具有敏锐的商业判断力，对于企业基本面和发展前景能够深刻认识、准确把握的人

对市场定价机制的深刻认识
- 深刻理解股价的定价机制，对于风险和机会的动态转化具有敏锐嗅觉的人

具有强大自我意识，可以克服人性弱点
- 具有强大自我意识，可以克服自身弱点、能在喧嚣和压力下依然保持理性的人

如果用这三种能力去衡量股市中的各种人，可以分为以下四种投资能力的等级：

能力具备程度	在股市中的结果和地位
三大能力皆备	必为一代投资大家。这种人属于可以穿越时间周期，创造业绩传说的投资伟人
在某一项上很突出，其他两项没有太大硬伤	长期来看也能获得优秀的投资回报，实现财务自由不是梦想。没有大的硬伤决定了这种人不容易受到致命打击，而复利的原理决定了只要能在市场中活得长，即使复合收益率并不很高，也足以创造巨大的财富
在某一项上很突出，但其他两项存在重大硬伤	这种人的业绩容易大起大落，运气在其中占的比重很大。碰到能力适合的好运气阶段往往突飞猛进，但碰到硬伤周期也易遭遇到致命打击。阶段性优胜者多，时间越长存活的越少
三项能力都很弱	属于股市中永远的炮灰和大多数，即便是短期的运气也挽救不了长期必然的结果。见好就收往往是这种人最好的谢幕，可惜人性的弱点决定了绝大多数最终一定是不见棺材不掉泪

在我看来，第一种人在哪个市场里都属凤毛麟角，这个层次既需要深厚的专业素养、卓越的眼界、深邃的历史观，又要具有敏锐的风险嗅觉和超人的意志力。他们是普通人膜拜的偶像和学习的楷模，他们不但大胜而且长胜。

第二种人是股市中优胜者的主力，学识修养较为完备又往往在某方面

特别突出，性格上恰好又很适合在股市中生存。这种人只要不自己放弃原则去做危险的举动，实现财富上的满意回报只是个时间问题。

第三种人的结局会有非常大的分野。这种人往往在某一项能力上具有硬伤，也许是性格天生不适应股市投资的要求，也可能是在对投资相关的理解上存在重大偏差（往往是过于偏执和极端）。这种缺陷很容易在某种市场环境下遭遇大败，甚至是一蹶不振。而又由于其在某些能力上的突出，并且由于偏执而敢于下赌注，在运气很好的时候很可能创造出阶段性的投资佳绩。

第四种人就简单多了，他们绝大多数会成为"七亏"中的一员，运气较好的会在多年的折腾后收获"两平"的结局，长期来看基本不可能进入"一赚"的行列。

1.1.3 糊涂赚还是明白亏

很多股民都喜欢说：赚钱就是硬道理。然而在股市里，赚钱有时候会成为一件坏事，亏钱反而可能是个好征兆。这不是个脑筋急转弯的问题，其实只不过是从不同角度来看而已。

糊涂赚的危害

如果是从糊里糊涂的赚，到明明白白的亏，那么不但不是个坏事反而是一个进步：因为从长期看前者必然会沦落到糊里糊涂的亏，而从后者才开始有机会走向明明白白的赚。所谓糊里糊涂的赚，通常就是把"偶然性"当作必然性。比如今天买入一个股票，其实无论如何明天也有50%的概率是会涨的。但是如果真涨了，有人就不会考虑到其中的偶然性因素，而是认为自己的决策高明。

以一天的情况来看，似乎并不容易让人犯糊涂，那么不妨看看另一种情况：在一段期间内，甚至此期间可以长达几个月甚至几年，很多人可能都会保持某种"正确性"，但却忽略了"正确的结果"其实很可能是被错误的"理由"所支撑的——这是股市所特有的一个现象，即"错误的奖励"。

如果你是一个汽车修理工，你不可能因为给客户更换错了一个配件而得到奖赏；如果你是一名理发师，你也不可能因为给客户理了个糟糕的发型而受到奖励。但在股市中，错误的行为有时候反而会得到阶段性的收获。

比如，2007年从4 000点开始"黄金10年"的欢呼，至少可以"对"2 000多点，而这期间所有逐渐警惕起来的人都会成为"傻子"。又比如，纳斯达克的疯狂并不是几个月而是长达4年多，连巴菲特在此期间也被认为"该扫入历史的垃圾箱了"。

所以，糊里糊涂的赚，其实是一大堆投硬币者之中处于幸运阶段的偶然表现而已，其最大的问题就是缺乏持续性。最弱小的糊涂分子，持续性差到每天可能都不一样，每个买入的获利概率都呈随机分布；稍微幸运些的糊涂分子，则可以保持一段时间的顺风顺水，而一旦特定的环境改变，他就将无法再持续——甚至更糟，用错误的方法继续应对而导致最终的惨败……

当然，这并不是说必须要有一种无论任何情况下都适用的方法。其实恰恰相反，不妨认为其实根本没有这种方法——因为市场的偏好和偶然性是无穷尽的，但是每个人的能力范围却总是有限的。

明白亏的益处

明明白白的亏，其实就是一种反思——是在不可持续的糊里糊涂的赚与亏之间，开始意识到自己的能力"其实很有限"，而市场"其实很复杂"；开始客观看待和分析总结自己每一笔投资胜败的原因所在；开始知道市场的什么部分是规律，而什么部分其实不过是随机事件而已；不会再将偶然性因素导致的"赚"归功于自己的英明神武，而将必然性因素导致的"亏"却归咎于所谓的市场不成熟。所以一时的赚和亏只是一个阶段性的节点，在我们永远退出市场前，这个游戏的结局都是不确定的。如何读懂这个游戏，才是最终结局的决定性因素。

只有经过了这个步骤，才有可能最终走向明明白白的赚，才能使得自己的投资绩效具备可持续性。这种可持续性，完全不是指在任何时期都可以赚钱，而是指找到一种可不断复制的、把握了市场长期核心规律的模式化投资方法。

虽然这种方法会阶段性地显得"无效"，但那不是投资方法的问题，而是任何投资方法必然不可能覆盖市场的所有时间和特点的问题，但是这与"幸运"的区别在于：正确的投资方法即使是放在以几十年为一个单位的不断循环中也是经常有效且可重复的，而且时间越长越体现出必然性——而幸运只存在于某个特定的时空背景下，且时间越长越显示出其偶然性的一面。

1.2 股市也没那么可怕

上面的内容也许会让很多人对股市的跃跃欲试冷静下来，但我无意于将股市描绘成一个洪水猛兽。事实上，股市也确实没有那么可怕，甚至其成功的道路比你想象的更清晰。关键是，走正确的道路。

1.2.1 小概率中的大概率

很多人都说股市像赌场，对很多人来说股市确实也就是赌场。但在我看来赌场根本不需要"场"，赌徒到哪里赌场就在哪里。哪怕是一副扑克牌、几个石头子儿都可以赌。在股市里要想赌就更容易了，而且各方机构为了更好地服务于"赌民"精心推出了各种各样的赌具：股票不够玩那就来股指期货，可转债和普通基金不够玩那就来杠杆基金，国内的不够玩那就到国外市场开户。

我经常说：做投资者还是做赌徒，是个自由的选择。股市就是一面镜子：你天天看到的是内幕消息，那么你就会成为消息追逐者；你天天看到的是赌博，那么你就会成为赌徒；你天天看到的是均线指标，那么你就会成为交易者；你天天看到的是企业经营，那么你就会成为投资者。没人规定在股市里一定要如何，自己种下"因"自己收到"果"，如此而已。

投资确实是一个艰难和高壁垒的游戏，但它不是真的青面獠牙吃人不吐骨头。一方面我们确实看到很多股民在证券市场中倾注了大量心血依然惨败而归，但另一方面却是市场的少数获利者简单的让人难以置信。

2010年初俄罗斯媒体报道了一则有趣的新闻，有一只名叫鲁莎的大猩猩，从30只股票中挑选出了8只，如果有人据此买入并持有1年，那么这只大猩猩的"投资组合"将带来3倍的回报。就是用这种谁也摸不到门路的投资法，猩猩将俄罗斯国内94%的基金业绩甩在身后。更有趣的是《金融时报》也公布了一项类似的研究，证明大部分经过计算机刺激的猴子在1938~2011年都能战胜股票市场——多么让人敬佩和不可思议的猴子啊！

如何看待这一现象？这些猴子没有知识，没有背景，甚至没有思维，它们所选择的公司基本上是随机乱点的，从这一点来看它们几乎毫无胜算。但它们相比人类也有一个容易被忽视的巨大优势，那就是它们根本没有财富的概念，所以面对股市的波动绝无任何贪婪和恐惧。

我当然不相信在家里养只猩猩并且靠它来扔飞镖就能成为股市赢家，除非有事实证明成千上万只猩猩在任意一个5年间扔飞镖获胜的概率都非常高，否则这不过是一个不具有统计意义的偶然现象而已。但这一现象也说明了，股市里的惨败其实大多数都是"自我折腾"的主动性行为所导致的。

在股市中取得优秀收益的确实永远只是少数人，但这是否真的说明证券投资是个结局完全随机、大家都是在里面拼人品和运气的赌博游戏？

答案显然是否定的。做投资某种意义上说是在寻求超额收益的"小概率事件"。但"概率小"不是因为投资真的毫无规律，完全就像六合彩一样呈现收益的随机波动。而是因为市场里真正明白"什么是正确的事和愿意坚持做正确的事"的人始终是稀缺的分子。所以只要踏出这一步，你就会发现沿着这条路走下去，投资的成功事实上恰恰是某种"大概率事件"！

而且正是因为这个市场中不懂得、不愿意去做正确的事的人太多，这就给了真正觉醒的人更大的机会。就像在一个普通的商业市场中，也许最终的胜出者高度垄断了市场的绝大部分份额，其他大部分公司都以失败而告终。但你不能因为最后只剩下的几个垄断者就说这个行业不赚钱，是赌博。相反，正是因为他们的竞争对手太弱小，所以他们反而可以攫取市场收益的大部分，成为最大的赢家。甚至可以这样说，如果一个市场中大多数的参与者越是不理性，越是缺乏专业知识，越是赌博心态浓厚，这个市场就越是提供了巨大的机会。

对此持怀疑态度的朋友不妨看看巴菲特是怎样说的。

"投资者能否取得优异的投资成果，这既取决于你在投资方面付出的努力和拥有的知识，也取决于在你的投资生涯中股市的愚蠢程度有多大。股市的行为越愚蠢，有条不紊的投资者成功的机会越大。遵从格雷厄姆的建议，你就能从股市的愚蠢行为中获利，而不会成为愚蠢行为的参与者。"

——巴菲特在为格雷厄姆《聪明的投资者》一书作的序言

股市中确实充斥着各种愚蠢，对此我们无能为力。但关键的问题是，我们应该自问一下，自己是愿意成为愚蠢中的一员，还是与愚蠢的行为划清界限并从中笑纳收益呢？

1.2.2 虚假的安全感

在决定投资之前,有一个关键的问题需要搞清楚:股票到底是不是一份可靠的资产?我们来看一些相关研究资料。

下图是一个全球主要证券市场长期回报率的调查,在这个调查中并不是只有美国才有优秀的股市回报,几乎所有实现了长期发展的国家都具有非常稳定的回报率。在一个长达112年的时间周期内,各国股市统计中的平均复利回报率约为5%,要注意到这是扣除了通货膨胀之后的真实回报率。

国家	股票年复合收益率(剔除通胀后)	自证券市场诞生以来的总回报倍数	同期债券的年复合收益率(剔除通胀后)	同期债券的总回报倍数
澳大利亚	7.2%	2459	1.6%	5.7
比利时	2.4%	14	-0.1%	0.9
加拿大	5.7%	492	2.2%	11.7
丹麦	4.9%	202	3.2%	33.2
芬兰	5%	237	-0.2%	0.8
法国	2.9%	24	-0.1%	0.89
德国	2.9%	24	-1.8%	0.14
爱尔兰	3.7%	60	0.9%	2.8
意大利	1.7%	6	-1.7%	0.14
日本	3.6%	53	-1.1%	0.3
荷兰	4.8%	193	1.5%	5.4
新西兰	5.8%	531	2.1%	10.5
挪威	4.1%	88	1.8%	7.5%
南非	7.2%	2440	1.8%	7.5%
西班牙	3.4%	43	1.3%	4.3%
瑞典	6.1%	765	2.6%	17
瑞士	4.1%	93	2.2%	11.4
英国	5.2%	291	1.5%	5.4
美国	6.2%	834	2.0%	9.3
世界平均	5.4%	334	1.7%	7

在这个调查中,债券这一让人感到安全和愉快的"避风港"的长期收益率却非常低,几乎产生不了什么回报。如果手握现金或者仅仅是存在银行里的话,长期来看更是无异于对资产的自杀。

这是因为每个家庭的财富都面临一个共同的敌人——通货膨胀。30年前，万元户算是大富翁了，但现在1万元可能只是一次出国旅行的费用。长期来看，通货膨胀就像一个持续散发着巨大热量的太阳，而储蓄和现金资产就像一座不断在融化的冰山。所以现金是一种看起来很安全但实际上非常脆弱的资产。对此《国富论》的作者亚当·斯密在200多年前就一针见血地指出："纸币只服务于那些有权操纵纸币发行的人，而让那些辛苦挣钱储蓄的人看起来像傻瓜"。

在这一点上股票却显现出与常人观感完全不同的一面。下图是《股市长线法宝》的作者杰米里 J.西格尔对于股票、债券、国库券在不同持有周期下盈利及亏损幅度的一个统计。

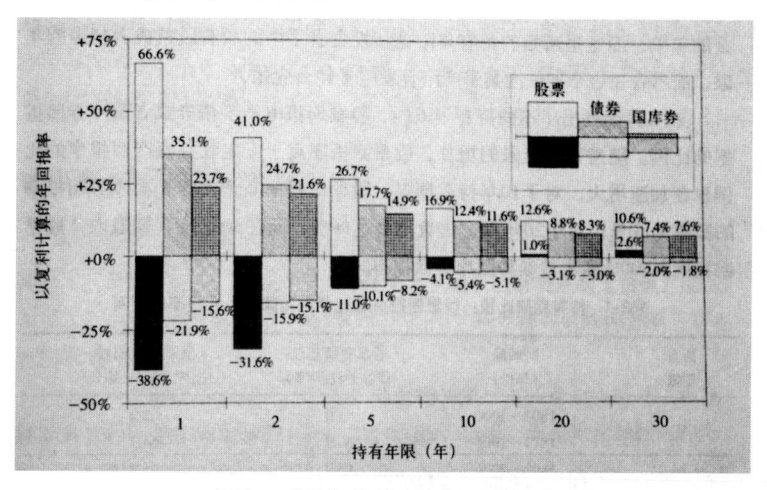

来源：《股市长线法宝》一书21页

根据这项研究，如果仅以1~2年的持有周期来看，股票的波动范围确实非常大。它有从66.6%的正收益到-38.6%的亏损这样宽的波动区间。这与人们印象中股市总是"暴涨暴跌"的印象比较接近。但如果将持有周期提高到5年，那么股票最坏的回报率也只有-11%，其波动的区间已经与债券非常接近。但是当投资周期上升到20年时，即使是最差的股票投资回报率也是正数，而此时债券和国库券的最差收益率已经是负数（跑输通货膨胀）——不要小看这-3%的亏损，放在20年的时间积累下这相当于损失了一半儿的实际购买力。当时间拉长到30年，股票的收益显示出更大的优越性。

请注意，这里的投资年限并不是指持有特定的某只股票，而是只要持有的是股票资产即可，无论在这一过程中其投资组合进行了怎样的更替。

这个重要的统计揭示了一个让人震惊的事实：如果基于家庭资产的长期增值和保值，股票才是最为可靠的中流砥柱。在西格尔教授的另一个研究中，统计了各类主要资产在1802～2006年的实际总体回报率（以美元计，考虑到这期间的物价指数的变化，反映的是实际购买力）。如果在1802年每样资产投资1美元，到2006年时的实际购买力结果如下：

1802年投资1美元	到2006年时的实际总体回报率（单位：美元）
股票	755 163
债券	1083
国库券	301
黄金	1.95
美元	0.06

可见在经过了漫长的时间洗礼后，现金的实际购买力已经缩水到了原来的6%。也就是说原本的千万富翁将只剩下60万元的购买力。黄金大体还保持着原本的购买力水平，能够也只能够"保值"。国库券和债券的情况要好得多，但相比股票而言所有的资产回报率都不在一个水平线上。在长远的视角下，股票成为追求资产增值极具吸引力的选择。与这个事实相对照的是近期对于美国家庭资产分部情况的一个统计，如下图：

富裕阶层持有资产，贫穷阶层持有债务
美国家庭资产分部状况（%家庭总资产）

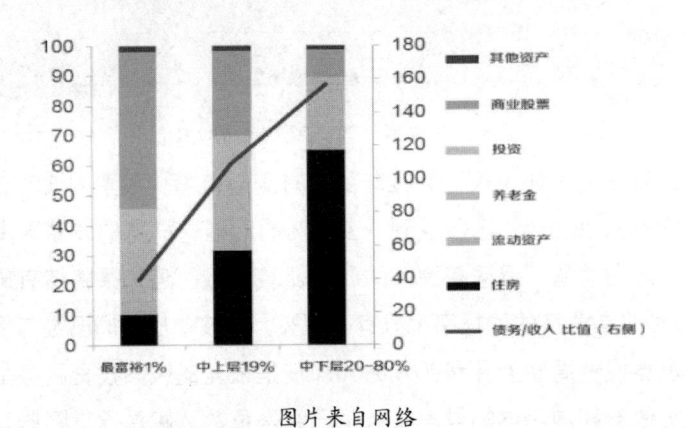

图片来自网络

从统计中可见，越是富裕的阶层其财产中商业股票和投资所占的比重越高（最富裕的1%其商业股票+投资占资产比重近80%，中上层这一比例为45%左右，中下层只有不到20%），经济水平越低反而越缺乏投资的意识。对大多数人来说早早的高负债买入房产的心理，或者把钱干脆花掉的愉悦感都是难以克服的。意识，是财富分化中最首要的区别。如果说智商决定了人对复杂知识的学习能力，情商决定了社会化活动的能力，那么财商就决定了一个人能否借助大势积累财富的能力。

因此，对待股票一定要有长远的眼光，股票作为一项资产选择是不容忽视的，拥有优秀公司的股权将是普通人实现资产长期保值和大幅增值的最佳选择之一。而现金这种能带来虚假安全感的资产，长期来看必然会使你成为通货膨胀的最大受害者。当然，股票投资的专业化要求很高，对于绝大多数人而言定期投资于指数基金可能是一个最合理的选择。

最后还是特别强调一下，所谓的现金输家是站在"长期"的角度而言，就两三年的周期来看，通货膨胀一般不会给现金持有者带来太大的伤害。一年的通货膨胀率扣除银行利率后的损失不过几个点。但如果一笔不明智的投资，则很可能在短短几个月内就给你带来30%以上的损失。所以，通货膨胀可能是促使我们正视股票资产配置价值的"长期理由"，但却不是盲目冲向市场的借口。

1.3 远离"大多数人"

如果有人问我在股市中怎样才能成功？我可能很难用一句话确切地讲清楚。但如果你问我在股市中怎样才可以确保失败？那我可以很直接地回答：当你的思维和行为模式与股市中的绝大多数人都一样的时候，你就可以确保失败了。

熟悉我的朋友知道，在我的博客或者微博中经常出现一个叫"大多数人"的对象。我对他们的重视程度并不会低于各个投资大师们，因为读巴菲特千百遍也未必成得了巴菲特，但读懂股市中注定失败的绝大多数人都是怎么搞砸的，然后避免他们的共性，至少可以立于不败之地。那么看看下面这些人的特征，是否似曾相识呢？

- 大多数人总是在捉摸明天的涨跌，希望看透下个月的轮动机会，却从没考虑过长期而言持有什么样的资产或者以什么样的收益率背景下取得一笔好的资产对于自己一生财富的意义。
- 大多数人总是用最多的时间来研究最容易变化的东西，比如政策、经济数据、技术指标、专家观点等，却从来没意识到投资中"不变性"的因素其实才是股市获利最重要的因素。

- 大多数人总是抱怨指责或者抄作业或者干脆什么都不干,却从来不愿意自己翻开书学习或者找找资料做功课。对他们来说,鱼竿、鱼钩和渔网都是废物,他们只想要天上掉下来的鱼。
- 大多数人可以忍受被套50%而5年都一动不动却经常在被套5%的时候就焦躁不安了,更不愿意在这时仔细理清楚这笔投资的初始理由和头绪。
- 大多数人可以对几十个甚至任何一个股票看上5分钟就夸夸其谈,却从来没有对任何一个企业有哪怕稍微深一点点的研究和分析。
- 大多数人总是说"适合自己的投资方法就是好的",却没想想这其中的荒谬之处:规律就是规律,只有你顺应不顺应它,哪里有"规律"跟着你的喜好来走的道理?
- 大多数人总是在市场最热闹的时候信心满满并将收益归功于自己的明智,又在市场最低迷的时候绝望悲伤并将亏损归咎于管理等外部因素,却从来不去审视自己真实的分量和档次。
- 大多数人既怕亏钱也怕赚钱,亏了惊慌失措,赚了手足无措;同时大多数人既怕空仓也怕满仓,总之市场无论如何总是让他没有自在从容的时候。
- 大多数人总是盯着过去和现在,却不知道更重要的是着眼未来。
- 大多数人要么对市场根本不闻不问,从来不关心自己的投资;要么必须天天甚至时时刻刻看着走势图才安心,总之不走极端就不算是"股市玩家"。
- 大多数人要么认为投资根本就是一场赌博所以干脆闭眼上拼人品吧;要么就认为一定存在什么百战百胜的葵花宝典甚至数学模型(不管是技术上的还是估值上的),并且为此孜孜不倦,却不明白投资其实是科学性(企业分析及市场规律)与艺术性(价值观及对得失把握)的结合和平衡,既不是赌博也没有什么完美的招数。
- 大多数人能说出很多个股神、专家的名字和语录甚至生平,却说不出自己买的任何一个企业的毛利率和净资产收益率是多少。
- 大多数人喜欢传诵各类股市奇谈和传奇故事,喜欢追逐各类神奇的概念和故事,却似乎不知道这个世界上有种东西叫"常识"。
- 大多数人今天羡慕价值投资的好,明天崇拜技术分析的妙,后天又被其他某个新鲜的方法吸引，却从来没明白这个世界本没有十全十美，不懂得失的必然也将患得患失。
- 大多数人天天骂股市，但是你跟他说他不是这块料干脆远离股市的时候，他却可能转过头来骂你。

……

投资大师巴菲特的搭档查理·芒格曾说："我想知道我会死在哪里，这样我就永远不去那个地方。"这个有趣的想法确实对投资有很大的启迪。很多时候我们思考更多的是怎样成功，而不是如何避免失败。我们学习了太多站在金字塔顶端的成功人士的传记，却对数量庞大但悄无声息的失败者视若无睹。这有巨大的隐患：成功可能是多种因素的共振并且可能包含了某些偶然性因素，而失败往往具有更多的共性因素和必然性。

所以在股市中，一定要注意"绝大多数人"。他们的行为热度是市场中的一个指针；他们的特点是每一个成功的投资者都需要竭力避免的；他们忽略的正是投资者应该重视的；他们难以忍受的正是我们需要坚持的；他们感到舒适快乐的反而是需要警惕的；他们狂热聚集的时候我们远离；他们黯然神伤并发誓再也不碰股票的时候，千载难逢的投资机会往往就在眼前。

这听起来确实有些残酷，但确实是避免失败的一个有效方法。对于高度符合"绝大多数人"特征的人来说，股市确实是可怕和凶险的。但对于能够认识到这点，并且走出"绝大多数人"行为桎梏的人来说，股市将开始呈现出完全不同的一片天。

第 ② 章
你其实也有优势

前面说了很多投资的困难,估计给一些跃跃欲试的朋友当头浇下了一盆凉水。但其实很多人没有意识到,作为一个普通散户其实是具有机构投资者所缺乏的优势的,而且这种优势对于投资绩效的影响是不可低估的。本章中我们将探讨如何认识和运用这些优势。

2.1 学会扬长避短

我遇到的很多个人投资者都曾有这个疑问:作为普通散户,我们既没有基金券商们豪华的研究团队,也打听不到公司的内幕消息,甚至还缺乏对金融学上各类专业名词和术语的理解,也没有专门的相关数据资料的获取渠道。在这样的市场中,我们有希望吗?我们能成功吗?

答案是肯定的,但前提是:我们必须懂得扬长避短。机构投资方的优势确实在于豪华的团队和各种专业资源。但是这种优势的背后也有着被忽视的巨大的弱势,如下图所示:

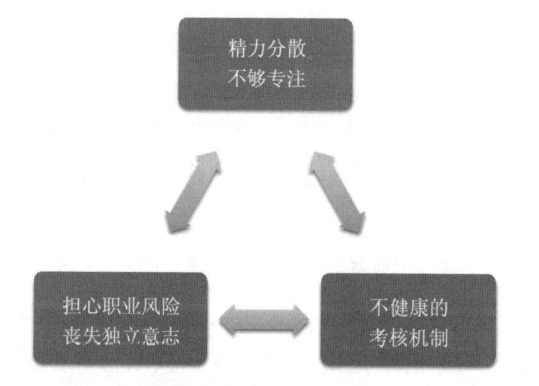

```
        ┌──────────┐
        │ 精力分散  │
        │ 不够专注  │
        └──────────┘
         ↙        ↘
┌──────────┐    ┌──────────┐
│担心职业风险│◄──►│ 不健康的  │
│丧失独立意志│    │ 考核机制  │
└──────────┘    └──────────┘
```

2.1.1 专注也是竞争力

我们都知道,虽然机构投资者有庞大的研究团队,但它们的精力却被分摊在几百个公司上,因此具体到某一个公司上反而并没有什么专注性。这是由机构的基本特点决定的:由于掌管着巨大的资金和发行了很多的产品,所以从产品易管理的角度绝大多数的机构都遵循着一些程序化的东西,比如"单个持仓比重限制"等。同时,其所雇佣的庞大研究团队也让他们有一种"我可以研究得很宽"的自信,整个团队不但要顾及几乎所有行业,同时也对于每一个行业的公司进行了广泛的覆盖。这种现象的结果,就是在具体某一个企业身上其研究的深度和投入的精力并不一定明显超过普通投资者。因为专注和长期的跟踪研究,一些普通投资者对某个公司的整体认识,对其经营规律的理解和价值内涵上的把握都超过了大多数机构的研究人员,这已经不是一个少见的现象。

2.1.2 时间与长期利益

另一个重要的问题，就是机构投资者的业绩考评机制的短期化逼迫所有人都身不由己地追逐"短期业绩"。由于各种基金排名向来是最吸引市场眼球并且对于基金的销售具有重大的推动作用，因此如何在各类基金排名和评比中名列前茅就成了一件优先级非常高的事。基金用业绩说话本来无可非议，然而遗憾的是这种排名往往过于推崇那些在短期（如半年或者1年）获得耀眼成绩的对象，这通常也是各类媒体竞相追逐的新闻题材。因此，基金经理们在这种利益驱使下不得不将大部分精力用来研究"下个季度、下几个月，最长也不过是下1年这种周期上谁能涨得更多"这种问题。在这一过程中，"投资"也就慢慢地走向了"投机"。而且这一行为导致了两个明显的结果：

第一，企业基本面上任何短期的变动因素都会被市场填补得非常迅速。

第二，企业长期竞争优势和价值创造能力在很多时候都会被机构忽略或退居次要。

这反映到市场上的表现就是：市场经常因为一些短期消息（业绩大幅增长、亏损；公司并购；政策鼓励或者收紧；货币政策等）而大幅波动。这些机会的背后，拼的恰恰是研究的宽度和获取信息的速度。很显然，作为一个个人投资者，如果真的去和基金们拼对短期基本面的反应能力，去拼收集消息的能力是非常不明智的。

但另一方面，一个企业即使其长期前景非常的值得期待但只要短期内它似乎缺乏强烈上涨的诱因，也会被机构投资者们抛弃。这也许不是因为他们完全没有意识到企业的价值，而是因为每个月的排名都需要他证明"自己在当下的能力"而不是对未来的洞悉。也许他们同样很无奈，但是他们无力改变。由于整个证券投资市场竞争激烈，机构投资者大多数都是通过做大资金规模之后靠着管理费盈利，所以就必须在证券市场的业绩争夺战中争分夺秒甚至"火中取栗"。

我们可以看看"绿大地"的例子：2010年3月底的时候，绿大地只有3家基金进驻。就在3月底公司发出了旱情影响业绩的公告，在公告中管理层的逻辑非常荒谬怪诞（只因为一个旱情就决定要卖出其业务赖以为生的林地资产），且在这之前已经出现业绩预告大幅变动、会计事务所被变更等典型的高危现象。然而就是这样一家已经显示出情况非常不妙的企业，到6月的时候进驻的基金却大幅提升到了15家。而仅仅是因为绿大地发布了全面转型进军绿化工程领域的公告——当时市场正好在热炒绿化工程板块，这个公告带来了短期的"股价驱动因素"。

但结果如何呢？仅仅过了几个月，绿大地的董事长便因涉嫌欺诈被依法拘留，公司也被*st，股价自2010年末最高的44元一路狂跌到最低的10元。这个故事里机构投资者的行为与其说是其专业水准的过失，倒不如说是对短期股价的过分看重和由此导致的赌博心态造成的。

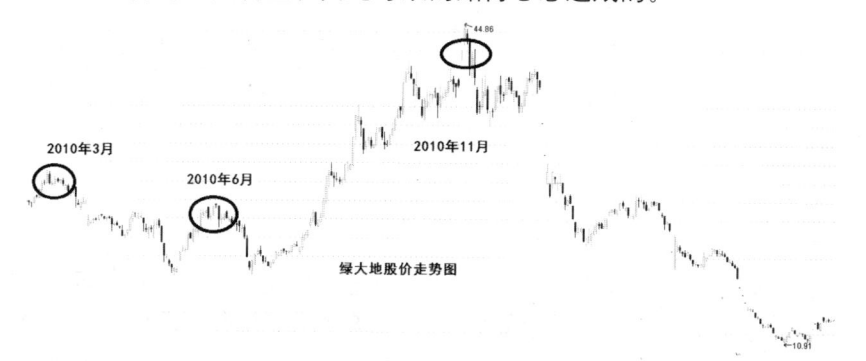

绿大地股价走势图

下图是一个著名券商对于某只股票的评级历史，图中三角形的标记都代表其"推荐买入"的时机。我们可以看到，几乎每一次的推荐都出现在阶段高点，而每一次的阶段低点都没有推荐。这并非孤例，事实上如果你愿意回头去翻翻牛市顶部区域和熊市底部区域的券商报告，就会发现越是上涨越乐观、越是下跌越悲观已经成为一种"惯例"，这种事实是否值得每个个人投资者深思呢？

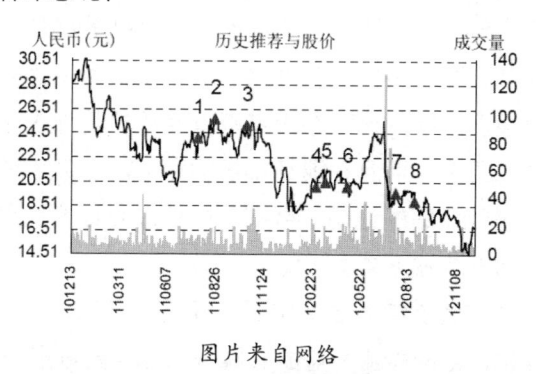

图片来自网络

专业机构参与建造空中楼阁并非只是中国的专利，实际上这种情况在华尔街也是屡见不鲜。看两个让人印象深刻的例子：

案例名称	1968到1969年间的最高价	最高市盈率	1969年末的机构投资者数目	1970年最低价	下跌幅度
全美学生市场	35.25美元	117倍	31家	0.875	98%
美国四季护理中心	90.75美元	113倍	24家	0.2	99%

可见，大型专业投资机构远非像普通人想象的那样"明智"。这其中的原因主要就是被不健康的各种制度扭曲了投资的本来面貌：从投资于一个实业和一份资产从而获得可靠的长期盈利，变为了追逐市场风潮并且在你追我赶的博弈中胜出。

与之相比，个人投资者的最大优势就在于"自由的时间"——不需要参与各种业绩排名，因此也就没有必要太关注短期的净值波动，从而有可能更多的思考一些长期决定性的问题。

2.1.3 不必随大流

除此之外还有一个仓位的限制问题。股票型基金等产品对于仓位有严格的上下限规定，这就导致就算你对于2008年的暴跌有所预料也必须最少以6成的仓位去硬扛，你发现了一个最看好的企业却最多只能以1~2成的仓位买入。而个人投资者并没有这种限制，完全可以根据市场机会和风险的总体状况来选择最有利于自己的仓位结构。

另一个影响机构获得长期优秀业绩的障碍来自于对职业风险的自我保护。很显然，站在基金经理和资产管理者的角度来考虑，最高的职业风险并不是平庸的业绩——反正大家都不好的时候，只要我不是最糟糕的就可以了。如果是在熊市，世道不好正好是业绩差劲的绝佳借口；要是在牛市，反正是鸡犬升天更不需要什么好点子。相反，为了优秀的业绩而去特立独行可是具有高度风险的。一个大家都看空的板块你去逆向买入，你不但要确保方向性的正确，而且在业绩排名短期化的压力下还必须在一个有限的时间段内就得到业绩的证明。否则，即使最终证明你是对的，但在那天到来之前可能你早就被下岗了。

具有独立的想法就要冒风险，然而人都是利己和理性的，当可以用很正当的理由来维护自己的职业利益的时候，为什么要冒这个风险呢？

对此现象彼得·林奇也曾说"在饭碗的压力下，只有极少数的专业投资者才有勇气购买不知名的股票。华尔街有一条不成文的潜规则：如果你因购买的是IBM的股票而遭受损失，你永远不会丢掉饭碗。而我将继续尽可能像一个业余投资者那样思考选股"。可以想象，如果以确保职业利益和降低职业风险作为主要目的，而总是去购买那些被市场青睐和毫无争议性的股票，怎么可能获得超额收益呢？

最后让我们设身处地想想机构投资者们的工作环境吧。当你每天上班就被一堆财经信息包围着，老板时刻在盯着你的组合净值的表现并且因此而脸色风云变幻，吃个午饭或者到走廊去抽根烟也被"某个大牛股又被谁谁给挖到了、谁谁真倒霉，这个季度又要排名垫底了"的议论包围着，在这种环境下，想保持一个淡定的投资心情可真是不容易。

事实上我们看很多投资大师本身的投资模式就是非常"反机构化"的。巴菲特与芒格的伯克希尔管理着数百亿美元的资金却只有十几名员工，费雪的办公室和规模也很小，邓普顿专门躲开热闹的华尔街而把办公室设在一个偏僻的小镇，罗杰斯基本上就是一个个人投资者。这些投资大家们的行为，难道不能带给我们一些启示吗？

2.2 专业知识是天堑吗

也许有人会说：我不追求机构那样的覆盖面，我也可以对上述问题扬长避短。但有一个绕不过去的东西就是"专业知识"。比如我不像那些投资经理有过金融或者投资方面的专业学历背景，也不像研究员是医药或者化学、机械制造等专业出身，那么是否在研究相关企业的时候会面临一堵专业知识构成的牢不可破的墙？答案很简单：不会。

我们还是先从一个实际的例子讲起：重庆啤酒。

重庆啤酒花费了多年的时间要研发一种对乙肝有治愈作用的疫苗，如果成功，这将是一种革命性产品。对于疫苗是否可行，某家基金的医药研究主管进行了完整的医学专业的逻辑推理分析，也进行了大量的实地调研。特别是这位研究主管曾是病毒学硕士，后师从我国治疗性疫苗专家、乙肝病毒分子生物学与免疫学学科带头人攻读博士，期间还参与了著名院士治疗性乙肝疫苗"乙克"项目的研究。他似乎已经专业到了无与伦比的地步了吧？可事实又怎样呢？

最终被强烈推荐的这个疫苗产品，经过临床试验其有效性"与安慰剂基本一致"，并且在结果爆出后遭遇了连续8个无量跌停的惨烈走势。值得注意的是，这并不是简单的"黑嘴"事件，实际上这家基金也根据这个强烈推荐真金白银地购买了大量的股权，甚至一度成为重庆啤酒的前十大流通股东之首。

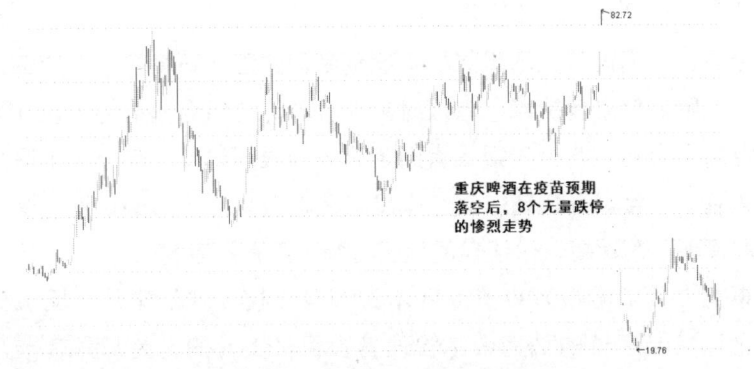

重庆啤酒在疫苗预期落空后，8个无量跌停的惨烈走势

所以说对企业研究和理解的能力，实在是不能与"学位""专业"简单画等号的。就算是一个金融投资领域的博士，他可能确实掌握了相当多的理论和扎实的基本功，懂得最深奥的学术概念并且可以写出极其复杂的各种模型，但这是否等于投资的能力？恐怕不能。

因为首先投资不是自然科学，它并没有确定无疑的标准化定性指标和数学模型（其实就算是自然科学，也存在着量子力学这种充满大量不确定性和概率描述的领域）。投资主要面对的是不确定性，而如何面对这种不确定性虽然毫无疑问需要一些基本的相关知识，但更重要的却是一种思维方式。而一个人的思维方式并不是由专业知识打造出来的（显然我们可以看到拥有相同专业知识背景的人在思维方式上相差极大），它是某种先天加后天因素共同锻造的结果。

另一方面，即使一个人学贯中西、满腹经纶，但如果没有长期的市场和商业实践，要想对企业有深刻的认知和理解我认为也是相当困难的。但商业的领悟力并不等于商学院的理论研究，相反学历教育往往教授了过多的条条框框。其实在我看来，投资的基础专业知识自学完全没有问题，然后再多阅读一些心理学、历史方面的书籍并静心地思考沉淀，远比学院教育中如填鸭一般被塞进无数理论的贪大求全要有用得多。

令人难以置信的是，投资的秘密其实早就摆放在了书店的书架上了，但人们总是轻视那些唾手可得的东西而更愿意相信一些自己得不到的传说和想象。作为投资者，能够在已经出现了这么久的证券市场和这么多投资大师的经典著作之后才接触股市，是一件异常幸运的事。这将让每一个人都有机会站在巨人的肩膀上思考，用前人的教训和宝贵经验作为自己成长的肥料。

事实上，我见过的不少具有优秀投资能力和绩效的个人投资者，他们的工作经历都是完全与金融证券不沾边的。如果这些还不够有说服力，那么不妨这样看：**如果投资者的专业背景是决定性的因素，那么这个世界上投资银行最成功的应该是银行职员，投资医药最成功的应该是研发工程师，投资白酒最成功的应该是调酒师，投资机械设备最成功的应该是技术员，可事实是这样吗？**

每个人都可能对特定领域的专业知识、人脉及信息方面有特定的优势。这种优势在相关企业分析中无疑是加分的。但如果没有对投资基本规律这个"1"的充分掌握，则类似专业知识这种无数的"0"就都没有太多的意义——千万别忘了，投资本身就是一个专业性非常强的领域。投资看待问题的方式，评估企业的方法是与一般的行业从业人员完全不同的。何况从我有限的职业经历来看，不管是哪个行业，真正具有深刻理解的都是极少数人。绝大多数的从业人员也许是比我们多懂一些专业名词，多知道一些业务细节，但对行业发展和企业发展的判断力上并不一定具有更深的思考。

另外，互联网的发展和信息平台机构的发达也使得获取必要的专业信息变得不再那么困难。无论是收集相关的行业数据，还是研读一些企业基本面的调研报告都已经很方便，这就使得专业知识不再被垄断在一个很小的范围内。

从财务报表方面来说也是如此，少数不良公司的高管们可以费尽心机地做几个财务数据的会计调节，可以尽量控制一些事件的发生时机，可以人为地制造一些兴衰的烟幕弹，但是所有的这一切都是短效而表面化的。一个行业的发展态势，一个企业的竞争优势的本质，是很难被"表演，装饰"出来的。这也是很多"财务数字专注者"容易翻船的原因。将企业活生生的经营环境和经营要素评估，与调节余地较大且只反映当期情况的财务数据脱节，将带来巨大的风险。

所以，个人投资者不必产生一种学历或者背景上的盲目崇拜和敬畏。一种错误的意识是很多人认为行业专家、企业内部高管是知道企业命运的，由此总喜欢站在揣测其行为和心理的角度来看问题。实际上他们虽然在具体运营和业务细节的了解上远胜普通投资者，但其实远谈不上掌控了竞争中的一切要素。**与其做他们的蛔虫，不如回到商业的本质来看问题——有时"不在此山中"反而是一种优势。**

2.3 宏观到底怎样研究

个人投资者往往缺乏专业系统的宏观经济学训练，由此也让很多人心生怯意：做投资是否必须要对宏观经济有很深的研究？

个人觉得对宏观经济的研究当然是需要的，原因很简单：没有哪个企业是活在真空中的，整个社会经济和外部环境的变迁，必然对企业造成巨大的影响。但是如何关注宏观经济，却是个问题。关注宏观经济，就是总盯着准备金、利率、CPI、PPI、M1、M2、PMI、发电量等经济指标然后靠它们来引导着做决策吗？在我看来这其实很荒谬。

不妨这样想，对于整个宏观经济而言，包括宏观经济专家在内也都是某种程度上的盲人摸象。如果谁相信市场就是1+1=2的简单游戏，看见1就能推测出2，并且知道再实施3就可以得到5，那么他就是得出一个结论：世界上最棒的经济体系就是计划经济——因为一切皆可条理清晰地精确推测和控制。可事实是怎样的呢？计划经济之所以行不通，首先还不是因为缺乏足够强的经济掌舵人，而主要是因为整个经济系统运作的复杂程度远超出人们可以精确掌控的范围（虽然人们大致知道其基本原理——但这就像你知道核裂变的原理是$E=MC^2$，可又有谁能根据这个就造出原子弹呢？）。2可以是1+1得出，但也可能是0.5+0.8+0.7得出，还可能是（1.8-0.7）×3-1.3得出……仅仅根据一次的1+1等于2，就推导出原来"2就是1+1"啊，结果会怎样？

何况，对于证券投资来说，仅仅是"预测"到了宏观经济在未来的某种状况，距离一个有效的投资决策还差得远呢。宏观经济与证券市场之间的反馈互动过程本身就是极其复杂的、不同步的（而且往往是大幅不同步的）。预测到了某个季度的某种经济现象，也未必就代表着证券市场某种特定情况的出现，更不用提再进一步落实到具体的股票上了。那么，这种花费了极其高昂精力所取得的"预测"意义又何在呢？在股市中我们经常看到宏观经济学家们的高谈阔论，但如果细心观察会发现他们的言论对于投资的价值基本趋近于零。

这里说一个真实的案例：在2008年9月我参加了一个规模非常大的私

募机构的投资策略报告会，我们现在知道那个时候市场已经跌到1 900点左右马上接近1 664的历史大底部了。那个投资经理也认为当前的估值已经非常具有吸引力了。但是他们当时研究了一圈宏观经济指标，发现"全国用电量"指标突然出现大幅度的下跌。这个指标隐含的意思就是全国工业生产的崩溃，这让他们非常恐惧，认为经济的黑暗前景简直深不见底。因此，他们放弃了原定的建仓计划而准备"等到经济的底部"。结果如何大家都知道了，后来据我所知他们的建仓成本是在2 500点以上。

所以我觉得投资还是简单点儿，回归企业经营和风险机会比这个根本就好了。大环境的波折必然或多或少影响所有的企业，对于企业外部环境进行一定的分析和推测也是不可避免的。不过值得注意的是，有一些特定的行业或者企业对于宏观经济波动的敏感性较低，其发展更加取决于自身差异化优势的壁垒。或者虽然其也受到经济波动的波及，但其具有坚实的扛过经济低谷的能力，并将在经济再次回升时大幅度地提升竞争力（这正是本书在后面章节将重点研究探讨的企业类型）。这种客观现象，为"不去追着宏观经济指标走"的投资创造了坚实的土壤。

只要我们不认为暂时的经济困难将是这个社会发展的"句号"，那么一切都将延续。优秀的企业会在危机过后更大幅度地确立优势。特别是由于外部环境和市场情绪导致这类优质企业已经非常廉价的时候，再试图更多地跟踪宏观指标来精确把握"完美时机"不但是自信心过高而且多余。

那么投资者就完全没必要思考宏观经济了吗？也不是，这又是需要辩证思维的地方。试想一下，如果整个国家未来5年或是10年的经济发展大势和特征，与你所要投资和长期持有的股票所需的发展环境正好南辕北辙，结果会如何？所以我想所谓的关注，是需要一种思想上的穿透力，要对未来5~10年以上社会经济发展的大趋势有一个前瞻性的认识，而不是试图去预测每个季度的经济指标的波动。

投资者尽量少地去关注市场运行中每天都必然发生的一些涟漪，而对于社会发展的大势（比如不同经济发展阶段所对应的行业兴衰）和经济运行的一般规律（比如萧条、复苏、过热、冷却的循环）进行更多的思考，将企业商业价值这个"根"与社会经济变迁这个"势"结合起来，可能更有利于投资的判断。 当然，这其中的关系是："根"是主，"势"是辅；"根"是纲，"势"是目；"根"是范围，"势"是侧重。

第 ❸ 章
捅破投资的"窗户纸"

在第一章中曾经说过,绝大多数人从来就没想过以"投资者"的身份进入股市,这是很多股市悲剧的开场。那么,如果一个人确实决心以投资者的心态进入市场,又该怎么做呢?我想无非是以下几点:

第一,理解什么才是真正的投资行为;
第二,认识到投资中必须严格遵循的原则;
第三,小心地避开坑害了无数人的行为陷阱;
第四,知道如何循序渐进地提升自己的能力。

3.1 投资、投机与赌博

首先我们有必要理清一些基本的概念，比如投资、投机和赌博。关于投资与投机之间的差别，格雷厄姆在《证券分析》一书中有过如下的定义："投资业务是以深入分析为基础，确保本金的安全，并获得适当的回报；不满足这些要求的就是投机。"从这个定义来看，投资与投机的分别来自于：

（1）投资需要深入的分析，而投机缺乏这一严谨的过程；

（2）投资的回报预期是以本金的安全为前提的，而投机并不将安全性放在首位；

（3）投资对于回报具有理性的预期，投机则瞄准暴利。

在《聪明的投资者》一书中，格雷厄姆对这一话题提供了一些新的解释："投资者和投机者之间最现实的区别，在于他们对待股市的态度。投机者的主要兴趣在于预测市场波动，并从中获利；投资者的主要兴趣在于按合适的价格购买并持有合适的证券。"从这个补充的解释中，可以看到对待市场的态度是主要的区别。

就个人而言，我更倾向于第二个解释。这里的区别在于：投机很多时候并非不需要严谨深入地分析，比如一些基于宏观经济波动进行投机的人，同样需要就他们所关心的领域进行深入和细致地分析。并且很多投机者也并非完全忽略本金的安全。同时，如何衡量"适当的回报"呢？我们很难用模糊的概念去定义一个人在投资还是投机。

但从对待市场的不同态度来划分确实是一针见血的。在我看来，投资的核心在"资"上，决策是基于某种"资产"的性价比。而投机的"机"可视为所有"机会"的统称，可以与资产本身的价值毫无关系。比如石油价格的上涨或者利率的一次调整，虽然未必会真的对某个公司的盈利能力造成实质性的影响，但却可能引发市场相关的情绪而带来短暂的波动。在投资者看来，这种波动毫无意义。但在投机者看来，这种波动是可以利用的。

显然，投机者更看重能带来"扰动"的因素，无论这种因素是宏观经济指标的变化，还是某种突发事件的影响，只要有足够的"扰动"产生就有相应的机会可以把握。而投资者更关注资产所含有的稳定价值，一个最不容易或者最小幅度受到意外扰动的资产，才是好资产。所以，对投资者来说成功的关键是理解资产价值和衡量的某种普适规律，而对投机者而言则需要敏感于各种变化和转换中稍纵即逝的机会。

如果要我来评价投资与投机的优劣，那么我想投资需要厚积薄发，而投机需要敏锐的直觉。它们在本质上都有苛刻的要求：投机贵在善于捕捉变化，投资贵在领悟不变性的东西。所以前者弹性必然高于后者，而后者可持续性必然高于前者。从现实的层面来衡量，投资者生活在一个更安稳的世界里，而投机者就要繁忙得多了。但这两者要想做好的要求却有不少相似之处：耐心、善于控制情绪、扎实的专业知识、严密的交易规划等。

严格来讲，投资与投机存在重合的部分。如果说企业内在价值的增长是投资的回报，那么由市场波动导致的估值变化带来的回报其实也含有一定的投机成分，只不过是主次关系而已。投资和投机并不具有道德上的高下之分，但投资脚踏的是更为坚实的土地，并且相关知识也更容易被普通人掌握。而投机却似乎需要更多的天赋，并且其获利也更容易出现大起大落。

除了投资和投机之外，另一种参与者的行为是赌博。

赌博是一种非常"纯粹"的活动，这种活动完全与资产衡量无关，与真正投机所需要的环境分析也无关，就是幻想着一个傻瓜从自己的手里接过股票的接力棒。更不幸的是，很多在进行着赌博行为的股民都或多或少地以为自己在投资或者投机。他们认为看看k线，或者更高级一些按一下股票软件的F10看看最新的资料，又或者把每天的财经热点翻翻就不是赌博了——这就像一个赌马或者买六合彩的人，也会去仔细翻翻往期的中奖记录和名嘴们的评论然后再下注，但这能改变赌博的本质吗？

以一个较长的时间周期来看，在股市中会有成功的投机者，必然存在更多成功的投资者，但没有成功的赌徒。 但为什么人们清楚地知道十赌九输的结果，却依然乐此不疲呢？心理学家通过对老鼠的试验解释了这点。简单说人们（包括老鼠）倾向于获得即时的回报而不是延时的回报。赌博和投资行为完美地体现了两者在这一属性上的不同，赌博可以马上带来结果（无论输还是赢），而一笔严肃的投资行为却需要相当长的时间才能知道最终的结果。

赌博	投资
不需要艰苦和基础知识的学习	需要投入大量的精力用来进行持续、广泛的阅读和学习
赢钱的极度快感和输钱的强烈刺激会对大脑形成高级别刺激并带来激烈的情感体验	基本上都是平淡无奇和乏味的，甚至很多绝妙的投资在初期都会带来痛苦的感受
无论输赢都是即刻回报	无论对错都是延时回报

所以，不善于等待，焦虑，急于求成，不劳而获的幻想，在刺激的体验中无法自拔，都是堕入赌博深渊的强大推力。

3.2 易学难精的价值投资

我一直觉得，股市中亏损的那7成人其实都是聪明人。正因为自恃聪明，所以总在想怎样能够"在最短的时间里赚最多的钱"，总在探寻"最接近顶点的地方跑路，最靠近底部的地方抄进"，总是喜欢"不用下太多笨工夫就能轻松赚大钱"。盈利的少数分子看上去倒常常像个傻瓜——他们一般都具备一点儿偏执狂的基因，都更信奉朴素的道理，很有自知之明，还有点儿一根筋。他们觉得"赚大钱、赚快钱"不是自己能力范围内的事儿，他们认为"股市同样具有很高的壁垒，需要持续刻苦的学习"。他们傻傻地在别人的嘲笑声中买入，在别人的嘲笑声中守住，又在别人的嘲笑声中卖出。最后，他们在所有聪明人回头一看傻眼的时候微笑。

所以真正具有智慧的人会做一些短期看来很傻但长期会成为赢家的事情，小聪明的人会做一些短期看来有利可图但长期必成为输家的事。要么确信自己真的聪明绝顶，要么最好不要经常耍小聪明而应该憨厚一些。

郭德纲曾经说过一段话："京剧看起来就很难，唱念做打翻，样样都要下苦工，这是看得见的，所有人一看到就会被吓住了。相声看起来是最简单的工作，谁都会说话，所以我凭什么要买票听你说话呢？问题就在这儿，京剧就像一座大山你能一眼看出高来就不敢往上爬了。但相声你乍一看就是个小土坡，但你爬上去发现后面有一个高的坡，再爬又有一个更高的，再爬还有……"某种程度上而言，投资和相声的状况很相似。

我发现和不太了解证券投资的人聊天，如果你讲的话是属于从企业经营角度谈的，往往不会引起什么重视甚至会被认为比较虚伪——虽然未必说出来，但表情和态度大致是这样的潜台词。相反，如果你大谈一些技指标的诀窍和所谓的独有秘籍，或者能就各种热点的财经消息和政策热点发散开去滔滔不绝，则往往被追捧和视为高手。

仔细想想其实这种现象并不奇怪，技术分析也好，宏观经济也罢，都是刚听起来像天书，初学者很容易被唬住。但其实长时间就会发现，其研究领域其实是不断收敛的，所需要关注的信息一定是越来越集中到几个最简单的反馈指标上，否则更容易紊乱和互相发生冲突。而价值投资则正相反，初时都是一些最朴实的大白话，没有一句是你完全听不懂的。但越学越发现所涉及的知识面急剧膨胀，从最基本的财务知识的掌握，到企业经营规律的认识，到客观与主观偏离的影响，到市场定价机制的复杂性，再到价值的动态性和相对性……可以说每一部分都涉及大量的知识点。更困难的是，这些知识点本身还都在动态的扩张之中，随着投资对象的更换，很多原先积累起来的经验和知识很可能都要重新再次更新。

麻烦的是，即使掌握了上述的知识也并不能确保成功，因为投资者还需要战胜自己的贪婪和恐惧，必须在时刻都在制造麻烦和诱惑的市场中保持理性。学到了什么只是一个方面，始终保持理性的存在并且运用这些知识，才是成功的关键。

我向来认为要真正认识一个事物，不是看能说出多少它的优点，而是能不能充分认识到它的缺陷。对于股民来说，价值投资不但要经过大量的学习，而且整个投资过程是索然无味甚至艰辛的。没有那么多的激动、忐忑、狂喜、沮丧的情绪轮回。互相之间的交流也都是些财务数字、经营状况等让人乏味的内容，远远比不上股民间一个个爆炸性的内幕消息或者对技术指标的神秘挖掘来得刺激和吸引人。如果谁想体验股市的跌宕和五彩斑斓，那么价值投资的传统保守和简单重复肯定是不适合他的。

所以只有了解了这么多"缺点"之后依然愿意进入价值投资大门的，才算是真正的有缘人吧。

3.3　不可动摇的基石

不管叫价值投资也好，叫投资价值也罢，这种在国内外的证券市场都已经经过了长期有效性验证的方法，是普通投资者在股市中最有效的依靠。但怎样才算真的价值投资？怎样才能真正地投资价值呢？如果仅仅从各个投资大师的具体行为来看，似乎具有相当大的差异：他们有的喜欢成长股，有的喜欢价格便宜；有的长期持有，有的短期套利；有的仓位高度集中，有的非常分散；有的倾向传统行业，有的偏爱新兴产业……但在这一切表象的背后，其实所有的价值投资者都遵循着以下几个不可动摇的原则。它们是价值投资这座辉煌大厦的奠基石。

价值投资的行为基石	解释和说明
从企业经营视角看投资	这是与其他方法最为本质的一个区别。站在企业经营的角度去认识价值的来源，是价值投资基本的立足点。这种视角下，股票不再是赌博的筹码，而是企业资产及经营结果的一种所有权
谨守安全边际原则	安全边际是对投资所涉及的要素进行谨慎性估计，以最终保障本金安全的一种思维方式。安全边际的思维模式是区别于所有赌博行为的最明显的标志
确定自己的能力边界	优秀的价值投资者从来不认为自己无所不能，相反，他们总是耐心地在自己的能力范围内寻找可靠的机会，而不为能力圈外的浮华和诱惑所动。这种定力是不犯大错的基本保障
了解"市场先生"	"市场先生"是对股市所包含的情绪性表现的一种拟人化表述，市场先生每天都在不停地与无数人交易，他有时精明有时糊涂；有时极端保守，有时奋不顾身。不了解"市场先生"的脾气，很难成为一个精明的投资者
建立有效的自控能力	既然都是吃五谷杂粮的，怎么可能一点儿不食人间烟火？但优秀投资者与一般股民的区别，就在于其更善于控制自己的情绪。再高的学识也拼不过浮躁，无数聪明的脑瓜最终败在自己的腺体上，都是因为缺乏自控能力

在这五大行为基石中，从企业经营视角看投资是一切的起源，建立并识别自己的能力圈是最重要的依靠，在这两条的基础上进一步理解了"市场先生"的脾气，才可能做到让每一笔投资具有较高的安全边际。而这一切能否持续地运行在高水准下，能持续多久，将完全取决于每个人不同的自控能力。

台湾经营之神王永庆曾经说过，一根火柴不够一毛钱，一栋房子价值数百万，但一根火柴可以烧毁一栋房子。那么投资中的这"一根火柴"是什么呢？我想，如果把上述这几个投资的最根本原则倒过来做，恐怕就是那根最容易烧毁财富大厦的火柴了。

3.3.1 从企业视角看投资

当股票是筹码的时候，它只能用来赌博。但当股票成为一个公司所有权的一部分时，你就会发现原来自己的投资收益与企业的经营之间有如此紧密的联系。前面说过投资取得收益的根本在于"低买高卖",而所谓股价高和低的决定因素之一,正是企业经营的绩效。

我们都知道,企业经营是需要时间来改变的,但证券市场却往往由于各种原因,在基本面没有大变化的情况下产生股价的明显波动。这样看来似乎利用市场波动来赚钱有其基础(波动是客观且频繁存在的事实),但正因为股价波动极其快速且缺乏可遵循的逻辑关系(很多波动是毫无理由的),因此难以出现持续有效的方法。相反,投资的时间越长,企业经营的结果对投资者收益的重要性就越大、确定性越强。

罗伯特·G.哈格斯特朗在《沃伦·巴菲特的投资组合:集中投资策略》一书中,曾试图找到股价与经营业绩之间的关系到底呈现怎样的紧密程度。他以1 200家公司作为样本,并将经营结果与股价走向的相关性进行研究。结果是:

- 他们发现当持有股票3年时,企业收入和股价的相关程度在0.3左右;
- 持有5年时,两者的关系是0.374~0.599;
- 若拉长到10年的持股期,两者关系上升到0.593~0.693;
- 延长到18年持股期,收入和股价的关系就稳定在0.688以上。

是否站在企业所有者的角度、从企业经营的基本面情况来看待股票和股市,是价值投资者与其他所有股市获利方法最根本的区别。在企业经营分析领域,可以进一步细分出一些重要的价值投资守则,比如护城河概念和均值回归理论等,这些我们都将在后续的章节中展开并详细探讨。

3.3.2 谨守安全边际

安全边际也是价值投资中一个独有的概念。但实际上这一思想在其他学科也广泛存在,比如在桥梁建设的时候要有足够的设计冗余,以避免意外情况的发生。又或者日常生活中,从家里到机场通常只需要1个小时的交通时间,但为了避免偶发性的交通堵塞所以留出充足的1.5个小时。这些其实都是安全边际。

当然在证券投资中,安全边际有其特定的含义。一般认为安全边际主要指为了弥补某些投资中必然包含的不确定性因素,因此需要由股价给出足够的风险补偿后才能买入。简单讲,就是要足够便宜。我个人认为可以将这个内涵进行一下扩展,安全边际可以分为三个层面来考虑,见下图:

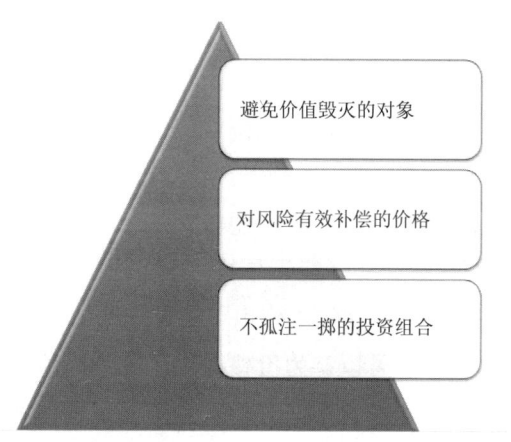

金字塔图：
- 避免价值毁灭的对象
- 对风险有效补偿的价格
- 不孤注一掷的投资组合

安全边际的第一个层次是投资组合。任何一只股票都包含着风险，区别只在于风险的大小。仅仅通过低价也并不能将这种风险降到足够低。因为人的判断力总是有限的，错误是不可避免的。区别只在于：有些错误不会伤筋动骨，有些错误却足够让人再也爬不起来。如果一个人的投资组合包括了10只不同类别、行业，相关性较弱的股票，其中1只发生将本金完全亏光的极端错误，总的投资损失不过10%。这与全仓一只股票而出现严重错误所导致的后果不可同日而语。

当然，并不是说持仓越分散越好。分散对风险稀释的另一面就是单只股票上涨对收益的驱动力也微不足道。何况，一个几十只股票构成的组合，实在让人很难想象投资者能对这么多企业的经营状况有真正深入的理解，这反而会使对每一只股票的选择都更加不慎重。所以投资组合到底该多分散是一个度，即与每个人不同的风险承受力有关，也取决于对投资对象的了解程度。但总之极端化并不可取，我个人的建议是对资金量不超过1 000万的个人投资者而言，5只左右为宜，不要少于3只也不要超过10只。

安全边际的第二个层次是价格。这是比较传统也最根本的角度。到底什么价格才算是足够便宜是一个无法有标准答案的问题。10克黄金500元可能就非常便宜了，但10克黄铜这个价位就太离谱。所以搞清楚投资对象的具体情况，衡量对其未来经营的基本期望值，以及达到这一目标的不确定性程度，综合考虑这些后才能大致得出一个可以接受的价格区间。

安全边际的第三个层次是避免价值毁灭的对象。严格来讲这个问题包含在了价格衡量所考虑的范围内，但因为太重要还是单拿出来说一下。

当评估物的基本价值是稳定的状态，比如100克黄金，这个时候只根据报价的情况就可以评估。但如果这100克黄金是泡在（或者有泡入的危险）硝基盐酸（俗称王水）当中，这时任何看似便宜的报价都可能会打水漂。有些企业也会面临类似的问题，看似异常便宜的股价（甚至公司的净现金都高于公司的市值），但如果这个公司依然处于经营局面的扩大性恶化趋势中（比如公司并不将现金分红而是投入到根本不可能产生回报的项目里），那么静态来看非常便宜的价格也可能是一个巨大的陷阱。

如果换一种说法，也可以认为价格提供了交易阶段的安全边际，但企业不断创造价值的能力才是长期持有的安全边际，而股票组合乃至于资产大类的平衡提供了财富的安全边际。所以安全边际是一个看起来很简单的概念，但要想对安全边际的理解更深入，实际上既需要对企业价值创造规律的认识，又需要对市场定价特点和估值有深刻的理解，这些内容我们在后面的章节都将有大量的篇幅进行讨论。

3.3.3 确定自己的能力圈

如果我说大多数人不可能既成为优秀的工程师，又成为成功的画家，再在文学创作领域做出一番成就，还练就一身专业网球运动员的本领，我想对此大家不会有太多异议。但一到了股市这个常识就会被股民忘得一干二净。在股市中有上千家公司，它们的行业和业务情况千差万别，影响它们经营的内外部环境因素各不相同，它们的财务特征各有特点，它们所涉及的专业知识五花八门。但很多投资者却好像很有信心搞懂任何东西，事实上这种自负要么是过高地估计了自己的能力，要么是过低地估计了所涉知识面的难度。

其实从古至今，如何正确地认识自己的能力和局限性就是智者们热衷的话题。老子说："知人者智，自知者明"；苏格拉底说："知道自己无知的人才是最聪明的人"；哲学家爱比克泰德说："人生幸福最重要的是弄清楚：什么事情是属于我们能力之内的事情，什么事情不是。"可见，正确地认识自己从来不是一件轻而易举的事。

为什么确定自己的能力圈如此重要？因为在股市中，投资者将面临的诱惑是无穷无尽的。一个不懂得自己能力边界的人，会轻易地被各种诱惑引得偏离了熟悉和安全的轨道，进而踏入未知的陷阱。所谓人贵有自知之明，实际上如果一个人认为自己可以弄懂所有公司或者捕捉所有的股市机会，正好说明他完全不知道自己真正懂些什么。

每一个希望在股市中长期存活的投资者，都应该谨记巴菲特对此作出的忠告："对投资者来说，最重要的不是能力圈的范围大小，而是你如何能够确定能力圈的边界所在。如果你知道了自己能力圈的边界，你将比那些能力圈虽然比你大5倍却不知道边界所在的人要富有得多"。

在投资界我们经常会看到非常多的分歧，比如是该集中投资，还是分散投资？是该更关注企业未来创造盈利的能力，还是当下可见的硬资产价值？其实这些路都有成功者，问题并不在于哪条路是完美的，而是认识到自己的能力倾向是怎样的？当真正了解每种方式的优点和局限以及自己的能力特质后，自然会对这种争吵没了兴趣。

那么到底如何确定能力圈呢？我想需要考虑自我认知和投资对象认知两个方面：

需要考虑的因素		解释和说明
自我认知方面	性格因素	我认为没有完全脱离性格的能力圈，每个人在能力上的倾向总是与性格特征有所关联的。比如有的人对于商业价值非常敏感，但可能略微急躁；有的人可能并不善于深入企业，但非常善于等待，不见兔子不撒鹰。清楚地认识到自己是一个什么样的人，自己的优势是什么，自己最大的弱点是什么，是构建投资能力圈的前提
	知识背景	每个人知识背景的差异必然导致在研究中注意力和理解程度的差异。但相对于性格因素，知识是可以扩展的。对于那些具有狂热的学习热情和高理解力的人而言，基于知识圈的扩张而提高能力圈的范围是可能的。但需要注意的是，知识的扩张并不必然导致能力圈的扩张，将外部知识应用于具体的投资判断是一个复杂和容易受到诸多干扰的过程，这点在后面的认知偏差部分会有分析
对象认知方面		能较清晰地看到对象所属的行业在中长期的发展演变，理解影响行业格局演变和形成的几个关键性因素
		对于投资对象的竞争优势有着超越市场普遍水准的深刻认识，能简单地回答"为什么最终它能胜出"
		能对于其净资产收益率在中长期的未来演化、结构变化有清楚的认识
		对于这笔投资最核心的原因及最大的风险了然于胸，在获胜的概率和赔率上已经精心算计并且有满意的估算结果

对于上述问题中所涉及的知识点，将在本书的后面部分循序渐进地展开。希望当读者朋友通篇读完后再回到这一页时，已经对这个问题有了更深的感悟。需要注意的是，并不是每个人一定都具有能力圈，很多人可能并不具有任何可靠的投资能力。所谓的能力圈，是指对于已经具备了基本投资素养的人来说划定一个更加熟悉和高成功率的行动区域，对于缺乏基本投资素养的人来说，就先不要奢谈什么能力圈了。

从我个人来看，研究的深度远比广度重要。强调广度的研究更不适合个人投资者。当然在投资的初期阶段广泛的尝试不同的领域是必要的，因为知道自己真正能把握什么东西，其前提是知道哪些东西是非常难以把握的，这是建立在较广阔研究实践基础上才能认识到的。我认为广泛研究的目的在于通过大量的观察，最终抽象出高价值企业的特征，并且通过基础性的广度研究，在实践中不断观察自己对于哪一个领域和哪一种投资机会更加易于理解和掌握，然后专注于这种机会——别忘了，就算是在海面上广撒网，最后要想捞起鱼来，网口也必须是收紧的。

3.3.4 了解"市场先生"

"市场先生"是价值投资理论的开创者格雷厄姆在《聪明的投资者》中创造的一个拟人化的形象。下面这一段文字对于股票市场的形象描述，既生动又让人印象深刻：

"设想你在与一个叫市场先生的人进行股票交易，每天市场先生一定会提出一个他乐意购买你的股票或将他的股票卖给你的价格，'市场先生'的情绪很不稳定，因此，在有些日子市场先生很快活，只看到眼前美好的日子，这时市场先生就会报出很高的价格，其他日子，市场先生却相当懊丧只看到眼前的困难，报出的价格很低。另外市场先生还有一个可爱的特点，他不介意被人冷落，如果市场先生所说的话被人忽略了，他明天还会回来并提出他的新报价。市场先生对我们有用的是他口袋中的报价，而不是他的智慧，如果市场先生看起来不太正常你就可以忽视他或者利用他这个弱点。但是如果你完全被他控制后果将不堪设想。"

还是回到"低买高卖"这一投资获利的基本原理上。除了企业经营业绩外，另一个决定股价高低的决定性因素就是估值，实际上就是市场给出的报价。市场定价是一个复杂而又迷人的话题，为什么有些股票市场先生喜欢给予溢价，有些却只能折价交易？什么情况下市场先生给出的报价是合理的？当出现什么迹象时，表明市场先生正在进入周期性的癫狂或者低沉？要想清楚的理解这些，必须对市场先生的脾气摸透。更确切地讲，了解市场先生包括了认识市场定价的根本机制，理解估值的本质及相关运用方法，以及认识到市场情绪和预期对于基本面的放大作用等，这些重要的知识点正是将在本书的第三部分详细探讨的内容。

3.3.5 有效的自控能力

如果说前面的几点都更偏向于硬知识的话，那么这一点就主要体现出投资者的软实力。不要小看这点，那些具备了丰富专业知识的金融领域的高材生们为什么照样摔跟头？其中一个重要的原因就在于缺乏情绪的自我控制能力。

成功的投资当然需要足够的智力为基础，因为这是学习相关知识的基本前提。但聪明人在股市中并不一定占有优势。从智商的角度来讲，相信很少有人能超过牛顿。但在1720年，牛顿在当时炙手可热的海南公司股票上却做了并不明智的选择：高位买入这只股票并最终亏损20 000英镑（按现在的货币价值大约相当于300万美元）。对此，这个可能是地球上最聪明之一的人只能感慨"我可以计算天体的运动，却无法揣摩人类的疯狂。"

我们可以参考下某些骗术的奥秘。对于绝大多数的骗局来说，是否让人上当往往并不取决于骗子们的技巧有多高明，而是取决于我们内心深处某个未获得实现的欲望有多强烈。骗子只是根火柴，深层次潜藏的欲望和诉求才是一大堆的干稻草，而理性是这两者之间唯一的防火墙。所以最高明的骗子不是去表演，而是去诱发你内心隐秘的需求。股市让人失去理智的道理与之很相似，把饥渴的欲望扔进一个充满神话并且行动极其自由的环境，其结局如何并不难料到。

所以自我的情绪控制其实用两个字就可以概括，那就是"理性"。所谓理性，基本的特征是不易冲动、不被情感而影响判断力、重视证据和逻辑、不易受到外界压力的影响而失去正常的思维判断力。在我看来，理性之所以难以保持的一个重要原因就是失去了平常心和患得患失。而造成心理失衡的原因多半是面对多变的市场难以遏制的恐惧及贪婪。

现代金融业的发达以及各方利益共谋下的合力，为投资者提供了空前的交易便利性和资讯覆盖度。但是这种技术层面的进步并未使得大众在证券市场中的黯然结局与几十年前相比有任何改观。相反，触手可及的交易按钮和全方位轰炸的"财经要闻"，只让绝大多数人在传统的"恐惧与贪婪"之外，又新加了"焦躁"。看看我们的周围吧，媒体最热衷的是哪个人在最短时间里又创造了财富神话，大众最热捧的博客几乎全都是预测市场涨跌的（甚至最热门的博客已经预测到了下一分钟市场的涨跌），商场的书架上充斥着"捕获涨停板""至尊选股术""轻松赚1 000倍"等宣扬轻松赚大钱的书刊。股市中永远是你追我赶、热火朝天的气氛。不少人正是被这种气氛所感染，心情随着K线的起伏而跌宕，最终失去了理智。

1942年巴菲特为姐姐买了3股城市服务公司。之后股价从38.25美元一路下跌了30%到27美元。从此在每天上学的路上巴菲特都会受到姐姐的"提醒"，显然这让年少的巴菲特感觉到了巨大的压力和烦躁。因此当股票终于回升到40美元的时候他立刻卖出，以此结束这段痛苦的投资。不过，就在他卖出之后城市服务公司的股价很快就涨到了202美元。由此可见，即使是少年时期的股神也会受到压力的困扰。而且恐怕这种外部环境、市场噪音对情绪的负面影响即使对于成名后的投资大师们也依然构成一定的烦恼。这就难怪连逆向投资大师邓普顿也说自热闹的华尔街搬到清静的拿骚以后，他的业绩表现就越来越好了。

要想成为在股市中最终胜出的那10%，就必须跳出情绪的旋涡，把持住自己的理性。当然，情绪管理能力与投资者的学识有一定的关系，试想一个完全不懂投资为何物，也从没明白正确的投资该秉持怎样的原则，更没想通最终是如何获利的人又怎么可能理性得起来呢？但除此之外，我越来越倾向于认为善于自我控制的投资者确实具有某种"不可学习"的因素，这可能既与天生的性格有关，也与后天长期养成的价值观和思维方式有关。如果确实性格上就是缺乏这种自控力怎么办呢？我想，唯一的方法就是让自己离市场远点儿吧。

3.4　把预测留给神仙

在价值投资领域中其实也存在不同的风格，著名的投资大师们在一些具体问题上的倾向性也有明显的差异。但几乎所有的投资大师们都会有两个完全相同的忠告：

第一，不要预测市场；

第二，不要频繁交易。

预测市场和频繁交易，基本上是普通股民的最典型特征。甚至可以这样说，只要能避免这两种愚蠢的行为，长期来看就有希望战胜大多数人了。我一直搞不懂，是什么给了预测市场者这么好的自我感觉？如果看完了下面这段还有人认为自己可以以预测市场作为长期盈利的手段，那么我就无话可说了。

证券分析之父格雷厄姆曾说："如果说我在华尔街60多年的经验中发现过什么的话，那就是没有人能成功地预测股市变化。"巴菲特说："我从来没有见过能够预测市场走势的人。"彼得·林奇说："不要妄想预测1年或2年后的股市走势，那是根本不可能的。"

耶鲁大学的经济学家和现代资本理论的创始人、投资大师费雪，在1929年的一次演讲中对当时的市场做出如下评价：股票价格看起来已经达到了一个永久性平稳的高水平。就在他演讲之后的2个星期，股票市场进入了美国证券历史上最著名的大崩溃，接下来的3年市场都陷在恐怖的崩盘和直线跳水中。这次与事实相距甚远并且损失惨重的预测让这位投资大师的声望受到了打击，尽管费雪曾经成功地预测到了20世纪20年代早期的牛市。

2008年3月中下旬，当市场展开反弹浪后，亚洲股神李兆基对市场感到颇为乐观并认为在4月前指数可以进一步升至27 000点。结果是恒生指数在5月5日上涨到26 387点后便进入了新一轮的调整。而2008年的最低点是多少呢？11 015点，也就是说，距离李兆基表示后市乐观的4月的收盘点位25 755点，后面还有57.23%的下跌。

索罗斯1987年预见到日本股市进入泡沫化，因此在华尔街评论上发表观点认为美国股市将坚挺而日本股市将崩盘。结果日本股市一直牛到了1989年，而美国股市却发生了崩盘。此役索罗斯旗下的量子基金当年损失了32%。有趣的是，如果放长时间来看索罗斯的判断完全正确。但做空不但要求方向正确，还要求在预订的时间内发生。这正是做空者最大的挑战。

我猜想，之所以对预测市场乐此不疲的人，大多数都是因为确实对某个时期的市场猜得很准，由此感觉到自己"找到了真谛"。好吧，市场上也确实有不少因为一两次准确的预测而名声大噪的人，但如果你愿意将他们5年中所有的预测都打印出来然后对照走势，你肯定会发现他们预测的准确率低得惊人。我一直认为那些迷恋于市场走势预测的人，都有严重的自恋情结。不幸的是大多数人对此非常追捧，而且预测的周期越短就越受追捧。我惊讶地发现，最受追捧的市场预测者已经精确到了下一分钟市场的走势了。我不能100%的否认天才的存在，但我可以肯定一点：每天有这么多的天才出现，这肯定是一个让智商正常和神志清醒的人难以理解的现象。

那么预测具体公司的股价走势是不是容易些呢？说到对具体公司的了解，没有人比老板更有发言权，对吗？那么我们看看一些案例：

2009年长江实业（00001，HK）董事局主席李嘉诚连续7次增持长江实业达342.9万股，合计涉资约3.39亿港元，几次增持的平均价格约为98港元。那么作为精明过人的亚洲首富的李嘉诚，他对自己公司的大手笔增持是否远远胜过普通投资者的判断？在其增持后，长江实业最低跌到过55港元，也就是说距离李嘉诚自己购买的平均价98港元下跌幅度为43.8%。

2012年苏宁电器大手笔定向增发，其中，张近东全资拥有的润东投资以现金认购本次非公开发行股份超过2.84亿股，合计约35亿元。北京弘毅认购了9 756万股，认购金额约12亿元；新华人寿认购了6 504万股，认购金额约8亿元。定向增发价格12.3元，比当时市场价还高些。公司创始人及资本大鳄的大手笔溢价增发，并且之后苏宁电器二股东苏宁电器集团有限公司再次高调宣布斥资不超过10亿元增持公司股票。这比一般股民的判断要有说服力得多吧？那么结果呢？2013年6月，公司的股价是5元不到，距增发价已经跌了58%以上。

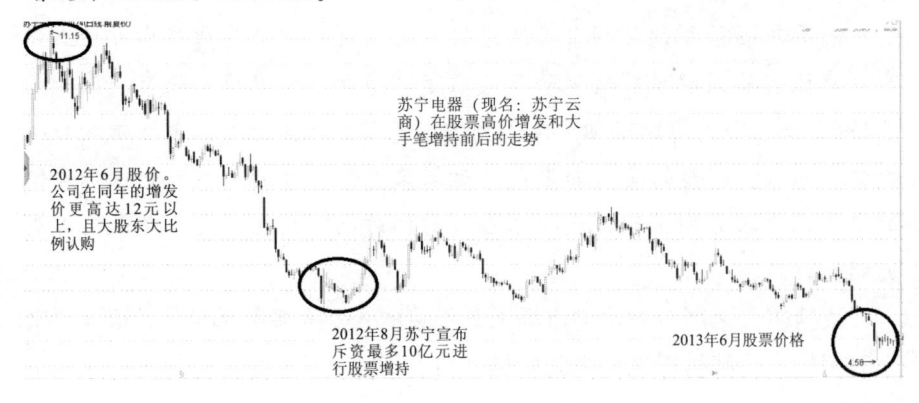

苏宁电器（现名：苏宁云商）在股票高价增发和大手笔增持前后的走势

2012年6月股价。公司在同年的增发价更高达12元以上，且大股东大比例认购

2012年8月苏宁宣布斥资最多10亿元进行股票增持

2013年6月股票价格

需要澄清的是，不要预测股市是指不要将自己的投资押宝在股市某一具体时间内的具体走势，而不代表可以对股市的方向完全没有判断。做投资就是判断未来，某种程度上对股市未来的发展方向进行判断是不可避免的。但成功的投资不会将宝押在对股市的精确判断上，投资面向的核心只有一个：资产的性价比。对市场的大致观点对了固然好，错了也不影响对资产长期价值的衡量和判断，这是投资者与市场预测者最根本的差别。

其实对于很多初学者而言，这些如果能想通当然好，实在想不通就照着大师的忠告做就行了，以后会明白的。

3.5 跨过"投资的万人坑"

如果说认识到投资中不可动摇的基石可以帮助我们更好地理解成功的必要基础，那么总结导致了成千上万人在股市中失败的主要诱因就是避免我们遭遇同样命运的前提。下面归纳一些最容易犯的投资错误供读者参考：

导致失败的原因	解释和说明	如何解决
追求一夜暴富	把股市当成赌场的一个重要表现就是期望进来后能很快赚一大票。暴富的心理可以完全让人失去理智，完全无法忍受"等待"和"波动"，也就完全与财富无缘了	学习复利的原理，认识到时间对财富积累不可或缺的作用。保持一颗平常心
分不清运气和能力	在股市中最危险的事情莫过于用错误的方式赚到了钱，这会让人误以为自己很有天赋、很英明。搞不清什么是能力所得，什么是运气使然，注定将滑向黑暗的深渊	认识到投资是个时间越长与个人能力才越相关的游戏，短期结果中运气的成分远大于能力
患得患失	很多人总是把投资当成一种竞技运动而不是一个理财行为。自己赚钱了也不高兴，因为别人赚得更多。总是希望能得到所有的好，躲过所有的下跌。这种人总是在徘徊和东张西望，从来没有主心骨。不知道自己想要什么，最终也很难得到什么	别总追求完美，不能世界上所有的好都让你得了。搞清楚自己真正的需要是什么？愿意以什么为代价
"这次不一样"	这可能是投资历史上最贵的一句话，无数惨痛的教训都是来自于这种想法。投资如果没有对历史和大规律的了解及认识，就很容易被时髦的现象冲昏了头脑。其实太阳底下无新鲜事，无论新鲜的热闹喧嚣多久，"价值"终将主导一切	多去研究一下投资的历史，看看各个时期重要的事件。更重要的是真正理解价值从产生到发展、高潮再到毁灭的客观规律

续表

导致失败的原因	解释和说明	如何解决
以投资的名义投机	投机并不可耻，但如果不知道自己在投机，反而认为自己在进行严肃的投资行为，那就很可怕了。这主要是因为不了解投资与投机的区别，这种误解会导致行为与预期结果的完全不同	分清楚投资、投机、赌博之间的区别。然后别欺骗自己
羊群效应	一个异常精明的人一旦进入一个具有强大感染力的群体，其智商和判断力就很容易直线下降。群体状态下人的思维非常容易受到相互影响，在股市中每天投资者都会自觉不自觉地接收到大量的信息，但其中的绝大多数都是无意义甚至有害的。不学会远离这些噪音，就很容易成为乌合之众中的一员	去读一下《乌合之众》这本书，了解一下个体是如何受到群体影响的。当然，独立思考也有前提，那就是持续的学习和思考，否则大脑一片茫然"独立"有何用
思维极端化	所谓"话到极处理自偏"，不管多好的理念一旦被推向极端化就会成为有害的思维。价值投资是一个要求将多种要素相互融合和平衡的理论整体，但一些投资者只是盯住一两个要素并将其意义极端化，这种情况往往比什么都不知道更危险	看看自身性格中是否有偏激的因子？学会辩证地看问题，也要扩大一下阅读的范围，增长一些眼界，让思维更加开阔些
被股价牵鼻子走	每天盯着股价波动的人总是容易被股价的走势所暗示，股价走强他们欢欣鼓舞认为公司要大展宏图了；股价走弱马上认为业务没前途，眼里到处都是让人担心的风险。这种挥之不去的心理暗示，是做出正确投资决策的一道天堑	大多是因为不理解市场短期波动与长期走势是由不同的因素推动的。多学习市场定价及运行规律方面的内容。当然，也有纯粹是性格因素，那么创造远离市场的条件，1个月看一次足矣
运用杠杆	杠杆是这样的一种东西：真正有能力的人不需要它也可以获得足够好的回报，缺乏能力的人动用它只会死得更快。无论在任何情况下，我都不建议动用杠杆。当你以是否拥有杠杆作为能否成功的前提条件时，你已经不可能成功	大多是对自己过于自信的反应。不妨问两个问题：（1）如果自己真这么棒，不用杠杆为何不能成功？（2）要是自己错了怎么办？损失能否承受
做空	某种程度上来说做空需要遵循严谨的投资逻辑，但它有一个巨大的危险在于：既需要判断正确，更需要预计到正确的结果会在一个限定的时间内出现。但遗憾的是，对的结果未必在你所预期的时间发生。做空+杠杆，是死得最快的一种组合，财务自杀人士的必备	当一个人可以同时准确判断"要发生什么？何时发生"这两个要素时，世界上的钱就都是他的了。自问一下自己是否是这种百年难遇的天才

续表

导致失败的原因	解释和说明	如何解决
爱上自己的股票	所有的股票的买入只有一个目的：卖出。对此没有例外。爱上自己的股票纯属感情泛滥，这会严重降低自己的判断力。而且永远不要成为任何股票的代言人——最终因为面子问题死抗的结果，既没了面子也没了银子	去洗把脸清醒一下。买入这个企业的目的是赚钱，而不是感情。当你爱上它的时候，也问问它是不是也爱你
成为"强制卖出者"	股市中最大的遗憾在于不得不卖出自己看好而且也在未来被证明确实好的股票。这种情况大多是因为现金流断裂。不要让投资影响正常生活，永远为资金的流动性留好后手，是避免成为"强制卖出者"的基本准备。这也是我不建议轻易成为职业投资者的原因	安排好资金的流动性，安排好仓位。把情况考虑得复杂点儿再复杂点儿。永远给自己留好后手。股市只相信缜密，不相信眼泪

说上述这些问题是股市中的"万人坑"一点儿也不过分，栽倒在这里的人不计其数。人生苦短，投资生涯更是如此。要是一个人的智慧必须靠自己的摔打来获得，其结果要么是还没凝结出智慧前就粉碎了，要么就是等明白过来了已经太晚。人与人的差别，很大程度上在于学习上的三个层次：

（1）最低层次是既无法从别人的错误中得到经验，也无法从自己的错误中得到教训，简而言之永远不知错；

（2）其次是学会了从自己的错误中学习经验，但不会从他人的错误中学到东西，别人已经说了这里有一个大坑，他还必须要再掉进去一下才相信；

（3）最后是从别人的错误中学习，不用亲自试错就得到经验教训，这样既能走得快又能走得稳。

其实上述的这些"万人坑"说到底都不是技术问题，还是人性的障碍。在股市中，凡是违背一般人性的、让人觉得艰苦或者不够诱人的办法，未必一定是好的方法；但凡是特别顺应一般人性的，让人觉得心花怒放，浮想联翩，手到擒来的，则一定是害人的陷阱。普通人面临的最大问题，在于不懂得对"得失"安然处之，所以总是患得患失，永远处于不平衡状态。因为没有认识到"得失"是必然而不是偶然，选择的区别只在于"得什么？失什么？"，也就永远难以泰然处之。

我以前说过，价值投资某种程度上而言其实就是对有特定性格特征和价值观的人的一种奖励。能否进入投资的这道大门，其实就取决于能否突破那层"窗户纸儿"。有的人一秒就迈过去了,有的人却一辈子也无法冲过去。

3.6 投资修炼的进阶之路

投资的能力不是一蹴而就的,而且投资所涉及的知识面也非常宽。因此如果胡子眉毛一把抓,很可能事倍功半。学会将与投资相关的知识点分层次组织好,然后再持之以恒地学习积累,并在实践中将对投资的理解循序渐进地向深处推进,可能是一个不错的办法。

3.6.1 投资素养的进阶之路

我个人认为,在投资的漫长道路上,一般需要跨过以下四个主要的阶段:

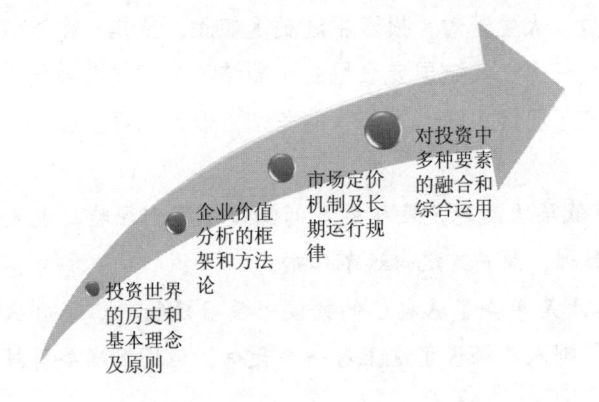

投资世界的历史和基本理念及原则 → 企业价值分析的框架和方法论 → 市场定价机制及长期运行规律 → 对投资中多种要素的融合和综合运用

投资素养的进阶	简单介绍
投资世界的历史和基本理念及原则	投资史能让我们更了解在这个世界里都发生过什么?以及这些主要事件的启示。不了解这些方面,会缺乏穿透历史迷雾的能力,会错把早已循环发生的故事当作开天辟地的头一回而重蹈覆辙。对基本理念和原则的理解,是突破投资这层"窗户纸"的基础,也是正确区分赌博、投机与投资的基本前提
企业价值分析的框架和方法论	在投资世界中最根本的依托毕竟还是企业,所有的理念和原则要想"落地",就必须掌握正确的企业价值分析方法。这包括了从基本的财务知识到不同特点企业运营特征的抽象,再到企业经营态势的判断等一系列的知识
市场定价机制及长期运行规律	对于不懂得企业定价机制的人来说,"市场先生"总是莫名其妙和难以捉摸的,由此导致判断对了业绩却依然无法盈利的尴尬。市场定价机制和长期运行规律是投资成功的另一个重要知识点,某种程度上而言它甚至比企业价值分析更重要——虽然严格来讲,这两者不可分离

续表

投资素养的进阶	简单介绍
对投资中多种要素的融合和综合运用	投资是一项对综合能力的长期考验,仅仅在某一知识点上出类拔萃是不够的,任何重大的缺陷都可能让人一败涂地,甚至陷入偏执的思维难以自拔。如果打一个比方,那么投资不是奥运会中的某个单项金牌的竞赛,而是整体竞技体育实力的比拼。单项金牌就像某一个知识点,整体实力则是所有重要知识点的融合和运用能力

我很想告诉读者有什么提升投资素养的捷径,但我必须对此给予一个诚实的回答:没有捷径,唯有大量的阅读、持续的观察和勤奋的思考及练习。这就像我曾向朋友咨询过怎样才能既轻松又快捷地熟练掌握英语,但回答也都让我失望一样。

其实能站在巨人的肩膀上已经是一种捷径。我并不认为需要读书破万卷或者以阅读量的大小来说事儿,但对一个智力处于正常水平的普通人而言,起码的经典著作的阅读量还是必备的(我个人在投资领域的阅读量在30本左右,反复精读的有三四本)。我经常说,读书有一个"从薄读到厚"再"从厚读到薄"的过程,也许最终凝结在你脑海中的只有几句话,经常需要翻阅的不过十几页的内容,但这一切都是以一定的阅读量和消化理解后才能精炼出来的。

3.6.2 四个阶段的关注点

阅读提供了基本的关注点和知识点,但要想将这些书本上的内容运用自如,就一定要结合案例进行实际的操作。阅读一定不能读成书呆子,永远停留在书本上或者钻牛角尖。至少在投资这个行当里,学以致用才是最重要的。毋庸讳言,"悟性"会在这个过程中对投资者产生很大的分野。我理解的悟性,实际上就是一种透过表象看本质,通过不同看共性的抽象和总结能力,特别是恰当的分类和总结是一种非常重要的能力。

在上述的进阶过程中,对于投资者的挑战也随着阶段的不同而持续上升。

第一阶段只需要认真地阅读,做一些重点的笔记,基本上都可以过关。但即使这一关也能淘汰掉5成以上的人——他们无论如何是不愿意翻开书的。

第二阶段的难点在于有很多"硬知识"需要去啃,比如财务会计知识、年报的阅读方法等。对于相关知识像一张白纸样的学习者而言，这个过程显然不像逛商场那么让人愉快。更困难的在于对不同行业公司经营特征的抽象和归类，以及如何将学到的各种财务知识变成一把顺手的小刀，最终实现拿到一个公司就可以庖丁解牛般干净利索地将其分解并找到最有价值的部分，这是挺考验悟性的。

　　第三阶段也很困难，但难点与第二阶段有所不同。第二阶段更强调硬知识，第三阶段则更突出思维方式。市场定价是一个非常复杂而迷人的系统，相比较企业经营管理和财务分析领域，证券市场定价和运行方面的现成研究还太少也很不完善，比企业经营的波动频率也更大。如何在这样起伏不定的波涛中从容应对，进退有度？一方面需要透过表象看本质的深度和对价值与价格关系的辩证思考，另一方面也需要对人性的善变与不变有深入的洞悉。

　　第四阶段是一个从单项高手向全能选手的进阶。严格来讲这一过程是可以贯穿在上述阶段内的，但由于太重要，并且现实中也确实出现很多晋级失败的情况，所以单独提列出来。卡拉曼说"成功的投资者总是能将各种要素融为一体"。所以，投资之道比的不是某一个方面谁能犀利到"极致"，而是对都能够在一定程度上决定投资结果的不同方面的主要能力（内在价值的分析能力、对于风险和机会评估的能力、保持耐心和理智的能力、对自我能力边界和市场规律的认知能力等）的融会贯通和集成，是一种深入骨髓的辩证思维和不盲从的独立思维相结合的结果。

　　当然，投资要兼容并蓄，但不要把黑色、红色、黄色、蓝色全混在一起——那就不知道会得到什么了。找自己真正理解的，从心灵的深处真正认同的，然后努力去学习才是重要的。需要注意的只是，学习的这种思想有没有极端的地方？有没有偏激之处？对这些地方多听听相反的意见和理由，对一个让人崇拜和热爱的理论多了解些不被提及（但必然存在的）的缺陷和限制因素，才能让人养成一个客观和理性的认知习惯，才不容易陷入盲目的追捧（或愤怒）并最终沦为乌合之众的一员。

　　其实，何止投资如此，生活中不也一样吗？

第 4 章
像胜出者一样思考

在投资史上出现过很多杰出的投资家，如果你仔细观察会发现，他们在具体股票的选择标准上可能是千差万别的，在投资的具体操作模式上也经常是大相径庭。比如彼得·林奇曾经广泛涉猎各种类型的几千只股票，而芒格和巴菲特却更青睐少数股票；卡拉曼将安全边际作为投资的最重要因素，但费雪却更强调公司的成长前景。但在这些差异的表象背后，我们竟然发现某些思想原则上的高度一致。这些股市大赢家和常胜将军们的思维方式和投资价值观，对每一个投资者来说都价值千金。

所以，在立志成为一个股票市场的最终赢家之前，也许我们该花更多的时间去思考下，那些历史上最负盛名和最成功的赢家们都是怎样思考的。

4.1 制造你的"核武器"

爱因斯坦曾说：复利是世界第八大奇迹。在我看来，复利是投资世界里的核武器，做投资的人如果不懂复利，就像做厨师的不会掌握火候，士兵上了战场却不带武器一样不可思议。既然说是核武器，起码有两个意思：

第一，它像核弹一样威力巨大，对投资绩效具有决定性的影响；

第二，它也像核弹一样虽原理简单，但真正拥有它却远没那么容易。

先说说威力。复利其实就是所谓的"利滚利"，即本金获得了一个期间的收益后，连本带利继续作为下一期的本金投入，不断循环下去。其计算公式是：终值=本金×（1+收益率）^投资时间。通过这个等式，我们可以知道决定一笔投资的复合收益率（即复利）的关键要素有3个：

（1）初始投入的本金有多少？
（2）能够获得多高的收益率？
（3）能够持续多长的获利时间？

显然如果投入的本金足够多，获得的收益率又很高，且能够持续很长的时间，肯定能产生最佳的复利收益。但在现实投资中，很少有完全满足3个条件的情况。大多数投资者初期的本金都不会太大，而高收益率与长时间本身就是一对矛盾体——收益率越高就越难保持，那些动辄年100%收益率的"股神"们往往用不了几年就销声匿迹了，而创造出世界投资奇迹的巴菲特累计40年的复合收益率也不过22%左右。我们来看一个简单的复利投资回报测算表（以投入1元本金计算）：

	5%	10%	15%	20%	25%	30%
第1年	1.05	1.1	1.15	1.2	1.25	1.3
第3年	1.157	1.331	1.52	1.728	1.953	2.197
第5年	1.276	1.61	1.923	2.488	3.05	3.71
第10年	1.628	2.593	3.701	6.191	9.31	13.78
第15年	2.07	4.177	7.121	15.407	28.421	51.186
第20年	2.653	6.727	13.701	38.338	86.736	190.05
第30年	4.321	17.449	26.359	237.38	807.8	2620

由此可知，年收益率对于最终收益所造成的差距，会随着时间的拉长

而急剧拉大。即使短期的收益率再高，如果是不可持续的，那么对于财富的最终贡献也不会很大。何况，超高的短期收益率往往具有巨大的运气成分和极高的潜在风险。所以，确保收益的可持续性非常关键。但在让投资收益可持续的同时，必要的收益率也是不可或缺的。5%的收益即使是放30年也不过是4.3倍的增长，完全跑输通货膨胀。而30%的年收益率即使只用10年已经可以造就13倍的收益。如果以30年的周期来看，不同人对于复利的运用结果的差异，已经足以形成巨大的财富鸿沟。

这样来看似乎只要坚持下去，收获良好的回报甚至是财务自由并不困难？其实恰恰相反，长期良好复利的获得其实是一件非常艰难的任务。这主要是因为复利的原理决定了，在漫长的投资生涯中，一旦出现大幅的亏损，就会对最终的收益造成破坏性的影响。假设一个人10年获得了10倍的优秀回报，但在第11年一个不慎遭遇了80%的亏损，那么他的回报一下就从10倍下降到了2倍，年复合收益率从25.89%骤降到7.1%。再想回到原来的收益状况，几乎是要从头再来一遍了——有人可能认为这么剧烈的亏损很难出现，事实上在现实的投资中，我们就经常看到类似两种情况：

第一种情况，就如上例几年取得了极高回报。但这个极高的回报往往是在股市低点时期投入的本金太少，而到了收益高峰的时候信心满满一股脑投进去一大笔钱。这样，假设原来本金10万元获得了3倍回报，绝对收益是30万元。此时开始看好市场继续投入本金50万元，总金额达到了80万元。这时遇到熊市降临，只需要损失40%，绝对收益就会从30万元变为亏损2万元（30万元−32万元），一下就被打回原形。

另一种情况是开局就很差。本金从10万元亏损到5万元只需要被套50%，但要想涨回本金就需要增长100%；如果一下亏了80%，就需要500%的涨幅才刚刚回到原值。当初始本金就严重亏损时，好不容易才等来一个能增长数倍的牛市，却发现只是用来解套了。

所以复利用严谨的数学法则告诉我们：抑制亏损，是投资取得成功的第一要务！李白曾在《将进酒》中赋诗云："千金散尽还复来"。这是诗人对人生几何，命运无常所发的感慨和浪漫主义演绎，但对于身处投资世界的人来说，冷酷的复利法则已经证明了，当真的千金散尽时，再复来实在是势比登天。而且用复利很容易就可以揭穿一些投资骗局。比如流行的"抓涨停板"技巧，如果这一技巧确实是可行的，那么假设初始本金只有

第4章 像胜出者一样思考

1万元，每周只抓住一次涨停板，那么3年后能赚到多少钱呢？答案是：91.2亿元。可惜，在财富榜里我们却找不到一个这种神奇技巧的代表。

让我们再看看巴菲特的实例。如果我们把股神的业绩清单仔细看一下，就会发现一个惊人的结果：他自1957年正式开始专业投资至今的50多年里，只有1年的业绩增长是超过50%的（1976年59.3%）。仅仅靠这么"平淡"的业绩居然可以聚集如此巨大财富吗？答案是肯定的，因为与这个"平淡"相对应的是另一个惊人的数字，那就是在50多年的投资生涯中巴菲特只有2个年份的业绩是负增长的（分别是2001年－6.2%和2008年的－9.6%），其余的年份其业绩大都维持在稳健的增长状态。可见，超长的时间加上抑制亏损，即便是看似平庸的复合增长率也将创造出惊人的财富。

但仅仅抑制亏损只是拥有复利的第一步，更重要的还是创造收益——毕竟，什么都不做就可以不亏损，但要取得收益你却必须做些什么。虽然持续三四十年的超长时间周期确实能取得复利奇迹，但坦率地讲，我认为绝大多数人是不可能像巴菲特那样跨越如此长的投资周期的。这种超长期内要面对的市场周期性循环起码在5个以上，遭遇的各种复杂情况数不胜数，除极少数大师级人物外实在是一个不可能的任务。因此我个人更倾向于瞄准20年左右的区间做投资的总体打算——因为30岁之前大多数人既缺少投资的本金，也缺乏对复杂商业行为的积累和认识能力，因此如果以30岁作为投资的一个起点，那么持续20年就是50岁。当然那不一定是投资的终点站，但确实时间越长要想保持好的投资收益就越艰难了。所以无须现在争论20年还是40年更合适，能坚持到20年后的人自己会做出决定的。

我下面要讲的恐怕会是容易引起争议的内容，不过与"终身追求获得稳健的回报"这类很安全的话相比，我更希望这些实话对初涉股市的朋友有真正的启发。从前面的测算表来看，在10～20年内要想获得较高的回报，20%～30%的年收益率水平是必需的。那么这一水平是否现实呢？从1990年中国股市设立的100点算起，截至2013年上半年熊市中的2 000点，23年的上证指数的复合收益率是13.9%。可见，如果仅仅是投资于上证指数，从开市到今天是无法获得这样高的收益率的——虽然获得了20倍的总回报，但考虑到通货膨胀率，这一结果还不足以获得足够的财务自由。何况，从世界主要股市指数的统计情况来看，扣除通货膨胀后的长期收益率也就在6%～7%。如果按照这样一种收益水平，那么在股市中似乎不可能存在获得巨大财富的成功者。

但现实情况并非如此，我看到确实有不少的投资者通过股市获得了巨大的成功。那么秘密在哪里呢？就在于股市中的收益具有突出的"不均匀性"：牛市和熊市的转换往往导致收益率阶段性的巨大波动。仔细观察这些成功的投资者，其几乎都有一个"暴利积累"的阶段——取得过在短短几年内获得十数倍甚至数十倍的回报的经历。而这种暴利几乎都指向同一个原因：在市场低迷期间重仓集中持有优质个股，之后迎来牛市业绩与估值的向上双击。在这种情景下，几年间就获得极高的回报并非神话。而这一优秀的开局，将能够成功带来足够大的本金基数。这就使得在之后的长期投资中，即使年复合收益率回到一个平淡的水准，但只要不遭受巨大的损失，最终的结果已经足够实现预期的财务目标了。

所以综合来看，我觉得有几点是特别值得正在进行长期财务规划的年轻投资者思考的：

第一，在基数非常小的时候，投资并不是一个很重要的事情。因为即使获得很大的短期收益，依然不足以实现"钱生钱"的规模。这个阶段一边努力学习投资的相关知识，一边打理好主业实现可投资资本的持续积累，可能才是最重要的。

第二，当具备初步的投资资本后，选择在熊市低迷期间入市，重仓并且较为集中的持有优质的企业是一个决定性的举措。在市场极度低迷阶段，善于挑选到优秀的股票并且敢于重仓持有，是完成资本的一次原始积累的基本条件。这一阶段要避免熊市严重亏损，同时把握好牛市带来资产收益高弹性的机会。

第三，当通过一次暴利的获利完成原始积累后，资本规模已经初步获得财务自由。这之后长期的挑战在于实现稳健的增长，最重要的是杜绝任何剧烈损失的可能。只要能够维持较长时间的持续收益，即使年复合收益率很平淡，也足以达到一个令人满意的最终结果。这一阶段最重要的目标就是：**熊市严格规避亏损，牛市不追求暴利**。

所以对于已经具备了一定投资素养和投资资本的人来说，遇到一个可以大举入市扫货的熊市，是一个非常幸运的开局。当然，由于第二阶段期望投资具有较高的收益弹性，其必然要承担一定的风险。对于风险与机会的关系我们后面会详细展开讨论。但这一过程对于实现较好的最终收益可能是必需的，不能期望在20年的投资生涯中能够每年都获得均匀的20%的收益率。这可以说是"暴利思维"但却不是"一夜暴富"，即使这种原始积累的所谓"快"也是以数年为单位的，它的快只是相对于几十年均匀回报而言的。

复利原理中"避免亏损"和"可持续性"的特征，决定了我们必须"有所不为"，要规避一切可能带来重大亏损和不可持续的投资行为。但获得较好财务回报需要一定的"收益率"这个特征，也注定我们必须"有所必为"，要善于把握住证券市场周期性波动放大收益弹性的特点，善于审时度势的在现金和股票资产之间进行比重的转换。

当然，我还必须再次强调一点：股市提供的是资产增值的可能性，但对于绝大多数人而言定投指数基金可能是最好的办法。如果确实期望通过股市获得超额收益甚至走向财务自由，那么你所选择的不仅仅是一个财富的可能性，也是一条既充满乐趣又困难重重的永不停止的自我提升之路。财富是个结果，它将取决于不同的态度、天赋、学识、品性和运气。

4.2　下注大概率与高赔率

芒格曾将股市比作"赛马中的彩池投注系统"：每个人都来下注，赔率根据赌资变化。虽然一个傻瓜也能意识到一匹记录辉煌、步履轻快的赛马获胜的概率很高，但同样它的赔率只有3：2。而一匹看起来糟糕的马的赔率却高达100：1。证券市场也是如此，所以战胜这个系统非常艰难。

"但是，"芒格说道，"我曾碰到过在这个游戏中能活得很滋润的人。这些人只有在看到一些实用的、价格偏离的赌注时才偶尔下注——他们在观察并寻找那些被错误定价的赌注，虽然不多，但也有一些。当上天赐给良机的时候，聪明人就该下重注。但其他时候却始终按兵不动"。

想要成为聪明的下注人，有必要了解一下凯利公式：（赔率×赢的概率－输的概率）/赔率＝仓位

这个数学公式用来衡量在出现什么样的机会时应该下多大的赌注才能利益最大化。在这个公式中，最关键的有两个要素，即概率与赔率。它们之间的区别是：

概率：指一个事件发生的可能性。

有一个关于数学家的故事。由于他经常要坐飞机旅行，但他却非常害怕碰到飞机上带炸弹的恐怖分子。因此他决定每次坐飞机都自己带一个炸弹：这样一来，同一架飞机上同时出现两个带炸弹的人的概率可就小得多了。类似的事情在第二次世界大战时也曾发生，士兵们在战场上经常躲入弹坑。因为从概率上来讲，同一个弹坑再次被一枚炸弹炸中的概率要更低些。

赔率：指事件发生后预期盈利与可能亏损的比值，即期望的盈利/可能的亏损。

历史上刘邦起义的过程实际上就是一个典型的凯利公式的运用：根据大秦法律，押送犯人未能按时到达的全部是死罪。刘邦当时已经耽误了很久的行程，能够按时到达的可能性几乎为0，到达后没有任何奖赏而是被处死。何况他只是个小小的亭长，"沉没成本"很低，所以干脆起义是一个非常理性的决定。

凯利公式告诉我们一点：投资的仓位取决于赔率和概率之间的关系。

用丢硬币来做一个游戏，以10元作为赌注，得到正面的人能赢到15元，反面的人能得到30元。在这个例子中，前者的赔率只有1.5而后者的赔率高达3，两者的获胜概率都是0.5，那么根据凯利公式计算前者只应该投入16%的仓位，而后者可以投入33%的仓位。同样的概率下，显然赔率越高越具有投资吸引力。

现在换另一个游戏。让一个5岁的小朋友与一个15岁的少年比赛（两者都健康），看谁能先跑完50米，以10元作为赌注。选择5岁小朋友的若胜利，可以获得100元奖励（设为a）。而选择15岁小朋友胜利的只能得到5元奖励（设为b）。考虑到除非发生少年不慎摔倒等小概率事件，否则5岁小朋友毫无胜算。所以可设定15岁少年获胜的概率高达99%。在这种情况下，b选择可以投入几乎全仓，而a选择应该1分钱都不投入。

由上述两个例子可见，赔率虽然重要，但获胜概率才是最关键的因素。当获胜概率相当时，具有更好回报弹性（即赔率）的投资更有吸引力。但若获胜概率过低，那么再高的赔率也毫无意义。

在股票投资中这个情况更复杂一些。我前面说对这个公式可以"了解"，是指它提供了一种看待投资决策的思路。但我并不认为这东西真能准确的计算出一笔投资到底该分配多少仓位。因为所谓的获胜概率和赔率都是一个非常主观的判断，你要让我说出现在的持仓的获胜概率和赔率具体应该是多少，其实我也说不上来——何况，凯利公式主要针对的是类似赌博下注式的重复性、高频度下注的仓位决策，而投资首先剔除的就是频繁交易。但定性地看，下注一个大概率和高赔率的组合，这个想法是绝对不会错的。

如果你能判断一个企业10年后的盈利将非常可能达到现在的10倍，估值至少可以维持在目前水准不变。或即使保守些看，也可达到5倍的盈利增长和估值不变。且现阶段的股价也最多再下跌20%，那显然这就是一个典型的大概率＋高赔率的对象，用我自己的话讲就是：风险机会比极佳。

不过关键问题是，大概率和高赔率从何而来呢？正常情况下，一匹人人都知道的总是获胜的马是不可能在马场上获得太高的赔率的，因为赌徒也不是傻子。不过证券市场确实会出现这种情况，其原因还是之前提到过的两点：第一，商业前景的不确定性；第二，市场定价的复杂性。通常来讲，大概率和高赔率更容易出现在两种情况下：

- 一个未来具有广阔发展前景和优秀盈利能力的公司，在现阶段尚未被市场充分的理解。
- 市场对于一个只是暂时性陷入困境的企业过分的悲观，从而给出了匪夷所思的低价。

第一种情况的困难之处在于，这种判断需要对企业经营前景有极高的洞察力和前瞻性，赚的是"比别人看得准、看得远"的"漏的钱"。后一种情况的困难在于，在市场普遍恐慌的时候依然可以保持冷静和有效的判断力，赚的是"市场情绪失控"的"送的钱"。

除了概率和赔率所引发的"风险机会比"的思维模式，凯利公式另一个值得思考的地方在于仓位的分配。从前面的案例中我们知道，没有足够的获胜概率就不应配以较多的仓位。这个逻辑反过来讲，就是如果持仓的组合过于分散，那就说明其实投资者对它们几乎没有什么了解。

马克·塞勒尔在哈佛商学院以《伟大投资者的特质》为题的演讲中，谈到了这种过分分散的可笑："根据凯利公式，投资组合中的20%可以放在一只股票上，但很多投资者只放2%。从数学上来说，把2%的投资放在一只股票上，相当于赌它只有51%的上涨可能性，49%的可能性是下跌。为何要浪费时间去打这个赌呢？这帮人拿着100万美元的年薪，只是去寻找哪些股票有51%的上涨可能性？简直是有病。"

然而过分集中也是一个类似高空走钢丝的冒险。即使判断有高达9成的胜算，但只要那1成的失败可能性出现，全仓一只股票的人就将面临恐怖的负复利了。特别是在顺手的时候人更易出现自负的倾向，从而下意识地提升了判断中乐观的比重。

如果从单个股票的经营不确定性因素上考虑，可以参考一下美国GMO资产管理成员、《行为金融学》的作者詹姆斯·蒙蒂尔的一个研究，持有两只股票时可以消除仅持有一只股票所承担的非市场风险的42%；持有4只可减少风险68%；持有8只可减少风险83%；持有16只可减少风险91%；持有32只可减少风险96%。我个人倾向于5只左右，最多不超过10只，但最少也不要低于3只。当然，数量只是一方面，还要考虑到组合在经营环境上的相关性。比如一个10只股票但所有股票都是房地产行业的组合，还不如只有3只分别由日常消费品、医疗保健和文化传媒企业构成的集中组合。

最后，从概率的角度来说也能很好地解释为什么不能频繁交易。一个人的决策可以做到80%的成功概率听起来已经是一个非常厉害的水平了。但这种概率下这个人连续三次作出决策，那么获胜概率就将下降到51%了。考虑到股票市场样本的多样性和投资者能力的有限性，频繁地作出决定实际上是一个将自己的决策水准无限向丢硬币靠拢的行为。

我认为概率和赔率的思维习惯对投资者来说应该像呼吸一样成为自然而然的反应。**事实上我们对于企业分析所做的一切，对于商业价值、商业模式、竞争优势、管理团队等的严格考察其实都不过是为了提升获胜的概率（也就是"确定性"），而对于同样的基本面状况市场在不同时刻给出的价格则提供了胜负时所面临的赔率。**这再次说明，企业价值分析的方法论，与理解市场定价和估值，构成了投资中最重要的两个支柱，欠缺其中的哪一个，都很难获得成功。

《孙子兵法》中写道：善战者之胜也，无智名，无勇功（真正善战的人，他的胜利既没有谋略过人的美名，也没有勇猛过人的传颂）。为什么呢？**因为真正的善战者，只会耐心等待最有把握、风险机会比最佳的时候再出手去"拾起"胜利，所以在外行看起来平淡无奇**——相反那种在危险的战场上杀个七进七出、津津乐道于自己曾经在险象环生中起死回生的倒是问题很大，虽然这类事件更具有千古流传的特质。**所以一个投资人的水平往往与其投资生涯所经历的跌宕起伏和传奇故事程度成反比**。因此，善战者，首先绝不能乱开战，要善于选择战机，然后在具有充分胜率的时候又敢于出击。

总之，那些实现了优秀投资绩效的人与大众失败者之间一个最明显的区别在于，成功的投资者用大多数的时间观察和思考，并且只选择很少数高确定性及一旦获胜将带来巨大回报的机会下手。他们理性和精于计算，耐心但又在绝佳局面出现时富于行动力。而"绝大多数人"正好相反，他们用大多数的时间去频繁交易，不懂得什么才是真正的好机会，以及如何让自己迎来最有利的局面，最好的投资机会就浪费在这种盲目和随心所欲的行为中。

4.3 聪明的承担风险

如果有人问我投资者工作的核心价值是什么？我觉得用一句话来总结的话，应该是"聪明的承担风险"。

以我的经验来看，看一个人的投资水平有一个简单的诀窍：那就是这个人在谈投资的时候是风险导向的还是收益导向的？大多数人都是收益导向的，关注的永远是哪个东西涨得快？什么东西回报高？而风险导向的正相反，任何一个东西总是先考虑还能跌到哪？有哪些潜在风险？考虑完风险再看潜在收益能有多大。

对于风险的认识中，我认为霍华德·马克斯的总结既经典又富有哲理："风险是一种发生的可能性。因此风险本身是观察不到的，能观察到的是损失，而损失通常只有在风险与负面事件相碰撞时才会发生。研究表明，多数风险都具有主观性、隐蔽性和不可量化性。"由他的这个论述延伸一下，我认为投资中的风险主要来自于以下几个方面：

风险的源头	解释和说明
无知的风险	把运气当作能力，对股市的规律懵懂无知，难以正确评价自己的行为和能力范围，是最常见的危险
复杂和不可知的风险	越是难以理解、牵涉了大量复杂变量、无法有效衡量和评估、难以从历史和常识中借鉴的事物，其蕴含的风险越大
被忽略的致命小概率的风险	完全忽略那些不经常发生但一旦发生将遭受灭顶之灾的危险，将可能给投资者带来最重大的损失
无法有效把握机会的风险	所有的行为都只是瞄准在避免所有的风险上，还不如将钱存在银行。无法把握住机会是投资中的另一种风险

在所有的风险中，"无知"可能是最初级但也最普遍的风险。一笔

已经被证明获得良好回报的投资，是否就是低风险的？这很难说。正如霍华德所说："在过去的每种情况下，都存在着发生许多事的概率，最终只有一个事件发生的事实低估了实际存在变化的可能性。"一笔成功的投资，也许是因为之前的风险评估中确实挤出了几乎所有重大的风险，但也许仅仅是因为其所蕴含的重大风险没有发生罢了。投资有趣的地方就在于，一方面你必须以结果来说话，但另一方面某个时期的结果却可能给你错误的印象。

无知的风险还体现在对自我能力及行为的错误判断。自以为是投资实际上在投机，或者被诱惑着做那些远远超过自己能力范围之外的事情，都是在主动性地创造风险。

"复杂和不可知"同样是股市中普遍存在的现象。选择什么样的投资对象往往已经注定了之后的投资之旅所蕴含的风险程度。行业属性与生意特性的天然差异，再加上企业不同的经营阶段及竞争优势的强弱程度，导致在经营的稳定性和可预测性上必然出现极大的不同。为什么巴菲特总是偏爱那些简单、好理解，同时长期发展又可预测的公司？显然这正是出于对风险"主观性、隐蔽性及不可量化性"的认识。

投资要做大概率的事，但这不代表要忽略小概率的可能性，特别是那些一旦发生就将遭受灭顶之灾的可能。

第二次世界大战的某天，波兰遭到轰炸。所有的人都逃入了防空洞。但一个数学家却安然待在家里，在他看来要在整个城市中让炸弹掉到他的头上是一个非常小概率的事件。但结果第二天人们发现数学家匆匆赶来挤入了防空洞，数学家说：昨晚这个城市里唯一的一只大象被炸弹炸死了。显然，更小概率的事件也发生了，而且后果非常严重。

香港著名投资者曹仁超曾回忆上世纪在股市中的一段经历。当时股指上涨到1 200点时他认为已经到达顶部，但股市却继续上涨到1 700多点，为此曹仁超还被炒了鱿鱼。但不久后股市果然见顶并一路下跌回400点。曹仁超预测成功扬眉吐气，并信心百倍地在1974年的290点入市，用全部身家抄底从43元跌到5.8元的和记洋行。按一般情况来看跌了这么多了怎么也该大反弹了，可此时小概率事件出现：在他抄底后的5个月内，狂泻到1.1元。这个"罕见"的走势，让他坦言尝到了破产的滋味——好在，当时这一切发生时他还年轻，有机会重来。

人们经常混淆"小概率"与"不可能发生"之间的区别，一般情况下而言我们确实应该在大概率事件出现时就可以下注了，但有一个例外：**那就是小概率事件可能导致无法承受的严重后果。**"俄罗斯转盘"被子弹打中的机会只有六分之一，但一旦碰上了一切就都结束了，聪明人永远不会去碰这种游戏。何况，现实中所谓的"小概率"往往主观因素非常大，优秀的投资者更善于看到不同事物之间的联系性并且提出有意义的问题，但很多时候事情还是会出乎意料的差——特别是那种正态分布的统计数据图，高度的集中性更容易让人忽略罕见事件的存在。**人一生中也许碰到这种罕见情况的概率很低，但只要碰到一次（特别是在最自信而不留后路的时候），那么一生积累的财富都可能化为乌有。所以特别对于已经实现了财富积累的人来说，永远给自己留下余地，哪怕是在"有绝对把握"的时刻也不孤注一掷，是需要深入骨髓的原则。**

对待风险有两种极端的情况，一种是完全无视风险，另一种则是力图避免承担所有的风险。前一种显然非常危险，但后一种也无法成就理想的回报。投资者存在的意义是盈利而不是规避风险，否则直接买国债就可以了。试图规避一切风险是不可能也不合理的，关键在于将风险控制在可以承受的范围内，并且在较低的风险系数下寻求具吸引力和可持续性的盈利机会补偿，这就是"聪明的承担风险"的含义。

当然对于何谓投资中的低风险可能存在不同的看法，对此后面的章节也将展开讨论。但正如霍华德所举出的保险公司经营的例子一样，学会像他们一样建立体系化的风险控制思路至关重要：

首先保险公司承认风险的存在，正如每一个寿险产品的算法中已包含了可以想到的风险状况；其次他们会逻辑化地分析风险的来源，并依此来仔细地评估申请人是否符合足够的购买要求；然后他们将风险予以分散，用不同年龄、性别、职业、居住地的投保人来规避罕见事件及大规模的损失；最后他们会为风险寻求良好的补偿，通过精算师的推算，那些风险系数更高的申请人会被要求支付更高的费用。通过一系列的措施，保险公司就能够在一个明显存在风险的产品上盈利。

与认识风险同样重要的，是知道什么不是风险。在股市中最让人避之唯恐不及的"价格波动"就不是真正的风险，而可能导致"永久性的资本损失"的潜在因素才是风险。但"大幅超出预计的波动"和"毫无应对准备的波动"却可能导致一种风险，那就是巨额浮亏和再无后手的被动。特别是对于那些喜欢借用杠杆的人来说，波动就会变成一种致命的风险。

另外在一些机构和投资者眼里，风控机制成了下跌多少就必须斩仓，或者对单一股票的持仓进行一个铁定的比例约束，甚至是对某一个板块进行主观性的排斥（比如绝对不碰创业板）。这些看似非常严厉，实则僵化教条的规章制度，在我看来与真正的风险控制毫无关系。

4.4 深入骨髓的逆向思维

任何一个做投资的人都会说一句话："别人恐惧我贪婪，别人贪婪我恐惧"。确实如此，在投资的世界里，"乘人之危"和"趁火打劫"都是美德。很多投资大师们最津津乐道的案例几乎都是在某个公司碰到了大麻烦的时候下的手。当然，逆向思考不仅仅是只盯着公司危机的发生，它几乎是投资者深入骨髓的一种行为习惯。

芒格说："把事情反过来想，总是反过来想。"有时候对一个问题苦苦思索无法得出一个完满的答案，但反过来思考却可能让人豁然开朗。比如我们可能很难说清楚怎样才能获得幸福的生活，但我们至少都可以列举出来一些生活不幸福的例子。就像当对于投资中的一些问题无法充分证实的时候，试着从相反的方向看看能否证伪，也是一种解决问题的办法。

在股市中大众的心理和情绪之所以经常受到市场噪声的操纵，主要的原因之一也在于普遍缺乏逆向思维的习惯。而与之相反，优秀投资者总是体现出反方向思考的特征：

- 当一个公司受到市场的抛弃，基本面看起来一片悲观的时候，他们会问：情况是否真的有这么糟糕？最糟糕的情况已经出现了吗？这种糟糕的状况会是阶段性的还是永久性的？市场是否已经充分反映了最坏的预期？
- 当某一个板块业绩突出并且受到市场热捧的时候，他们会考虑：这种优秀的业绩和强烈的市场偏好会永远持续吗？看起来非常确定的东西真的不存在一些高风险的隐患吗？
- 当一个公司出现"黑天鹅"事件而让大众高声谴责唯恐避之不及时，他们会想：这到底是一个行业性问题还是一个公司的问题？这种问题是否可以经过改善而得到市场的认可？这种危机会真的影响行业的长期市场格局吗？
- 当某些公司或者行业利好频出、前景一片乐观的时候，他们会衡量：所有的积极信息能否最终反映在公司的现金流上呢？兴旺的市场需求是否会使得竞争加剧，反而对公司的盈利能力产生负面的影响？
- 当市场里的所有人都在极力追求盈利和成功的时候，他们会思考：投资中最大的危险是什么？绝大多数人在市场中失败的原因又是什么？如何避免亏损？

逆向思维看起来并没什么技术难度，但实际上是非常困难的。逆向思维的前提是独立和理性，仅这一条已经足够把一半儿以上的人淘汰掉了。股市是一个典型的群体性的活动场所，虽然人的实体并不聚集在一起，但股市价格的波动将成千上万人的关注力牢牢地吸引在交易软件前。相关的股票网站和论坛更成为交织着各种欲望和想法的情绪放大器。当一个人习惯了这种氛围，并且乐在其中的时候，他已经很难成为一个具逆向思维习惯的优秀投资者。所以有时候，你不得不让你的心性更加清静，精神更加专注，从而更容易发现市场的错误。

当然，逆向思维并不总会带来正确的结果——特别是当某种趋势远远未到达转折点的时候。"为了逆向而逆向"的倾向更是容易招致主动性的错误。但从更普遍的角度和更长的时间周期来看，逆向思维确实能够帮助投资者更好地规避风险和发现机会。

4.5 以退为进的长期持有

优秀投资者的风格往往并不相同，有的偏好低价硬资产，有的则更看重未来成长型，有的比较分散的持有，有的则更青睐重仓集中在少数几只股票上。但不管在投资倾向上如何，却都具备一个共同的特征，那便是长期持有。如果想理解为何长期持有是成为优秀投资者的一种共同选择，我们还是先逆向思考一下他们为什么不选择相反的一面，即频繁交易和波段操作。

4.5.1 小聪明和智慧的区别

首先，如果读懂了前面投资和投机之间的差别，对于为何不这样做就很好理解了。投资者看待问题的核心视角是"企业"，而企业的运营是要遵循一定的规律的，没有哪个企业的经营状况会在短短的几天时间里就发生巨大的变化。所以在投资者的眼里，"等待"既是必不可少的，也是自然而然的。

与之相反，"频繁交易"和"波段操作"反映的却是一种快速赚钱和最优化操作的心理倾向。这样做的人，总希望抓住一切赚钱的机会而无法忍受哪怕是一丝一毫的平静。他们试图在所有的股票上赚钱，试图在每一分钟赚钱并规避掉一切可能的下跌。他们的愿望是美好的，但正是这种不切实际的想法和不自量力，为他们带来不可避免的糟糕结果。无论是频繁交易还是波段操作，都是建立在对市场价格的预测基础上的，而且这种操作的频率越高、时间周期越短，就越需要对价格波动作出更加精准的预测。有信心做到这一点的有两种人：要么是真正的天才，要么是根本没明白这样做的困难。

优秀的投资者何尝不是高智商的？但他们的最聪明之处正是不耍小聪明，他们更理解聪明与智慧之间的差别。长期持有首先是一种对股市规律的认识：短期来看，造成市场价格波动的因素非常复杂而且难以把握。但长期来看，股价必将回归企业的基本价值。所以，长期持有实际上是一种"以退为进"的选择：放弃复杂不可测的部分，而牢牢抓住可以确定性回报的部分。其实如果我能知道将在何时出现何种程度的大调整，我肯定也做波段去将收益放大到极端，没人是傻子。问题就在于"如果我能知道"，这既有赖于对股市规律的了解也取决于对自己能力的认识。

《投资艺术》曾有过一个统计："从1926年到1996年的70年里，股票所有的报酬率几乎都是在表现最好的60个月内缔造的，这60个月只占全部862个月的7%而已。要是我们能够知道是哪些月份，想想看获利会有多高。但是，我们做不到。我们的确知道一个简单而珍贵的事实，就是如果我们错过了这些表现绝佳但不算太多的60个月，我们会错失掉整整60年才能积累到，而且几乎等于所有的投资报酬率。其中的教训很清楚：闪电打下来时，你必须在场。"

即使只站在两三年的角度而言，投资收益率也并不是呈现平均线性状态，收益最大的部分也是集中在爆发力最强的几个月，我称之为"魔法时刻"。那些频繁折腾的人，整天都在为一些蝇头小利操劳，但当魔法时刻的暴利出现的时候他们却总是不在场。一些人即使可以通过频繁交易获得一些利润，但这种获利模式也是让人痛苦的——每天都被牢牢地拴死在交易平台前，永远不能像长期持有人一样潇洒地远行旅游。即使赚了同样的钱，后者也要比前者的生活质量高出好几个级别。

当然，具体长期持有是个什么程度，这要结合具体的投资对象来看。越是具有广阔发展前途和高确定性的企业，其持有周期就越长。对于如何区分不同投资对象并决定投资周期，后面的章节将分别阐述。芒格曾经说："如果你买了一个价值低估的股票，你就要等到价格达到你算出来的内在价值时卖掉，这是很难算的。但是如果你买了一个伟大的公司，你就坐那儿待着就行了。"这也表明了不同类别企业在持有策略上的不同。

就我个人来讲更倾向于长期较集中的持有一些优秀的公司。首先从能力圈的角度来看，一个人真正可以理解的企业和可以判断的商业机会并不多，选择越多错误率可能越高。其次只有真正优质和让人放心的高价值企业，才敢于重仓持有，而不敢重仓就算对了也意义不大。最后，越是让人安心长期持有，就越容易享受到复利的威力，而且这一过程也很轻松舒适，远比不停地挑选新的目标要从容愉快。

4.5.2 抗压性与自控力

有关长期持有的话题的最终还是会回到自控能力。长期持有毫无疑问需要投资者具有强大的抗压性。那些拿住了大牛股而取得了丰厚回报的人总是让人羡慕，但这些成功案例的背后曾经遭遇的曲折过程，放在一般人身上恐怕还真无福消受。

某明星基金经理曾将当时刚上市半年的贵州茅台（600519.SH）列为自己的第一大重仓股，持股市值高达6 000万元，并成为贵州茅台的第一大流通股股东。显然在企业前景的判断上这是一个极有前瞻性的认识。但当时的贵州茅台既无人簇拥，股价表现又疲软无力，上市后就几乎连跌2年。最终在2003年第三季度以持有2年亏损36%的情况下选择斩仓离场，而那个季度却正是茅台开始10年上涨神话的启动点。

大华股份是2009年之后诞生的超级大牛股，在短短4年间创造了20多倍的投资回报。但这样一只牛股，在2008年大盘指数见底并随后展开快1年的大反弹背景中，反弹急先锋的基建股代表中铁二局已经创出了3倍多的涨幅，大盘指数都反弹了1倍多，几乎所有股票都在疯狂的上涨。但在此期间大华股份的反弹却跑输几乎所有股票，成为人见人烦的"僵尸股"。试问在这时有几个人可以继续坚持呢？又有多少人是受不了这种折磨和外面的精彩转身离去，从而与巨大的财富擦肩而过呢？

天士力过去10年的投资回报率高达65倍（以前复权价格算，2003年收盘价0.64元，2013年5月收盘价42元）。但如果投资者是在2005~2007年持有，那么面对着强周期类股票动辄二三十倍的疯狂涨幅，当时天士力的表现只能用不温不火来形容。而且其所走的中药现代化之路，以及将现代中药去迎接fda认证考验的创举都一直存在激烈的争论。甚至在2009年更有院士因利益矛盾而爆料天士力的主打产品有重大副作用等突发事件（最终被证明这一说法子虚乌有）。面对着持有的路上经历的这一系列波折，有几人可以真正在寒冬中依然坚守，并最终迎来春暖花开呢？

巴菲特在1973年大举买入华盛顿邮报，在他看来这只股票的内在价值达到四五亿美元，而当时的华盛顿邮报的总市值不过9 000万美元左右。尽管当巴菲特以1 060万美元买入华盛顿邮报的股票后公司经营持续优良，但到1974年底股价却继续大跌了25%。对此巴菲特也打趣道："我们认为便宜得可笑的股票，如今却变得更加便宜。"但到了1985年底，其对华盛顿邮报的持有最终带来了21倍的收益。

其实类似的案例还有很多，云南白药、金螳螂、万科、双汇……几乎每一个长期大牛股都曾在某个阶段让人心情烦躁或者惊慌失措。看得越多，恐怕就越能理解什么叫"没有随随便便的成功"了。在不进入股市之前无法想象"等待"居然能导致这么大的焦虑，这种焦虑首先建立在可以理解的基础上，那就是股市的不确定性。但更重要的恐怕还是"自由选择的诱惑"，扔掉手里萎靡不振的持股，换入涨势喜人的股票，这一过程只需要几秒钟。有人笑谈"守股比守寡还难"，其实这个难就难在不可遏制的欲望和对未来的恐惧。

选择长期持有的人在我看来在本质上属于乐观主义者，虽然在具体问题上可能非常谨慎。因为一个本质上悲观的人，是不可能对长久的未来有任何信心和安全感的，也就谈不上对公司的长期持有。当然长期持有也有特定的前提，这既包括了对总体社会发展大环境的总体认识，也包括了对具体投资对象的关键业务假设。对这两方面，我们在后面都会有具体的讨论。投资当然离不开一些运气的成分，但一个人在投资上最终的高度和收获的财富，却必然是与其眼界、胸襟、心性、格局呈现高度的相关性。从心态来说，有舍才有得。什么都想抓住的人，最终什么都无法得到；从境界而言，投资不是比谁的动作更快、精力更旺盛，而是比谁看得更深、更远，谁的主动性失误最少。那些被浮躁和贪婪驱使而总是在投资上做加法的人，最终会发现所有的加法都变成了减法。

一谈到长期持有就不能避免心态问题。但投资心态是由什么决定的呢？心态不是靠天天念心灵鸡汤和什么神秘的咒语，也不是靠强迫自己像出家人一样的清修得来的。投资的心态在我看来首先取决于，并且主要取决于是否真正理解了投资的本质。具体就是价值形成的规律，市场定价的规律以及获利的规律。所有失败的"知行合一"，与其说是"行"不够坚定，还不如说是"知"不够到位导致的。同样，没有"知"这个前提，"行"越坚定也许反而越危险，那不过是在碰大运而已。

回顾自己不算长的投资历程，我也确实发现回报最大的没有一个是所谓的"精彩交易"。那种从技术层面来说最值得吹牛的，买了就大涨、卖了就大跌的几次"精彩交易"也确实有，但它们真正带来的回报，无论是从绝对额还是占总盈利的比重来说都是微不足道的。真正为我带来决定性回报的，全都是较长期傻傻持有的结果，没有一个例外。

有人说，长期持有经常就像坐电梯般的上上下下，让人难以忍受。那么我说，当你只想向上爬2层的时候，怎么上去都很好、很方便。但当你的目标是50层、100层的时候，我想你最好还是习惯坐电梯——当然，前提是确保这台电梯最终能去的楼层足够高。

4.6　会买的才是师傅

有一句流传甚广的话叫作"会买的是徒弟，会卖的才是师傅"。然而仔细想想，真的如此吗？

举个例子，如果一个股票的大顶部是80元，那么75元卖出肯定是要比50元卖出成功得多了，从收益率来看前者比后者足足多赚了50%，距离大顶部也只有一步之遥，堪称精彩绝伦。但问题是，如果前者的成本是20元，而后者的成本是10元呢？那么结果就成了，75元卖出的总收益率是275%，而50元卖出的总收益率却是400%。

这样看来，不是卖得精彩才赚得多，而是买的成功才是一锤定音的决定性因素。

不妨再进一步思考一下，是买点更容易把握还是卖点更容易把握呢？对一个价值投资者来说，绝佳的买入机会是具有"金标准"的：那就是上佳的安全边际出现的时刻。在价值思维模式下，当一个企业的价格下跌到具有吸引力的安全边际内，其进一步的下跌将会创造更大的潜在盈利机会。即使在继续下跌的过程中被套产生浮亏，但只要判断正确，这种浮亏不会造成什么影响。就像上述例子中，即使10元成本的投资者曾经被套20%，也丝毫不影响他后面那4倍的收益。

但卖出的时机就相对来说难把握得多。这是因为：

第一，买入的恐慌时刻，价格往往已经反映了最坏的预期，甚至这个价格已经无视这个企业最基本、最稳固的价值底线了，投资者基于企业的某种稳固因素和最低底线是可以做出较为明确的判断的。但追求精彩的卖出则就没那么容易了，越是想距离顶部近才卖就说明越是在靠近市场的全面沸腾和彻底不理性阶段，这个时候股票的估值往往早已脱离地心引力，你很难从企业本身去寻找到继续持有到哪里的判断，只能靠对市场氛围的感觉和心理上的博弈了。

第二，由于安全边际的存在，市场越跌创造的机会越大。而试图在牛市顶部卖出，越接近最终的那个顶点风险就越是聚集。一端是越来越安全，另一端却是越来越危险，你愿意选择哪一端呢？

第三，越是买得贵，心理上就越是被动。这种被动一方面反映在觉得贵所以总有换股的冲动，拿不住自然也就等不到好的价格卖出。另一方面就是由于买得贵，所以后面涨得不够高、不够疯狂那么收益率就不够理想。

就像前面的例子，10元成本的投资者根本不用去判断什么顶部，只要觉得已经高估了、不安全了就可以卖出套现，轻松收获出色的收益率并且同时承担很低的风险。我曾在博客中说过"卖出有多成功其实取决于你买入的那一刻"，就是这个道理。

所以总是强调卖得好的观点，让我想起小时候的一种游戏。那时候过年孩子们都喜欢在手里点燃一个小鞭炮，然后扔到空中爆炸。试图卖在顶端的想法，就像是一定要等到火烧到引信的最后一秒才扔出鞭炮，玩得好确实很帅，但一个不慎就会变成很衰了。

第 5 章
认知偏差与决策链

  人生其实有一件一直都在做的事，那就是认识这个世界。然而世界终归太过复杂，即便是到了所谓的不惑之年也很难说真的看懂了。投资的世界也是如此，投资者的整个职业生涯都在为了"接近事实"并且作出正确的决策而努力。但不幸的是，要想做到这一点真的非常不容易。因为决策所涉及的环节其实比我们想象的要复杂，而在每一个环节上都可能出现重大的认知偏差，从而导致决策中所依据的某个关键假设偏离了事实和真相。

  认识到这种偏离产生的源头，有助于我们在投资甚至是生活中成为一个更加理性、看问题更加全面和辩证并且不易受到虚假错误信息干扰的人。

5.1 隐形的决策链

投资是一个关于决策的游戏,一切结果取决于决策的质量。但又是什么决定着我们决策的质量呢?又有哪些环节参与了决策的过程呢?如果用一根链条表示整个决策的制定过程,那么我想有几个关键性的环节值得注意:

事实

对事物的所有认知都是从观察事实开始的。"事实"一词主要指真实的情况,一切带有主观猜测或者个人判断的及未发生的事件只是可能性,而不是事实。我们的投资分析也是如此,不管是对一个公司还是一件产品的认识,总是从一个事实开始的。没有充分和确凿证据证明和被验证的信息不能被认为是事实。我们从可获知的数据及资料上多大程度上采信为事实,将极大地影响到我们之后所有的逻辑推导,并最终将对决策造成巨大的影响。

事实虽然是真实的,但事实本身也往往具有模糊性和片面性的特点。比如我说"春天花会开"这是个事实,但到底什么花在什么时候开放?花会开的背后是否掩盖了有些花也可能不开?所有的花都在春天开吗?所以,事实只是构成决策的一个基本起点,而且很不充分。

信息

信息可以认为是包含着各种形态(比如声音、图像、数字、文字等)的有意义的内容。对于投资而言,信息是对投资决策能产生影响的各种消息或者资料,"事实"是信息中的一种,但更多时候我们反而是靠得到的信息来推敲某个事实。信息与事实有个非常相似的地方,就是它们都不来自于解读者的主观认知而是一种忠实的接收。但正是因为这点,我们有时候容易混淆信息与事实的区别。比如我们从某个著名的券商研究报告中看到说"某个公司的运营成本是最低的",这属于我们得到的一个信息,需要去验证一下是否属实。但很多情况下这会被直接作为一个事实采纳。因此,信息具有丰富性和真实性不明的特点,一些特定信息甚至还具有时效性。

大量的信息,对于决策链的后续环节具有至关重要的作用,通常情况下我们难以在缺失足够信息的情况下得出正确的结论。所以对信息的收集和挖掘本身甚至都独立成为了一种重要的社会分工和职业,比如第三方调查机构，可见其重要性。但信息的泛滥导致选择同样越来越成为一个问题。

观点

观点是在信息的基础上得出的一个主观认识，从字典的定义"观察事物时所处的立场或出发点"来看，观点的形成不可避免地受到自身利害关系或者喜好的影响。"事实"和"信息"是客观存在的，不以我们的意志为转移的。而观点则是主观的，是可以改变的，更重要的是，是可以远离事实的。因此，从"观点"的形成开始，人们的决策链开始进入主观层面。值得注意的是，人的决策机制与电脑的"逻辑性"差别很大。也就是说电脑的一个结论必须依赖于充分的条件信息才能得出。而人脑却往往出现思维的跳跃性和结论的模糊性，我们可以在对一个事物一无所知的情况下首先依据经验和个人好恶等现存条件，直接接近凭空的"产生一个观点"，之后再去根据这个观点寻找相关的证据信息。人脑的这种跳跃性思维是人工智能至今无法解决的高难度行为，但仅就投资这个小范畴而言这种模式往往带来灾难性的后果。在投资中，预设一个立场及观点后再去论证其正确性，是非常常见的一种决策失误的原因。

判断

判断是对一个事物比较明确的裁定，是很多零散的观点整合后的结果。我们可以看到，一篇对某个事物的分析判断文章，总是试图从一些事实着手，然后罗列相关的各种信息以证明观点，并最终给出一个总体的判断性结论。

如果说在"观点"层面的时候我们还对自己的认知将信将疑的话，那么到达"判断"环节的时候我们会达到一个强烈的自信状态。这种状态是我们进行后续高强度行为的支撑基础。缺乏这个环节的话，我们是无法将其从思维转化为行动的，或者就算到达行动状态也可能非常脆弱敏感而易变。而到达判断这个环节，实际上我们已经完成了一个完整的决策链。

理念

理念并非一个决策链的必备环节，但就其在投资中的重要性而言我还是把它单独列出来。在我看来，理念不是针对某一具体问题的判断，而是在处理大量相似问题和判断经验基础上得出的一种概要性、纲领性的认识。理念具有比"判断"层更强大的自我内核，判断可能被一个直接反证信息所推翻，但理念很可能在面对多个直接反证信息之后依然牢固。显然理念的这一特点既可以带来行动中克服暂时性困局的强大坚韧力，也可能失去纠错的弹性而被固执的阴云所笼罩。

信仰

信仰与理念类似，同样不是针对某一具体问题的结果，也并非一个决策链的必要环节，它可能只是极少部分人才持有的状态。信仰是比理念还要强大得多的自我认同，是认知中最为牢靠的层次。很显然，信仰用在对的地方，将产生强大无比甚至超越肉体和生死的超级能量，但用在错误的地方就会造成远超出普通人理性的可怕的负面效果。当然我要强调，这里讨论的"信仰"只限于投资这个小小的领域而并不涉及其他。

总之，人们的决策链的先后顺序及强度就是沿着"事实→信息→观点→判断→理念→信仰"这几个层次逐渐展开并且自我认同越来越强大的，越到后面的环节对于个人的影响越为深层次和牢固。熟练的投资者善于区分不同阶段并能理性地循序渐进地推进最终的决策形成。而缺乏经验的人则往往鲁莽和草率地对待决策，经常跳跃性的进展（比如在缺乏足够事实和信息支撑下，贸然得出某个观点）。

这里我想特别谈谈，就投资角度而言到底是有信仰好还是没有信仰好呢？我个人认为，没有好。

因为"信仰"在我看来是一个无条件的词汇，但是在投资的世界里我们的一切判断决定都是有前提条件的。信仰本质上是"不可以道理计的无条件忠诚"，而这种倾向实为投资的大忌。无论是对某种投资方法还是对某个具体的投资对象，都是由提出问题开始的，并在这种质疑中寻找方案。

价值投资本身也是在不断的质疑和再思考中发展前进的，投资可以没有信仰，但必须具有理性。理性的目的并不是"穷尽真理"，更不是"认定某个唯一的真理"而是永远保持动态的视角并学会从正反两方面辩证思考。另一方面，要意识到一个人对事物的认识是发展的，有时候10年前看这个问题是一种认识，过了10年就可能完全是另外一种认识了。而如果早早地就把某种层次的认知印刻到了"信仰"的高度，这是否有利于对事物的进一步探索和认识呢？

2012年5月，美国的Facebook上市并引起投资界的瞩目。其中我读到一篇很有意思的文章，谈到100倍PE的Facebook贵不贵的问题。其问"是否相信上帝"来谈信仰，并指出如果是相信它的划时代并持有这种信仰则就不贵。我当时在微博中就忍不住评论："很想说一句您可能忘了'上帝不掷骰子'。2011年10亿美元净利润，极乐观算10年翻20倍到200亿美元利润，20PE为4 000亿美元，10年4倍的复利不过14.8%。打个折扣呢？"结果20年后还不知道怎样，但3个月内Facebook的市值已经跌去整整500亿美元，正好是其上市首日的一半儿市值。也许未来它还有远大的前程，但仅仅因为一种盲目的坚信并支付过高的价格，很难说这是理性的思维。值得注意的是，这篇文章的作者并非普通散户，而是一名专业投资者。这说明即使是受过专业训练的职业投资者，也很容易犯这样的毛病。

当然，也许有人会说，难道对复利在投资中的作用也不可以作为信仰吗？我认为，这不叫信仰而叫对规律的认识。复利是一种客观现象，还有很多投资规律也如此，就像春夏秋冬是一种客观现象一样。但谁会去把四季变更当作一种信仰呢？人们只是认识到，并且尊重这种客观规律而已。

虽然我不赞成在投资中盲目的信仰，但我认为投资确实又需要建立一种认识上的坚定，被当作信仰的往往需要一些"教条"予以约束。比如投资中我们看到很多人就将"伟大的企业任何时候买都是对的"当作一种神圣的、排他性的信仰。而投资者在认识上的坚定，却是基于明确证据可证实的（比如各种投资规律的相关研究数据）各种规律性的总结。我称之为"理性投资的信念"。从投资的角度而言，缺乏这种信念的人往往随波逐流、目光短浅。对以企业视角看待投资、安全边际、价值产生的本质、市场定价机制等投资基石的充分理解和深层次信赖，是建立起强大意志力的关键和前提。而清晰的信念和强大的意志力，正是对抗市场噪音和盲目行为最有效的手段。

5.2　让大脑有效运作

有效决策的基本前提是保持理性。理性这个问题已经多次提到，这里我们再来详细看看到底是哪些问题阻碍了大脑的正常运作？为什么一个非常精明和学识高超的人却作出了愚蠢的决断？下面总结了失败的投资决策中一些常见的问题，它们的综合作用使得保持理性和客观变得不那么容易：

阻碍大脑正常运作的障碍：
- 先入为主的想当然
- 屁股决定脑袋
- 真实偏颇
- 超出能力的复杂判断
- 专业自负与"灯下黑"
- 顽固的心理弱点

5.2.1 先入为主的想当然

林冲的"80万禁军教头"是个著名的招牌，听起来也非常拉风，我小时候一直认为那是个非常高的职位。后来才知道原来禁军中有很多教头，它只是个很普通的职务而已，这就是根据字面意思想当然的结果。

我们在投资分析中也经常碰到类似情况，比如某公司的"行业龙头"地位，听起来感觉很强，实际上可能只是在一个高度分散的市场中销售额的暂时领先而已。既不代表其享有超额收益，更不代表其拥有牢不可破的竞争优势。又比如，常识告诉我们，毒蛇都是三角头和急剧变细的尾巴。大多数情况下这是正确的，但世界上最危险的黑曼巴蛇却长了一个圆圆的脑袋和匀称的身体，与无毒水蛇几乎一模一样。

投资中也面临这种常识偏差，比如我们可能会觉得富丽堂皇、顾客盈门的中高档餐厅一定是利润丰厚的，小小的纽扣制造业则既无科技含量又无什么高附加值，必然只是个赚辛苦钱的。但我们打开全聚德和伟星股份的财务报表，却发现做纽扣的伟星股份的净利润率竟然高于全聚德（12%对比10%不到）。

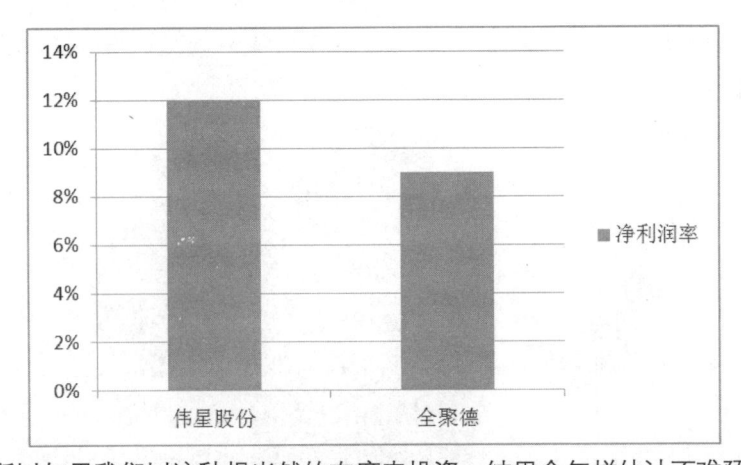

[图表：伟星股份 净利润率 12%，全聚德 净利润率 9%]

所以如果我们以这种想当然的态度来投资，结果会怎样估计不难预料。

避免"想当然"其实并不困难，那就是深入事实，特别是注重"用数字说话"。少谈些概念和主义，多就具体的信息和证据性的数据下功夫，就可以有效避免这个问题。

5.2.2 屁股决定脑袋

有一种常见的情况，就是当我们持有一个企业较长时间并且获得很好回报后，往往会产生一个错觉，好像"我们了解它的一切"或者是"我的选择一直是正确的"。而当不利消息出现后，我们往往难以保持冷静的分析状态，而有意或者无意地去选择有利于我们的信息。有时候这就像著名的斯德哥尔摩综合征（是指长久被犯罪控制的被害者，有可能出现对于犯罪者的依赖感和安全感，甚至产生情感并反过来帮助犯罪者的一种情结），将一种正常的投资选择变为了一种扭曲的依存关系，并视这种扭曲的关系为"忠诚"的象征。以上所有的这一切，都源于利益和立场对客观事实的主动或者不自觉地扭曲。

心理学上将这种现象称为禀赋效应：当人们拥有一件东西后会倾向于比拥有前对其的评价更高。中国古人对此也有一个经典的称谓，即"敝帚自珍"。

所以值得思考的是，一个投资者到底该怎样克服"屁股决定脑袋"的冲动？需要意识到，立场和利益，对于我们认识真相和解读信息是一个强大的对手。在危急关头要保持客观和理性，实在不是一件容易的事情。但正因为不容易，并且潜在价值巨大，所以才更值得去做。所以当我们再一次遇到类似问题的时候，不妨自问一下，我是否保持了冷静和足够的判断力？是否已经开始不自觉地为自己的立场和利益辩护了？你是否意识到了一个问题，即投资的成功并不取决于你多么维护既有的立场和利益，而是有多迅速地站在了事实的一边？**投资者永远不要向任何一个企业表示忠心，更不要成为某个企业在股市上的代言人。当你那么做的那一刻，当你越是享受到这种做法所带来的荣耀和关注时，认知偏差已经开始神不知鬼不觉地控制了你。**

这对于我的启示是，在进行信息搜集的时候要注意对不同观点的兼顾。人都是这样，喜欢听自己认同的声音，到了网络上慢慢就成了一堆看法相同的人互相影响并强化，而对于不同的声音则一概不予理睬。成熟的投资者都需要有一个强大的自我，这是没错的，但这不代表要拒绝思考不同的看法，甚至相反的观点往往是促使我们更加深刻地了解企业的一个驱动力。所以应该以一个开放的心态来看待各类信息，只不过需要一个独立思考和判断的主心骨罢了。

5.2.3　真实的偏颇

在盲人摸象的故事中，4个盲人分别摸到了大象的腿、鼻子、身体和尾巴，由此对大象的形状得出的结论分别是：像个圆柱子、像一条巨大的蟒蛇、像一面墙、像一根细细的绳子。在这个例子中，其实他们都触摸到了真实的情况，但问题在于"真实"有时并不代表正确的答案和事物的全貌。在事物的认知中，我们往往很容易根据自己所经历和接触的那点儿"真实情况"就对这个事物的整体草率地下了一个偏颇的结论。更糟糕的是，正因为自己所触摸的是绝对的"真实"，所以对此更加异常的坚定，从而更加容易失去改正错误的机会。

北京电视台有一个"第三调解室"的节目，经常调解一些邻里或者家庭的纠纷。我看这个节目的深刻感受就是，一开始看一方的陈词时觉得他们实在太委屈、太被欺负了。

如果这个时候调了频道，可能这一印象就会永远停留在脑海中。但只要等到另一方出场陈述矛盾，马上会发现原来事情没那么简单，刚才那一方也有很多问题，只不过被隐瞒或者轻描淡写了。2012年陈凯歌导演的《搜索》也是反映一个"真实但片面"的信息在被无限放大后是如何造成危害的故事。

在互联网时代，信息更新的频率非常高，有时为了抓住大众的注意力，很多信息就会被进行一些刻意的加工或者人为的取舍，这也绝非仅在投资领域才会出现。这里我特别将芒格关于不要让意识形态参与进理性思考的劝告放在这里，他说："要避免极端强烈的意识形态，因为它会让人们失去理智。年轻人特别容易陷入强烈而愚蠢的意识形态当中，而且永远走不出来。所以要非常小心地提防强烈的意识形态，它对于你们宝贵的头脑是极大的危险。"

对于意识形态的狂热和执着，是制造偏见和愚蠢最有利的工具。古今中外的历史上由狂热的意识形态而造成的人类悲剧已经太多，只不过每次的口号和打着的旗帜不同罢了。本着对自己负责的态度，以及避免沦为被操纵的乌合之众中的一员，保持高度的理性并远离极端强烈的意识形态可能是非常必要的。从投资的角度而言，一个事物的全貌往往是由多个"真实"拼接出来的，不要贸然因为某一个局部的真实而对整体草率地下结论。是否懂得耐心围着大象多转几圈，多触摸更多的一些真实然后再得出结论，并且保持着持续的观察和修正错误的能力，是区分理性投资者与鲁莽草率者的一个典型标志。

5.2.4 超出能力圈的复杂判断

在投资决策中有一个容易被忽视的问题，那就是：对于复杂的事物不要自以为是地轻易建立逻辑关系。

由于事实离大多数人的接触面较远，所以很多情况下我们是经多方面采集信息，然后再根据自己的经验去推导事实的，而这个时候被推导出来的结果有可能不是完全的事实，而是符合逻辑性的猜测。某些猜测由于所获得的边界信息较清晰且互相依托，可能较为可信，比如：我们知道了一个企业的营业成本中的80%是煤炭成本，又知道了市场公开煤炭价格已经自去年年底开始，至今持续下降了10个月，跌幅巨大，并且知道产品并未跟随降价也未有其他成本项目的大幅上升，所以我们可以合理推断，这个企业今年的营业毛利率可能会有明显的上升。这里的约束条件包括成本构成比例，煤炭价格下降的幅度、时间，以及产品价格的稳定性，这几个信息互相间有直接、明确的经营和财务对应关系。

但另一些情况下，我们所获得的信息互相的支撑性不是那么明确和直接，或者涉及的变量因素过多，比如：我们知道了发改委将推动建筑节能减排的长期规划，也知道某个企业的产品属于节能减排的绿色建材产品，是直接受惠的，还知道公司正打算扩张产能以迎接这个长期的利好。表面来看，似乎这几个信息互相验证，逻辑一致，应该可以得出"业绩将上涨"的结论。但这几个信息之间并没有形成直接明确的对应关系，比如：

（1）长期规划到底有多长？到底涉及哪些品类？公司的产品又归于哪个品类？

（2）最终影响公司业绩的，是仅有发改委的规划吗？市场当前的供需状况如何？竞争对手情况如何？直接影响企业盈利的各项成本和费用趋势又是怎样的？所有这些信息仅仅是泛泛的、弱关联的、不具有直接明确的经营和财务对应关系。

不幸的是，无论是股评家们还是各种股票论坛里，到处充斥的正是这种类型的信息。试想如果不理解事实、信息、观点的区别，也无法认识到相关信息之间的差别，恐怕就很容易被这种噪声影响，进而失去正确的判断了。

经常出现的另一种误解在于，认为严密的逻辑性代表着正确的决策。事实上分析的逻辑性只是思维的程序，但却并不表明其正确性。因为任何逻辑都是依托在特定的假设条件之上的，一长串逻辑推理中的任何一个重要变量出现错误，都可能得出一个"逻辑严密的错误"。

所以，寻找经营的变量因素更少，更加容易理解的生意，才是提高投资成功率的关键。而能否将投资的结果与精确的市场预测进行脱钩，更是体现了投资层次的高下之分。

5.2.5 专业自负与"灯下黑"

无线电没有未来。比空气更重的飞行器是不可能实现的。X射线将被证明是一场骗局。

——物理学家开尔文爵士

原子炸弹永远都不会爆炸。我以爆炸物专家的身份宣布。

——海军上将威廉·李海

当你看到以上论断的时候，可能会不禁一笑。但在当时那个年代来看，这些权威人物的专业判断是严肃并很容易让普通人深信不疑的。当然科学技术问题最终将随着时代的前进和科技的发展得到答案，而在投资的世界中与之类似的现象却引人深思。

投资实践中经常出现的一个现象是：对于自己所从事的专业领域内的企业，通常都不会去投资。乍一看这是个很奇怪的现象：通常来说如果一个人在某个行业领域内有较长时间的工作经历，应该说对于行业的"事实"以及"信息"都有相当宽度和深度的掌握。如果从能力圈的角度而言，似乎这更应该使得人们倾向于投资自己熟悉的专业，可为什么很多人却不愿涉足其中呢？

我想，这可能与前面提到的"真实但片面"有很大程度上的关联。比如一个负责发放贷款的银行职员，由于他在工作中会看到贷款审批工作出现的纰漏，甚至是制度性的漏洞，那么就在其脑海中开始建立一个"银行贷款的风险很大"的观点，而这一观点随着工作时间越来越长和看到的案例越来越多而产生强化，最终这种观点可能形成一种牢不可破的判断，即：银行股真的不能碰，背后的猫腻太多了。同样的例子可以发生在各个行业，简单的解释是"灯下黑"，因为站得近所以反而看不到亮点。

但我相信更深层的原因在于，绝大多数的专业人士正因为要培养专业性，所以必须在一个足够细的分工领域上看问题，这让他们沉淀了针对性的专业知识，但也大大阻碍了其看待企业和行业的整体性视野。他们的很多具体看法都是正确的，但同样又都是高度局限性的。更重要的是，这些专业人士忽略了一点：投资本身就是一个专业。企业的价值创造能力不能脱离细节，但它绝非无数细节的简单拼凑。如果不懂得企业价值的源泉和高价值的基本原理，那么掌握再多的行业专业知识也很难在投资上获得成功。

对于投资者而言，就一些专业问题向有经验的行业资深人士进行请教是有必要的，这能够帮助我们更好地触摸企业运作的脉络，增强一些感性的认识。但同时也要注意避免"专业崇拜"，更不要以专业人士的只言片语去认识企业的真实价值。还是那句话，多从不同的渠道获得更多的声音，并且善于将这些具体问题安放在企业价值这座大厦中的合适的位置。既不能小题大做，又要有足够的敏感度。这个"度"正是投资者能力级别的体现。

5.2.6 顽固的心理弱点

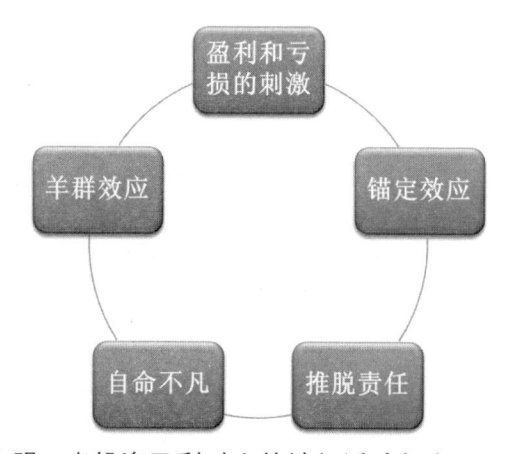

环形图包含以下节点：盈利和亏损的刺激、锚定效应、推脱责任、自命不凡、羊群效应。

科学研究表明，当投资盈利时人的神经活动与瘾君子非常相似；而在人类的大脑中，对财务损失的处理和对死亡威胁的反映发生在同一区域。可见，股价涨跌所带来的盈利与亏损值的变动，在生理上可以造成极大的刺激性感受。所谓的"三根k线改三观"实在并不夸张，很多人在股市中真的就像是被股价这根线操纵的玩偶，永远轮回在狂喜、愤怒、悔恨、得意、恐惧和贪婪中难以自拔。这种强烈的生理刺激可以轻易让一个高智商的大脑短路并且做出愚蠢的选择。克服这种弱点，需要认识到投资的收益与什么相关？与什么不相关？换句话说，需要突破投资的那层"窗户纸"。认识基本的投资原理是基础，更重要的是"知行合一"，这既需要不断加深投资上地学习，也需要有意识地强化对情绪地自我控制。

锚定效应是一个心理学名词，指的是人们往往易受第一印象或第一信息支配，就像沉入海底的锚一样把人们的思想固定在某处。比如一件标价2 000元的衣服消费者可能觉得贵，但再标一个打折后900元的标签，很多人就会认为便宜了——即使这件衣服原本只值500元，但之前的高价印象已经将消费者的心理锚定在很高的层次上了。股市中一只股票没有上涨之前即使很便宜也没人感兴趣，因为总觉得它"涨不动"，而一旦成为大牛股之后哪怕只是从高昂的价格回调一点儿也会被认为是"介入的良机"，这就是典型的被其当前的走势和价格设定了心理暗示。克服锚定效应就是要克服惯性思维，首先必须养成向前看的习惯，具有前瞻意识。另一方面就是避免价格和走势的干扰，只看事实依据而不要猜测市场情绪。

推脱责任也是在股市中很常见的情况。典型的表现是怨天尤人、自我安慰，从来不正视自己失败的原因，总是习惯性地寻找外部的借口。一个不懂得自省的人是很难在股市中成长和存活的，人在心理上天然地抗拒承认自己的失败，失败会带来痛苦感而找别人的借口可以缓解这种痛苦感，这其实很正常。但在股市中最怕的就是自欺欺人，承认失败的原因来自自身可能会带来一时的挫折感，但这种行为也带来了改善的希望。人其实没必要对自己撒谎，市场也很忙碌，没人会关注你的感受和面子。克服这种不舒适感最终会赢得真正的尊重，而不断地推脱和开解只能让自己变得更弱小和失败。

曾经有一个心理学的调查表明，受访的司机中有8成的人认为自己的驾驶水平是高于平均水准的。这个结果很好地展示了人性中自命不凡的倾向（特别是男性）。我们总是过高地估计对于某个事物的认识程度、过低地估计环境中不确定性和潜在风险。让一个人在股市失败最快的方法是一进入就输掉一大笔钱，但让一个人在股市中失败得最彻底、最惨痛的办法却是让他刚进入时很轻松地赚一大笔钱，因为这能将这个人心理中的狂妄自大激发到最适合毁灭的程度。要克服这种顽固的心理弱点，最重要的就是拿出一张表，在上面记录下自己最不懂的那些东西，并且认真地记录下自己的每一笔错误。更重要的是学会用"概率和赔率"的思维来看待问题，学会把安全边际作为一种行为的习惯。

在另一个心理学家的试验中，安排一个人站在街上抬头仰望天空，这时大多数人都径直从他身边走过。之后又安排了5个人同时抬头仰望，这时有4倍于上一次的人停下脚步跟着抬头看。当安排15人看天空时，几乎一半路过的人都会加入这一行为。另一位神经科学家利用核磁共振研究当人们面对群体意见时的脑部活动，结果发现人们在面对群体性的不同意见时真的会因为群体的反对而影响到自己的认知。这正是投资中常说的"羊群效应"。这种心理来自于两种不同的原因：

一种是被孤立的恐惧感和孤独感，与群体意见的不一致往往带来更大的社会压力。

另一种则是由于与群体的选择不同而真的怀疑自己的判断。在股市中，群体作为一个虚拟的存在却拥有真实的影响力。通过互联网，这种力量更是汹涌无匹。不被群体的意见所左右需要自己的"主心骨"，而这种主心骨的稳固和自信必须建立在学识上超越市场平均水准之上，否则是谈不上什么理性的独立思考能力的。

这里描述的仅仅是投资中最为常见的一些心理弱点，实际上真实的情况要比这些复杂很多。我个人感觉投资者应该花心思去研究行为金融学和心理学方面的一些著作。也可以说，行为金融学及心理学、专业财务及证券分析、投资史及社会发展变迁这三大领域，共同构成了投资世界中最重要的三座知识高峰。

5.3 跨过信息的罗生门

在投资决策中要处理大量的信息，人与人的判断也在这个处理过程中逐渐差异化。高质量的判断标准是更靠近事实的整体并能由已知信息推导出高价值未知信息。而低质量的判断正好相反，它们离事实的整体越来越远，并且只能停留在信息的当前范围内而无法对未来进行任何有效的指导。

互联网时代虽然为信息的传播建造了一个空前高效和高容量的载体，但信息发布的随意性和方便性也导致了大量信息真伪难辨甚至互相矛盾，这个现象不管这些信息是来自某些群体的观点的汇集，还是一些盈利机构的独立调查，都不能100%的避免。

黑泽明的《罗生门》很生动地演绎了不同渠道得来的信息是怎样就一个事实而展现出多种不同的风貌的：真相只有一个，但是每个证人的目的并不相同。为了美化自己的道德，减轻自己的罪恶，掩饰自己的过失，人人都开始叙述一个美化自己的故事版本。就这样，荒山上的一个惨案，成了一团拨不开、看不清的迷雾。以这个故事来看，信息量不可谓不大，而且信息的来源也非常多面且具有权威性，但反而越描越黑。

投资者的处境有时比这部影片中想要知道真相的巡查法官好不到哪里去。在信息收集整理和分析的过程中，需要理性的思考以得出正确的判断。这需要我们了解信息逐渐产生偏差的主要问题所在。

5.3.1 利益与立场的干扰

市场经济下，任何重要的信息可能都包含一定的潜在经济价值。特别对于证券市场而言更是如此，因为市场处于随时都在动态定价状态，对于各种信息的反映往往是非常迅速的。这就给一些希望利用这种特性和信息的不对称的时间差来获取利益的人提供了机会。特别是互联网的普及，让信息发布变成动动手几秒就能传递到大量的受众面前，信息发布的成本非常低。而且对于主观制造非真实信息的处罚难度很大，这也在客观上进一步助长了这种行为。

1999年美国的纳斯达克市场，几个人以每股0.1美元买入了一家名叫NEI Webworld的破产公司的股票，共买入了5万股。然后他们利用一个周末的时间，在3家最重要的财经网站发布了500多条假信息，声称这家公司即将被收购。结果周———开盘就是8美元，当天最高价甚至达到15美元，这几人趁机脱手套现。而很快，信息被证伪，股价再次跌回原点。这个案例听起来似乎很离奇，简单的离奇效果好得也离奇，但现实世界就是最好的导演，精彩故事总是超出我们的想象。

在2012年年末，在A股市场最吸引人眼球的事件莫过于白酒企业陷入集体的"塑化剂风波"。这场以酒鬼酒塑化剂检测严重超标为导火索，以茅台、五粮液也深陷信任危机为高潮的事件，短短几天内就导致了几百亿市值的蒸发。下图为酒鬼酒从最高点61.45元（2012年10月19日）到27.09元（2012年12月4日）的股价走势。

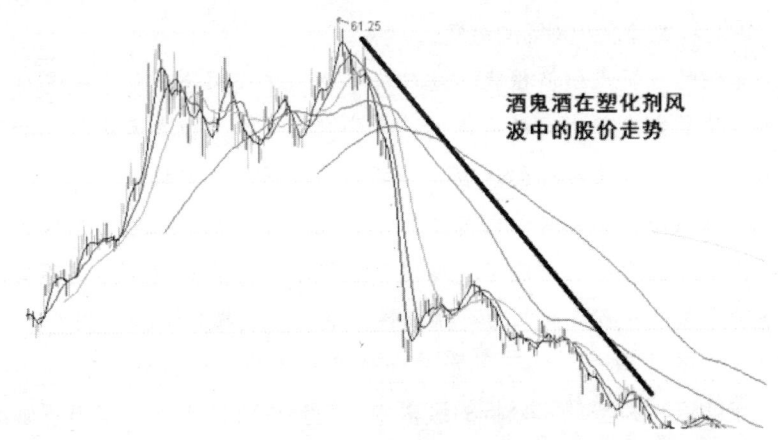

酒鬼酒在塑化剂风波中的股价走势

在这个过程中，最扑朔迷离的就是各种检测报告之间的矛盾甚至针锋相对，今天出来一个某品牌酒确认没有塑化剂的检验，明天就蹦出来一个它塑化剂超标几倍的报告，过1天又出来一个不超标但是验出有塑化剂的结论。同样的酒，同样的检测项目，很简单的事情为什么会出现这么多结论呢？这时投资者面临的疑惑，又与《罗生门》中断案的巡查官有什么区别呢？

以上两个案例，都有力证明了信息发布者的立场和利益是如何在真相上纠缠不休制造麻烦的。这一特性提醒我们要谨慎地采纳信息，并且对于信息与发布者之间的利益关系保持一种敏感性。更重要的是，尽量确保一笔投资决策是建立在一个基本面的长期趋势上，而非碎片性信息的组合。这样就更不容易被突发事件和不明信息所干扰。

5.3.2　保持信息的客观完整

无论是在古代的衙门还是现代法庭上，对于一个案件的审理至少需要原告、被告双方的证词，除此以外还要尽可能寻找涉案相关人证提供更多的证据。这其实就是一个确保有效信息范围的过程。如果我们的信息只反映了事物的部分情况，而遗漏了对于这个事物形成判断的其他部分，就可能形成一个"真实但片面"的判断。

和这个世界上的很多事情一样，很多事情你做好了有增益，但做不好反而自乱其身。扩大信息范围也是如此。一些人非常注重信息的收集，甚至努力去获取一些别人得不到的"内部消息"，这恐怕又制造了新的麻烦。如果一个人站在大厅里对100个人说某只股票下个礼拜会暴涨估计没人会相信。但如果这个人只凑到你的耳边小声告诉你，之后还神秘地叮嘱你不要告诉其他人的时候，这个信息的可信度似乎一下子就倍增了，这就是"内幕"的魔力。

对于内部信息我的看法很简单，大多数的内部信息不如没有，因为它的存在一方面非常不靠谱，另一方面在其本身不靠谱的基础上还会给投资者一种特别靠谱的假象和心理暗示，两者相加就可以直接制造一个惨案了。当然有些信息是公开资料所无法披露的，但却可能很有意义。比如一个企业对待员工的态度，员工是如何看待自己的公司的，以及客户对企业的产品服务的感受，或者是管理层对于一些业务或者行业发展问题的理解，企业家的一些创业故事，企业发展过程中的一些重大关头企业家是如何决断，为什么能够做这么艰难的决定等，这些"内幕"我就非常感兴趣，也是我很希望获得的信息。

另外，我想特别强调一下对待信息保持一种客观性的重要。当一桌人围坐在一起谈话的时候，我们可以试着想象一下自己飞出了躯壳而飘荡到了空中，从天花板向下看着所有的谈话者，你就会有一种新的观察视角，不是陷在具体的对话中而是能更好地观察到整个谈话过程中每个人的状态和谈话的整体发展。这个视角下你会发现对每个人（包括自己）说出的话都会更加客观对待，更注重讨论的实质内容而不是语言上你来我往的争论。

客观性的最大障碍还是个人的主观意识，其中的主要问题可以参考《让大脑有效运作》一节中的内容。

5.3.3 解读能力的天壤之别

福尔摩斯总能从现场的蛛丝马迹中得到案件真相的关键，并以此为基础进一步挖掘出背后的真相。而一个普通人（哪怕是有较多行业经验的警察），即使像福尔摩斯一样到同样的现场调查，却无法洞悉迷雾背后的真相。信息量及来源都完全一样，结果的差异完全来自于解读能力的不同。

我将投资中的信息按照获得的困难程度划分为三个层次：已知，可知，未知。下图的左右部分分别体现了两种截然不同的信息解读能力：

已知的信息	
通过大量地阅读和信息收集，充分掌握已知的重要内容和线索，对事实和状况了然于胸	不重视基础的资料收集，缺乏持续性的信息积累，对于事实的掌握支离破碎甚至一知半解

可知的信息	
通过对已知信息的有效组合和分析，进而可根据商业及财务的一般规律掌握更多的可知信息	除原始信息缺陷外，更缺乏企业分析的基本技能，无法由直接的信息分析出有意义的内容

未知的信息	
在已知和可知信息基础上，对于未知的重要信息进行高度逻辑性及谨慎地推断和演算	对未知的信息完全建立在情感和想当然的基础上，对于未来总是过分夸张的演绎和轻率猜测

优秀的投资决策特征总是处于图中的左侧，而右侧则代表了大多数失败决策的状态。我们知道投资是一个关于未来的游戏，谁能够对于未来有更清晰和前瞻性的认识谁就可以占据主动。但这种对未来的认识，绝大部分都是基于对过去规律的理解和现状的衡量。

更好利用信息一个前提是能将信息进行合理的分类，没有类别从属的信息通常都是面貌模糊并且难以将其在企业分析的意义中有效的定位，自然也就不可能对认知有真正的帮助。在我看来，可以将所有企业的信息分成三种情况进行收集和解读：

信息的分类	说明	主要来源
生意特性	能描绘出其最本质的特征的信息属于第一层次。比如核心的经营数据、业务上的重大特征、企业面临的竞争环境和行业特性等	企业上市招股说明书 年度财务报告 券商报告
重大影响	可能明显改变对企业的认识，或者极大影响到其未来经营活动的信息	新闻报道，行业期刊、网站 券商报告，年度财务报告
加深认识	可以帮助我们更好地理解、观察公司业务进展或者经营情况的信息	年度财务报告 投资者关系网站 现场调研

其中，生意特性是接近一次性的工作，因为一个企业的生意特性不可能两年就变化一次，相对是稳定的，只不过可能产生具体的业绩周期波动而已。而重大影响和加深认识方面，就必然要持续性地进行了。刚开始的时候，可能无法很熟练地进行分类或者解读，但随着对企业各类信息掌握越来越丰满，对于行业的运行规律和企业的运营特点越来越熟悉，就会提升对信息的敏感度和解读力。这两者是相辅相成的。

5.3.4 从信息碎片到框架分析

说到底，克服认识偏差和决策链过程中信息扭曲的根本方法可能在于两点：

第一，搞清楚并且强化自己的能力圈，坚持待在自己的能力圈范围内。

第二，建立起一套有效评估企业价值的方法体系，对生意、企业、投资建立起框架性的思维方法。

前者能够让我们避免在陌生的地方犯重大且不必要的错误，后者可以帮助我们从纷繁的信息海洋中找出最关键、最有价值的线索。能力圈的概念已经广为人知，但对于企业价值分析框架和方法论的讨论似乎还很少。

"事实"和"信息"无论多么精细或者专业，其根本上都属于企业基本面的范畴，但仅仅对企业的基本面进行大量地收集远远谈不上企业价值分析——价值分析必须首先明白价值是怎样创造和毁灭的，然后才去有目的地搜寻和组织相关信息。就像精确制导炸弹，不在于多而在于准。普通的基本面分析，却只不过是广泛撒网并捞起来一大堆的信息碎片。

按照一定的方法将这些基本面资源进行分门别类，使得其能更好地展现企业的价值特征和整体的价值轮廓，才是有意义的分析工作。投资的专业性就体现在，投资者是否掌握了这种对大量信息进行有序组织、构造合理的思维框架？

想象这样一幅画面：一支有几万人但缺乏有效组织的军队，虽然每一个人都很努力地要做点儿什么，从微观来看也确实在做一些事（比如烧饭、磨刀），但从宏观来看这无异于乌合之众：互相之间没有角色分工、没有有效配合，每个人都像无头苍蝇，特别急需的岗位可能无人坚守而不太重要的地方挤满了人，相互之间不但无法形成合力甚至连谁说了算都不一定，每个问题都吵吵闹闹却难以决定。而另一边，也许只有几千人，但在这个明确的分工体系内，他们仍配合默契，每个人都知道自己的任务，知道如何发挥出1＋1>2的集团作用，甚至有着熟练的指挥方法。试问，前者虽人多势众，又如何是后者的对手呢？

对于一个缺乏有效训练的人而言，突然接触到海量的信息有时候并不一定是件好事。企业的分析不是不需要细节，而是需要找到根本之后再去填充细节。就像总要先有树干再长树叶。树干就是"企业价值分析框架"，而树叶才是"各种信息和细节"。我们的"判断"是要基于整个树木的情况，而不能基于树叶更不能只因为一两片树叶变色了就下结论——虽然，这几片树叶的变色本身确实是一个千真万确的"事实"和及时的"信息"。

从我接触到的一些优秀投资者而言，我发现他们并非对所投资企业的方方面面都事无巨细的了解，但他们都有一个共同的特点，就是对这个企业经营的要害和未来是否值得投资的关键点非常清晰。总之，如果仅仅停留在这些支离破碎的信息碎片层面，很可能被误导或者一叶障目，而导致进一步的判断失误。有关企业价值分析的基本框架和思路的问题，正是下一部分将要展开的内容。

投资感悟：微博摘录（一）

- 当一个人开始觉得自己看市场"很准"，有某种预测市场的"天赋"的时候，这个人就开始为自己的大败埋下种子了；当一个人开始意识到预测市场波动是徒劳的时候，他的投资意识就开始觉醒了；当一个人决策时放弃"一定会怎样"而拾起"概率和赔率"的时候，他的投资就得到一次升华了。

- 为什么这个世界上永远没有一种在任何情况下都能战胜市场的投资方法？因为市场的偏好和偶然性是无穷尽的，但是每个人的能力圈却总是有限的。为什么价值投资又具有穿越时间周期的可持续有效性呢？因为不管市场的偶然性多么不可穷尽，其建立在企业内在价值和溢价机理的必然性终会反映在价格上。

- 我们总是容易过于关注结果或者目标，而容易忽略达到结果和目标所必需的努力过程和正确的方法。这就很像一棵大树，总是幻想诱人的果实出现，却不去思考和行动让自己真正茁壮起来。其实，最重要的不是预测什么时候开花结果，而是确保自己能一直在生长。

- 世界上最奇妙的反应可能有两个：男人遇到女人或大脑遇到金钱。前者让无数英雄竞折腰，后者让无数聪明人变昏头。谁也不能保证在这两种反应中始终保持正确和清醒——否则就不是人了，至少不是凡人了。若想不犯太愚蠢或致命的错，只需要告诉自己"别太耍聪明"就行了。

- 以普通人的智慧很难预测哪里是顶和低，但应足够判断出是否够便宜或者太贵；以普通人的智慧也许说不清最高明的策略是什么，但至少应该知道最愚蠢的事是哪些；以普通人的智慧肯定把握不了所有的机会，但总可以把握到能把握的机会。放弃天才思维，发挥普通人的智慧，很多事情就会变简单。

- 投资的大多数时间都是在等待中度过的。无论是买入后长期持有与企业共同成长的守候，还是等待着比较合适的介入机会，都是如此。时间，是炖"财富自由"这道大餐的基本条件。迫不及待试图去减少火候，从慢慢炖改为大火爆炒，快是快了，但最终吃到嘴的是什么味儿，就很不好说了。

- 90%的人相信一件事情不是因为它是真的，而是因为他愿意相信。操纵大众智慧的最高境界，就是让被操纵的每一个人都觉得自己是智慧的。芒格说："在拿着锤子的人眼里整个世界就像一枚钉子。"每个人都活在自己的世界里，与完整的真实世界到底有多高的契合度，取决于那个锤子有多难放下。

- 在几乎任何一个职业中，你都会不断碰到比你更专业、更聪明的人，而你要想再上一个台阶也就被迫必须与他们竞争。似乎只有证券投资这行，你根本不用担心这种情况的出现——只要确保自己坚持做对的事情，最厉害的家伙也无法阻止你的成功，而且你会发现自己的竞争对手永远没啥长进。

- 证券投资存在着有趣的"很专业的跑偏"现象。比如每天早上都要开例会研究国内外最新经济政治动态，每月都在为下一个月的"版块机会"绞尽脑汁。如果一个投资敏感到了每天的政策和经济变动都要操心的地步了，总是出现过劳死也就不让人奇怪了。有趣的是，这种跑偏往往还成了"专业素养"的代名词。

第二部分　发现价值

第 6 章
揭开价值的面纱

当我们说到价值投资的时候，首要的一个问题自然就是：什么才是价值呢？对于价值的认识，不但是践行价值投资的一个基础，也是投资中很多深层次问题的根本源头。比如，当我们要考虑对一个股票估值的时候，同样会回到"公司到底价值几何"这个原点来。

所以，在发现价值前，让我们先去揭开价值的面纱。

6.1 透视内在价值

在一个价值投资者的投资生涯里，可能要上千次地遇到内在价值这个词。也许是这个词确实过于"内在"了，所以很多时候我们对其有点儿似懂非懂。当然，查一下网络搞懂它在学术上的定义并不困难，但仅靠生硬的学术名词也许并不能对我们的投资有什么帮助。下面，我们将尝试着从多个角度来解读它真正的含义。

6.1.1 不同语境下的价值

提到价值，我们首先要分清楚它在不同语境下的含义。从投资的角度而言，我们经常需要接触的"价值"有三种：内在价值，市场价值（股票市值）和账面价值（净资产）。

1．账面价值

账面价值（公司的净资产）是最直观但又浅薄的视角，它反映的是一种静态的当前资产净值的会计结果（这一结果并不代表是"真实的"，因为资产的会计计价是历史成本法，这将导致部分资产的现值并不是其真实变现价格的反映——比如过去低价获得的土地物业可能被低估，而设备、库存等资产可能被大幅高估。另外一些诸如交易性金融资产、商誉等资产类别则往往受到股票市场波动和企业经营波动的影响而可能出现较大的重估）。

说它直观是因为它有一笔笔清晰的数字记录在资产负债表中，并且可历史追溯也有会计附录来详细探寻，它毕竟不是一个完全靠估计或者推测得来的结果，并且如果企业不立即发生大的经营变动那么这一结果往往还具有一定的延续性和稳定性。

说它浅薄，是因为净资产本身并不完全反映企业的经营状况。净资产的结构和样貌可以部分体现当前企业经营在财务上的一个阶段性结果，比如现金充裕、资产结构合理、预收款订单充裕、应收账款极少、负债很小等，这确实反映了企业的当期情况比较从容。

但需要注意到，企业的经营是动态的，特别是如果将一个企业经营的整个生命周期都考虑进去的话，那么某一个会计期间的一个静态景象的意义可以忽略不计。不管当时这一数据是如何靓丽或者糟糕，也许这只不过是企业处于不同的行业景气区间中的暂时性反映而已，又或者也许它不过是受到了一些偶然性或一次性的外部环境刺激或者财务事件的影响而已（比如当期正好一个项目的大订单进行了交付获得了回款——导致应收账款大幅下降及银行存款大增；又或者在本会计期间内恰逢牛市，其所持有的大量交易性金融资产的公允价格大幅上升，从而剧烈拉高了净资产总额）。总之，账面价值对于一个企业的评估具有较好的直观性，一定的稳定性，以及过于静态和易被粉饰影响的局限性。

2. 市场价值

市场价值，或者说企业的股票市值，是这个企业在资本市场上得到的定价。作为普通的二级市场投资者而言，我们的主要投资回报都是以市值来兑现的，脱离了市值来谈价值是不切实际的。甚至对于企业家而言，市值的高低，以及市场定价相对于企业账面价值的溢价（PB，市净率）的多少，也是衡量一个企业经营是否成功的重要因素，同时也是企业家个人财富的最主要载体。市值是如此重要，以至于每天在市场中无数的人就是追逐着股价的每一次涨涨跌跌。对于相当多的人而言，进入股票市场的唯一目的就是追逐股价。从市场价值的重要性而言这似乎无可厚非，但也许他们忽略了一点，而且是至关重要的一点：股票市值只是个结果而已，股票价格是股票市场对于企业的一个定价。而这个定价并非是一成不变的，恰恰相反，这个定价的变化之剧烈往往让人瞠目结舌。

所以，只追逐价格本身等于在做一件"重要但是不可能"的事情，因为你搞不懂为什么它会变，它的内在驱动因素在哪里，所以就不可能理解到它的运行规律，而只能被价格牵着鼻子走。这正是股票市场总是让大多数人既感到兴奋刺激最终又沮丧的原因所在。

3. 内在价值

市场价值是被什么所决定和牵引的呢？答案是：内在价值。

内在价值与账面价值、市场价值最不同的一点在于，它是看不见、摸不着的。没有任何一个财务报表或者统计数据可以告诉你，某个企业的内在价值是多少。市场价值高的企业内在价值未必高，市场价值低的企业内在价值未必低。因为市场价值是个多动症患者，它总是一刻不停地围绕着内在价值进行着波动。它并不是内在价值的前瞻性指标或者某种暗示，甚至有时候这种市场定价会与企业的真实内在价值产生让人想不明白的偏离度。

6.1.2 职场与现金流折现

那么内在价值到底是什么呢？巴菲特给出了经典的定义：企业在经营的生命周期内所获得的现金流的贴现值。

这听起来是一个让人昏昏欲睡的学术概念。我们不妨借巴菲特曾经用过的一个比喻并稍加修改后来进行一个形象化的理解：假设一个人完成了所有的学业并参加了工作，那么他为了完成这些学业而付出的所有成本就是"账面价值"——包括学费及为了学习所产生的各种杂费等。他的学习成本是用历史计价的，也表明了其为了获得今天的职业竞争力所产生的一个资本。而他进入了职场，所获得的工资额就是他的"市场价值"，这是市场化的职场对他所能胜任的工作，以及这份工作的复杂度、创造的价值等各方面的一个综合评估。那么，从参加工作到最终职业生涯结束这一漫长的过程中，他所能获得的所有的职务性现金收入的总和，就是他的"内在价值"。

很显然，这里面比较确定的是账面价值（已经成为历史成本，但也可能在未来的工作中继续进修，以及可能获得新的稀缺的社会认可的头衔，比如教授、职业会计师等，所以其内在价值存在进一步修改的空间）。不太确定的是"市场价值"，因为随着个人能力的增强、专业经验的积累，或者是客户资源、人脉等稀缺资源的拓展，他可能会一步步地从普通职员，到高级职员，到经理，到总监，也可能从一个小公司跳槽到了世界500强，或者是从原来的纺织厂转移到了金融投资领域……

显然每一次职务的变动或者职业领域的变化，都会导致其市场价值的明显变化。而其一生中所经历的这一切职业生涯的波动，以及这一过程中所有得到的职务性现金流入的总和（可能包含了工资、奖金、期权、政府津贴等，但不包括与个人奋斗无关的其他收入因素，比如因突然多了个富豪的亲戚而得到一大笔遗产或者彩票中了头奖）就构成了这个人的"内在价值"。

从这个例子中，内在价值依然是不确定的、模糊的，但它已经可以给我们一些具体的启示：

> **内在价值的根本是能力**
> - 一个能力不断发展的、能够使自己获得更大成长空间或者更优厚前景的人（公司），有望获得更好的市场定价，其所蕴含的内在价值也更大

> **内在价值必须得以货币化**
> - 一个人（公司）所能产生的社会效益和经济效益，最终必须以货币化的形式体现才能归纳为投资意义上的内在价值

> **内在价值是长期成功的汇总**
> - 内在价值并不取决于某一阶段的表现，而是长期结果的总计

需要说明的是，这里仅就投资谈投资，我并不认为一个人的价值是体现在金钱上的成果，其实个人金钱利益的最大化往往导致灾难。这里仅仅是为了将抽象的概念形象化的一种说明，这也是个人的人生价值与企业投资价值上一个根本的不同之处。另外，影响内在价值实现的因素非常复杂，对于大多数的人（企业）而言，对其进行内在价值的评估是极其困难的（如果不是不可能的话）。但对于特定条件的对象而言，这种评估是可能的。这点后面我们会详细展开讨论。

以上的例子我们说明了内在价值的基本含义，而这其中还存在一个"折现"的概念。这就相当于前例中的学生，在走向职场的那一刻，你出一个价将其未来可能创造出的所有的职务性收入都买断。比如你预期他可以工作40年，前10年的净现金所得是5万元，中间20年的平均是10万元，最后10年是15万元，总共是400万元的现金流入（已经扣除了各类支出，属于纯现金的流入）。

但是你不可能出400万元去买断他的职业生涯。第一，这样你没有任何赚头。第二，你现在付出的400万元是现金，而估计他可以赚得的400万元存在太多的不确定性。第三，现金是具有时间价值的，今天的400万元通过合理地投资在40年后可能变为几十亿元，或者说40年后的400万元考虑到通货膨胀和投资其他领域的机会成本肯定在今天不值这么多。考虑到当前5年期国债的收益率是6%出头，全年通货膨胀率在3.5%左右，再考虑到这些钱在未来可能会有其他的一些投资机会，所以你对这笔投资的收益的最低预期可能不会低于15%的收益率。那么15%就可

以作为贴现率来对未来的400万元预期现金流进行折现。这个计算实际上就是现金流折现法（DCF）。具体的折现公式和计算过程在网上可以查到，这里就不赘述了。其实我认为理解现金的时间价值就好，没有必要真正去计算这些东西。

现金流折现法是作为一种估值模型提出的，但说实话我在刚接触它的时候就感到这么算是很不靠谱的。首先企业的经营要远比上面的案例复杂得多，很多企业完全不具备任何长期预期的确定性，在这种情况下任何测算都是瞎猜。其次，DCF要求对主要的几张财务报表都进行精确的预测，这简直是神一样的任务。这个计算的结果取决于大量的假设，而只要其中几个参数出现偏差，整个演算就要推倒重来。

我看到一个例子很有趣：在一个DCF的测算案例中，假设收益的永续增长率为5%，资本成本为9%，那么得出的终值是25。但只要将这个变量中的一个或两个参数变化1%，终值就会变为从16到50的广阔分布。仅仅是那么微小的一个假设变量的调整就会导致如此大的结果差异。这正如一句话说的："把望远镜向旁边挪动10公分，也许你看到的就是另一个星系了"。

所以，这种方法只适用在一些经营极其稳定，业务模式非常简单，影响经营的变量要素非常少的企业。但话又说回来，真正完全符合这样标准的企业，又何必再进行这么复杂的计算呢？

6.2　DCF三要素

如上一节所述，现金流折现模型可以帮助我们理解价值的内涵，却并不适合用来对企业进行估值。但放弃了DCF进行估值的想法后，我却发现它竟然展现出一个重要的透视企业价值源泉和衡量企业价值特性的视角。它的原理告诉我们，企业的经营存续期足够长是一个企业酝酿内在价值的基本条件。其次，企业的经营存续期内的最佳经营结果应该是产生大量的自由现金。此外，在预期回报的时候必须要对未来预期获得的这些自由现金进行合理的折现。遵循着DCF的基本原理，我们完全可以不将它作为一个计算公式，而是变为一种透视企业内在价值特征的思维方式。我将这种思维的体系称之为DCF三要素。

6.2.1 经营存续期

对于任何一个企业而言，谈内在价值首先要考虑到这个企业能否存在，以及能存在多久，更进一步地讲就是这个企业可以多确定性的、实现多久的经营存续期。我们在办某些需要预存现金的会员卡的时候，脑子里肯定会想到的就是这会所别没两个月就倒闭了，这其实就是最朴素的一种对企业存续期的评估。

一个不可能长期存在的，或者说可能随时就在竞争中倒下的企业，即便它当前的业务火爆异常，也不可能是一个具有高内在价值的企业。因为这是复利的原理所决定的：即使一个微小的收益率，配以超长的时间周期，也将产生出不可思议的总回报率。而相反，即使短期的效益非常优秀，但干了没两年就倒闭了，利润再丰厚又能积累多大价值？

企业的存续期能够有多长，这取决于行业特性、外部环境和内部经营等因素。从行业特性而言，有些行业更新洗牌的周期非常快，比如互联网、电子元器件等行业，每过几年就会诞生一种全新的技术或者商业模式颠覆现有的格局。

在这种快速变化的环境中，很多单纯基于高新技术或者某种全新但又容易模仿的商业模式（比如网络团购）来发展的企业不要说预测10年后在哪里，就是3年后会怎样都很难说。相反，一些品牌强大的快速消费品或者奢侈品企业，或者基于某种特许经营、其市场又来自于人类社会的某种基本需求的企业（比如污水处理厂，保险公司，银行，铁路运营等），它们可能30年、50年后依然存在。外部环境的变迁会对一些已经占据细分市场龙头的企业造成灭顶之灾，比如缝纫机已经逐渐从20世纪五六十年代家庭必备的四大件变为历史的记忆，就算是这个市场中最强大的龙头企业也难免辉煌不再。又比如算盘或者VCD、学习机、电子表等，都是某一时代阶段性的产物和特定条件下的需求，一旦新的技术或者产品更好地替代了它，需求得以转移或者升级，这个企业的经营自然无以为续。

美国的西格尔教授曾经进行过一个统计，1957年3月至2003年12月的46年中，占据美国股市回报率排行榜前几十名的绝大多数都是消费、能源及医药类企业。为什么是这三类企业可以取得那么长时间的经营存续期和持续的高回报呢？抛开优秀经营等个体因素，我们起码可以总结两个原因：

首先一个原因在于他们所处的行业都是人类最最基础的需求且其持续性接近于永恒，此外像医药和日常消费这类的需求对于经济变化波动的敏感性也较低。这是于"企业存续期足够长"的第一个有利条件。

第二个原因是消费以及医药行业更容易产生差异化的竞争优势，而且这种优势主要建立在无形资产的基础上，这一特性使得其优势更容易不断积累强化。

企业的存续期到底属于什么级别的，是接近于永续经营的，还是虽然终将消亡但足以在5～10年内具有较高确定性的发展的，还是基本上连3年后都很难预期是怎样的？确定性是这个环节中的关键词，影响到这个确定性的，既有这个企业的生意本质，也有这个企业的外部环境变迁及内部经营的因素。

这里特别要注意强周期性+重资产+低差异化的行业。强烈的周期波动性带来经营绩效的极大波动，重资产表明其成本占营业收入的比例大且这种支出成刚性，低差异化表明企业很难通过独特的价值逃避市场不景气时期的惨烈杀价，这3个因素共同作用就导致一个结果：一旦遭遇到意料之外的景气波动幅度，公司就可能突然死亡。可行业景气轮换如果要用一个词形容，恰恰就是"意外"，永远出乎意料。这样的特性让人很难对相关企业的长期前景进行预期，因为你都不知道它能经受住几次轮回。

6.2.2 现金创造力

很长的经营存续期当然好，但还不足够好。

假设有 a，b两个人，他们的年薪是一样的。a君可以工作50年，但他的职务所得却基本上都只能收到个白条，甚至还需要他不断地自掏腰包或者各处借钱去补贴公司的运营费用（比如公司没钱，他只能靠自己先垫钱出差）；而b君的工作只能持续20年，但年年都是拿到真金白银，不但不需要自掏腰包而且公司福利丰厚，精打细算的他甚至可以节省一部分公司的差旅补贴。那么这两个人，谁的职业生涯可以累积的内在价值更高呢？显然是b君，因为a君不管工作多长时间也留不下多少现金，甚至时刻有亏空倒贴的风险。

影响一个企业现金创造能力的因素有很多，但从生意运转的角度我们可以从以下三个方面进行审视。

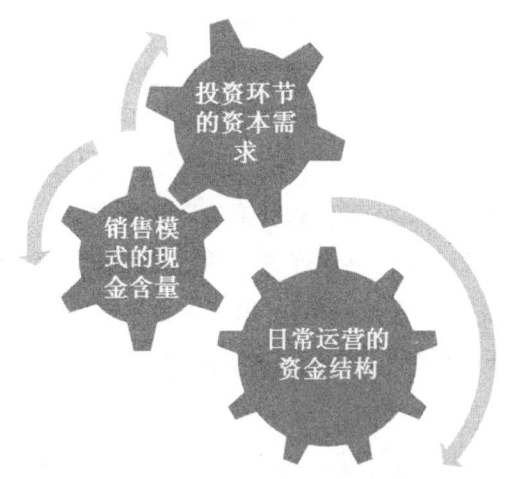

投资环节的资本需求

销售模式的现金含量

日常运营的资金结构

第一个是投资环节的资本需求：一个生意要开张或者扩张，总是免不了先投入的。这里的关键就是这个生意到底需要投入多少资本才能运营？以及这个生意要想扩大，后续又需要进行多大的投入呢？最"重"的生意，如汽车、飞机制造，什么产品都没看见呢，先十几亿元的固定资产投入进去了。如长安汽车的固定资产占总资产的比重在22%左右，以独特的垂直整合模式（通俗讲就是能自己做的都自己做）为特色的比亚迪，这个比率更是达到35%左右。而最"轻"的生意，比如软件和互联网，属于典型的"车库+咖啡"模式，一个车库、一杯咖啡、一台电脑就可以创业了。远光软件的固定资产占比就只有8%左右。高固定资产投资支撑的生意，就意味着扩张的高边际成本，就导致持续的高资本性的支出，也就决定了其销售所赚得的利润将有相当大部分不能放进自己的钱包而必须拿出来再投入生产，现金就这样溜走了。

在西格尔教授所著的《投资者的未来》中，对从1957年~2003年不同级别资本支出型企业的投资回报的案例研究分析，得出一个值得关注的结果：资本支出/销售收入的比率最高的企业组：46年的复合收益率为9.55%；资本支出/销售收入的比率最低的企业组：46年的复合收益率为14.78%。

也就是说，1957年你投入1 000元在资本高支出组中，46年后你会得到66 275元。而同期资本支出低的组合则可以得到567 490元，回报率相差整整8.56倍。而且高资本支出组的复合收益率甚至还比不过标准普尔在46年间的11.18%的水平。长期来看两者之间造成的差距惊人。

第二个考察环节是销售模式中的现金含量：企业投资产出产品和服务，目的是销售出去。而销售环节同样体现了巨大的差异性。最令人艳羡的销售状态是先钱后货，这往往属于供不应求的特征，表现在财务上就是极低应收账、大额的预收账款。最典型的就是景气时期的高档白酒；其次优良的状态是一手交钱一手交货，表现为应收账款较小，但也不存在过多的定金或者预付款，比如工具类软件或者零售类企业；比较麻烦的是先发货再给钱，甚至是货都用了半天了才阶段性地给部分钱的，比如一些工程项目型的生意或者以大客户为销售对象的大单生意。

2011年末数据	应收账款及票据/营业收入	预收账款及票据/营业收入
贵州茅台	1.38%	39.67%
贝因美	8.78%	1.63%
荣信股份	85.95%	9.4%

这个表分别列出了上述几种产品销售模式的典型数据，可见即使这3个企业的销售额一样，他们能从销售收入中真正拿到手的现金差距之大也令人震惊。茅台的营业收入中98%以上可以变为现金，除此之外还能额外获得相当于营业收入近40%的预订款现金，而荣信股份的营业收入里只有14%可以转化为现金，加上预收款也不过达到当年营业收入的23%左右，也就是说有77%的收入只是会计意义上的确认，但却无法在交货时取得现金。

如果这一财务形态不发生大的改变，日积月累之下，即使最终这几个企业成长到完全一样大的销售规模，但它们在这一过程中创造和留存的现金差异必然出现巨大的鸿沟。而从企业的内在价值就是"其生命周期内创造的总现金的折现"这一定义来看，在这一点上（请注意这个前提）其内在价值已高下立判。

那么生意形态上必须以先货后款形式运营的企业难道就必然是弱价值特征的吗？当然不是。我们说了，衡量一个企业的内在价值特性至少要通过三个要素来观察，并不是通过其中某一个要素的强或弱来定胜负。先货后款的生意如果具备"高连续性"和"低坏账率"，依然可以创造强劲的价值。因为高连续性代表营业收入被源源不断的创造，即使单位营业收入的现金流入很少，但高速的创收依然可以创造可观的现金绝对额而不容易陷入资金链断裂的重大风险中；低坏账率则降低了高额应收账永远无法收回的隐患。前者需要企业具有强大的市场竞争力和旺盛的市场需求，而后者则需要关注应收账是集中在少数大客户还是分散在众多客户中（越分散越好），以及客户的基本资质情况。

第三个考察点则是日常运营环节的资金结构：我们知道，一个企业的日常运营中既要通过上游供应商购入原材料，又需要将产成品或者服务销售给下游客户以取得货款。如果说应收账款、预收账款与销售收入的关系体现了销售特征上的现金留存能力的话，那么资产负债表中应收、预付类项目与应付、预收类项目的关系就体现了企业在产业链中是相对强势还是弱势的地位。

比亚迪2011年末的资产中属于被赊欠、提前预付类的款项（应收账款及票据+预收账款+其他应收款）和正常经营所需的存货，总额约为173亿元左右，而在其负债中属于拖欠类、提前收款类款项（应付账款及票据、预付账款、其他应付款）则高达207亿元多。两者相减，拖欠、预收类款项还余额34亿元，这相当于它日常的运转不需要运用自己的资金，完全通过占用其合作方的应付款和预收款就够了。这部分少消耗的已方现金，就可以更充分地投入到产能扩张投资等更重要、更急需资金的地方去了。

在日常运营环节中，现金的周转周期也是一个具有意义的视角。现金不但对于投资者而言具有时间价值，对于企业而言具有更高的时间价值。简单讲就是"早收晚付，快收迟付"，这样企业就能占用一部分交易往来的资金。这部分无利息的资金不但增强了企业的经营资源，还减少了不必要的融资和贷款，降低了财务成本和现金流断裂的风险，实在是一举多得。

企业的现金周转周期＝存货周转天数＋应收账款周转天数－应付账款拖延天数（相关计算方式在网络上有详细的说明介绍）。

这个公式中可以看到如果这个数字是负数，就表明企业的还款周期远高于其存货变现、应收账款回收的周期，这个时间差越大，企业就越可以更多次地将拖欠的欠款投入到运营中去。比如苏宁电器的现金周转周期在2009年时曾达到过-63天的极高水平，格力电器、青岛海尔的现金周转周期也是负数，而TCL、长虹则是正数。

一个企业的应收类款项等于是被赊欠而无法马上拿到的现金，存货则是必须通过支付现金制造出来且暂时又无法变现为销售收入，而应付类和预收类款项却是企业拖延支付、提前占有的现金，而且无利息成本。所以对于流动资金和流动负债都很庞大的企业而言，如果可以一方面较大额地占用资金，另一方面占用的时间又较长，那么说明它不但在经营环节可以产生大量的现金流，而且在产业链中具有决定性的优势地位。

总之，通过上述环节我们就基本可以把握住一个企业的现金特性，到底它是创造丰厚现金流，还是具有正常的现金造血功能，又或者长期来看基本上无法留存什么现金。需要再次强调的是，不宜过分强调其中的某一环节而忽略其他。世界上没有完美的生意，任何生意总是有局限性和弱点的，关键是抓主要矛盾。要将三者结合起来进行综合的考量，才能对一个企业的现金特性有一个正确的定性。虽然这无法精确量化，但大致可以认定：如果一个企业总是需要不断的大额的资本开支来支撑它的成长；同时它又在销售环节中无法收回足够的现金，并且应收款不但占销售比重大且账期长、坏账风险高；最后又在产业链中占据不利的位置，无法通过账期周转的时间差以及相对上下游的优势来占用资金进行运营，甚至运营过程需要大额的净运营资本而占用大量现金，那么越是接近这种特征的企业，其就越难以产生自由现金流而远离高价值企业的行列。

6.2.3 经营周期定位

据西格尔教授的统计，1957年美国标普500指数在创立时还找不到一个商业银行或者经纪公司、投资银行，但现在金融部门已是指数中占比最大的产业。同样，现在指数中占比第二大的卫生保健板块，在1957年时也只占指数份额的1%。与此类似的还有科技板块。而现在，这3个板块已经占到了标普500指数市场价值的一多半。

显然，时代的发展必然促使国民经济中产业格局的变化。虽然站在微观的角度来看，一些优秀的企业可以经历这种格局的变迁而做到几十年甚至百多年的屹立不倒，如堪称资本市场中最伟大企业之一的IBM。但这里有两个问题：第一，毕竟这种可以经历数个时代变迁的企业是极少数的；第二，对于个人而言，坚守在一个企业上长达几十年、上百年也确实不太现实。

我个人认为，能够以5~10年为一个投资的基本决策周期是比较适宜的，既可以抹平企业短期的偶然性因素又不至于过于草率地对超长期的未来下结论。如果是在这样一个周期环境内，产业的外部发展环境和企业的自身生命周期就显得很重要了。

每一个企业都有生命周期，且长期来看再伟大的企业也面临业绩增长率向均值回归的一天。即便一个可能还可以存在20年，且经营形态依然可以创造大量自由现金流的企业，如果已经到达了经营发展的"成熟"或者"衰退"期，那么估值中枢也完全无法与其在经营扩张期的时候相提并论——正所谓"夕阳无限好，只是近黄昏"。因此，当一个企业即便同时符合了第一要素与第二要素后，还有一个非常重要的影响其生意价值（也就是内在价值创造能力）的因素：这个企业到底属于什么经营发展阶段？

实际上，发展周期定位这一因素的归入，也更贴近了DCF中关于快速发展期与永续经营期分离的思想内涵（但并不是简单分成两个大的阶段，并给不同阶段一个平均的增长率）。虽然同样一个企业不同发展阶段也可能有不同的现金流特征，但并不能简单以某种现金流特征反推其发展阶段。所以单独对企业的生命周期进行定位是必要的。

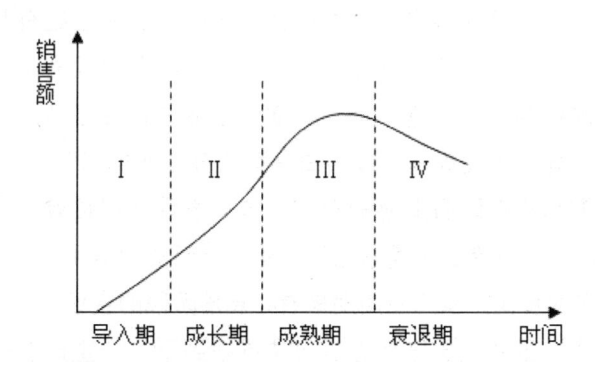

上图是一个企业的典型发展周期。那么这种生命周期又是被哪些因素推动和主导的呢？在我看来，它背后是由3个更基本的周期推动的，即：市场需求周期、产品周期和组织活力周期。

	从新生到成长、成熟到最终衰退的特征	解决方式
市场需求周期	从需求旺盛、供不应求，到供需平衡、激烈竞争，到客户认知度和占有率都达到顶点，到需求趋于饱和甚至被新的需求所升级和替代	开辟新市场
产品周期	从具有独特定位和初步推广，到不断被模仿并实现较高的客户覆盖，到产品同质化越来越严重，到产品总是落后于潮流并最终竞争力急剧下降	不断创新和丰富产品组合
组织活力周期	从积极进取充满活力，到体制不断完善弥补漏洞，到机构臃肿效率下降，到官僚气息浓重彻底成为帝国型机构	流程和管理再造

  处于初步成长期的企业，其市场需求远未得到充分的挖掘，市场潜在需求极大但同时又在开拓上面临诸多困难（比如政策和监管不到位、客户的认知度不高等），市场的竞争格局呈现混乱和多变的状态。企业的产品组合单薄而不完善，但因业绩基数也很小，所以往往销售增长弹性高。同时又因为市场逐渐打开后的竞争加剧和市场前途的不确定性，而容易出现起伏不定的特点。这种企业往往处于中小规模，危机意识浓厚，敢于创新，整个组织虽然机制上很不完善却活力十足，敢打敢拼。

  发展到成长的中后期或者接近成熟期企业，市场需求开拓充分，客户对于少数企业的认知度大为提升，表现为市场占有率大幅度提升（除非行业特性决定市场难以集中），行业竞争格局已经相对稳定和固化。企业的产品也处于评价最高和客户渗透力最强的阶段，可能已经有几个超级重磅的明星产品。这时的企业往往已经成为行业中的明显领先者，企业规模急剧膨胀，管理机制健全完善。这个时期的企业往往经营绩效突出且相对稳定性更高，市场知名度极高，成为白马型蓝筹企业的代表。

  从成熟期向衰退阶段滑落的企业，首先表现为以往赖以生存发展的市场正在逐渐饱和，或者这种需求已经开始被全新的业务所替代，但企业却未跟上这种变革的步伐。从产品周期来看，衰落阶段的企业墨守成规，产品竞争力持续下降，虽四处出击但迟迟无法寻找到下一个重磅业务和产品的支撑。这时的企业已经发展成为一个商业帝国，层次分明、制度森严，害怕颠覆性创新、害怕冒险，企业和员工大多数时候只是在"例行公事"，失去了开拓的勇气，充满浓重的官僚气息。表现在经营绩效中，往往出现业绩的持续滑坡，大量失败的投资，经营绩效从历史顶端持续的下滑。

当然，上述3个因素并非总是同步的，对于不同生意特性企业的影响也是不均匀的。有些企业可能从需求和产品周期来看已经发展到了成熟期，但其企业机制依然保持着（或者通过改革而达到）旺盛的生命力和创造力，这样的企业虽然可能已经非常庞大，但依然存在通过开拓新的客户需求、提供更多新产品组合而再次进入新成长期的可能，如下图所示。

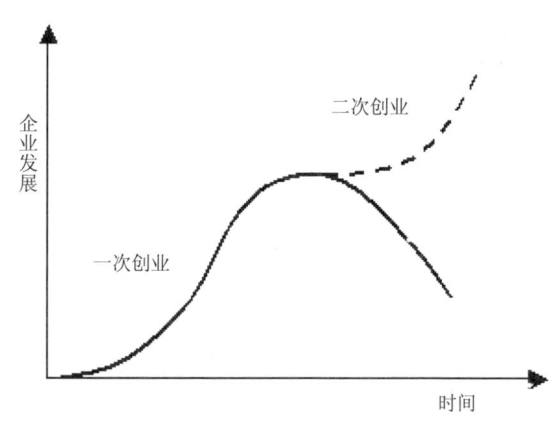

典型的例子比如韩国三星，作为韩国老牌的大蓝筹，在新一代领导者的带领下通过抓住液晶和智能手机的时代机遇锐意进取、不断创新，在原本就几百亿美元市值的基础上快速发展，截至2012年底的最新市值已经超过了2 000亿美元，这一市值规模甚至超过了日本五大电子巨头市值总和的3倍，令人惊叹和钦佩。

一个处于成长初中期的企业就像一个初入职场的人，未来具有无限的可能性但又具有很大的不确定性。而成熟期的企业则像一个摸爬滚打了几十年即将退休的老前辈，虽然也许功成名就但再改善的余地也越来越小。从内在价值的角度来看，后者历史的辉煌对我们毫无意义，因为我们需要投资的是他的未来。而前者如果符合特定的条件，显然比后者具有更值得关注的地方。

关键是这个特定的条件是什么呢？我想，首先是这个领域广阔的发展前途，其次是这个个体自身是否表现出了独特和重要的竞争优势。如果花同样的精力，我个人肯定更倾向于选择寻找那些处于经营的生命周期初中期的企业。这里的经营周期有两层意思，一个是行业的扩张层面的，一个是企业的内在经营绩效潜力层面的。

	成长初中期的价值所在
行业的扩张层面	行业具有广阔发展空间，在市场份额或者单位客户的需求开发上潜力巨大，且社会的中长期基本面趋势（人口，年龄结构，经济特征，资源特征，社会价值观等）都支持这种发展的实现
内在经营绩效潜力层面	净资产收益率（ROE）依然具有较大的提升潜力，且企业的业务结构和发展战略，可逻辑化地推演出这种提升的可信度

当然，这种企业往往规模并不大（相对于行业市场空间而言），而中小规模企业总是给人一种不如大企业安全的印象。但在商业领域中，"大"其实从来不代表着可以安心睡觉。因为"大"并不代表强，仅仅是规模的庞大往往是以粗糙和脆弱的经营为代价的，随着景气度的变化可能随时崩溃。连世界最大的软件帝国、市值超过2 000亿美元的微软都声称"距离倒闭永远只有18个月"，还有多少企业比它更大更强呢？日本的索尼、夏普、松下曾是世界电子产业代名词一般的庞然巨兽，但2012年却纷纷爆出巨额亏损。有媒体统计，其合计亏损额高达400多亿美元，将之前十几年的利润都一次性亏回去了。显然，"大"并不是投资者的安全港湾。

6.2.4 总结和心得

从DCF的角度来看，企业的周期定位相当于"近期增长率"与"永续增长率"分离的概念。两者的相似之处是都将企业的发展视为不均匀的现象并予以区分，并且都认为不同的发展阶段将会在业绩和现金流层面上予以明显不同的反映，而区别之处在于：

第一，DCF模型将企业的发展前景简单地归纳为近期的快速增长阶段（通常是5～10年），并将之后统一认定为平稳增长期。但企业的发展并非如此简单线性，各个周期间不但在绩效表现上差异很大，且每个阶段的持续时间也相当的不均匀并难以准确估计。企业周期视角更愿意保持一个动态的跟踪评价，而不是简单地分为两段。

第二，DCF希望通过对两个期间现金流总量的相加得出一个大致的"量化数据"以指导估值，企业周期视角并不试图去估算会计概念的量化数据，而是从企业经营的角度通过发展阶段的"定性"来辅助对企业内在价值特性的判断。

现在用DCF三要素来衡量企业的内在价值，已经成为我的一种习惯。在面对一个企业时，我最先进行的就是收集所有能够有利于我对上述三个要素进行判断的资料。比如从企业上市融资说明书中的相关段落（一般是"行业与业务介绍"部分），从行业特性和生意特点的角度衡量第一要素的贴近程度；从企业的财务指标（以年报为主）审视有多符合第二要素的要求；从企业当前的竞争格局及发展战略（来自上市融资说明书"行业竞争"部分，券商调研报告，网络信息收集）去分析它在第三要素中所处的阶段。

DCF三要素不但可以将"内在价值"这一似乎不可捉摸的学术概念具体化为三个互相影响又各自独立的研究范畴，更可以很好地训练投资者的思维并大幅提高对相关信息的敏感度，让企业的价值分析从无处下手到有的放矢。当然，与DCF公式一样，三要素方法同样不适宜作为估值来使用。它不是用来计算一个企业该以什么价位买入，而是用来衡量一个企业多大程度上符合高内在价值的特性。换句话说，DCF三要素是一种帮助我们更好的认识生意的，理解好生意应该具有什么样的属性的一个指导原则。俗话说的"男怕入错行"可以认为是对生意属性选择不当导致的负面后果的告诫。

6.3 有价值的增长

即便是从来没有接触过价值投资理论的人，也会知道一个公司体现出业绩的成长是件好事。甚至有人曾说：公司的业绩增长就是最硬的道理。然而，事实就是如此吗？我认为并不尽然。其实就算是业绩的增长，也存在着良性增长和恶性增长的区别。有的增长是创造价值的，而有的增长甚至长期来看是毁灭价值的。

这到底是怎么一回事儿呢？这一节将就增长与价值创造之间的关系做一个探讨。

6.3.1 价值创造的内涵

上一节我们已经讨论了内在价值的概念，但这样还是缺乏更具体的观测指标。一个企业到底怎样才是创造价值？这种创造处于一个什么样的水平？如何观测企业的经营是否正在偏离价值创造的方向呢？

"人们在埋头于浩如烟海的数据时，却很容易忘掉根本的决定性因素：一家公司的价值取决于投资资本回报率和公司增长的能力。其他所需考虑的因素——毛利率、现金税率、应收账款周期和库存周转率——都只是细节的问题。"

这是曾任麦肯锡董事的蒂姆·科勒在其著作《价值评估》中的一段话。**这段话明确地揭示了公司价值创造的两个根本衡量因素，即资本回报率和业绩增长力。**

一个公司要创造价值，一方面要在市场中寻求增长的机会，另一方面则需要为这种增长寻求必要的融资（比如从银行借贷，或者从资本市场发债券、发行新股，又或者从信托等其他渠道募集资金。而在增长与融资之间有一个关键性的问题，那就是企业的增长所带来的回报起码要超过它的融资成本，除此以外DCF也告诉我们增长必须带来现金流，否则这种增长就是破坏性的。

所以，**企业的价值创造活动可以归结为一句话：以高于融资成本的资本回报率来实现增长，并且最终转化为自由现金。**就是说企业价值创造的根本目的是在增长中创造和积累现金流，而增长的前提则是它的资本回报率必须高于它为了增长所进行的融资的成本。在这一过程中，主要的变量包括：增长的速度、资本回报率的高度、增长所能创造的现金流程度、为增长所必需的融资频度和成本。

	衡量指标	指标判断
资本回报率	资产回报率、净资产收益率、投入资本回报率等	单位资本的盈利能力越强越好
增长与现金流	净利润增长率，净利润与经营现金流的比率	较高的增长速度及可持续性为佳，单位净利润能带来的现金流越多越好
融资及融资成本	融资的频率、成本	增长所需要资本性支出、融资频率越小越好，融资成本越低越好

6.3.2 资本回报率

由于视角不同，对企业的资本回报情况通常有多个评价指标，较多使用的包括资产回报率（ROA，Return on Asset），净资产收益率或称股东权益收益率（ROE，Return on Equity），投入资本回报率（ROIC，Return on Invested Capital）等。它们的共同之处在于，都是反映企业盈利与为了赚取这些盈利而投入的资本之间的关系，越高的结果值表明企业在单位资本上获取盈利的能力越好。

它们的差异在于所选取的"盈利指标"和"资本指标"不同，对企业回报率观察的侧重也截然不同。比如总资产回报率（净利润/总资产）是观察单位总资产上产出了多少净利润，是对总资产盈利程度的反映；而净资产收益率（销售净利润率×总资产周转率×权益乘数）则反映了单位股东权益利用资金杠杆后所获取的总收益率；投入资本回报率有多种计算方式，多尔西在《股市真规则》中的算法为：ROIC=税后净营业利润（NOPAT）/投资资本。与ROA和ROE的分子以税后净利润不同，ROIC的分子"税后净营业利润"忽略了少数股东权益对净利润的"折损"——也就是要将少数股东权益加回，也避免了所得税和利息的波动对净利润的影响。所以与税后净利润相比，它更能反映企业纯业务方面的完整盈利能力。

在ROIC中作为分母的"投资资本"也与ROA分母的总资产和ROE分母的净资产的简单清晰不同，它需要将总资产中"不参与业务活动的多余现金甚至多余资产"扣除，还需要减去不附带利息的流动负债。简单讲，ROIC的优点是首先从盈利的角度它剔除了所有干扰到业务真实盈利水平的因素，其次从投入资本的角度它又剔除了不参与业务的多余资本，并且避免了资金杠杆对资本收益情况的扭曲。也因此，在《股市真规则》中多尔西对ROIC赞誉有加，称其为"久经考验的分析资本收益的比率，比资产收益率和净资产收益率更全面、更好的度量盈利能力的工具。"麦肯锡公司绩效分析中心针对美国上市公司的ROIC有一个非常具有参考性的研究，他们对1965~2007年的45年间各个行业的ROIC数据和走势予以了统计和分类，如下表：

ROIC特征划分	特征包含的行业大类别	不同年代ROIC回报中位数（单位%，不考虑商誉）		
		1965~1967年	1995~1997年	2005~2007年
持续高收益率	个人护理产品	21	20	30
	饮料	23	16	25
	药品	26	25	44
	软件	18	40	45
	传媒	21	15	33
持续中等收益率	机械	13	18	23
	汽车零部件	11	14	10
	服装零售	14	17	25
	餐饮	21	11	16

续表

ROIC特征划分	特征包含的行业大类别	不同年代ROIC回报中位数（单位%，不考虑商誉）		
		1965～1967年	1995～1997年	2005～2007年
收益呈周期性	化学制品	11	15	17
	半导体	无	无	无
	石油和天然气	10	9	21
	五金和采矿	9	12	21
持续低收益	纸品和木材	8	8	5
	铁路	无	无	无
	电力公共事业	6	7	6
	百货公司	10	8	11
收益呈上升趋势	医疗器械	12	20	28
	信息技术服务	15	22	35
	航空航天和国防	10	16	39
收益呈下降趋势	货运	11	8	11
	广告	无	无	无
	卫生保健	无	无	无
	汽车	无	无	无

　　值得注意的是，这份报告同时告诉我们投入资本回报率高的公司往往保持它们的高收益，就像低ROIC的公司也往往继续保持在低水平一样。同一家公司在1995～2005年的几年中，那些ROIC开始低于10%的公司，有57%在2005年后依然低于10%，有28%转移到了10%～20%的水平，而只有15%提高到了20%以上的水准。而开始的ROIC高于20%的公司，10年后依然有35%的公司维持在20%的ROIC之上，40%的公司维持在10%～20%，约有25%下降到了10%以下。

　　这些数据也许可以给我们带来一些启发。从国家的发展历程来说，2011年中国人均GDP大约是5 400美元，这一水平正好是美国20世纪70年代初期（1973年美国人均GDP为5 230美元）的水准。从那时起哪些行业的ROIC始终处于高水准，哪些起伏不定，哪些良好稳定，哪些走了下坡路，值得思考借鉴。

　　虽然ROIC在反映企业真实的业务盈利能力和对业务投入的真实资本

上的回报率有很好的参考性，但它作为一个价值指标而言在我看来还是问题不少的。首先它的计算过于复杂，其中对于哪些资产并未参与业务，多少现金是属于多余的，也许对于业务非常简单并且资产负债表也很清楚的对象来说还好办，但对于业务和资产都很庞杂的企业来说就无从得知了。其次，ROIC的意义并不直接，高的ROIC并不表明投资者可以真的获得相应的高回报。比如其中的少数股东权益，也许由于ROIC在收益分子上将其加回而显示出业务的高盈利能力。但投资者有办法让少数股东不再享有这部分权益吗？显然这是办不到的。又或者一个公司的ROE远比ROIC低的原因可能是账面上的现金实在太多，但也许这些现金将会永远躺在账面上——这取决于公司的管理人而不是投资者的愿望。这些都将导致较高的ROIC却无法转化为真正的高ROE，那么这种较高的ROIC对于公司整体盈利能力的意义就不大了。

6.3.3 净资产收益率

我个人认为，相比ROIC而言更重要的还是净资产收益率——从资本的角度看净资产是一个企业经营所实际投入的资本总额（总资产－负债后的余额），而从收益的角度看它是企业综合运用各项资源（利润率、总资产利用度、借助资金杠杆）所最终取得的收益结果。更重要的是，从估值的角度来看ROE更与估值指标有逻辑上的相关性——正是因为更高的净资产收益能力，才能支撑相对同业的净资产溢价，也即较高的市净率（PB）。下图是美国1978~1996年工业企业平均ROE水平的一个统计：

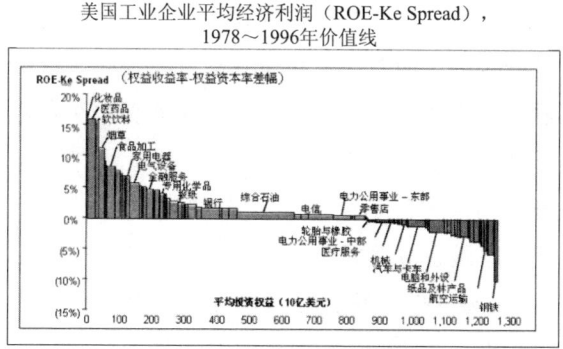

美国工业企业平均经济利润（ROE-Ke Spread），
1978~1996年价值线

图片来自网络

詹姆斯·蒙蒂尔也曾经统计过S&P500指数中各成分股在过去10年内的ROE情况，见下表：

行业分类	平均值	当前值
能源	16.5	18.1
材料	14.1	10.8
工业	24.7	28.2
非必需消费品	18.7	5.7
必需消费品	30.4	188.7
健康医疗	18.7	19.9
金融业	18.2	1.2
IT	43.2	67.2
电信	22.4	-4.8
公共事业	11.9	12.0

结合前面分行业的ROIC和这两个不同时间段的ROE数据统计，对于我们把握什么行业更容易具有高的资产回报率会有很好的参考性。从这些数据来看，医疗健康、IT软件、某些消费品不但资产回报率较高且持续性也较好。

当然，ROE也有它自己的问题。比如它作为分子的税后净利润受到的偶然性影响较多：税率的波动、非经常性损益的影响，以及公司过度负债加大杠杆来强化收益等。但这些问题其实只要意识到了，在进行ROE分析的时候就不难进行针对性的甄别。比如通过对ROE多年数据连续性的分析，就可以抹平某个阶段偶然性因素的影响。而通过对ROE构成结构的分解，也可以轻易辨别出哪些公司的高数值是由于资本杠杆带来的——通常情况下这被认为是危险的，但对于少数企业这却可能是其优势的表现。比如苏宁和格力电器，它们的高资产负债率主要是因为拖欠供应商的应付账款过多导致的，所以要具体情况具体分析。

ROE对企业长期价值的影响可参考芒格曾提出的一个观点：从长期来说，一只股票的回报率跟企业发展是息息相关的，如果一家企业40年来的盈利一直是它资本的6%（指ROE），那长期持有40年后你的年均收益率不会和6%有什么区别——即使你当初买的时候捡的便宜货。如果该企业在20~30年的盈利都是资本的18%，即使你当初的出价较高其回报依然会令你满意。

6.3.4　增长的导向

总之，无论是ROIC还是ROE都不是完美的，最好将它们结合起来看。**但不管是哪种资本回报率的计算，其最核心的视角都可以浓缩为一个衡量原则，即：资本收益率＝收益/资本＝（收入－成本）/资本。** 由此推导出的价值创造规律必然是：实现更多的收入，收入创造中耗费更少的成本（及费用），为创造收益投入的资本更小。

从这个公式中我们可以看到，一个企业仅仅不再需要投入资本并不构成价值创造过程，如果它的收益下降了同样会毁灭价值。所以，除了从静态和历史视角衡量一个企业的资本回报率之外（资本回报率毕竟是一个落后指标，它反映的只是企业当前和历史的状况。企业的每一个重大经营举措或者市场的起伏都可能对这个数据产生不可忽视的影响），企业的另一个价值创造源泉来自于收益的增长。

如果仅就二级市场的投资价值来说，所谓的投资价值主要是通过买卖的差价来实现的，而不是靠分红回报实现的，这无须讳言。而股价的变动则来自于两个方面：每股收益×每股单价＝公司业绩×估值。

一个ROIC或者ROE都很高，也有强大护城河的企业，就一定可以获得较好的投资收益回报吗？未必。因为如果其业绩仅能维持在总规模上的稳定但是却徘徊不前，也许它可以维持一个绝对意义上的较好估值水平（比如美国好时糖果公司的收入增长率长期只保持在3%～4%，但它依然可以获得20倍左右的估值，这一估值水平超过了70%的美国400家最大的非金融公司），但很难从股价上予以良好的回报。

由于这个企业的估值稳定，投资者持有这个企业所能获得的收益将主要取决于它的业绩增长。如果5年间它的业绩增长只保持在5%左右的增速上，这期间的投资收益率也就仅有5%——这大体等于目前5年期的定期存款利息，低于5年期5.71%的国债收益率。考虑到投资企业必然面临的风险性，这笔投资显然不是个很好的主意。

当然，如果这个企业能产生大量的自由现金流，每年持续的高额分红，且股价所对应的分红收益率也足够高，会明显提高它的回报率。但也要考虑到这些因素毕竟并未掌握在投资者手中，公司也许将利润的大部分都分红，但也可能挪作他用。毕竟对于绝大多数二级市场投资者而言，不可能像巴菲特的商业模式一样完全收购一个企业以决定是否完全分红并避免糟糕的多元化投资。

如前所述，对一个企业是在创造价值还是毁灭价值不应以单一的视角观察，而应该结合资本回报率（综合考虑ROA，ROIC，ROE）和业绩增长能力（增速，可持续性）来考察。通常可以出现下面几种类型：

导向类别	基本特征
盲目增长导向	高速增长，很低的资本回报，很高的融资频度及融资成本
高资本回报率导向	低速增长，很高的资本回报率，较低的融资频度及融资成本
高价值均衡导向	较好的增长、较高资本回报率，较低的融资频度及融资成本
价值毁灭导向	无增长或者负增长，极低的资本回报率，很高的融资频度和融资成本

这其中最值得关注的对象无疑是高价值均衡导向类，它表明企业拥有一个很好的生意特性并处于一个有利的内外部发展环境，但这类企业又容易被赋予一个较高的估值，所以当它出现阶段性负面因素打击而股价大跌时最值得关注。

最容易迷惑人的是盲目增长导向，其极高的收入和利润增速往往因受到市场的追捧而成为阶段性的明星。但很低的资本回报率及高度的融资和资本投入需求，表明这个生意的盈利能力在本质上很脆弱，一旦行业不景气很可能碰到大麻烦。对于这类增长，需要重点考察两点：

第一，其资本回报率是否超过其融资成本？若低于融资成本，就转为价值毁灭导向。

第二，这种增长是否最终能转化为稳定的份额并在此基础上恢复盈利能力？ 一些行业（如互联网）初期表现为无回报率的扩张，但最终赢者通吃。而另一些行业和经营模式的快速增长未必转化为持久的竞争力和市场的垄断地位，比如消费品通过简单的铺货来拉动营业收入。

低增长的高资本回报率导向企业则更容易出现低估，市场总是偏爱利润表上的高增长而忽略高资本回报率。只要配合增长的高可持续性和确定性，特别是配合市场给出的低估值，即使是较低的增速长期来看依然可以获得较高的回报（一方面是业绩的长期复利增长，另一方面是极低估值的恢复性修正）。但特别需要关注这种企业是否重视股东回报，警惕有盲目多元化投资冲动、内部利益输送严重的公司。

价值毁灭导向是任何时候都应该避免投资的类别，即使在一些时候可能看起来当前股价和估值都很低也是如此，因为这样的企业我们很难判断它的价值底线在哪里。

6.4 其他影响价值的因素

除了上述问题外，还有一些细节的因素也会影响到对内在价值的衡量，如下：

影响因素	可能的影响
分红	分红通常被认为一种积极的举动。对一个业务已经接近成熟并且现金存量巨大且流量也较好的公司而言，确实大比例的分红是最佳的选择。但如果企业正处于高速发展和扩张的阶段且企业的业务扩张是以较高的资产回报率作为基础的，同时资金又较为紧张，那么这时尽量少分红而将资金集中在业务上反而有助于内在价值的提升
削减长期竞争力的成本控制	过于重视短期的增长数据而削减与竞争优势有关的开支是有害的行为，如因为短期的市场波动而裁掉核心技术团队或者大幅削减重要的研发投入。相反，精明的公司反而会利用行业低谷搜罗重要人才，进一步扩大其长期竞争优势
不当时机的融资和并购	精明的公司会在市场估值高的时候发行股票融资，或者以股票形式并购。而在市场低迷时进行股票回购增长每股收益，或者以现金并购暂时陷入低谷的行业资源，这都对老股东的长期权益有利。而相反的做法就会严重损害股东的权益
不慎重的股票期权	股票期权对于高技术型公司是一种有效和重要的激励方式，但是不慎重的期权激励方案有可能损害老股东的利益。一次性过多、过大的期权发放会大幅摊薄公司的业绩，并且公司为期权所付出的成本也将以费用的形式体现在利润表中，这进一步降低了老股东的权益。在激励与成本之间取得一个精明的平衡，是对企业管理者的考验

总之，企业价值既不是一个不可捉摸的哲学概念，也不是一个机械的数学模型。它是复利的根本规律在商业世界中的普适；它是DCF公式所隐含的三大要素在现实经营中的生动表现；它是资本回报率、增长与融资需求及成本的协调平衡的艺术。它既有绝对的视角，也有相对的视角。

从绝对视角而言，那就是一个企业能够以超过融资成本的资本收益率持续创造自由现金流，只要这个企业能够保持这种状态那么它就是创造价值的、有价值的。而从相对的视角来看，则需要对不同企业的价值创造程度进行衡量。如果它的这种价值创造，能够以更少的外部融资需求、以更高的资本收益率，创造出更多的自由现金流、更好的业绩增长，并且这个过程可以持续的时间较长，而且这一过程具有较低的不确定性及风险，那么它就较接近高价值特征。

第 7 章
让视角回归本质

　　作为投资者，理解基本的价值内涵和价值创造的评估指标当然是必要的。但仅仅这样是否足够呢？基本的概念和理论知识，每一个金融或者财务专业毕业的学生都经过了充分的学习，但显然不是每一个人都能够成为合格的投资者。其中的一个原因就在于，将广泛流传的可轻易复制的硬知识转化为一种有效的判断力并不那么简单。这种判断力需要我们从市场、商业和投资更本质的角度来看待问题。

　　什么是它们的本质呢？我认为，市场的本质是供需，商业的本质是竞争，投资的本质是前瞻。

7.1 透过供需看市场

7.1.1 六种供需格局

首先考虑下什么是市场？有买有卖的交易才有"市"，所谓的"有价无市"就是典型的空有报价却无法达成交易。而交易的频次多了、规模大了，自然就形成了较为固定的"场"。所以市场就是个买家和卖家的纽带。买家代表需方，卖家代表供方，两者之间的关系决定了这个市场的交易状态，所以所谓的市场研究最核心就是供需的研究。

20世纪80年代，改革开放初期，一批人只是简单地将南方的货品运输到北方就赚了大钱，电脑刚刚兴起时中关村有一批人靠给人组装和批发电脑就捞到了第一桶金。如果从生意的属性来看，它们没有任何的护城河，属于最无技术含量的职业了。但就是这样的生意，在特定的阶段却造就了可观的财富。这种机会的共同之处就在于，供需的失衡。比如改革开放初期随着国家对经济管制的放开，老百姓的消费需求迫切需要提升。但另一方面全国的工厂、商店完全无法满足这些需求且存在明显的产能不均衡，这就给那些脑筋灵活的小商人提供了巨大的商机。

了解一个企业的未来，不首先从"供需"层面入手去搞清它的市场将面临什么状况，是很难建立起完整的认知的。供需当中，需求就是蛋糕将维持在多大的测量，供给则决定了蛋糕被分享的结构。显然，当发现蛋糕可能越来越大，分享者却可能长期减少的行业时，很可能就挖到了一个投资的富矿。其中，需求的有效期、确定性、刚性、弹性等变量因素的考察是重点。基本上供需关系的格局有以下六种：

供需格局类别	不同类别的说明
需求扩张，供应也扩张	这种态势往往发生在一些刚刚催生的新兴行业，也是市场最喜欢热捧的类别，比如新能源领域或者互联网初期的状况。通常这种格局是故事最多、行情最热闹的，但是其中的不确定性极大而行业普遍享有高溢价。巴菲特所说的"退潮后没有泳裤的"大多来自这种情况
需求扩张，供应稳定或减少	这种态势可谓是黄金格局。这样的行业特别需要关注两点，一是行业的这种需求扩张有多持久？是否有较为长期的态势？二是供应减少的主要原因是什么？一般而言，如果是进入的门槛（无论是资金、技术还是政策上的）极大的提高且这一进程不可逆，那么就真的值得好好多看一下了。比如医药行业很有形成这种态势的潜力，但前提是药监部门的门槛要大大提高，且医疗体制改革能真正改变"以药养医、以回扣定处方"这两大顽疾

续表

供需格局类别	不同类别的说明
需求稳定，供应明显减少	这往往发生在一些成熟期的行业，多年的惨烈竞争已经杀灭了大多数的市场参与者而逐渐呈现出寡头垄断格局，比如一些食品或者家电制造领域。这种行业往往容易受到市场的低估，因为其表象的行业增速很小。但实际上寡头在这一时期的盈利能力却反而可能提升。如果优先者相对于市场整体的份额还较小，这种被忽视的状况很可能成为优质的投资机会
需求稳定，供应稳定	一般这种行业属于需求非常广阔，但是由于进入的壁垒也非常低，所以不可能产生垄断性的行业。比如餐饮、理发店、普通服装鞋帽等。这种行业最要命的就是进入的壁垒实在过低，无论是经历多少个经济波动周期，依然无法足够有效地使供给大幅度下降。在这样的行业中，关注的重点是那些拥有鲜明的差异化定位，具有某种新的商业模式从而克服了定位同质化、难以持续扩张弊端的对象。比如日本的优衣库、美国的星巴克咖啡、国内的海底捞等，又比如苏宁、国美的出现逐渐取代了传统的分散式的家电销售格局
需求稳定，供应明显增加	显然这种格局并不太有利于企业的发挥，供应的增加和需求的稳定会让市场的竞争度明显增强。如果这种态势是从过去的"需求增长，供应稳定"所转化而来，那么往往标志着从卖方市场向买方市场的转变。比如烟台万华的MDI产品，其产能从2000年的4万吨/年扩至2012年的110万吨/年，同期其他竞争对手也相应扩张了产能。这就导致整个MDI市场从六七年前的严重供不应求转变为供略大于求。对于这种情况，最值得关注的一是新需求被开拓的潜力有多大，二是是否可以通过市场竞争而逐步将竞争对手挤出市场。
需求减少，供应减少	这是个不太妙的信号。供应的减少看似可以降低竞争的压力，但这种减少并不是以其中某个企业的大获成功将同行挤出了市场来实现的，而往往来自于需求层面的大幅萎缩已经无法保障其中的企业获得最低程度的生存需要，更不用说吸引新的竞争者进入了。这属于真正的产业落日，比如缝纫机、自行车、卡拉ok、收音机等曾经风光一时，但只属于某个特定时段的阶段性需求或者可以完全被其他产品所替代的功能

值得提醒的是，我们上述所谈的供需一定要站在一个长期的角度，至少是5年的前景来评估，而不应该以一两年甚至更短时间内的行业景气度来判断。在我看来，**对于供需结构的长期理解属于能力圈验证的第一关。如果无法对一个行业的长期供需态势及其背后的原因产生清晰的认识，很难想象能称之为在能力圈内。**

7.1.2 典型问题和误解

在企业面临的供需格局中经常碰到两种截然不同的格局。

（1）一种是面对着一个现实的巨大需求，但似乎这个市场过于分散化。

（2）另一种则是似乎在一个行业中占据了明显的竞争优势，具有压倒性的市场占有率，但问题是这个行业的需求到底有多大似乎并不清晰。

前者一般出现在传统行业，比如装修、百货零售、品牌服装或者食品饮料等，后者以一些细分市场的科技型企业为多，比如行业应用软件、特殊化工材料等方面。

这两种局面下要想做大的企业其实都需要创新，但对于前者我认为更需要关注的是经营模式和特色上的创新，在传统行业中最具有杀伤力的往往是新型商业模式的出现，而这种模式又可以有效克服"做不大"的行业共通问题。比如金螳螂在装修项目管理的标准化、人才培养的梯队体系、通过工厂模块化降低现场施工时间和材料耗费等方面的努力，都正好切中这个行业一直以来无法做大的弊病。

另外这种格局中的企业生态，可能是有多个各自稳固占据一方的诸侯共存局面（因为各自都在某一特定细分领域或者特色领域占有强大的品牌认知而不易被颠覆）。那么如果想在这样的环境中诞生一个大市值企业，必然要通过兼并收购这个重要手段。典型的比如广告业或者食品香料行业，由于客户粘度极高且差异化程度很大，所以在这种大行业中寻找真的可以"长大"的公司，就需要思考谁更具有这种整合力，谁更具有整合行业的行政资源和资本实力是比较重要的。

与之相对的"大市场占有率，需求潜力却较为模糊"的，则更需要关注教育市场扩大需求，以及通过不断开发新的产品和服务挖掘客户需求的能力。典型的像安琪酵母，市场占有率极高，同档次的竞争对手很少，但一直面临着为酵母产品拓宽应用面、打破天花板的课题。

又比如北新建材的新型石膏板，相对于大量小企业来说竞争已经不是最主要的问题，最大的课题也是如何不断扩大石膏板的市场应用面。对于这类公司，就特别需要关注它们通过什么策略来拓展挖掘需求？实现替代或者更新的驱动因素在哪里？对这些问题有没有明确的战略和有效地推进？

在供需格局分析中，要特别小心一些被催肥的需求，这种情况往往来自政府主导的某些"经济运动"。在催肥过程中虽然可以创造耀眼的经济效益，但这种催肥的不可持续性也决定了企业业绩的脆弱性，一旦政策"断奶"，往往是触目惊心的大滑坡。前几年的太阳能行业就是如此。这种情况在自由市场环境下也会发生，一些需求的迅猛扩张可能是时代的某种红利，看看身边的例子，高端白酒将近10年的连续提价还供不应求，商品房开盘前居然需要彻夜排队、买号，甚至要走关系购房，这些真的正常吗？这是历史的常态还是具有某种鲜明的时代特征？存在的当然是"有理由"的，但未必是"合理"的。具有这种特征的"供需失衡"需要慎重考虑其可持续性，以及可能的"回归"对企业盈利和市场估值造成的影响。

除此以外还要当心把"需要"误解为"市场需求"的问题。"需要"是一种欲望，而"市场需求"却是"需要+消费能力"。这几年房地产商和一些学者创造出来的所谓"刚需"就是一个典型的营销概念。每一个人都有住房的需要，但不是每一个人都具有相应的支付和消费能力。当房价越来越脱离了普通人消费能力的时候，再强烈的需要也无法变为购买行为。

有些时候，投资者也容易产生将社会需求与企业存亡简单挂钩的倾向。比如很多人喜欢说"这是一个××年内都不可能消失的行业，因此其龙头企业必然……"，然而事实真的是这样吗？电视机依然没有消失，但长虹却早已是过眼云烟。通信将始终是人类的重大需求，但BP机和摩托罗拉已经退出历史舞台。某种社会的需求也许确实将是长期存在甚至加剧的，但这种需求的表现形式却可能出现翻天覆地的变化。企业融资的需求也许在未来100年都会生机勃勃，但这个业务却未必只能靠银行贷款这个传统渠道来满足，互联网平台商（如阿里巴巴）在小微企业贷款上的优越性已经初现萌芽。

所以需求与当前看来某个代名词式的企业之间可不能草率地画等号，需要对需求的本质以及供应方业务的特征及竞争环境的微妙变化保持持续的关注。

如果说企业的成长壮大是一座高耸入云的商业大厦，那么市场需求就是这座大厦得以建立和稳固的大地。研究清楚这片土壤具有多高的承载力、是否足够坚实、是否在广阔的表面下具有脆弱的隐患，可能是每一个投资者进行企业研究时最基础也最首要的工作。

7.2　商业竞争定生死

虽然供需关系很重要，但光研究市场供需是远远不够的。**如果说供需关系是一个生意的开头那么商业竞争才决定了这个故事的结尾。很多遭受重大失败的投资，其实都是猜到了开头却没猜到结尾。**

即便是在一个需求快速扩张，供应明显减少的市场格局中，也未必就能成就真正的业绩结果。因为市场格局本身也是不稳定的，现阶段的市场格局能否巩固甚至进一步强化，取决于第二个研究要素"竞争"。站在企业所有者的角度来看，竞争可谓是万恶之源。芒格说过："1911年纽约股票交易所50只最重要的股票中，现在只有通用电气一只尚存。这就说明竞争的摧毁力何其强大。从历史的长远角度看，企业要按照其所有者希望的那样无限存活下去，可能性极小。"

竞争之所以不可避免的根本原因在于，社会资金的逐利性将驱使其进入一切有利可图的领域，任何一个崭露头角的高利润商业机会一出现都将很快吸引资金的注意力。这个时候，如果后进者很快复制起先发者的一切，而行业内大家都高度雷同，则整个行业将面临投资收益的极大下滑，虽然这可能反而会促进社会效益的大幅度提升。

企业只要存在一天，从绝对意义上而言就难以逃脱竞争的"地球引力"。但聪明或者伟大的企业，就能够获得相对的竞争优势并将其不断巩固。所以，商业的本质就在于"竞争"，换句话说商业世界的自然法则就是以竞争为代表的优胜劣汰。

《中国好声音》虽然短期内靠着节目的火爆和话题撬动了供需格局缺口并成功捧红一批选手。但这些暂时的成功到底能否持续，或者这些走红选手能走多远却还有很大的疑问。这是因为商业竞争依然在继续。且不说别的选秀节目可能异军突起，就是它第二季的开播本身也会推出更新一批的选手来抢夺有限的注意力和市场需求。说到底，真正决定他们未来成就的不是短期的供需缺口，而是其自身的竞争力。

又好像前面举过的20世纪80年代商品贸易的淘金热和90年代的中关村装机淘金，确实热闹一时，但也正是由于这种生意确实缺乏壁垒，随着财富效应的出现各路英雄蜂拥而上，这种轻松赚钱的商机也很快就消失了。

7.2.1 竞争的烈度差异

竞争从绝对意义上来看是不可避免的，完全缺乏竞争的企业未必代表着多高的价值。这种企业要么是某种特定的自然条件所形成的，要么是某种行政管制的产物。前者如两个城市间唯一的高速公路，后者如某区域内行政指定的唯一质量检测机构等。这种垄断首先具有适用领域上的极大局限性，其次行政垄断既带来了排他性往往也带来定价自主权的丧失。

另一方面，即使是寡头垄断，也仅是在一定范围内才可能存在，一旦超出它的优势范围照样可能面临激烈的阻击——比如即使是两地间唯一的高速,也可能面临同线路高铁、飞机的竞争。茅台的高端酒几乎没有竞争对手,但同样是茅台集团推出的中档次酒依然面临各种中档品牌产品的激烈竞争。或者从更大范围来看,全部的白酒也都面临着红酒等替代性酒精饮品的冲击,所以对所谓的"护城河"需要辩证看待。

虽然竞争不可避免,但是不同的竞争烈度却会让企业的生存状况有天壤之别:高烈度的竞争就像拼刺刀,不但惨烈血腥而且经常杀敌一千自损八百。低烈度的竞争却像是隔空对招,虽分高下却不过是点到为止。如果从激烈程度来讲竞争基本分为以下几种类别:

竞争的激烈程度	基本特征
低烈度	企业具有高度的定价权,市场格局很难被颠覆,企业需要犯巨大的错误才可能导致市场地位的下滑,客户对市场中的企业有极强的差异化认识
中等烈度	价格竞争虽然存在但不是主要因素,市场份额会发生变化但又未到那种随时洗牌的程度,企业需要兢兢业业不能犯大错,客户已经对不同的企业产生了明显的偏好
高烈度	激烈的价格战,市场变化节奏很快,形势随时发生颠覆性的变化,企业的任何一个微小失误可能造成不可挽回的失败,客户对各个企业的选择多变而随意

低烈度有的来自于竞争已经尘埃落定,进入了所谓的寡头垄断,或者至少是少数几个龙头之间的均衡状态。

一份来自麦肯锡的研究资料(麦肯锡员工论文,2005年7月)表明,仅有两个竞争者的行业可以避免破坏性竞争;有6个或6个以上竞争者的行业破坏性是前者的两倍;有3~5个竞争者的行业可能是以上两种结果之一。

当然,这个研究可能更多是对几个强大竞争者之间的状况的统计。如果一个市场中除了几个强者之外还有大量的弱小竞争者,那么这些弱小者恰好将成为强者继续成长的食物。另一种竞争的低烈度不是由寡头垄断导致的,市场可能非常分散,但是如果这个市场的需求差异化程度非常高,各个供应商的产品或服务不具有价格、标准上的可比性时,这种竞争可能也是低烈度的。典型的如国内的电气检测机构,各自服务领域有差异,又具有地域上的限制性(电气厂家倾向于选择就近的机构进行检测,可以降低成本),所以虽然集中度很低,但各自却都活得挺滋润。

高烈度的竞争往往发生在同质化严重,市场更新节奏很快,并且最终格局可能是赢家通吃的行业。互联网无疑是这种情况的代表,近几年京东、淘宝、苏宁易购间的生死时速般的厮杀，团购网站的激烈火拼都是这种状况的写照。另一个让我印象深刻的是三一重工和中联重科之间的争斗，甚至已经进入间谍案和诉讼指控层面，竞争烈度之高让人可想而知。除此之外，消费电子行业、工程建筑行业等都属于此类高烈度竞争的情况。

中等烈度的竞争介于上述两者之间，既不像低烈度竞争那样逍遥自在，又不像高烈度竞争一样需要生死相搏。由于市场已经形成少数几个强大的龙头企业，对于价格形成了某种默契，一般情况下不进行主动性的攻击，因为这对全体成员都不是好事情，最终获益的只是消费者。同时这种情况也往往是因为消费者的可选余地不大，企业具备了一定的差异化。比如美的、格力、海尔之间，竞争虽是针锋相对的但并不时刻剑拔弩张，价格战也打，但又并不是竞争的决定性因素。

竞争的烈度对于我们的投资决策的重要性显而易见，也与DCF三要素中的第一要素"企业的经营存续期评估"紧密相关，毕竟将很大一部分的资金都投入到高烈度、企业前景莫测、最终的竞争格局非常不确定的对象上像是种赌博。但问题又没有那么简单。虽然低烈度竞争企业的生存环境优越，但最需要考虑的是能否把生意做大或者这个生意还有多大的增长弹性的问题。这种环境中的企业往往已经是某个行业的巨无霸，竞争对手目前找不到，但它自己的业务天花板也近在眼前。又或者竞争烈度低是因为市场需求的差异化程度太高，如果没有企业能完成对产业的收购兼并，它也只能缩在自己的小天地里。

高烈度的竞争也未必一定要退避三舍。比如软件行业、电子商务和互联网的竞争往往是高烈度的，但也应看到这些行业同样处于爆炸性的增长中。关键是这个行业是否容易产生差异化的竞争优势，以及哪些企业能够构建出这种优势。成功建立起强大优势的企业可以从高烈度的竞争中脱颖而出，既享受到行业快速增长的盛宴，又通过击败对手获取广阔的市场份额，成为最大的赢家（比如从过去的家电连锁高度竞争中胜出的苏宁电器）。这种企业往往成为带来丰厚回报的大牛股，无论是百度、腾讯还是苏宁、格力，其实都是典型的例子。而且用发展的眼光来看，高烈度的竞争往往也会随着市场格局的尘埃落定而逐渐转入中等烈度，甚至是低烈度状态。

7.2.2 不同类别的护城河

竞争的烈度只是为投资的确定性提供了一个角度，关键还是搞清楚这个行业竞争胜出的核心要素是什么，以及哪个企业已经显示出了这种强大的竞争优势。我认为竞争优势主要集中在以下几类：

竞争优势的类别	主要表现形式	存在形式
成本优势	高额的历史投入、超大规模导致的低单位成本、区域经济性、创新商业模式带来成本结构变化	以有形为主
非市场化资源	独占的资源禀赋、难以复制的地理位置、独特的客户关系或股权结构	以有形为主
客户粘性	高品牌认知度、高转换成本、强网络聚集效应、高业务嵌入性	以无形为主
行政准入壁垒	某些业务的许可证、受保护的知识产权及专利权	以无形为主
领先关键一步	相较同业的高效经营、商业模式创新、关键业务的know-how	以无形为主

成本优势类竞争主要是以有形资产的方式获得的。比如一些制造业高额的历史投入和极大的产量及市场占有率，使得产品的单位成本较低而获得优势，典型的如格力电器的空调制造和双汇发展的肉制品，只有在极大的规模下，才能支撑这么低毛利的产品每天在央视黄金时段做广告。双汇1年高达14亿的销售成本可以支撑这种级别的营销，这些费用也不过只占其销售额的3%左右，换了另一个小肉制品厂，这种营销方式是想也不敢想的。**规模优势的关键不是企业的绝对规模多大，而是相对竞争对手大多少，以及这种领先能造成成本上的多大优势。**

区域经济性是指一些商品因运输不便、不经济导致无法建立集中的超大规模生产中心，而必须在各个地区建立独立生产营销基地，由于每个地区的市场有限只能支撑少数几个大规模企业的产能，这些企业将在每一个地区建立起自己的成本优势（相对当地小企业和跨境的企业），典型的如有运输半径限制的水泥企业（海螺水泥）。

商业模式的创新往往带来一种崭新的成本优势。**历史经验表明，在那些传统行业中，能够通过商业模式的创新而成为"成本杀手"的企业往往非常可怕。**相对以往的百货商店，超市和家电连锁大卖场的出现使得百货业不再具有上述业务领域的经济性。以一些传统的制造业为中心的企业，通过制造外包而将更多的注意力聚焦在产品研发、品牌营销两方面，也使得企业的成本结构发生了巨大的变化。戴尔和优衣库都是这种模式的成功案例。

非市场化资源是最明显的一种壁垒，如盐湖钾肥和贵州茅台对稀缺资源的占有和大秦铁路难以复制的铁路运输线资源，都是一目了然的"拿钱买也买不来"的非市场化资源。除此以外，一些公司独特的股权结构或者客户关系是一种不明显的非市场化资源。前者如电科院的中检集团的二股东地位，置信电气的国网控股地位，它们不但自身在行业中有垄断的特殊身份同时又对两者在业务发展上具有举足轻重的地位，这种股权形式的整合并不是简单的投资收益而是业务的战略整合，同样具有非市场化可获得的特征。

客户粘性是一种极其重要的竞争优势，能够获得这种优势的行业往往是高度差异化的，如软件、医药或者化妆品等。一些企业通过建立鲜明而强大的品牌和感官熟悉度获得客户认可，比如可口可乐、贵州茅台、高档化妆品。还有一些企业通过业务上的学习成本高，或者转换过于麻烦而建立起客户粘性，如客户不愿意重新学习新的复杂办公软件和操作系统，重新更换银行账户、使用多年的手机号或者电子邮件等。网络效应属于一个自我强化的资源网，一旦进入这个网络就成为其中的资源之一并吸引更多的人进入，从而形成循环。典型的像大众点评网、QQ（兼具高转换成本和网络效应）、百度知道等。

军火生意是对"粘性"这个词的有力解释。这门生意不完全是纯粹技术或者消费方面的竞争，而是融合了政治因素、后勤保障体系、历史习惯、技术路线等多种因素。某个独立的装备再优秀可能也没办法采购，因为考虑到历史装备体系的标准不一致，单独买来一个新体系装备可能要花10倍的资金去重新建立全套保障，还要融入到不同标准下的指挥作战体系里。随着新一代武器装备越来越昂贵技术门槛也越来越高，已经发展到在研发阶段就大家一起出资去搞（比如美国的f35项目，以及欧洲的欧洲联合战斗机项目），这样完全捆绑在一起后谁想变都很困难。所以除非是考虑到某些重大的政治因素，否则上了贼船再想下来的决心一般不容易下，哪怕另一个单件装备的技术更优、价格更好。

还有一种企业通过将自己的业务与客户的业务结成紧密的合作关系，从而使得客户非常难寻找到新的替代者。比如百润股份的食品香精业务，虽然占饼干、饮料等客户产品的成本极低但起到的味觉效果非常关键，往往需要在某款食品开发之初就由双方共同协作研发，这种业务的粘性可想而知。同样的例子来自IBM的it咨询，每一个项目的实施都需要与客户组建实施团队，梳理复杂的业务细节，这样客户再次系统升级的时候更倾向于找已经相互很了解的合作。

行政准入壁垒也是一种明显的壁垒。公共事业往往都是具有很高的行政审批壁垒，如军工或者石油、电信等国家战略性资源涉及的产业。专利药品、高端制造业等的知识产权也能在一段时间内带来类似的特征，但这需要较为严厉的监管体系和以品质决定份额的市场机制作为前提保证。与非市场化资源相比，行政准入壁垒大多来自于自上向下赋予的某种特殊权利，而非市场化资源则来自于先天占有的资源。前者可能被剥夺或者放宽，而后者具有更高的自主性。

领先关键一步严格意义上并不算是真正的竞争优势，更谈不上多高的壁垒。因为先进的经营模式是可以模仿的，一些特殊工艺或者制造技术、复杂工程的know-how（主要指经验和诀窍）也是可以被学习传播的。但如果这一步的领先恰好满足两个条件：第一，行业已经开始爆炸性增长；第二，领先的这一步恰好可以极好地捕捉到这种快速增长的契机，这一步往往就是"制胜一击"了。比如戴尔和丰田的模式当然是可以模仿的，也确实被广泛地学习了，但当年它们却正是凭借新颖的商业模式或者管理优势快速做大。捕捉这种领先带来的机会，需要对行业景气有非常敏锐的洞察力，在我看来确实难度比较高。

是否具有竞争优势最终应该可以在财务结果上体现出来。比如我们不能因为双汇30%的ROE水平，以及一些投资资金频频进入养猪或者肉制品等行业来说明整个肉制品或屠宰行业很好赚钱，因为这其实是竞争导致的行业盈利能力不均衡的表现。首先，双汇的盈利水平完全不是行业的平均水平，恰恰相反，高的ROE在其所在行业中并不多见。同为肉制品及屠宰行业的得利斯（连年亏损，净资产收益率长期保持在5%以下）和高金食品（业绩不佳，ROE甚至经常出现负数），这就是竞争的差异。而仔细去看双汇的高ROE，那是建立在低利润率水平和高资产周转率基础上的。设想一下，一个新的进入者如何一边扩大产能（导致高的固定资产投资，以及经常性的高库存），一边极快地将这些资产转化为销售收入呢？这是需要在销售渠道和品牌打造上长期持续的投入，以及高超的管理经验才能做到的。

类似的例子可以看看格力空调，它也曾达到过30%以上的ROE，但据此是否可以说，造空调、卖空调赚钱很容易？如果仔细看看就会发现，格力的高ROE一方面来自寡头垄断格局下的相对定价权保障了利润率（净利润率从2007年的3.4%左右一路上升到2011年的6.3%以上），另一方面来自对产业链下游大量资金的占用而取得的高经营杠杆（资产负债率始终在75%以上，而负债中70%都是应付类款项和预收款）。这两个条件是只要愿意投钱都能做到的吗？是这种低差异化的行业中普遍可以做到的吗？总之，做几箱肉肠并不难，造几台空调也很容易，但把这个数字乘以几百万的时候，还容易吗？那将是极大的规模效益，要求整个经营链条的高水准运营，从生产到营销，从质量一致性到经销渠道的管控，实在不是空有雄心壮志或者舍得扔钱就能做到的。

7.2.3 护城河的宽与窄

在上述类别的竞争优势中，显然其护城河效应的强弱程度是不同的。我们可以把更难以被模仿、更难被剥夺、更容易持久、具有更高自主权这几个因素作为衡量护城河宽与窄的关键要素。总体来看，不同类别护城河的宽与窄，可以自上而下排列如下：

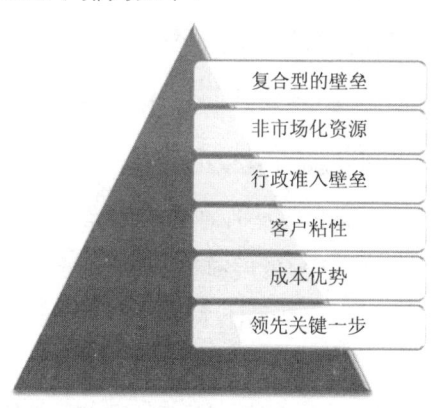

复合型的壁垒
非市场化资源
行政准入壁垒
客户粘性
成本优势
领先关键一步

领先关键一步是最容易模仿的，单纯的成本优势也属于较窄的"护城河"，除非有其他因素让竞争对手无法或者不愿去模仿（比如市场已经基本成熟，集中度太高等），否则厉害的竞争对手依然可以模仿甚至做得更好来翻盘。非市场化资源和行政准入壁垒自然好，它们都基本不是竞争对手有主观愿望和决心就可以模仿的，但也需考虑这种"独特性"给企业留了多大的发展空间？特许权和特许资源的获得，不能以丧失重要的经营自主权（比如定价能力、自主扩张或者经营的能力）为代价，也不能仅仅是稀有却难以获得足够的规模扩张，否则这种独占可能并不能带来足够的回报。

显然，最强的竞争优势是多种因素复合的壁垒。比如电科院既具有进入检测行业的牌照壁垒，"一站式"服务平台的特性使其又具有很好的客户粘性，"独立第三方"的独特市场定位使其在市场竞争中相对竞争对手易获得更高的信任度，位于电器设备制造业重镇的华东区使得其对周边客户形成了区域经济性，民营体制的灵活性让其获取高素质人力资源具有优势，同时独特的股东结构带来的可扩张性又是一种非市场化的资源。这就使得其业务发展具有了更强的保障。

需要注意的是，上述竞争优势的高下之分是泛泛而言，主要根据是竞争对手通过主观愿望来复制的难度。但具体到商业价值上则复杂得多。通过自由市场竞争建立起高度客户粘性的公司，往往要比一个背靠着行政垄断或者资源垄断赚钱的公司有价值得多。巴菲特提到的"特许经营权"，以我的理解主要来自于客户粘性（可口可乐、IBM、华盛顿邮报），行政准入壁垒（中石油）和非市场化资源（伯林顿北方铁路）。

总之，护城河是企业商业价值的一个要素，但其并不等同于商业价值。而商业价值又只是投资价值中的一个要素。那种将护城河强度直接等同于投资价值的看法，将会不断付出代价。

7.2.4 行业和个股哪个优先

在投资中经常有一个争论，企业研究到底是该"自上而下"还是"自下而上"？前者代表了先看行业发展前景再在其中选择优质企业，而后者是更多关注企业自身的素质和优势而不太关注行业增长快慢等问题。在我看来，这种争论的产生是因为总有人喜欢把事情推导到极致以至于偏激化了。

"自上而下"是对的，因为没有任何一个企业是生存在真空中的，一个行业的基本生意特性和长期增长前景、供需格局当然会对企业的未来产生重要的影响；"自下而上"也是对的，因为再快、再有前景的行业也会有大量的失败者，缓慢而不被追捧的行业中的优秀企业照样可以创造巨的价值。错的是极端化，"自上而下"变成追逐行业热点，"自下而上"成了目光短浅。

实际上对于这点在波顿的《竞争战略》中早已开宗明义地谈到过："竞争战略的选择由两个中心问题构成。第一个问题是由产业长期盈利能力及其影响因素所决定的产业吸引力。并非所有产业都提供均等的持续盈利机会，产业固有的盈利能力是决定该产业中某个企业盈利能力的一个必不可少的要素。第二个中心问题是决定产业内相对竞争地位的因素。在大多数产业中，不论其产业平均盈利能力如何，总有一些企业比其他企业获利更多。"

如果说"自上而下"的供需格局的分析是思考蛋糕最终能做多大以及将有几个人来分的话，那么"自下而上"的竞争格局和优势分析就是搞清楚这个公司凭什么吃到、能吃到多大的一份。所以，不用对某个名词教条的理解，更综合地看待这个问题可能才是明智的。

7.3 前瞻把握未来

市场供需以及商业竞争是一种客观现象，但想要准确的判断却非常困难。困难的关键在于投资的判断都是关于未来，所以投资的本质其实也是对未来的前瞻。这既是投资最困难的地方，也是投资的魅力所在。

继续引用前面《中国好声音》的例子。这个2012年大红大紫的节目在制作之初却并不被看好，节目冠名权的销售迟迟没有进展，其中某国际大企业下的商业评估团队一通精心计算后觉得节目没戏放弃。而加多宝却经过与节目组一顿饭的沟通时间就敲定了合作。

当然，一个案例具有很大的偶然性和随机性。但这种现象放在证券市场中却并不鲜见。

1992年，做房地产的万科的营业收入不过6.6亿元（还是集团收入），苏宁电器2001年的销售收入也就是16亿元多。而今天，做小小纽扣和拉链的伟星股份差不多也要有18亿元的收入了，万科和苏宁的销售额更是突破了1 000亿元。

可见，如果不具有对其商业前景的超前认识和前瞻性，怎么可能把握住这种投资机会呢？

我们再看看巴菲特的例子，以其最为著名、为其赚得最多账面利润，同时也是在其持仓中长期处于第一重仓的可口可乐为例：1988年时，巴菲特以14.5倍的PE、5倍的PB买入（当年每股收益是0.36美元，买入均价5.22美元、每股净值是1.07元），如果纯粹从格雷厄姆的角度衡量，不但不便宜甚至可以说很贵了。要知道，当时美国的国债利率就有10%左右，而可口可乐的股价在过去几年已经上涨了4倍，且市盈率相比市场平均水平要高出30%左右。这个估值水平即使在今天的A股也并不便宜了（2012年11月全部A股的平均市盈率只有10倍出头，市净率不到2倍）。如果不是对其前景具有很大的信心，不是前瞻到了其潜在的巨大商业价值，巴菲特的这个经典之作显然不可能上演。

这样说，也许有人认为"前瞻"仅适用于发掘具有广阔发展前景的伟大公司，但这并非事实的全部。就算是最典型的"捡烟蒂"式投资，难道其本质不是前瞻吗？正是前瞻性地认识到了当前极度低迷的情况已经不可持续，认识到了市场的极度恐惧已经掩盖了其未来可能的改善前景或者低于了其安全资产的现值，所以才具有投资价值。所以我认为逆向的本质实际上还是提前认识到事物某种回复性的规律或者是某种未被当前市场察觉的、必然的发展方向。

一份资产能够仅仅因为大家都在抛售就去买入吗？不能。投资者必须分析认识到了这种抛售已经超越了其价值，光这样还不行，还必须确定这种价值未来大概率地能够回归。**所以，这时的所谓逆大众而行动的表象下其实是在大众的恐慌迷乱中提前认识到了其价值运动的未来轨迹。如果仅仅强调逆向，则就很容易掉入"为了逆向而逆向"的极端**。只要"足够逆向"就一定能胜出吗？香港股市上有大量无人问津的低价股，如果我们抱着"没人要所以我要"的心态去就可能踩上一堆老千股。

让我们看看被公认为逆向投资大师的邓普顿是怎样做的。《邓普顿教你逆向投资》一书中写道：在某种意义上可以说，约翰（邓普顿）对未来有种特别的偏好，因为他能够把重心放在长远的前景上，而对当前流行的观点不予理睬。这种专注于未来可能出现的事件，而不是根据当前事件采取行动的能力，正是成功投资者和平庸投资者之间一道清晰的分水岭。

1939年的美国股市正笼罩在第二次世界大战的阴云下。美国的经济复苏遭到市场质疑，投资者认为美国将进入衰退而纳粹即将摧毁现代文明。美国和欧洲的股市在短短12个月内下跌了49%。而邓普顿却在冷静的观察局势，他认为美国也将被拖入战争。进而他得出结论：美国的工业企业将会因此受到大力推动，即使是最普通而无效率的企业都将从即将到来的大生产中获得极大的收益。这些判断并非灵光一现，而是来自于他对第一次世界大战中局势的发展和战时美国经济的历史研究。根据这个判断，他向前任老板借款1万美元用以购买美国两市交易的所有1美元以下的股票。最后事实印证了他的判断。美国卷入战争，而各种工业材料和物资的需求激增。由于这笔成功的投资，1年之内他的借款就还清了，随后的几年他的投资翻了3倍。

从这个案例可以清楚地看到，作为公认的逆向投资大师的邓普顿的思维方式。惨烈的价格下跌只是引起他关注的原因，但真正支持他下决策的关键则是前瞻性地认识到了未来大概率会发生的转折。如果说作为整体的局势判断证明了他的前瞻性思维的话，那么其中一只股票的选择就更让人叫绝。

密苏里太平洋铁路公司是他这次行动的持仓之一，并且以3 900%的惊人收益被称颂。但当时摆在邓普顿面前的并不只有1家铁路公司可供选择，为什么恰好要选择这家几乎是当时业绩最差的濒临破产的密苏里太平洋铁路呢？一方面在于邓普顿之前"哪怕是最差的公司也将受益"的基本判断，但更重要的是根据细致的历史研究，他发现平时效益良好的企业在战时可能会被政府课以高达85.5%的税收。

因此，像当时业绩很好（该公司50年来从未亏损过）且价格便宜（同样受到大市一个月内暴跌49%的负面影响）的诺福克—西方铁路公司被他排除在买入的清单之外，最后事实果然如此！这种惊人的洞察力甚至已经不仅仅局限在商业前景的判断上了，其政治判断之老练更让人印象深刻，并且进一步证明逆向投资的内核依然在于前瞻性。

由这些案例也可以更好地理解，为什么芒格这位当今最具智慧的投资家认为，对于投资者而言更重要的知识往往来自于对历史和哲学的学习，而不是金融专业课堂上的那些课本知识和专业理论。

在《邓普顿教你逆向投资》的最后部分，这位便宜货猎手发出如下忠告："现在以长远眼光选择股票比以往任何时候都更加有利。过去，他主张以未来5年的每股收益作为基础计算市盈率，但到了2004年后期，他又强烈建议将估算的时间延长到10年……因此，如果要预测一个公司长达10年的前景，便宜货猎手就不得不仔细思考这个公司在市场上的竞争地位。

简而言之，便宜货猎手必须付出极大的努力去判断一个企业相对其竞争对手所具有的竞争优势。"

显然，即使在最伟大的逆向投资者和便宜货猎手看来，价格便宜也只是投资的一个必要条件，而保持"向前看"的习惯和注重"竞争的影响"才是更加本质的决策因素。虽然从投资这个游戏的根本特点来看，概率才是最本质性的特征，但企业投资毕竟不是玩彩票，提高胜率的关键还是靠前瞻性的把握价值所在。**特别对于"长期持有型投资"模式，我认为前瞻性和洞察力是安全边际的最重要因素，没有之一。因为在长时间跨度下错误可以毁灭一切。不具有这种前瞻力，当然也可以做投资，但不要去"长期持有"**。任何原则都是有边界条件的，不在一个边界条件谈原则往往是僵化教条的。

当然，我无意无限夸大前瞻性这个词汇的意义。投资这个世界里的规则就是这么有趣，很多东西都有道理，但如果你将这个道理推导到一个极致，或者以一个道理去排斥其他的道理，你会发现这个原本有道理的东西会慢慢地将你推入绝境。

简单讲，投资者要做的就是"前瞻未来，活在当下"——既要努力看清未来发展的轨迹，又要耐得住寂寞、沉得住气，不为仅仅是可能性的美妙未来提前支付昂贵的入场券。企业的基本面分析必须同时发散到3个视角，即"市场的本质、商业的本质和投资的本质"。只推崇其中的任何一个而忽略其他，都会为投资分析带来潜在的风险。从市场的本质"供需"来理解一个行业长期的发展态势和最终的格局，从商业的本质"竞争"来理解这个行业的根本决胜要素以及产生差异化竞争优势的能力，再从投资的本质"前瞻"来衡量市场对他们的认知和预期是否产生了足够吸引力的偏离度，这三者环环相扣，才有利于我们用全面的视角来审视投资机会。

第 8 章
高价值企业的奥秘

在我们谈高价值企业的时候,不妨先想想糟糕的企业是怎样的?我想大体是包含了这些特点:市场需求萎靡而供应严重过剩,企业的经营需要大量的投资和资本性支出,根本无法从正常经营中获得足够的自由现金流,毫无竞争优势可言只能靠惨烈的价格战苟延残喘,经营者不但能力低下甚至还毫无信誉、欺诈成性、财务漏洞百出、脆弱不堪等。

这种逆向的思考实际上已经为高价值企业提供了简洁的推导，我们可以反向凝结为几个要素：

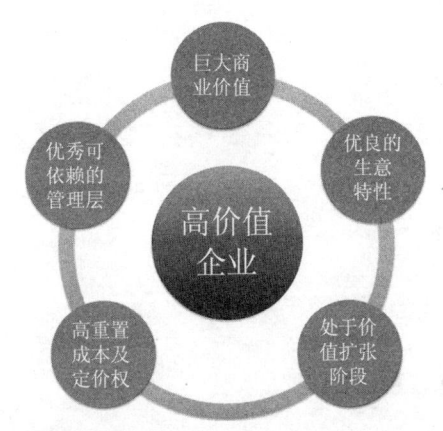

```
        巨大商
        业价值
   优秀可          优良的
   依赖的          生意
   管理层   高价值   特性
            企业
   高重置          处于价
   成本及          值扩张
   定价权          阶段
```

这五个高价值的衡量因素具有内在逻辑上的联系：
- 商业价值是一个企业得以存在和发展的基本前提和基础。如果说企业的经营和发展需要脚踏实地的话，那么商业价值就是衡量它所站立的土地到底有多广阔和坚实。
- 生意特性主要突出的是这个企业的生意能在多大程度上符合DCF三要素。是否具有较好的资本收益水平，以及是否存在业务上过于脆弱或者难以持续成功的硬伤？
- 如果说第一点突出的是这个生意的"总量"，第二点突出的是其盈利的"质量"，那么价值扩张阶段就是强调它实现这个量的"效率"。
- 重置成本和定价权代表了这种增长和扩张具有多高的确定性，企业是否有办法避免竞争对手的模仿和破坏，从而为其商业价值建立起强大护城河？
- 管理层因素强调企业有无将"优势"转化为最终的"胜势"的素质，以及对于这笔投资可以予以多大的置信空间。

上述原则中如果说第一条和第二条属于这个生意从娘胎里带出来的"先天因素"，那么第三条至五条则更像是靠不断实践和在竞争中锻造得来的"后天因素"。至于先天与后台之间谁更重要？幸好没有一把枪顶在我们的脑门上威胁只能选择一个，所以何不两全其美呢？

8.1 巨大的商业价值

在以前的高价值企业探讨中，我曾经将"难以被重置"作为首要条件，但之后的观察和思考使我对此作出了修正。护城河当然是极其重要的，但护城河到底是目的还是手段呢？**在我看来所谓护城河是手段而不是目的，目的是经营的超额收益。**巴菲特曾将投资形容为在一个长长和湿滑的雪道上滚雪球的游戏，那么超额收益其实既取决于滚雪球的相对能力（企业竞争优势），更取决于雪道是否湿滑（是否容易差异化）和长短（优势复制扩大的空间）——竞争优势是可以锻造的，但行业的发展空间和行业基本特性却是无法通过主观努力改变的。**为什么很多"公认伟大"的企业往往成为投资陷阱？就是因为忽略了"价值创造的大坐标"而盲目歌颂"护城河"。**

我们都知道固定资产有折旧，无形资产也有摊销。那么"护城河"有没有折旧和摊销呢？其实也是有的，虽然它不在会计科目上直接反应，但却会在价值创造力上得以体现。任何优势自有其边际，无论是业务领域的局限还是经营要素潜力的殆尽，迟早均值回归。学会判断企业价值创造的周期和节奏，是以往的书本不太提但非常重要的部分。

护城河是价值的一个关键要素而非充分条件，在某些情况下甚至不是必要条件。举个简单的例子，房地产行业的蓬勃发展诞生了万科、保利、华侨城等长期大牛股，但如果细究起来这些公司都不具备真正的难以模仿、不可复制的竞争壁垒。当然它们各自具有一定的经营特点和较高的经营水准，但决定性的因素其实是房地产行业过去十几年的蓬勃发展，以及当初它们无论在资产规模还是业务布局方面都只处于一个很初期的阶段。与之相比，具有专营权的高速公路、水电站等公共事业往往具有更强大的进入壁垒，一些具独特稀缺地理资源的旅游景区更是不可复制，但价格管制、业务领域的狭窄、缺乏持续增长的潜力等因素却使得这一群体很少出现真正的大市值企业。**所以护城河是保护的作用，商业价值才是真正的城堡——缺乏护城河的城堡固然容易被洗劫一空，但高高的护城河内如果空空如也，又有什么意义呢？**

商业价值是一个挺抽象的词，有人将其理解为具有巨大的社会效益和经济效益，我个人认为不尽然。社会效益和经济效益并不完全等同于投资意义上的商业价值，比如盖一个豪华的体育场馆并且免费向市民开放，这具有很好的社会效益同时也拉动了就业产生了较高的经济效益（建设过程中的采购、就业、赋税，以及未来的出租收益等），但它对投资者就未必具有多大的商业价值。

我个人认为一个业务的商业价值首先需要具有现实或者潜在的巨大社会价值，只有建立在能对人类社会产生积极影响和具有重要意义的基础上，这个业务才有长期成长壮大的根基。但这样还不够，它的这种社会价值还必须能够得以货币化的形式反馈到业务所有者，而不仅是有利于了最终使用者或者参与构建的各利益方。最后，巨大的商业价值还必须反映在其依然处于长期大发展的初中级阶段，业务空间远没有饱和，否则这项业务已经处于收割期而不是投资期。

微博诞生所产生的社会意义可以说是划时代的，它构建起了一个全新的社会信息发布和沟通平台。从这一点来说它很好地体现了商业价值的第一个要素。但另一方面，几亿微博用户的海量市场却并没有以同等级的财务结果反映到新浪公司（据媒体报道截至2012年8月的财报微博广告收入只占新浪广告总收入的10%左右，收入只有几千万美元而年投入却高达1亿美元以上）。它的价值大多数被微博用户和社会取得了，并且还未看到彻底改变这一状况的商业逻辑。如果这种局面不改变，很难说它是具有巨大的商业价值的。

这个特性其实提醒了我们一点：在不同的社会发展阶段和经济水平阶段，商业价值是处于动态的迁移中和变化中的。100年前，钢铁制造也许是最具有商业价值的领域，但在今天却普遍地陷入困境。商业价值不是个空中楼阁，它是建立在一定的社会和经济水平之上的——也可以反过来说，看看一个国家最蓬勃的产业是什么，大致就可以知道它处于怎样的社会发展阶段。

在一个连温饱还没解决的社会中，你很难期待娱乐产业创造出什么商业价值。同样，在供不应求和劳动力极其充沛而廉价的时代，满足基本质量水平的大规模制造往往得到更多的回报，但在供过于求和劳动力越来越昂贵的时代，那些能够真正提升品质形成高附加值产品的企业，以及可以帮助企业更好提升劳动生产率的生意就必然会越来越重要。所以，商业价值的判断其实首先来自于对社会和经济发展的大视角，看待这一问题可能需要相当的历史感，这其实是一个更高素养的锻炼了。

所以对企业商业价值的评估需要具有历史视角。某汽车公司的总裁曾说："如果当初你去调查消费者需要什么，他们会告诉你要一匹更快的马，而不是汽车。"现成的数据可以作为佐证、参考、启发，但不是主宰。掌握按钮的是人，而不是数据库。对于一些研究报告给出的某些行业发展的调查数据，一定不要不假思索地全盘接受或者静态的来看待，要学会用动态和发展的角度思考问题。

另外，近年来一些似是而非的口号需要警惕，比如"第一"和"唯一"。似乎某个企业只要做到了某个领域的第一或者唯一，就是确定无疑的高价值企业。瑞贝卡是假发制品行业的第一，安泰科技曾是国内唯一实现了非晶合金新材料规模化生产的企业，但它们平庸的业绩和极不稳健的经营状况显然与高价值企业不沾边。"第一"和"唯一"虽然显示出竞争上的某种暂时领先，但如果缺乏足够的商业价值，或者竞争优势无法长期牢靠，又或者在生意特性上存在硬伤，那么叫得再好听也别期望它真给投资者带来优秀的回报。

8.2 优良的生意特性

8.2.1 生意的三六九等

除了商业价值这一因素外，优良的生意特性也是重点关注的对象。以前面提到的万科、保利等房地产企业为例，从历史角度而言它们无疑都曾拥有巨大的商业价值并且也确实带来了很好的回报。但如果我们以DCF三要素以及资产回报率与增长的关系的角度衡量，就会发现地产开发这个生意的特征并不太符合超长期持有（请注意这个前提）的要求。

因为这个行业需要持续的大额资本性开支，每年赚来的钱需要持续地投入到买新的地皮、周转新的开工建设等用途上去。从现金流的角度来看它们的生意最终很难在手里存下现金，而无法留存积累现金的生意往往是个击鼓传花的游戏。特别对于房地产行业来说，高负债率是不可避免的。高负债率与经营所得现金需要再次大额投资就会出现一个问题：投错了怎么办？而这恰恰是很难准确判断的，这是因为首先房地产市场在全世界都是个较高波动的市场,这种规律不可能改变。其次,地产市场越景气企业往往越有壮大的冲动,这就导致企业开发完旧项目后再拿地会更贵,上新项目后的存货预估值也会更高。这从本质上使得房地产企业的风险系数始终处于较高的状态。

从运营特点来看,房地产企业的运营周期极其漫长。从决策拿地到开发建设再到销售完成,起码两三年。这就要求企业对于未来的行业要有很精准的预测,预测错了要么太谨慎没拿地赚不到钱,要么浮躁冒进只能期盼老天保佑顺利出货。这种生意模式就决定了,顺风时候(比如过去十几年的快速发展)诸多杠杆要素都是有利的。逆风时候正相反,诸多要素都会层叠累加,最终对利润表的摧残往往超出预料。而其中最大的引爆因素就是前期拿地开发的规模和价位,其次是资金拆借及周转能力,出现其一则立刻非常难看,两者同时出现则巨无霸也很容易毁于一旦。

巴菲特曾谈过要避免投资"轮子上的生意",显然也是出于生意特性的角度。极高的资本投入、始终处于高负债水平、随着经济景气和石油价格变动的行业剧烈波动、很难得到高的ROIC和ROE水平等。

类似的如航空公司,曾经看过几个航空企业的数据,确实感觉很恐怖:第一,固定资产投入极高,投入期也几乎永无止境,负债额度同样保持直线上升和最高限度。光是巨额资产和负债每年的折旧、财务费用,就可以是个天文数字,并且刚性很强;第二,利润波动性极大,上游油价波动全盘接收,下游游客波动紧跟宏观经济,中游竞争高度趋同且呈现越来越激烈态势,最可怕的是规模的扩张和巨额的投入却换不来抵御利润波动的能力;第三,经营模式复杂,涉及昂贵的对飞行员的培训,与机场的协调,航空线路的开辟,票务渠道的开展等,对于管理层的挑战很大。

虽然要在这种行业中寻找优秀的长期投资对象并非不可能(比如确实出现了西南航空、丰田汽车等长期大牛股),但确实更加困难——关于这个问题让我们记住巴菲特的教诲:"我从不试图去翻越7英尺高的跨栏,我只是专注于寻找1英尺高的跨栏,然后很轻易地跨过去"。生意模式上具有潜在硬伤的企业当然可以投资,实际上如果对行业景气波谷的捕捉足够敏感这甚至是最能带来暴利的对象,但确实要意识到其难度并且要慎言"长期持有"。

在"揭开价值的面纱"一章中,我们已经讨论过了企业价值的源泉和表现途径。**不得不承认，生意或者说行业特征真的是分三六九等的，是天生就不公平的。**有些生意就是更容易形成差异化的竞争优势从而提高确定性，它的生意具有更加稳定和持久的需求特征而且行业的更新换代频率很低，又或者总是能够带来饱满的现金流，并且不但能够增长还可以保持优秀的资本回报率，而有些生意无论如何努力也不可能做到这些，或者只能做到某一方面而难以兼顾。所以一个高价值的企业，首先从业务领域来看必须具有巨大的商业价值，其次从生意的特性来看高度符合价值创造原理（DCF三要素、高价值均衡导向）。

8.2.2　寻找"印钞机"

我们可以注意到，过去的世界闻名企业诸如通用电气、丰田汽车、沃尔玛、麦当劳等都经过了数十年甚至上百年的经营才取得全球性的影响力和巨大的营业规模。《财富》杂志也曾统计过世界500强的平均企业寿命长达四五十岁。但近一二十年来，一批企业却以极快的速度成长为无论从营业规模还是影响力都达到世界级的巨头，比如微软、谷歌、亚马逊、Facebook等。而随着电子商务的迅猛发展，即使是最传统的领域也出现了类似的特征，比如淘宝和京东商城。这种商业上的奇迹是如何产生的呢？这些令人瞩目的时代宠儿背后有没有共同的特点呢？

《浪潮之巅》的作者吴军曾提出过一个"商业印钞机"的概念，指那些拥有近似坐地收钱商业模式的公司。无论是谷歌的广告系统、腾讯的虚拟社区和商品交易，又或者在线游戏的王者魔兽世界，都具有"即使什么都不做，钱依然会源源不断"的印钞机特征。我们可以发现上述传奇企业都或多或少有这样的特点。那么这种优秀的商业模式有什么具体的特征吗？我想，至少具有"一低一高"两个特征：

印钞机特征	简单介绍
低扩张边际成本	每增加一份营收就要增加一个人（或者一套机器设备）的生意不是好生意。能够实现收入规模扩张远高于成本增长的模式，才能产生最大的规模效益
高客户粘性	扩张得快和好只是第一步，如果非常容易就被竞争对手模仿和颠覆也无法成就最终的高价值。能够牢牢黏住客户的生意才是好生意

1. 低扩张边际成本

扩张的边际成本低就是"边际利润递增"——销售价格减去边际成本

后即为边际利润，边际利润递增表明企业在大幅度的生产规模扩张后，其成本不会跟随销售规模的扩大而同步提升，甚至会急剧下降从而带来高回报。这就要求企业生产过程中的"刚性成本（比如各类固定资产折旧）"较低。

从常识来看，重资产类别的企业（总资产中固定资产的占比高）显然扩张起来需要极高的边际成本。一个汽车制造商要想扩大规模首先需要建更大的厂房、买昂贵的装配生产线，销售到哪里工厂就要跟到哪里。所以我们经常看到这样的情况：新车上市消费者热捧，但供货量总是跟不上；等产能完全铺开，热潮可能已经过去了。相反，轻资产的企业规模扩张就不存在这个问题，软件公司生产10万张光盘和100万张的成本并没什么区别。同样是轻资产的软件公司，那些项目型的公司面临不断增加项目经理和技术支持的高成本投入及复杂培训，而标准化的工具软件就没有这样的问题。更高一级的平台型软件企业，连印售光盘的程序都免了，直接通过互联网向客户提供服务，这样既免除了盗版又降低了销售服务成本，并且将一次性的光盘购买转化为了持续性的服务收入，显然不但利润率更高而且业务的稳定性也更佳。

轻资产在两个条件发生的时候更易发挥其威力：第一，企业的市场需求已经大规模启动，当前经营的重点是需要快速的占领市场；第二，企业已经建立起了较为明显的竞争优势。在这种情况下，较低的扩张边际成本有助于公司快速占领市场，其价值实现具有更高的效率。目前来看，这样的特征更容易在科技行业中出现。当然，这种高科技类企业的缺点在于更新速度往往非常快，技术的路线也非常复杂而难以鉴别，所以一般很难长期持有。但它的优点是创新性的供给一旦成功创造或者激活了某种巨大的需求，扩张上极低的边际成本就会产生出十足的爆发力。这样的企业也许确实活不了20年，但它5年产生的爆炸性收益可能就超过了传统企业20年的成就。所以这类企业并非不能投资，只不过会非常考验投资者对行业的认识深度和买入卖出的敏感性。

但轻资产本身只是个资产特征并不代表价值高低，特别是缺乏足够的竞争优势下轻资产的企业远比重资产的企业更加危险和不确定（要打败一个汽车制造商起码要投入以亿计的真金白银，要打败一个软件商可能只需要几个聪明的脑瓜）。所以轻资产的必要保障是优秀的无形资产。管理学上讲的所谓"微笑曲线"不就是将最"重"的制造环节外包出去，而重点强化设计研发、品牌营销两方面吗？巧合的是这两方面都是企业无形资产最集中的部分。

2. 高客户粘性

在前文中已经讨论过客户粘性的特点及重要性，客户粘性的可贵之处在于，首先它往往是市场自由竞争的产物。最强大的壁垒往往不是由行政特许或者资源独享得来的，因为那些壁垒阻挡了资本的进入，但那些壁垒能存在多久却不是企业可以自己决定的。而通过自由竞争和资本的优胜劣汰而实现的优势，是真正经过了考验和挑战的优势，在这种情况下如果还难以撼动就非常可贵。客户粘性的关键之处在于，企业通过一系列的办法真正地在客户身上扎了根。

从商业印钞机的角度来看，仅仅是低的扩张边际成本只能决定这个企业成长的快与慢，但却不能确保在其形成一定规模后让客户的钱源源不断地送上门来。企业必须想办法把客户粘在自己的业务里，并且把这种业务上的高客户流量变为现金。

百度原本只是一家搜索引擎公司，虽然市场占有率高并且成功实现了广告竞价的高利润率商业模式，但搜索业务本质上是个纯技术竞争的领域，技术竞争节奏快并且客户随时可能流失，这显然不利于其长期前景。但是通过推出百度贴吧、百度音乐这些看似并无多高技术含量的辅助业务，它聪明地借助超女选秀等热潮实现了对大批互联网客户的网罗并增强了用户粘性。

客户粘性的建立当然也不仅仅是个主观愿望问题，而首先是个生意特性问题。一些行业可能永远也无法建立起任何客户粘性，无论企业经营者有多优秀和努力。试想一下餐巾纸和普通的桌椅板凳该如何建立客户的使用忠诚和确保下一次不被替换呢？所以客户粘性的建立需要这个生意具有必要的前提特征。

另外值得注意的是，在竞争优势的构成中，由企业的无形资产所贡献的成分似乎越来越高。在上述的竞争优势类别中，以无形资产为主要构成要素的优势占了一多半。我们将在后面的章节中继续探讨这个现象。

8.3 处于价值扩张期

对于一个企业经营情况的判断固然具有诸多的要素和视角，但如果一定要选择一个最重要的视角的话，我认为就是判断它到底是处于价值创造的哪一个阶段？企业的经营是很不均匀的，在不同的阶段其业绩会呈现出不同的特征。比如我们常说的超额收益和均值回归，前者表现为企业盈利的加速和高增长而后者表现为从一个极高或者极低的业绩水平逐渐回归长期均值。关键就在于，你的这笔投资会碰上哪一个阶段？

如果投资的企业将进入一个较长时期的超额收益或者从极低向均值回归的阶段，显然将可能带来丰厚的回报。而如果不幸你的持有期正好赶上这个企业从盈利的高峰向历史均值区域回归的阶段，恐怕就不乐观了。我将这三种状态分别称为价值扩张、价值回升和价值回归。

价值扩张期的企业无疑是最具投资吸引力的标的，但如何对此进行判断呢？我想如果一定要将问题简单归结到一个指标的话，那无疑就是ROE。对企业价值周期的评判可以从ROE的三个主要维度：在竞争均衡状态下（即市场竞争格局趋于稳定、企业的竞争优势充分展现时）净资产收益率的高度、竞争优势所能维持的持久度和净资产本身的扩张幅度。

一个企业进入价值完全释放的阶段其净资产收益率到底能多高，显然将决定一个企业的经常性估值区间。越高的净资产收益率（ROE），其净资产的相对溢价（市净率PB）也必然越高，这就像能带来更多利润的员工必然薪资越高一样。但仅能维持一个高的ROE却难以持续也是个大问题，所以这种较高的ROE状态能够持续多久是第二个重要的问题。除了ROE的收益率高低，净资产本身能够多大程度上进行扩张也是个关键性的问题。如果一个生意可以获得极高的ROE，但只能限制在一个很小的资产规模下，那它可能会是个精致的贵族型小生意却很难成为真正的大生意。这就构成了衡量ROE的3个基本维度：

ROE衡量维度	判断标准	重点分析要素	价值酝酿的内在逻辑
ROE能达到的高度	在企业的竞争优势完全发挥时，其越能达到较高的ROE水平则价值越高	构成ROE的三项基本要素（销售净利润、总资产周转率、财务杠杆）在未来的演变趋势如何？最重要的潜力来自哪里？推算企业可达到的ROE高点大约是多少	未来的ROE将从低到高不断攀升并达到优秀水准，表明公司目前仅仅处于竞争优势构建过程中。随着竞争优势的发挥，其ROE构成中的主要因素具有明显的向上推动力，净资产的收益率水平将逐渐从平庸走向优秀。风险是这个过程的不确定性
ROE维持在高水平的持久度	ROE维持在高水平区间的可持续性越长、确定性越高则价值越高	企业的竞争优势所带来的超额收益（表现为较高的ROE水平）是否具有可持续性？可以持续多少年	ROE可以在高水平区间异常稳定的情况下，表明公司的生意特征优秀，一方面可以获得较高的ROE，另一方面具有强大的护城河，从而可以长期保持这种经营的超额收益。风险是业务已经接近成熟期
净资产的增长能力	在保持ROE较高水平前提下，净资产可增长越快、可放大规模越大则价值越高	企业是否具有融资扩张的需求？更重要的是融资扩大了净资产规模后，它是否还具备在更大的资产规模下依然保持高水平ROE的能力	净资产规模具有极大的扩张空间，且ROE在增大规模后依然保持一定水准，表明这个生意具有广阔的发展空间和起码超越融资成本的收益率。风险是行业的景气波动具有直接将ROE拖入极低水平的风险

这3个要素可以帮助我们更好地判断企业到底处于哪一个价值创造周期。所谓高价值企业中的皇冠，就是那种既能实现净资产规模的大幅度扩张（表明其业务仅仅处于发展初期，具有广阔的资本复制空间，企业可以通过利润增长后的留存收益和额外融资来实现资产规模的持续扩张），又在资本扩张的同时使得更大规模下的资本收益率（即ROE）不断攀升到优秀水准（如20%以上），并且这一过程的持续时间很长的（比如大于5年）投资对象。

不同价值创造阶段	ROE高度趋势	高ROE的持久度	净资产扩张增厚潜力
价值扩张阶段	未来的ROE远高于当前水平	可维持较长时期	具有广阔的净资产扩张空间
价值回升阶段	未来的ROE将从当前的极低状态回升	不确定	不确定
价值回归阶段	未来的ROE将从当前水准下滑	已经进入高ROE的维持末期，将下滑	基本不具有再大幅扩张的空间

价值回升阶段的公司，虽然在ROE的表现上也具有由低向高的发展态势，但这种回升到底是趋势性的还是阶段性的还需要结合具体行业环境和企业特征来分析，其与持久度和净资产扩张并不呈现必然的相关性而可能

仅仅是行业周期性的波动导致。真正处于价值扩张期的高价值企业则会明显体现出3个维度都向上的强烈特征，我们可以看一下云南白药的例子：

云南白药在1995年时的净资产只有2亿元出头，而2012年的净资产已经扩张到了70.2亿元。在此期间，公司的ROE从8.75%一路上升到最高的28%，并且在2012年依然保持在22.5%的优秀水准。在17年的跨度中，云南白药的净资产增长了35倍，而同时间其净资产的收益率却一路上升。想象一下，这就像一个投资者在十几年中，从本金100万元做大到1个亿（如果公司很少融资那么意味着这个人几乎完全靠自己的本金做到了这一点；如果公司同时还有较多的分红，这一结果就更加让人敬佩），并且在1个亿的资本规模下他的投资收益率反而比100万元时更高。这显然是一个令人钦佩和激动的成绩。无论是从ROE的提升趋势以及绝对水准，还是竞争优势充分发挥后在高ROE水准可保持的持久度，又或者是长期净资产的增厚和扩张的幅度上，云南白药的表现都堪称是杰出企业的模板。

像这样的企业，成为长期的大牛股实在是理所应当。实际上如果我们多留意一些长期大牛股的相关数据，往往都可以发现与上述情况高度吻合的特征。**什么是高价值企业？怎样寻找长期大牛股？这不就是从最根本的价值原理和可衡量的角度解读出的"DNA"吗？** 当然，回顾总是简单的，而要想在结果出现之前具备这样的慧眼，则需要良好的商业洞察力和具体的经营及财务分析能力。这一切如何入手呢？正是我们在后面的章节要具体探讨的内容。

较高的ROE水平、较长时期的优势维持度，但是净资产规模已经很难再大幅度提升的，往往属于强护城河但发展已经进入成熟期的企业，不宜被表面的强大护城河迷惑给予高溢价，但其稳定性加上较高的分红收益率，在低估值时也是不错的选择。而如果ROE很难达到高水平，竞争优势和持续期不明确，但净资产规模具有很大扩张空间的，往往属于享受行业景气驱动的周期性龙头企业。这类企业在行业景气周期往往非常耀眼，但一旦行业景气度下行则需要非常小心，需要强调买入卖出的时机性。上述特征都不具备的，基本属于低价值企业，没必要投入过多精力。

所以，对一个企业的分析首先和最关键的问题就是定位其处于什么样的价值创造周期？这从根本上来说属于一种商业洞察力。但ROE的三个维度的视角为这种模糊的判断提供了一种相对逻辑化和可衡量的手段。

8.4 高重置成本及定价权

一个企业的高价值，既是先天赋予的（商业价值、生意属性），也是后天锻造的。再大的潜在商业价值和再好的生意属性，也会在商业的根本规律"竞争"过程中面临凋零。在前面已经对竞争烈度及不同类别的竞争优势有过一些分析，这里重点强调一个关键性的特征：难以被重置和强大的定价权。

难以被重置的企业总能安享市场收益，因为它们的地位不是竞争对手的决心或者资金的投入力度就可以复制的。一个很容易就被复制的公司，哪怕将行业开拓得再成功也注定成为后来者的垫脚石。定价权是一种"市场特权"，当客户宁愿花更高的价格而义无反顾地投入一个企业的怀抱时，这样的企业简直是让竞争对手羡慕嫉妒恨但又无可奈何的，你永远不会希望成为它的竞争对手。

8.4.1 无形胜有形

前文所述的高客户粘性，以及竞争优势难以被复制的秘密，往往来自无形资产。这也就很好解释了，为何很多长期的大牛股，其PB（市净率）总是看起来很高——这并非是市场先生的昏庸，而恰恰是其长期有效性的一种体现。这种对净资产的长期大幅溢价，我们很少会在钢铁、汽车、船舶、机械制造等重资产和高趋同度企业身上看到（如果出现，往往预示着牛市末期的来临）。

1917年美国最大的公司有美国钢铁公司、标准石油公司、国际收割机公司、菲尔普斯·道奇公司等，它们都拥有大量物资资产并以此作为经营核心。然而到了今天，美国最大市值的企业群中充斥着微软、苹果、IBM、强生、辉瑞这种依赖无形资产创造财富的案例。无形资产在现代商业世界中所占的比重将越来越重要，是个不可抵挡的趋势。

在武侠小说中，江湖人士一旦碰到少林、武当的弟子轻易都不敢招惹。那并不是因为这些弟子本身武功如何了得，而是背后依靠着武林中响当当的招牌。这也算是无形资产威力的一种生动体现。

无形资产的叫法经常将视线误导到"资产"这个会计概念里。其实我认为更准确的叫法是"软实力"。它不但远超出商誉那点儿确实很虚的东西，有时甚至是通过费用、摊销等支出项目形成的（如稀缺的关键岗位人才）。软实力的塑造可能会影响当期损益（如较高的工资、研发费用），它也很难以会计概念来量化（每一元钱的研发支出无法肯定对应几元钱的收入），但它对于轻资产型生意越来越具有决定性的作用。

评估无形资产的难点在于无法量化，有形资产至少有一个可度量的会计账户，无形资产的识别却往往依靠投资者的经验性认识。

"可积累的无形资产"特别值得关注，比如检测行业的信誉和权威是关键性无形资产，随着它做过的重大检测案例越多，它的信誉和权威也就越来越有说服力，随着时间不断的积累自会让竞争对手望洋兴叹。从业务特征上而言，越是标准化、对客户不关键的产品越难形成高无形资产，越是差异化的业务就越容易。毛巾基本上都一个样而且也不关乎生活大问题，在它之上建立独特的价值是很困难的。但药品的差异就非常大，也关乎人的生老病死这种顶级问题，自然更容易建立独特的客户影响力。

美国财务会计标准委员会（FASB）曾对无形资产进行过一个分类，但较为偏向学术化。我对这种分类进行了一定的修改，如下表：

无形资产类别	主要包括的内容
与市场有关的	商标品牌、市场销售网络、外观等视觉设计、特定的价值观设计（比如谷歌的"不作恶"，迪士尼营造的狂欢氛围，海底捞的有求必应，宝马的驾驶乐趣）等
与客户相关的	与客户有关的机密信息、长期合作的默契性、对客户业务的嵌入、对客户的说服力 特许经营许可权、排他性合同、共同利益方（如特殊的股权结合、结盟打击共同的对手等）
与内部相关的	关键性人力资源、企业文化、独特的管理诀窍、关键的技术诀窍

与市场相关的无形资产是企业市场影响力的形象化，这种无形资产对于最终客户是普通消费者的企业最为重要，比如食品、饮料生产商、零售企业、服装生产企业等。企业价值的很大一部分都依赖于其独特市场形象的建立和强化，特别是在当今媒体碎片化的时代，要塑造一个全国性甚至世界性的品牌所需要投入的成本实在是太高了，而且这不仅是个资金投入的问题，秦池酒当年在央视投入巨资也并未在高档酒阵营里谋得一席之地。品牌往往是独特的渊源甚至是不可复制的历史机遇所奠定的（如《本草纲目》中对东阿阿胶的滋补圣品的描述，国家几代领导人对茅台酒的赞誉，理肤泉曾经治愈第二次世界大战时烧伤士兵的美誉等）。对这种企业而言只要品牌熠熠生辉，其他的一切困难可能都不算

大问题。另外，庞大的销售网络往往是这类企业的另一个壁垒，优秀的经销商被他们瓜分殆尽，新进入者要想在广阔的市场上建立全面覆盖的销售网点耗时又耗力。

与客户相关的无形资产更多体现在商业模式上，通常是那种客户也是企业的商业服务型、工业配套生产型企业，比如企业管理软件、食品饮料调味剂、工业材料、工业设备制造等。这类企业通过与客户业务建立紧密的合作关系，让客户用得舒心换起来闹心（如管理软件公司通常将产品嵌入客户的日常核心业务，并且通过提高客户的学习成本来维持自身的优势），这个类别的企业的最高境界是将客户逐渐引入自己主导的产业生态系统内——比如现在所谓的平台化，就是对客户需求的一网打尽，也可以归入此类。淘宝的商家已经很难离开淘宝平台，所有的经营规则和交易环境甚至客户资源全都带不走，这就是平台化的魅力。这类企业的核心策略就是与客户的业务紧密捆绑，强化粘性。

而与内部相关的无形资产就很好理解了。就这三层无形资产的强度而言，显然最强和难以剥夺、复制的是市场类，其次是客户类，最末是内部相关类。

8.4.2 定价权的层次

另一种观察企业竞争优势是否强大的视角是从定价权的角度来看。有人说定价权是企业价值判断中最重要的因素，我认为谈"最"可能值得商榷（因为企业的内在价值除了定价权所代表的"稳定性，确定性"之外，还有其经营的生命周期等因素，况且并非所有的竞争优势都以"定价权"来表现）。但定价权确实是对竞争分析提供了一个非常综合性且相对直观的观察视角：因为价格是供需双方最终达成交易的妥协点，某个企业的定价能力相当程度上确认了其对于上游供应商、下游客户以及同层竞争对手之间所处的地位。如果客户愿意以更高的价格购买某项产品和服务，可以想象这个公司一定具有竞争者所不具有的差异化价值，以及很难轻易夺走的客户影响力。

如果将定价能力分成不同的层次，可以分为以下几种，其中真正意义上具有"定价权"的往往来自于第四和第五类别，有时第三类别也会出现（如具有创新性的化学制品）：

定价层次	主要特点及行业分布	竞争的关键点
层次1：定价没有自主权	是亏是赚主要取决于政策，价格制定被严格管制。银行、铁路运输、石油、天然气等	基本取决于政策调整，除非给予越来越大的经营自由度
层次2：定价主要看对手	与竞争对手紧紧咬住，谁也不敢轻易同对手拉开距离，哪怕已经无法覆盖当期的成本也要咬牙挺住。啤酒、电子商务、钢铁、液态奶、建筑施工、超市零售等	规模效益、成本控制力往往是第一竞争力，靠对手忍受不了持续的亏损或者低利润退出而赢得市场。创新的商业模式和高效经营是竞争利器
层次3：定价主要看成本	能顺利传导成本，但不可能超越成本太多，一旦多了优势就开始明显下降。家电产品、房地产、大众食品、标准件制造业、化学制品等	规模效益依然是极其重要的，但除此之外差异化的附加值也变得可能且举足轻重
层次4：定价主要看附加值	附加值高且具有独特性，定价与直接成本几乎不相干，产品相互间的价格虽然透明但往往不可比。软件、影视作品、高档化妆品、医药	独特强烈且难以模仿的特殊附加值是关键，能否建立起客户粘性至关重要
层次5：定价主要看供应缺口	由于需求稳定甚至趋于扩张，而供应却受制于某种严格的壁垒而难以同步扩大，供需缺口几乎永远存在，缺口达到一定程度就可以提价。奢侈品、珠宝、高档烟酒等	倡导的是"唯一"，成功者一定要建立起某种产品文化或者价值观的认同感和领导力

　　高价值企业往往相对于竞争对手具有更好的定价权，层次4和5的定价权也更多来自于企业的无形资产。企业的定价越是基于无形资产和软实力的，就越具有潜在的高价值。

　　层次1的定价权完全取决于政治许可，这种企业如果具有潜在的政策红利会提升其价值含量（比如大秦铁路的特殊运输价格多年未调整，如果这一抑制因素得到明显改善，毫无疑问其内在价值将出现一次较大的提升）。层次2和3往往需要先"大"再"强"，其定价权是通过规模效益扫清市场后才逐渐得以提高。层次4和5的企业则即使在较小规模时期已经具有鲜明的差异化特色和很高的盈利能力，属于"小却强"。这种企业如果恰好又具有广阔的业务扩大和复制的空间，那这一过程几乎肯定会成为一个高价值企业的典范。有些企业可能同时具有不同的定价特征，比如医药企业中的普药不具有定价自主权属于层次1，但重要的原研药品虽不具有自由定价权却享有政府的保护性定价，这种定价更接近于层次4的特征。

　　值得注意的是，定价权并不代表无限的提价权。任何定价权都是相对的，相对于竞争对手在一定时间内享受一定程度的溢价能力，但这种提价的能力受到客户购买力水平、客户兴趣和偏好的转移、竞争对手的模仿、价格差异与产品实质差异的幅度等因素的动态影响。

我不认为哪个公司可以一直躺在原地等着提价赚钱就可以维持下去，最强大的公司是拥有定价权但却不滥用定价权，定价权实质上是占有客户心理倾向性之后的结果，优秀的公司应该是在努力提升这种心理倾向性，而不是竭泽而渔。

对于那些目前看来拥有强大定价权的公司来说，更值得思考的是越来越高的价格和销售量之间的关系。高溢价本质上必然是以稀缺性为前提的，而稀缺性本身则是销售规模的大敌。如果一个业务确实可以通过持续的提价能力保障极高的利润率，但其业务规模很难放大，这种业务最终可能会变为现金流极度充裕的贵族型小业务。这种生意舒适稳定但却很难做成大生意，与之相反，一些业务虽然定价高度市场化，但具有海量的业务规模扩展空间，相比之下，后一种业务其实往往才是股票市场中大市值企业最密集的地方。

8.5　优秀可信赖的管理层

与内部相关的无形资产是一个原动力，它推动着一些企业成功地建立起与市场和客户相关的无形资产。所以从逻辑来说，企业的内部经营因素显然也是至关重要的，合格的管理者也许成事不足，但糟糕的管理者绝对败事有余。怎么判断企业是否处于优秀的管理状态呢？我想这确实很难量化，但如果一定要浓缩为几个关键要素的话，我认为有以下几点：

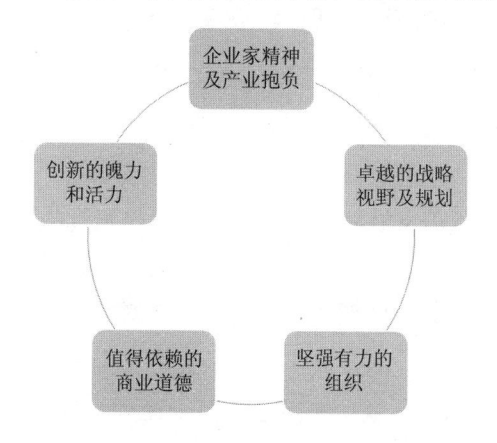

- 企业家精神及产业抱负
- 卓越的战略视野及规划
- 坚强有力的组织
- 值得依赖的商业道德
- 创新的魄力和活力

8.5.1 企业家精神及产业抱负

著名管理咨询公司麦肯锡曾经对美国2009年收益排名最好的50个公司进行了一项分析，其中只有3个公司是其业务包含了大量不同领域的企业，比如通用电气、美国联合技术、巴菲特的伯克希尔·哈撒韦。另有7个公司有适度的多元化业务，比如强生、迪士尼、美国银行、惠普等，这些公司有超过1/4的收益不是来自单一的行业和客户。剩下的大多数则都是业务高度专注于某个特定专业领域中的。

这种专注力如果没有一个梦想支撑恐怕是很难实现的，那其实就是扎根在企业领导者心底的某种产业抱负。当一个企业的领导层只是完全停留在"逐利"这个层次的时候，你很难指望他做一些长期有利但短期有压力的战略性举措，这样的后果是在短期报表很好看的掩盖下以竞争力的逐渐流失为代价。

在观察一个企业的时候，我经常在脑海里衡量的就是：这到底是一个企业家还是一个商人？后者完全以经济利益至上为最高追求，所以什么来钱就去做什么；前者则以"产业雄心"为至高目标，十年如一日追逐着内心的理想，不断精益求精。当企业领导者在上市后普遍都早已进入了财富仅仅是数字的阶段，当财富已经不能成为其奋斗的动力的时候，除了梦想，我们还能期待他为什么而战斗呢？所以耐得住寂寞和顽强的企业家精神，以及不对快钱动心的产业抱负，是一个企业得以长远发展最基本的根基。

8.5.2 卓越的战略视野及规划

梦想的实现光靠拼搏是远远不够的，成败往往取决于有没有战略视野，以及是否具有卓越的战略规划？战略听起来很学术化和空洞，但实际上它非常具体。一个好的战略在我看来必须清楚地回答几个问题：

第一，行业的当前发展特点和长远趋势将是怎样的？
第二，企业在这一进程中所确立要达到的目标是什么？
第三，为了达到这一目标企业需要建立怎样的能力？
第四，企业将通过什么方法和步骤来实现这个目标？

这四个问题实际上可以反映出企业对于经营发展的最根本认识。一个具有战略思维的企业你经常可以看到它就此作出论述，并且在企业发展中按部就班执行。一个有前瞻性并且坚定不移的企业往往比同业者看得要远得多，也因此你会发现它始终在对未来进行意义深远的布局——也许短期并不明显，但是回望的时候一定可以清晰地体现出"沿着主线逐步渐入佳境"的迹象：要么是相对于同行在差异化的竞争优势上有了显著的区别，要么是经营的格局和局面越来越宽广。

马云在接受采访时说："我的工作主要是思考，想未来5年、10年以后，整个世界或者说中国的经济格局的变化对我们会有什么影响。我们跟别人不一样，我们对于3年、5年和8年的战略更关注。我们很少把竞争当作主业，消灭竞争对手未必就会赢。老想打败竞争对手，这个公司就成了职业杀手。对手可能在你走向成功的过程中给你增加些麻烦，但那不是关键。关键是怎样帮助客户成长。这个只有企业家会思考，做企业家确实要考虑社会，要解决社会问题才能持续发展"。

你会发现没有战略意识的公司总是在追逐潮流并且呈现出典型的机会主义者特点。他们往往贸然就制定一个"宏大目标"，又突然下马一个曾经的伟大设想。这类企业表面上豪言壮语，热火朝天，但是细细考虑其产业基础以及商业逻辑，会发现其基本上被一种盲目的革命乐观主义驱使进行着毫无确定性的赌博，对于行业和自身没有任何深思熟虑的思考。甚至，有时宏大的产业抱负再走过头一步就成了巨骗。

另外我发现具有战略思维的企业非常注重差异化竞争优势的建立，是否理解差异化的价值以及能否构建起差异化的战略，是区分企业家层次的关键。成龙曾说："别人踢高腿我就踢低腿，李小龙永远是铁金刚我被打到也会疼"。其实这就是典型的差异化战略，无数模仿李小龙的都倒下了，卓别林式打斗的成龙却成为新的功夫之王。

别的传统中药厂商在已经无力推出新药而顺势"明智地"转向食品保健品市场的时候，天士力反而走向"华山一条路"的现代医药体系，以十年磨一剑的气魄和努力构建出全新的中药创新研发和品质管理体系，从而创造出企业得以大发展的蓝海；当竞争对手都在通过代理销售追求"短平快"的时候，广联达却坚定不移地建立起自己遍布全国的销售和服务网络，并靠它支撑起后续一纵一横的全业务覆盖产品群，道路越走越宽。

低头走路的耐性和坚韧固然很重要，但抬头看路的方向性选择和前瞻力有时更重要——特别是在产业面临巨大环境变化的时候，谁站得更高、看得更远、规划得更严谨，往往会在出发前就确定了胜负。

8.5.3 坚强有力的组织

如果说企业家精神是灵魂、战略视野和思维是大脑，那么坚强高效的组织就是企业的躯干和四肢了。企业经营毕竟不是一个纯哲学思辨的学术课题，最终是需要在市场上真刀真枪干出来的。就算考虑得再宏大缜密，具有再坚定的产业抱负，如果缺乏一个具有战斗力的组织体系去执行，那最终只能是个轮椅上的智者而不是商业上的胜利者。

基于这点，我特别喜欢具有"狼性基因"的公司，它们攻击性十足又具有高度的组织性，能呈现出一个组织强大的战斗力。华为如果缺乏了狼性文化，实在难以想象能取得怎样的成就。那么一个组织的战斗力从何而来呢？我觉得它是良好激励机制、适当企业文化和健全组织结构的综合。

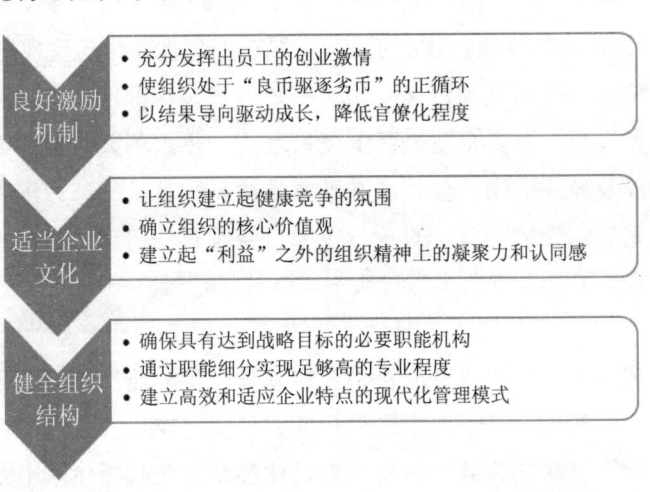

良好激励机制	• 充分发挥出员工的创业激情 • 使组织处于"良币驱逐劣币"的正循环 • 以结果导向驱动成长，降低官僚化程度
适当企业文化	• 让组织建立起健康竞争的氛围 • 确立组织的核心价值观 • 建立起"利益"之外的组织精神上的凝聚力和认同感
健全组织结构	• 确保具有达到战略目标的必要职能机构 • 通过职能细分实现足够高的专业程度 • 建立高效和适应企业特点的现代化管理模式

激励体系是确保组织活力的有效手段，健全的机制是一个企业逐渐走向成熟的必要一步，而企业文化则是企业凝聚力的重要保障。很多有冲劲的企业家没有处理好发展中如何建立优秀的企业运行机制来代替自己的能力延伸的问题，就会出现在某一规模下非常好，一旦成长到一个较大的规模后却越来越不灵光了。

优秀企业机制最朴素的观察标准，就是是否能够越来越好地聚集到并留住优秀人才？利益分配是否具有激励性以实现良币驱逐劣币？是否能创造大量条件让员工不断成长超越自我？诚然，在企业创业初中期领导者个人的作用无法替代，我们需要关注的是他能否居安思危？马云说："企业最佳的改革时期一定应该在企业最顺的时候，而不是最困难而不得不做的时候。"一个负责任的企业家，应该意识到并且确实有能力、有方法将个人的王国向着优秀的现代企业机制去靠拢，而不是陶醉在自己的事业中难以自拔。

企业文化与企业特征之间是否匹配也很关键。比如一个极其强调创新的公司，它要想成功必须在组织内洋溢着自由、平等、愉快的氛围，从工作环境到制度细节都要体现出人性化的措施，比如谷歌。而一个人力和资金密集型的制造业，虽然工作环境也很重要，但更重要的却是严谨和一丝不苟，是高度的纪律性。如果一个公司的文化氛围与其产业特征极其不匹配，那么它恐怕很难让人有信心去押注其未来。

明朝郑和下西洋与葡萄牙、西班牙大航海时代相比，无论是从探索的时间还是船队的规模来看，都远远超过瓦斯科·达·伽马、哥伦布、麦哲伦的探险船队，但最终两者的结局和在人类历史上的作用却是大相径庭，原因何在呢？

明永乐时期的航海项目既缺乏明确的利益需求和战略规划，也没有合理的激励机制。郑和船队的庞大豪华全部体现为朝廷的公款支出，成本开支巨大而几乎没有任何收益，最终只能夭折。从郑和本人而言也仅仅是一种个人兴趣和梦想的满足，丝毫不存在功利上的强烈野心和抱负。反观葡萄牙和西班牙的航海探险，首先是为了打破香料贸易被伊斯兰世界垄断的致命弱点，其次也是基督教文明在当时伊斯兰文明强大压力下寻求出路的现实需要，由此他们的航海不是心血来潮或者卖弄威风，而成为一种国家利益的突破口并形成明确的战略。此外，他们为这一战略的实施也安排了合理的机制（探险家与国王签订合约明确利益分成），这两个重要因素最终决定了，前者浩浩荡荡威风一时但很快偃旗息鼓，而后者前仆后继、延绵数百年并改变了人类文明的版图。

8.5.4 创新的魄力和活力

在现代经济中，创新已经成为高价值企业不可回避的课题。在我看来，创新并不是狭义的"技术革新"而是一种意识。很多企业从业务和产品上来看可能几十年几百年都没什么变化（比如酿酒），但这就不需要创新了吗？营销和管理同样需要持续的创新，否则轻则企业活力消失殆尽，重则落得坐吃山空。云南白药的核心配方也许恒久不变，但延伸产品的研发和市场推广却始终没有停下创新的步伐。在可口可乐的伟大经营历史上，人们看到的是不变的口味和配方，但其营销理念的与时俱进和经营模式的几次重大改变却是其青春常驻的深层次奥秘所在。

我现在观察一个企业时会特别注重它有没有什么"出格"的举动，比如别的家电厂商都走家电连锁平台，格力却将专卖店搞得风生水起；别的汽车制造商完全克隆欧美的生产线，比亚迪"大踏步地后退"回人力装配线反而获得成本优势；别的装修公司热衷于搞工程转包，金螳螂却杜绝任何转包而一心一意发展自己的工程标准化、工厂化体系……与众不同未必成功，但墨守成规肯定没希望。

8.5.5 值得信赖的商业道德

最后，企业家的商业道德（而非私生活的个人道德，对个人道德我不加评断）对投资者意味着什么？也许意味着一切。一个能力超强的坏人远比平庸的人更具有破坏性。企业的管理者对待客户和股东是否诚信？在商业竞争中是否尊重商业准则？会不会不择手段——即使打着"正义的大旗"。我喜欢的管理者，是那种可以客观评估自己，永远用合法的途径追逐利益，把所有的精力都用来努力工作而不是夸夸其谈的人。他并不需要精于权谋，但他善待自己的员工和客户，视诚信为最可珍视的美德，对股东的信息披露及时准确。长期来看，那些聪明但是道德水平堪忧的人是不会给投资者带来任何好处的。我个人最不喜欢3种类型的经营者：

第一，没有道德底线，喜欢说谎欺骗成性的人；

第二，在权力舞台上长袖善舞，享受翻云覆雨的红顶商人；

第三，非常喜欢在媒体前出风头，动辄以导师自居，表演欲旺盛的人。

也许他们能量确实很大，能力确实出众，但这种人的一切优势往往是用于成就个人的野心而很难有为股东和员工考虑的责任感。同时由于能量太大、脑子太灵活、出路太多，所以也就不屑于去做踏踏实实的"傻事儿"。所以简单点儿，与其永远防着一个人，不如只与值得信赖的人做朋友。

8.5.6 好管理和好生意的选择

虽然管理问题很重要，但对企业管理者确实很难准确评估，这一方面来自于信息的匮乏，另一方面也在于管理本是个没有标准答案的问题，不同的人自有不同的解读。对企业家的认识，如果没有投资者自身对于企业经营管理甚至是行业发展的一些认知，没有"从细微见真实"以及对信息的综合处理能力，是很容易浮在表面上的，甚至比这更糟糕——由于自身阅历不足，很容易在近距离接触中被高管的个人魅力或滔滔不绝的雄辩而误导。所以，识人说白了不如说是自己层次的映射了，这个问题除了不断提升自身层次外恐怕无解。

考虑到管理评估的困难性，另一个思路就是寻找可以大幅度降低对经营者素质要求的企业，显然风险会明显降低。从直观来看，一个傻子都能经营的"好公司"，当然比好的管理更重要。而且巴菲特也早就说过了"划的是什么船要比怎样划船更重要"。事情似乎已经可以到此为止了，但是，真的那么简单吗？我们不但要看他说了什么，而且还要看他"还说了什么"。巴菲特不但说过"划船"的言论，也说过"要投资的公司领导人必须是让自己能放心将女儿嫁给他的人"。那么如果只是船重要，何必多此一举非要找一个女婿那么高标准的划船手呢？

投资这枚硬币经常具有两面性甚至多面性，一个完全不依赖管理者的企业除非在其他方面具有强大的价值创造源泉，否则可能仅是"鸡肋"罢了。如果我们观察一些长线牛股，如格力、中兴通讯、中集集团又或者腾讯、百度、伊利、双汇、青啤……很多都是那些对管理非常敏感的、从激烈竞争中胜出的企业。

即使是白酒、传统中药这种看来有一定资源禀赋的行业，仔细回顾也发现无论是云南白药还是泸州老窖，都是从更换了新的管理层并且在企业经营上做出重大战略调整后才从没落和绩差股成为绩优股和公认的大白马股的。伟大如可口可乐，在糟糕管理下也上演过多元化噩梦和改变配方的错招，并遭受惨痛后果。**一个真正可以通过持续创新而不断扩展自己的经营边界、打破其经营天花板的企业，在竞争的环境中创造出了难以撼动的优势的企业，其实才是具有最强大的经营延续性的企业，也才是真正的"伟大的公司"。**

当然站在投资者角度，这是一个"度"的把握问题。所谓过犹不及，创新和卓越管理当然好，但如果它已经严重到一个不慎就可能导致公司的突然死亡、管理者一旦犯错这个行业就不可能再给它改错的机会的程度，那这种机会还是让给风险投资基金去做吧。**好管理可以充分调动起企业的全部潜力，但管理再好也难跨越生意特性和价值创造阶段上的差别，所以我的看法是首先要选好的生意，其次要兼顾好的管理。**

需要说明的是，真正的高价值企业确实是稀少的，特别是完全符合上述条件的企业更是可遇不可求。但大多数情况下，一个吸引人的企业至少某几个方面表现出突出的素质，如果恰好在另外几方面也还可以（虽然不那么确定），往往应该投入更多的精力去研究。在我的经验里，真正的高价值企业一定不是需要几个月的研究去判断好不好的，一定是在很短的时间里，有时候甚至是经过几个小时的研究就产生强烈的买入欲望，属于越研究越兴奋的。有人说，一见钟情的爱情才是最完美的。那么也许，一见钟情的投资也是最美妙的。

8.6 放下傲慢与偏见

在谈到高价值企业的时候，国内近来流行一种观点：只有消费股和医药股才是长期投资的首选。这个论断的依据是西格尔教授的一项调查。在这项对1957~2003年间回报率最高股票的统计中，消费品、医药研发占据了统治型的地位，如下表：

排名	2003年公司名称	1000美元初始投资的积累金额（美元）	年化收益率（%）	每股利润增长率	平均PE	股利率
1	菲利普·莫里斯公司	4626402	19.75%	14.75%	13.13	4.07%
2	雅培制药公司	1281335	16.51%	12.38%	21.37	2.25%
3	百时美施贵宝公司	1209445	16.36%	11.59%	23.52	2.87%
4	小脚趾圈实业公司	1090955	16.11%	10.44%	16.80	2.44%
5	辉瑞公司	1054823	16.03%	12.16%	26.19	2.45%
6	可口可乐公司	1051646	16.02%	11.22%	27.42	2.81%
7	默克公司	1003410	15.90%	13.15%	25.32	2.37%
8	百事可乐公司	866068	15.54%	11.23%	20.42	2.53%
9	高露洁标棕公司	761163	15.22%	9.03%	21.60	3.39%
10	克瑞公司	736796	15.14%	8.22%	13.38	3.62%
11	亨氏公司	635988	14.78%	8.94%	15.40	3.27%
12	箭牌公司	603877	14.65%	8.69%	18.34	4.02%
13	富俊公司	580025	14.55%	6.20%	12.88	5.31%
14	克罗格公司	546793	14.41%	6.21%	14.95	5.89%
15	先灵葆雅公司	537050	14.36%	7.27%	21.30	2.57%
16	宝洁公司	513752	14.26%	9.82%	24.28	2.75%
17	好时食品公司	507001	14.22%	8.23%	15.87	3.67%
18	惠氏公司	461186	13.99%	8.88%	21.12	3.33%
19	荷兰皇家石油公司	396853	13.64%	6.67%	12.56	5.24%
20	通用磨坊	388425	13.58%	8.89%	17.53	3.20%
	上面20家公司的平均值	942749	15.25%	9.70%	19.17	3.40%
	标普500指数	124486	10.85%	6.08%	17.45	3.37%

图片来自网络

这个表中用蓝色底色标记的是11家消费品公司，此外还有6家医药研发公司，合计占排名的85%。由此看来这两个类别的企业必然具有某种生意特性上的优越之处，这方面我们在"透视内在价值"部分进行过讨论。但是否可以根据这个统计就简单地说，消费品和医药研发企业都具有高价值的特性？

我想是不能的。对这一问题有必要辩证看待：首先要避免统计上的"幸存者偏差"，这个榜单统计的是收益率的排名，就是说它只统计那些成功实现超长期经营并且带来回报的案例。但是在这背后，到底出现了多少同行业中的失败企业，或者说这些成功的企业如果放在整个行业背景中占有多大的比例？对此缺乏统计。以这个收益率排名数据得出"投资消费和医药股更安全，更容易成功"的结论恐怕与榜单真正透露的信息是谬之千里的。不妨想想，巴菲特最知名并且也是长期以来持仓最大的可口可乐，是1988年买入并在1989年大幅增持的。而那个时候可口可乐已经诞生了106年，距离1950年上市也已经过去了近40年。作为著名投资大师，对于从小自己就消费的可口可乐，巴菲特依然保持了多年的关注和研究才大举买入，这一行为难道证明消费品的投资很简单吗？

另外应该注意到，这个数据是一个超长期的统计，时间跨度长达46年。也就是说，在一个10年或者更短的时间周期内，这一现象规律可能并无什么参考性——比如在A股市场过去的20年里，有统计表明回报率最高的很多就是一些强周期性企业。

另外，资本性支出虽然从长期来看一定是对企业利润有害的（因为任何行业总会最终步入成熟甚至衰退期，而之前资本性支出建设的大额固定资产的折旧等费用则是不可避免的。这时企业会同时受到销售额下降和费用升高两方面的打击而对利润形成重创），但是如果正好处于一个行业的快速发展期，这种资本性支出反而会阶段性地提升企业的业绩弹性并且更加好地实现扩张——前提是它所获得的资本收益率大于其获取资本的成本。比如过去10多年，房地产市场的蓬勃快速发展和房价的持续快速攀升，使得众多的房地产企业连续不断地大额融资和资本性支出能够得到很好的市场消化，因此业绩和股票表现都极为靓丽。

如果我们将统计的时间周期改变一下，改为美国最近30年和20年的大牛股排名，就会发现另一些有趣的事实。下表是美国股市30年间主要行业的牛股排名：

行业	代表公司股价涨幅
零售业	家得宝1 963倍、沃尔玛409倍、好事多批发25倍、Kroger公司37倍、百思买236倍、劳式118倍、Target百货67倍
信息技术	微软578倍、甲骨文576倍、英特尔173倍、思科1 025倍、雅虎77倍、电子湾30倍、ADP公司48倍、摩托罗拉38倍、高通159倍、戴尔547倍、应用材料238倍
生物医药	安进508倍、美敦力98倍、雅培41倍、辉瑞53倍、默克42倍、联合健康202倍、沃尔格林179倍、快捷药方258倍、强生43倍
金融服务	伯克希尔哈撒韦48倍、美国运通25倍、富国银行37倍、花旗集团31倍、美国银行26倍、摩根士丹利12倍
娱乐传媒	时代华纳731倍、纽约时报26倍、迪士尼47倍、麦格劳-希尔33倍、维亚康姆13倍
石油能源	埃克森美孚20倍、戴文能源40倍、雪佛龙德士古10倍、斯伦贝谢7倍、Valero能源10倍
交通运输	波音17倍、联合技术25倍、西南航空59倍、福特汽车31倍、帕卡59倍、联邦快递17倍、卡特波勒11倍
电气行业、化学技术	通用电气50倍、艾默生电气17倍、江森自控40倍、杜邦10倍、陶氏化学7倍
消费品	可口可乐58倍、百事可乐54倍、麦当劳62倍、星巴克57倍、耐克25倍、高露洁44倍、宝洁29倍、雅芳8倍、蒂芙尼30倍

美国股市过去20年10大牛股排名：

排名	公司名称	总回报率	所属行业
1	Kansas City Southern	19 030%	铁路运输
2	Middleby	14 330%	厨房用品及设备制造
3	贰陆公司	10 423%	激光光学元件及设备制造商
4	EMC公司	9 624%	IT数据存储公司
5	高通公司	9 232%	IT芯片制造商
6	甲骨文公司	8 571%	IT软件及数据库公司
7	Diodes	8 601%	生产半导体设备的制造商
8	百健艾迪公司	6 334%	生物科技公司
9	Celgene Corporation	6 244%	生物科技公司
10	Astronics	6 004%	商用航天设备供应商

在过去20年的收益率排名中我们甚至见不到一个传统意义上的消费品公司，仅有的两个生物科技公司也与传统的化学药企业差别很大。反而是it类及电子元器件类的企业占据了半壁江山，这一特征在30年统计中更

为突出——而对于这种高科技的企业，传统的价值投资者多嗤之以鼻。二三十年已经是个相当长的时间周期，这可不能用市场的情绪性来解释。

彼得·林奇曾经列出过美股20世纪90年代的20只大牛股，以用来说明那些从身边变化可以捕捉的投资机会。在这个名单中，很多的高科技股由于距离日常生活较远而没有被纳入。但即使如此，我们也可以看到这个统计中所包含的领域已经十分广泛，并且其中包含了不少的软件等非传统行业，而纯正的能源、医药、日常消费品公司却并不多，见下表：

序号	公司名称	所属行业	1989~1999年间回报率及排名
1	戴尔电脑	IT制造-电脑整机	890倍，第一名
2	Clear channel comm	广播电台	810倍，第六名
3	Best buy	家电连锁	99.5倍，第九名
4	微软	IT软件-操作系统	96倍，第十名
5	嘉信理财	证券经纪	827倍，第十三名
6	NBTY	维生素及食品	78.2倍，第十四名
7	MCI worldcom	通信技术	69.4倍，第二十名
8	Amgen	生物技术	57.6倍，第二十一名
9	Prepaid legal services	法律服务	41.6倍，第三十名
10	英特尔	IT制造-芯片	37.2倍，第三十三名
11	家得宝	建筑材料供应	37倍，第三十四名
12	Paychex	IT软件-工资报表	34倍，第四十名
13	Dollar general	折扣零售	27倍，第四十六名
14	哈雷	摩托车制造	25.1倍，第四十九名
15	Gap	服装零售	23.2倍，第五十二名
16	史泰博	办公用品	18.6倍，第六十九名
17	西部银行	银行	17倍，第七十五名
18	Medtronic	制药	16.8倍，第七十七名
19	Zion's Bancorp	银行	16.1倍，第八十二名
20	Lowe's	建材	15.2倍，第八十七名

诚然，选取不同的统计周期我们可能就会看到不同的结果，这属于统计上的一个技术问题。但我想说的是，不要被一些统计数据牵着鼻子走，甚至形成对某些行业的盲目崇拜和对另一些企业的无端歧视。寻找价值的脚步只需要以事实为依据，以价值的本质源泉为根本，以高价值

企业的原理和特征为准绳，保持尽量客观和开放的心态，可能才是最有利于投资者的。

不明白这个道理的人往往会表现出一种典型的症状：好像只有特定的某一类型企业是可以投资的，而且只有投资这样的企业你才算是价值投资，其他所有都是歪门邪道。从A股最早时候的五朵金花，到2006年开始的万科、招商银行的"皇冠论"，再到2008年后强周期股跌惨之后的"消费品、医药股崇拜"。总之每过一段时间，你就会发现有人竖起一个大旗并自诩为"正宗的巴菲特门徒、纯正的价值投资"，其实这都不过是盯着表面现象的借题发挥而已。

总之，投资不关乎口号，只在乎事实。高价值企业也不是城头上的大旗，而是实在的商业特征和数据。

第 9 章
经营观测与守候

在选择了股票后自然进入持有阶段。那么投资的主要问题就从"寻找"进入了"观测"。特别对于以长期持有为主的投资者，大多数的时间其实都是在观测状态。在此状态中，如何评估企业的经营是否正常，是否如之前预期的一样向着有利的轨道发展，不但是至关重要的事，有时甚至就是唯一重要的事。

企业的分析有时候需要用放大镜，有时候又需要用望远镜，关键是把放大镜和望远镜的关系搞清楚，知道什么时候和什么局面下必须依靠大的视野，什么情况和什么问题上应该聚焦在具体的细节中。企业经营的分析主要建立在更接近科学性的专业知识和体系上，但是否懂得恰当地把握这种关系却又是投资中某种艺术性的体现。本章将就这两个方面的问题进行一个探讨。

9.1 建立逻辑支点

在前面我们曾经讨论过，一个企业在1年中的股价就可能产生极大的波动，如果连续几年来看这种高低点之间的波动幅度就更大。推动这些波动的，既有纯心理因素或者市场的系统性波动，也经常有基于企业发展过程中的一些沟沟坎坎、一些时而正面时而负面的消息。这些消息出现的密度可能很大，或者突然出现的某个细节问题可能会完全出乎你的意料和掌握之外。

在这种时候，如果我们对企业的投资只是基于一些非常具体的细节信息，或者基于一些静态的基本面情况，就很容易被迅猛而至的各方消息和突然波动加速的股价而击溃情绪。**对一个企业的认识越是只限于细节，就越是容易受到噪音的干扰。能够做到长期持有的前提，是必须建立起一个足够的认识宽度和深度，从各种烦琐的细节中构建起一个符合投资周期的核心支撑，称为"逻辑支点"。**

9.1.1 先找树干再看树叶

企业的具体分析中我向来不倾向做厚厚的一本作业，而更在乎关键逻辑和证据上的不断回顾和评估。事实上，几万字的投资分析和各种花花绿绿的统计表格的制造过程，会让投资者误以为自己已经对公司的一切了如指掌，进而产生过渡自信甚至自负的倾向，这是我希望极力避免的。这并不等于放弃对公司相关信息地收集和持续关注，但在这一过程中的关键是各种信息要融合到投资的逻辑支点上去，用来评估企业经营与自我判断是否一致，而不是将海量的信息简单堆砌并形成一种"我什么都知道了"的危险潜意识。

这就像把一本书读完，也许真正有用的话就3句，理解了这3句话，比把整本书背诵下来要有效得多（某位数学家说过：典型的1 200页的微积分包括2页的思路和1 198页的实例和应用）。如同没有必要将每字、每句都在重要性上赋予平均的权重一样，我们对企业的理解也需要建立起俯瞰全局的提纲式的"3句话"。我对此提列了一个基本的思考提纲，见下表：

逻辑支点	主要包含的问题
投资这个企业的战略理由是什么？	对这笔投资总体的期望是什么？这些期望是否立足于长期的产业发展环境和竞争格局中不易改变的因素？这些因素本身的牢靠性和相互联系的逻辑性是否足够
投资这个企业的战术安排是什么？	按照什么步骤来建立头寸，在什么时机背景下分别执行买入、补仓、持有、售出、清空？在整个投资组合中所承担的角色是进攻性的还是防御性的？是看重高弹性的潜力还是高确定性的一面
影响企业发展成功和失败的关键要素是什么？	哪些因素是所预期的前景能否实现的生死存亡的前提条件？在持有的过程中哪些是可以容忍的现象，哪些是需要高度敏感的问题

建立逻辑支点的关键，在于一定要从更长远的角度来看待这个生意和这笔投资，而不是仅仅局限在当前。要将支撑这个企业得以发展壮大、这笔投资得以延续持有的核心逻辑归纳出来。这里有3个重点：

第一是这种逻辑必须具有叠加和递进关系；

第二是这几个逻辑支点必须包含企业发展经营的最核心要素；

第三是这些逻辑支点必须建立在较为明确的可观察事项和较为稳定的因素上。

我们先来看看巴菲特对于比亚迪这笔投资的点评。在谈到这笔投资的时候，巴菲特多次提及的原因有以下3点：第一，谁也无法预知未来，但是他们在严肃地从事着一件对于这个星球非常重要的事业；第二，他们（比亚迪）自1995年以来的记录很好，从30万美元起步短短7年进入汽车市场，并做到了别人没有做到的事情；第三，芒格多次和我说王传福是爱迪生和韦尔奇的综合体，我承认我不懂他们的产品，但我喜欢这个人（注：巴菲特没有就以上3点做过专门的排列和解说，这是我个人根据其几次采访以及伯克希尔年报中的相关信息所提炼的）。

这3点其实已经构成一个完整的逻辑支点：首先这笔投资是基于一个可能的大生意。我们用数字来把巴菲特的原话翻译一下：在2010年的世界企业百强榜中，共有10家汽车企业上榜，占榜单比重的10%，是仅次于石油化工、金融行业的第三大占比行业。而比亚迪所涉及的业务恰好是能源和汽车的交集，是这两个最容易产生大市值企业的行业，并且他们在二次充电电池以及汽车领域都占据一个较好的竞争位置。第二点，则说明历史的经营记录证明了其实现伟大目标的能力。在这个大行业中只有优秀的企业才能成功,而他认为比亚迪做到了这点;第三点更进一步证明,这笔投资实际上除了看重这个生意的前景同时也押宝在王传福身上,他和芒格认为王传福具有伟大企业家的特质并且愿意为此去等待。

这样的逻辑支点建立后,巴菲特才会说"长期持有",除非上述3点发生大的变化——比如比亚迪的经营领域不再具有吸引力,比亚迪的经营能力不断下降,以及王传福被证明无法胜任或者由于意外因素而无法再继续领导。除此之外的其他因素,比如暂时的业绩波动、周期性的行业景气等,都无法撼动这笔投资的延续。在巴菲特首次买入比亚迪后短短的几年内,比亚迪的股价出现了10倍的暴涨和之后剧烈暴跌的大幅波动,然而在市场的一片不解之中巴菲特却依然淡定如初,最主要的原因我想正是因为这是一笔有着完整规划和定位,清晰的逻辑支点的战略布局,而不是简单的套利性投资。

巴菲特对IBM和伯林顿铁路的投资同样具有这种简洁但切中要害的逻辑归纳。比如对伯林顿铁路的归纳:第一,美国未来的繁荣状况在很大程度上取决于在国内是否存在一套高效并且维护良好的铁路系统,这次收购是对美国经济前景的一次豪赌;第二,与主要的竞争对手汽车运输相比,铁路存在巨大的成本和环境优势;第三,伯林顿铁路在美国西部货运及能源运输上具有独特的地位;第四,高度城市化的美国已经难以大肆修建新的竞争性铁路线路。

而在对IBM的投资介绍中则谈到:在今后数十年内,全球的信息技术基础设施建设业务都具有很大的增长空间;对于一家大公司来说,改变审计公司和律师事务所都是大事,让IT部门停止使用IBM的产品也同样是大事;IBM在规划未来路线图方面表现出色。IBM在留住现有客户的同时,还能在全球范围内实现较大的增长;到2015年,IBM计划使运营利润达到至少每股20美元(2013年末其每股收益约为14美元)。自2003年以来,IBM已经支出了超过1 000亿美元用于支付股息和股票回购。

短短几句话已经勾勒清楚了这两笔投资的核心逻辑,不但层次递进关系清晰而且每个都切中长期持有的关键因素。我们对比伯林顿铁路、IBM和比亚迪的投资依据,可以明显感觉到差异所在。比亚迪更像是一个充满希望和可能性的风险投资,很大部分的理由来自于对管理者的青睐。而另外两个的逻辑则主要建立在长期的业务发展前景具有吸引力、高度的客户粘性（IBM）、不可复制的市场地位（伯林顿铁路）、良好的财务和股东权益安排和由此带来的在未来繁荣时期的大概率的良好回报。这种差别直接反映在了投资的额度上，对比亚迪的投资额只有2.5亿美元左右，而对伯林顿铁路和IBM的投资额则高达260亿（首次之后又增持过）和107亿美元，显然对它们在投资中的定位是截然不同的——比亚迪是高不确定性又高弹性的突击队员，IBM和伯林顿铁路则是相当合算和高确定性的主力部队。

当然，逻辑支点作为投资决策的一个高度概括，更多是体现在支撑"投资理由和持有周期"的意义上，而不是决定买入的时机。就像上述的所有理由，都不是马上买入一个企业的理由，买入的理由只有一个：不但好，而且便宜。

逻辑支点的建立，绝非对基本面信息的简单罗列和股评式摘抄，而是对这笔生意得以延续、对这个企业得以发展的深刻洞悉。它建立的前提是对行业和企业基本面的详尽研究，并且建立在深刻的洞察力基础上。这一点并不容易，也正因为此，所以长期持有才永远是说起来简单做起来难。如果缺少投资的逻辑支点，很容易陷入"就事论事"的状态：企业的任何信息都可能引起惊慌，把每件事都孤立起来看待，持有的一路总是被各种意外撞击小心脏，用不了多久就会忘记这笔投资最初的理由。

9.1.2 长期投资的层次

另一个值得注意的是，逻辑支点的建立要与投资的周期相匹配。这笔投资到底应该投资多长的时间？是该见好就收还是终生持有？这恐怕不能凭感性来决定，而必须思考投资的逻辑支点是建立在什么基础上的？如下图：

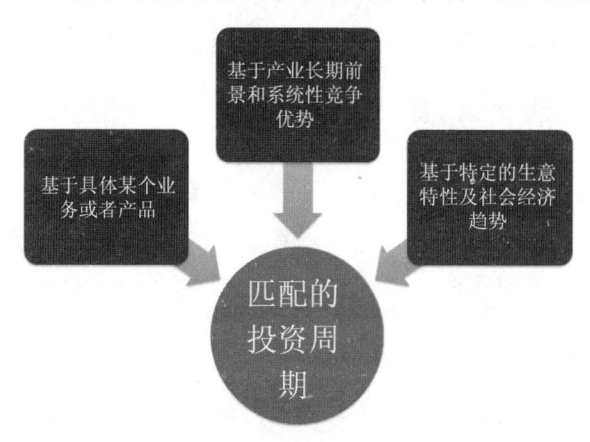

```
          ┌─────────────┐
          │基于产业长期前│
          │景和系统性竞争│
          │    优势     │
          └──────┬──────┘
                 │
┌───────────┐    ▼    ┌───────────┐
│基于具体某个业│       │基于特定的生意│
│  务或者产品  │──►◄──│特性及社会经济│
│            │       │    趋势     │
└───────────┘        └───────────┘
              匹配的
              投资周
               期
```

在我看来，一笔3~5年的投资必须基于对这个企业某项决定性业务（或产品）的发展认识，因为重大业务及产品从酝酿、试点到大规模推广大体需要一个这样的时间段，市场从供需失衡到逐步均衡也大体在这样一个时间段内可实现。

对一笔5~10年的投资则除了产品业务层面的认识之外还必须判断出这个企业是否具有系统性的优势——在竞争的各个主要经营节点上都具有鹤立鸡群的、相互呼应和可持续的能力，并且不存在重大的短板。因为这个时间周期内仅靠单个产品一直景气是很难的（即使这个行业本身还是朝气蓬勃的，但是产品的更新换代和竞争均衡导致原来的明星产品或业务已经趋于平庸），最重要的是企业具有持续地推出重磅业务和开拓空间的系统性能力。

而巴菲特意义上的"终身持有"性质的十几年甚至几十年的投资，则必须是对特定生意特性和社会经济发展规律的良好结合。因为在这么长的时间里，只有符合经济发展大势和规律的生意能够长期存续，更只有特定的优质生意模式能穿越多个景气轮回。一些企业即使曾经再优秀但往往在景气轮回中容易受到致命打击，又或者行业的竞争中有太多难以预期的变量，以及一旦失败就归零等特性，对这种特征的企业进行超长期的持有要非常谨慎。

所以，如果一笔投资的逻辑支点仅仅是基于看好某个业务和产品的发展，却声称要"持有10年"恐怕就草率了，相反，如果确实发现了难得的高价值生意也不应因某个业务暂时的困难而放弃之前更大局面的判断。

认识到这些，也许我们才既能学会更严肃和有层次地制订投资计划，又不至于过于草率、机械和盲目地理解长期投资吧。

9.2 经营特性分析

逻辑支点可以让我们在持有中得到一个基本稳定的衡量线索，但更重要的是通过日常的公开信息来切实观察企业的经营状况是否顺利。而要判断一个企业的经营是否向好，首要问题是识别这个企业的经营特性。

9.2.1 三种经营特性

经营特性听起来是个很学术化的词，但实际上我们对这个概念应该一点儿也不陌生。俗语说的"薄利多销"和"三年不开张，开张吃三年"就是一种对经营特性的精彩总结。具体来说企业的经营特性可以从财务特征和业务特征两个方面来把握。

财务特征通过对净资产收益率的结构分析（杜邦分析法）是最简洁直观的，下图便是一个公司净资产收益率的杜邦分析：

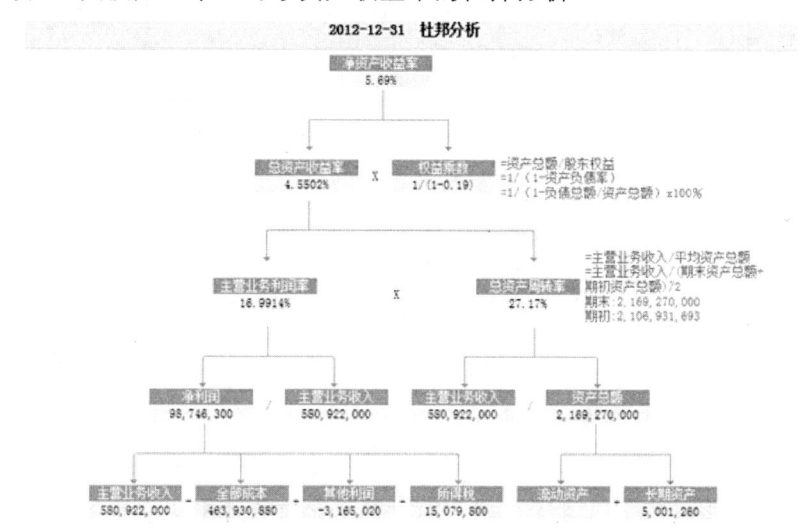

```
                        2012-12-31 杜邦分析
                           净资产收益率
                              5.69%
                                │
              ┌─────────────────┴─────────────────┐
          总资产收益率          ×           权益乘数        =资产总额/股东权益
            4.5502%                        1/(1-0.19)     =1/(1-资产负债率)
                                                         =1/(1-负债总额/资产总额)×100%
                │
      ┌─────────┴─────────┐
   主营业务利润率    ×   总资产周转率              =主营业务收入/平均资产总额
     16.9914%              27.17%                =主营业务收入/(期末资产总额+
                                                  期初资产总额)/2
                                                 期末:2,169,270,000
                                                 期初:2,106,931,693
        │                        │
    ┌───┴───┐              ┌────┴────┐
  净利润  主营业务收入    主营业务收入  资产总额
 98,746,300  580,922,000   580,922,000  2,169,270,000
    │
┌───┼────┬──────┬──────┐                ┌──────┬──────┐
主营业务 全部成本 其他利润 所得税        流动资产 长期资产
收入   463,930,880 -3,165,020 15,079,800   ...      5,001,280
580,922,000
```

在这个结构中最主要的项目有3个：销售净利润率、总资产周转率、权益乘数。销售净利润率反映的是公司单位销售收入所能带来的利润率，体现业务的利润丰厚程度；总资产周转率反映的是公司总资产转化为销售收入的能力，是公司对资产运营水准和效率的体现；权益乘数则是公司利用外部资本以放大经营成果的能力，是资本利用是否聪明的体现。根据这3个指标可以大致将企业的经营特性分为以下3大类：

经营特性类别	表现形式	代表企业
高利润低周转	高净利润率和较低的总资产周转率为特征	医药、软件、奢侈品、高端制造业、商业服务业等
低利润高周转	低净利润率和较高的总资产周转率为特征	零售、家用电器、低价食品、低端制造业、建筑施工等
杠杆型	经营主要且必须以负债为基础，高额的负债率既是其经营持续所必需的，又是其ROE水平的决定性因素	银行、房地产、券商、保险等

1. 高利润低周转

高利润低周转型企业一般来自于行业需求和产品差异化明显的领域，

凭借着业务的独特定位和高附加值的产品他们可以获得很高的净利润率。但也由于这种业务的独特性及对客户必要的细分,销售面一般较窄,资产的利用和周转率很难达到100%,如下表:

截至2011年末	百润股份	远光软件	杰瑞股份	东阿阿胶
净利润率	40%以上	33%左右	30%以上	31.5%
总资产周转率	0.3	0.65	0.53	0.7
行业	食品香精	管理软件	石油设备及工程	中药及保健品

这类企业往往具有极高的毛利率和净利润率,毛利率是体现一个企业的产成品的市场价值相对于原始制造过程的成本的溢价能力。高毛利往往反映了这种业务或者产品对于原材料及制造成本予以了相当高的附加值。

一盘杭椒牛柳在家自己做只需要15元左右就搞定,而在一个简餐性质的小饭馆里可能需要30元,到了较高档的餐厅里就需要60元以上。这就是这盘菜从基本需求到方便快捷再到环境气氛享受的附加值递增的过程,当然随之的毛利率也递增。

但毛利率的高低并不是决定净利润率的唯一重要因素。毛利润还需要经过3项费用的扣除(管理费用、销售费用、财务费用)、营业外收支影响、税收等一系列"盘剥"后才能剥出净利润来。如果高毛利所对应的是更高的3项运营费用,那么其净利润率可能还不如毛利率较低但成本更低的生意。比如定位中高档餐饮的湘鄂情、全聚德的毛利率高达70%以上,但净利润率却不过10%左右,这中间大部分的钱都被运营费用吞掉了。所以你可以说他们在原始食品材料上创造的附加值很高,但不能说他们的利润率很高。

这类企业的观察一方面是看业务发展能否保持住其差异化的优势地位,也就是高利润率能否维持?高利润率到底是暂时性的供需失衡所导致的还是这种生意的常态?对于高利润率的生意,最需要思考的就是这么高的利润会不会引来竞争?而竞争又会不会导致利润率回归走低?缺乏强大竞争壁垒的高利润率生意,往往只是昙花一现。

另一方面就在于随着业务的发展其总资产周转率能否得到明显提高。如果公司的业务发展前景广大(从而可以实现较高的营业额规模),其生意特性不需要在扩张中频繁的融资和资本性支出(资本规模增速低于营业规模增速),再加上聪明地利用一点儿资金杠杆,就有可能达到优秀的ROE水平。

2．低利润高周转

低利润高周转类企业与上一类刚好相反，通常属于差异化程度不高，主要靠规模效应取胜的企业。较低的利润率表明其难以通过建立强差异化获取强的定价权，而必须从成本优势角度考虑问题。但这类企业的业务也往往具有宽泛的客户面，如果能够充分建立起高效的内部运营和管理机制，其资产的周转率往往可以弥补利润率的不足。

截至2011年末	苏宁电器	美的电器	金螳螂	双汇发展
净利润率	5%	4.88%	7.3%	3.61%
总资产周转率	1.81	1.83	1.72	5.8
行业	商业零售	家用电器	装修施工	肉制品及屠宰

扩大销售额，扩大规模，提高资产的利用率水平，以实现每一单位销售收入成本的最低，是这类企业的经营命脉所在。如果是重资产型的企业，产能的利用率更是至关重要，因为高固定资产导致的固定成本极高，销售量一旦下降每个产品所担负的平均成本就急剧上升导致亏损。美国通用汽车的创始人斯隆在他的回忆录中说，在市场高速发展的行业景气期，他最担心的是3件事：过分投资、库存积压、现金短缺。仔细想想，这3点对于资产负债表规模庞大、重资产特征明显、利润率又很低的规模竞争型企业而言，确实是最惊险的局面。

这类企业中最值得关注的是外部因素属于"大行业，小公司"，在一个广阔无比的市场中只占有很小的份额；内部有独创或者领先的强大经营机制，或者通过创新的商业模式，或者通过高效卓越的运营水平，实现销售规模的长期增长和资产周转率的高水准。更重要的是通过这种增长，获得规模效应和一定的品牌差异化后进一步将竞争对手挤出而肃清市场，从而获得一定的定价权或者为之前的高烈度竞争所支付的各项费用的削减。这将意味着净利润率的提升，而在极大的销售规模下，净利润率每一个点的提示都会带来利润的迅猛增加——苏宁、格力电器、双汇发展、伊利股份、金螳螂、青岛啤酒等一批成功企业的净利润率趋势都是如此。

这种企业中具有可持续的成本优势的，往往是鬼见愁一般的产业杀手。为了达到这种成本上的优势，需要企业在整个运营链条和产业布局上都先人一步并精耕细作，最终迅速抬升整个产业的盈亏平衡点（比如制造空调要想盈利已经从十几年前的几十万产销量抬升到了几百万台），用规模摧毁对手。对这种企业运营观察最核心的一点，恐怕就是这种由规模效益带来的利润率提升何时能够出现以及能提升到何种程度。利润率的提升既可能来自击败对手后在相对垄断市场的提价能力，也可能来自规模效益所支持的更低的费用率。

3. 杠杆经营型

杠杆型企业经营的突出特点就是"以小博大"——整个运营中的关键资源都是"借来的"，并且这部分借来的资源，不但规模相对于其利润而言非常庞大，而且借资源的能力通常还反映了这个公司相对于同业的经营优势。

借来的资源是指通过负债等渠道获取经营的原材料。以地产行业为例，一个公司是否有能力获得低息的庞大贷款，是否有本事在市场中大额融资，决定了它有无足够的资金去购买自己获利的原材料，即土地。银行也是如此，商业银行的竞争力之一就表现在用更低的存款利率吸收储蓄的能力，其所拥有的储蓄款也就是它的生产原料。因此，这类企业的首要表现是资产负债率很高。

如上所述，负债只是手段，目的是什么呢？便是获取扩大经营的原材料。而这部分原材料更成为了它的"关键风险资产"——也就是占资产比重极大、相对于净利润规模极高、随经营波动可能产生估价变化的资产。虽然从会计关系来看这部分是自己的资产，但其实如果没有了之前的负债这部分资产几乎不可能存在。因此，从经营的逻辑上而言，说这些资产也是借来的并不为过。

以万科A和招商银行为例，2012年万科的净利润是125.5亿元，只有其当年存货2 550亿元的5%。招商银行2011年净利润361亿元也只占当年发放的客户贷款1.64万亿元的2.2%，与它们相比，格力电器2011年净利润与存货之比占到了30%。

这种特性说明了什么呢？说明这类企业经营的最核心问题其实就是风险管理。因为无论是地产商高额的存货，还是商业银行大额的对外放贷，如果遭遇到意料之外的行业性波动（如房地产价格大幅度下滑，当前存货贬值；坏账剧增，放出的贷款遭受巨大损失），那么这些"关键风险资产"只需要几个百分点的贬值核销，就可以一把抹平1年甚至多年的净利润。风险意识和风控能力，永远是这类企业长期生存的第一原则。

9.2.2 定位主要矛盾

需要说明的是，对于指标的"高、低"并没有一个约定俗成的标准。利润率和总资产周转率到底多少才算高属于一个经验值。我个人定义的高利润率是指净利率25%以上，高周转率在1以上；低利润率是在10%以下，低周转率在0.5以下。介于这之间的都属于中等水准，当然可以根据个人喜好再细分为中高、中低等情况。不过我的看法是不必过于细分，真正的高价值企业应该是在某一个指标上具有极为突出的表现，而在另外的指标上也具有较高的水准。如果利润率和周转率水平都较低，并且从业务结构和发展看不到未来明显提升改善的因素，这样企业的净资产收益率就既难以达到高水准（20%以上）更难以在这个高水准上长时间保持住。这样的企业很难称之为高价值企业。

当然在现实中很多企业并不像上面举的例子一样那么典型，可能兼顾各方面的特点。即使是同一个企业，也许由于行业景气程度的波动也会在具体指标特征上有所变化。但这种判断并不是基于一时一刻的情况，而是本质上的特征。抓住这种本质的生意特性，才能更好地理解这类企业经营的重点，前面提到的理解公司的战略才有一个立足点。比如，一个本质上是低利润率高周转特征的企业，如果提出的战略是不断提价增加差异化程度，而一个本质上是高利润率低周转率的企业的战略却是越来越"去差异化"，用拼价格竞争来走量，这就很难理解。

在搞清楚了企业的经营特征和当前的ROE分解指标后，下一步就是分析它未来经营所面临的最大挑战来自哪方面，以及具有多大的提升潜力。在内在价值部分我们讨论过，一个企业的价值最终要反馈到净资产收益率水平，那么一个当前ROE是10%的企业，未来是否有能力提升到20%甚至更高呢？这就需要沿着上面对企业经营特性的定性继续深入下去。从总体而言，一个企业的盈利能力的提升，同样来自于利润率或者周转率及资金杠杆3个方面的挖掘：

与利润率相关的方面	产品提价的能力 降低原材料成本，生产过程中的成本 降低销售费用，管理费用，财务费用等 降低少数股东权益 减少存货等资产的贬值 更多的政府补助、投资收益等非业务收入 更低的税收

续表

与周转率相关的方面	扩大销售规模 将多余的现金转入生产或者分红 减少资本性支出带来的固定资产 将留存的利润更多的分红 提高劳动生产率（单位产出增高） 提高存货周转率（库存调度能力） 提高应收账款周转率（尽快收回货款的能力）
与杠杆相关的方面	使用更便宜的借债 通过应付、预收项提高对上下游的占款 提高财务杠杆的比率

对一个企业的分析和观察需要抓主要矛盾，而不能胡子眉毛一把抓。这种主要矛盾从什么地方来体现？就是首先对这个企业的经营特征进行定性，并且分析未来潜力在哪里？提升的关键要素是什么？然后再深入到具体的业务和发展战略中去思考它的发展态势是不是正好瞄准了这些关键要素，力度够不够？

比如我们看到广联达2011年的ROE只有14.6%，其中净利润率约为37.8%，总资产周转率为0.37，资产负债率只有10%[资金杠杆＝1/（1-0.1）=1.11]。那么未来是否具有提升的空间以及这个提升力来自哪里呢？我们进一步研究它的发展方向和资产、业务结构后发现，当前极高的净利润率未来可能面临下降（因为其未来几年将面临推广的项目管理软件的利润率要明显低于当前的工具型软件，但更长期来看，如果公司向着平台化转型成功，那么利润率还将回升），总资产周转率可能有较大提升（一方面因为其总资产中占比70%的是现金，而这主要是因为两年前上市时期的超募资金，不属于经常性现象。较高的分红以及随着业务更大规模展开，其现金存量可能持续下降；另一方面其轻资产的特性使得业务规模扩大，同时，再投资扩张资产的需求很小；最后项目管理产品的单价远高于工具软件，从业务属性上看很容易做大销售规模），同时由于其当前几乎没用杠杆，未来业务景气期间具有提升负债率的冗余。

在清楚上述情况后，我们对它未来的观察就高度聚集在几个方面了：第一，项目管理软件的推广进度，各类新产品占收入的结构比重变化，以及这种变化对净利润率的影响有多大？第二，是否持续的高分红，现金是否能在业务中更具效率的使用，项目管理系统的推广将对周转率带来多大提升（由于资产结构中流动资产占比极高，因此主要就是流动资产的周转率提升）？

而同样是行业应用软件企业，用友软件所体现出的主要矛盾就截然不同。2011年用友软件的ROE为18.16%，其中净利润率为13.4%，总资产周转率为0.8，资产负债率45%（即财务杠杆1.81）。比较广联达和用友，表面上看用友的ROE更为出色，但广联达的总资产收益率（净利润率×总资产周转率）是13.4%，而用友只有10%，其更高的ROE实际上是来自财务杠杆的贡献，如果简单将广联达的财务杠杆加到相同的水平，那么ROE将变为24.25%。这说明用友的真实盈利能力要远低于广联达。

盈利能力低的原因主要在其净利润率太低。由于其总资产周转率的水准从"高利润率低周转率"特征企业和软件企业同比来看已经算不低了，未来提升的余地不大甚至有下滑风险。而其当前的财务杠杆在同类中也已经很高，未来继续加杠杆提升ROE，首先，余地不大。其次，会加大财务风险。所以唯一的关键变量就来自于净利润率的提升。

对照上面的潜力挖掘表，深入到其利润表的状况和业务发展情况后，发现提升的途径只能是降低3项费用——因为其所在的通用管理软件市场竞争激烈，低价在目前阶段还是国产软件竞争的重要因素，大幅提价不现实。而从其利润表结构来看，2011年的3项费用占营业收入比重的73.2%。虽然软件企业的高费用率不足为奇，但深入观察后发现用友的产品需要大量的咨询和项目实施工作，确实单位成本要比标准化程度高的软件企业高得多。经过比对，用友软件的人均创利（净利润/员工人数）只有3.9万且长期徘徊不前，而广联达的人均创利却高达9.4万。

由此我们可以基本得出结论，用友软件以往那种走中高端用户，靠性价比优势的产品和庞大的实施售后服务支持的模式已经进入末路。其净资产收益率的进一步提升，需要建立在新的产品和服务模式上。从其业务构成和规划中，我们可以发现面对小微企业的畅捷通利润率极高（40%以上），虽占销售收入比不到10%，但在扣除非经常性损益后的利润中的占比却超过了25%。而用友规划大力投入的云计算业务，其特征恰好是大幅度的降低实施运营成本。所以，对用友的关注可能就需要特别聚焦在这两方面业务发展的优势所在、确定性以及对盈利能力的影响上了。

9.2.3 财务不仅仅是数字

有时候在分析"财务特征"时甚至可以引起对社会问题的思考。比如"瘦肉精危机、奶制品食品安全"等食品安全问题屡屡爆出诚信危机，让这个社会出离愤怒。但作为一个投资者，这个现象却引发了我在简单的道德批判之外的思考：单独发生一起这样的问题，可能是企业道德败坏。但屡屡发生这样的问题，甚至一出问题就是整个行业大部分企业都难幸免，这真的只需要企业管理层道德高尚就可以杜绝吗？

食品安全在一个投资者或者企业家眼里看来，首先是一个成本问题。然而，在一个净利润率不到5%的行业（肉制品、奶制品都是典型的低利润率），继续升高的成本该怎样分摊？答案是：有足够定价权或者足够的规模优势。定价权，在类似这种差异化很小的行业中是几乎不存在的，而只能靠获得更大的销售额规模来"平摊单位成本"。但如果一个市场由于监管松散而使得那些不诚信经营的企业总也无法退出市场，那么诚信经营的企业就无法收获必要的份额，这种状态持续下去就尴尬了。为什么在一些行业发生问题的时候，你会发现几乎所有行业龙头全部沦陷？就是因为行业性的"劣币驱逐良币"现象，而不能完全将问题归咎到企业本身（虽然企业肯定也有问题）。

国外食品药品厂商并不是天然道德水准更高，而是面临严苛的市场监管和违规处罚。这种更严格的市场环境，客观上大大提高了行业的准入门槛。如果仅靠几个企业自律提高成本，但是行业大量的低劣小企业依然不受制约（行业进入门槛太低，你今天惩罚了他明天他注销了老公司注册一个新公司，马上就可以又开工了），最后的结果不是行业升级，而是承担起义务的龙头先死。所以，要想真正杜绝此类问题，必须在源头的行业监管上大幅度提高准入壁垒才能实现多赢：龙头企业负起责任，足够的投入确保质量和安全，而大量作坊式公司退出市场也让企业可以收获高投入后的果实；而消费者的成本虽然可能有所提高，但可以获得满意的食品安全保障。这样的问题其实在国内的农药、医药市场都普遍存在，这也使一些原本具有技术和品质优势的企业无法获得相应的市场地位，迟迟无法做大做强。

当然，企业的财务特性不可能只是ROE的特性，实际上包含的内容很多。通过对费用和成本结构的观察，一些生意与我们想象中的样子会有些差别。我们可以看看餐饮企业的例子：

餐饮企业常识上来看属于"坐商",是坐等着客人上门的生意,不需要什么销售开支。但我们看到全聚德、湘鄂情的报表,却发现销售费用居然高达27%和39%。一般出现这种与常识极大相悖的情况,通常都是由于数据结构上与我们的理解有偏差。详细查看湘鄂情的年报就会发现,在其销售费用中占主要比重的是工资、租赁费以及长期待摊费用(这3项占所有销售费用的67%),费用高并不是促销和销售行为复杂耗费的,而是服务员工资、经营场所的租赁费,以及各个新开店面的大额装修费用(长期待摊)较多造成的。

由此可以看出中高档餐厅的维持费用是很高的,在其近70%毛利率的背后,只有不到10%的净利润率,原因之一就是经常性的费用率太高。又比如我们一谈到啤酒的毛利率波动,第一直觉应该是麦芽成本的变化导致的。但仔细去看年报的财务数据附录,会发现营业成本中包装费用占成本构成的50%以上,麦芽却只占成本的12%左右。所以麦芽原材料的走势并不会对毛利率有很大影响。

9.2.4　财务与业务的结合

ROE的杜邦分析是从经营的财务特征上去理解一个企业,但企业的经营特征不仅仅是财务角度的,也有业务角度的。即使同样的经营财务特征,在业务特征上也可能相差极大。双汇发展和金螳螂,都是"低利润率高周转率"的典型,但它们的业务对象和业务发展的特征都差别很大。又如同样是做药物的,不同领域之间的业务成功的关键点就截然不同:

人用药物的成功企业通常需要靠几个重磅药驱动成长。比如辉瑞的立普妥、天士力的复方丹参滴丸,而兽用药物的成功企业却靠的是宽阔的产品线,单一产品很难做大。因为对于人用药物来说,首先安全性上的要求极其苛刻,这将在研发、制造过程中相比兽药产生更高的成本。其次,药品对于人类而言是关于生老病死的大事,只要能确切医治重大的病痛,甚至只要是存在这种可能性,人们都不会吝啬于金钱,因此巨大的人口基数加上高昂的单价(在专利保护期内)以及高额的研发投入,就决定了成功的人用药企业主要是靠重磅药获利。而兽药正相反,单个养殖品本身的经济价值就有限,养殖户不可能为了治疗它而投入太多成本。此外,兽药针对的一般是常见传染病而非重大疑难病症,其药物的单位价格必然极低。

因此只能靠繁多的产品组合来提供增长的驱动力。

学会将业务特点与财务特征结合还可以帮助我们思考企业经营深层次的问题。比如下面这个例子：

瑞贝卡是一个专业的假发生产商，从财务特征来看利润率不高（毛利率20%左右，净利润率10%以内），总资产周转率一路降低（6年间从1到0.65）。在其业务中，正在大力发展的国内假发业务定价在2000~6000一顶，接近奢侈品概念了。近几年财报显示国内业务发展迅猛，但其净利润率却没有明显提升，原因在毛利率微幅上升（从以往25%左右上升到30%）而3项费用率大幅上升（从过去10%上升到17%）。已经如此高的售价却没有带来相匹配的利润率的直线上升，这就说明它的业务在产业链的价值传导过程中必定发生了某种扭曲（比如为了在激烈竞争中实现销售不得不向经销商过多的让利）。再考虑到假发不是个经常性消费需求，总资产周转率是很难大幅提升的。这样利润率、周转率都上不去，未来的预期就不明确了。

拿到一个企业的时候，集中火力去思考体现这个企业关键运营水平的"点"在哪里，这个生意未来发展的关键逻辑和观测指标是企业研究环节最为重要的功课。 所谓对一个生意的理解，除了对其商业价值的理解之外，其实很大程度上就取决于对关键运营点的认识。如果说前者属于"上得去"的话，那么后者就算是"下得来"；前者让投资者定位大的方向，后者帮助投资者监控具体的过程。

对于商场、家电连锁超市等企业来说如何将拥有的营业面积转化为收入是最关键的，所以坪效（营业额/柜台所占平方米数）和单店盈利指标的同比和环比体现了重要的经营状态。而对于软件企业来说核心资源和主要成本都在人身上，人均创收和人均创利就是一个非常核心和高度综合性的指标，对它的连续跟踪和横向对比往往解释了经营的改善和恶化。又比如一些重资产如铁路、发电企业等。其收入很大程度上被固定资产的大额折旧扣除了，而由于不能自由定价和扩张，其成长性往往乏善可陈。但这类企业中，有的折旧分摊期限远低于其实际运营期限，在折旧完毕后很长时间都不用立刻购置新设备。这样，收入规模可能还是原来的样子，但每年所需要扣减的固定资产折旧却大幅度下降了，这就导致出现业绩增幅由于成本骤降而突然大幅上升的可能。

总之，财务和业务的结合分析要注意"普遍性与特殊性"问题。所谓普遍性，就是甭管什么企业，都大致遵循的财务规律。比如利润率与费用率的此消彼长；所谓特殊性，就是一些企业特定的业务特点或者发展阶段决定了，其某几个经营指标特别具有参考性。

总之，普遍性问题是每份年报都必然要关注的，特殊性问题则更加直接地揭示了特定类别，或者特定阶段企业的健康状况或者持续需要关注的重点。对公司的财务数据（不仅是数值，更包括其构成）看得越细，越不容易想当然。

9.2.5 警惕这些业务特征

如果不理解一个企业的业务特征，一方面容易在业务分析中有偏差（比如盲目地幻想某个兽药品种像人用药一样带来海量的销售额），更重要的是容易忽略一些业务上的风险。对这个问题总结的困难之处在于，每一个行业都有自己的业务特色，不可能全都排开来一一罗列。说到底，业务特性就是搞清楚这个公司是怎么赚钱的？它的经营中具有哪些业务的独特性？经营所面临的最困难的地方是什么？这些特点会对业务发展产生什么影响？根据个人投资中曾经的经验教训，我认为对于以下的业务特征需要更多警惕，如下表：

业务特征	可能的风险
大客户，大订单模式	收入高度集中在少数客户身上，容易出现订单的大波动；大客户具有更大的话语权，往往可以压制企业的价格，甚至拖欠回款，造成企业大量的应收账款，现金流周转不灵；对收入的确认预期性差，经常远远出乎意料；客户数少，如果缺乏强大客户粘性，容易被更低成本或者更高技术的竞争对手一举踢出市场
地头蛇模式	只是依靠一些当地的特殊自然、行政资源创收，难以走出去。这样的生意很难做大，如果这种现象普遍存在于行业内，往往就是个分割性的细小市场组合而无法成为大一统的大市场； 这种企业由于习惯了关系优先，往往忽略经营质量，也谈不上什么管理。一旦特殊的资源被削弱，比如招标工程的阳光化，企业瞬间就被打回原形
渠道铺货的虚假繁荣	很多产品的销售往往需要通过经销商等渠道体系，这种销售模式出现一定的渠道库存总是难免的也是合理的。但需要警惕一种情况：企业为了做业绩，通过利益手段（高额回馈，甚至一起做局炒股），大量向经销商囤货或者大量扩张经销商队伍。短期来看这对于业绩增长立竿见影，但也会对后期造成严重负面影响。这种渠道拿货与终端销售的背离往往还不太容易搞清楚，我的办法主要还是看公司管理层经营上的风格是否激进，以及是否好大喜功，从"上层路线"结合商业常识（比如一个看起来毫无差异化优势的东西，迅速热销、大肆扩张，就会很奇怪）来规避这种风险

续表

业务特征	可能的风险
资金被大量占用	处于产业链中最无话语权的地位,对上必须先付款取得原材料,对下必须先交货后收钱,现金流糟糕是一方面,更关键的是你很难指望这种产业地位做出什么大成绩
靠大量的复杂对外投资驱动发展	经常因为各种原因而四处大肆投资,从土地到楼房到矿场或者其他五花八门的东西。这种业务通常是在讲一个故事,并且用一个接一个的投资来续写这种故事。通过复杂的投资后,资产异常复杂难辨。这种业务特征是财务陷阱的高发地
子公司连环套	这是上一类的变种,其结果与复杂投资类一样都使财务结构异常复杂,让人一头雾水而难以发现造假或者利益传输的证据。但区别是这种公司往往设立了大量的子公司,业务在这些子公司里像走迷宫一样乱窜,最终拧成一股麻绳,其中的关系外人难以窥见
业务和产品非常冷门,难以了解虚实	对于冷门和难以接触到的关系业务或者产品,我们常年所积累的社会常识和专业知识很难有帮助,一方面这会让我们被公司的说法牵着鼻子走,另一方面也很难通过侧面的调查摸清底细。此外这种业务也很难搞清楚成功的关键点,难以建立逻辑支点
经营过程中涉及了大量变量因素	它的经营结果通常取决于一些关键的变量,比如某几种大宗商品的价格走势,外汇或者某种商品期货的价格,对这种公司的投资变成了对这些关键变量走势的预测。除非对此具有长期的走势判断,否则很难下手
利润微薄又很小众的业务	利润微薄说明单位产品的盈利能力很低,小众的业务说明其业务难以大规模扩张。这就将形成典型的"低利润率低周转率"生意,不值得多花精力研究
完全建立在技术层面竞争,而技术的更新周期又很快的生意	相比那些虽然也具有技术因素但同时具有其他要素(比如客户依赖、网络效应、需长期积累的特定专业知识等)的复合竞争而言,纯技术层面的竞争属于最难建立持久竞争优势的生意,如果这种技术的更新周期又很快,那么对这种企业的未来进行预期实在是一个不可能的任务
周期波动很强,业务却高度标准化	如果一个企业的上游供应商或下游客户本身的经营就是强周期波动的,做它们的生意往往也难以逃脱被动波动的命,比如为造船业、汽车厂做配套设备的。如果业务的标准化程度很高,就属于拼价格和规模的类别,一旦遭遇下游行业景气程度的下降,往往造成惨烈的杀价

对大客户大订单类业务值得多说几句。识别是否是大客户类别很简单,首先是看销售费用率,销售费用率非常低的一般要么是走大经销商类的分销渠道,要么就是下游客户高度集中的。其次就是年报中都会披露,公司前五名客户所占销售额的比重,这个数据也很说明问题。一般来说,大客户特征的企业销售额上升更迅猛,因为其下游几个有限的大客户不存在覆盖的死角。一旦这些大客户推出某个大的采购计划,企业的销售额就容易突飞猛进的增长,这是大客户类企业生意的优势。但缺点也很明显,由于大客户的采购往往呈现阶段性特点,可能过去两年大单不断,但下1年

由于一些宏观因素或者其自身建设周期的影响，采购计划也许一夜之间就消失了，其下降的幅度之大往往出人意料。更麻烦的是，这种大客户的采购计划往往不那么透明和容易预期，这就让大客户大订单类企业的业绩的可预测性非常差。

在我的投资实例中曾带来最大损失的就是大客户类别的企业。2011年的置信电气引起我的兴趣，当年其价格已经下跌了1年多，业绩显示即使在2008年之后也保持着较为平稳的增长（过去3年的净利润增长率分别为26%、24%和20%），如果这一趋势得以延续，那么2011年的估值则只有20多倍市盈率（这基本达到了2008年底大熊市末期的估值水平）。这对于一个长期来看产品还处于大推广的初中期阶段，并且业绩增长的大环境正在转暖（农网改造大幕拉开，对非晶合金变压器推广很有利。且从节能变压器的更新换代的历史节奏来看，正好到了距上次大规模升级10年的更换周期）的业务来说似乎有不错的吸引力，何况2010年公司的营业收入增长不到10%，在那种情况下其通过节流等手段也完成了约25%的净利润增长，因此2011年的净利润增长在转暖的环境下似乎是较为稳妥的，由此我决定在16.5元左右买入。

然而我忽略了两个重要的问题。第一，2010年公司的毛利率正处于历史最高水平的38%以上，这一水平对于一个制造业企业而言已经相当高，很可能无法维持；第二，作为大客户大订单类企业而言，过去几年的业绩是完全无法作为当前业绩的推测证据的，其不可预测和偶然性要远远高于大成交量的生意。结果在订单下滑和毛利率大幅下降的影响下，公司2011年的业绩是-47.5%，创了历史最差纪录。而股价也直线下跌到11元左右才见底。

销售过于集中在一些大客户身上还有一个麻烦，就是议价能力不高。

比如四维图新为知名汽车及手机生产商提供预装的导航地图产品，它的下游几乎都是重磅的大客户。而地图业务却并不构成这些客户的核心竞争力——试问有几个消费者会为了某个厂商的地图而影响到对汽车、手机的购买决策？这种局面下大客户很容易压价影响企业的毛利率，或者通过拖延付款而占用企业的流动资金。又如荣信股份糟糕的现金流，有很大一部分原因就在于被下游的大客户拖欠而形成了太多的应收账。

另外特别需要注意的是，签订的大订单绝不代表已经敲实的业绩。一些行业的订单合同往往属于意向性的,客户因为各种愿意推迟或者取消订单是不需要付任何责任的。订单转化为收入是一个充满不确定性的过程。此外一些大订单的结算属于工程完成后再确定,因此签订的合同金额与最终确认金额可能出现较大落差。

中铁二局2010年3季度的在手订单达近430亿元(铁路工程占比76%),订单金额已经大幅高于当季的营业收入。按一般推测至少下一年的营业收入是可以保障的。但事实上受到动车事故等影响,2011年的铁路施工收入却骤然下降了18.6%,加上税率上升和成本上升等因素,2011年业绩为-39%。

比大订单转化为收入的不确定性更危险的,是借机炒作甚至造假。因此对于超级大订单的美丽憧憬永远需要多一点谨慎。看看下面两个例子:

当年的杭萧钢构报告与中基公司签署了344亿元的海外工程大单,市场给予了10个涨停的强烈追捧。但最后却被证明纯属骗局,股价自然一落千丈,至今依然是垃圾股的典型。中恒集团2011年11月与步长集团签订血栓通的全面代理销售合作,称之为强强联合,并放出消息两年后实现30亿元的销售目标,并且以步长用3亿元的保证金作为抵押来显示决心,股市的追捧可以想象。但仅仅1年多后,合作就因莫名其妙的理由破裂,3亿元保证金也不了了之。股价随之开始雪崩,1年内缩水70%。

还有一种情况,有些大客户会实行严格的供应商准入制度。一旦进入了这个供应的资格门槛,往往出现爆发性的增长(比如歌尔声学的微型麦克进入苹果供货商行列)。但这种准入的壁垒并不如我们想象的那么高,有时是因为新的技术或者工艺的更新导致原来的供应商失了资格,有的可能因为出现了成本更低、效率更高的竞争对手抢走了原来的订单占有率。总之,对于大客户大订单类型的生意我认为特别考验投资者的前瞻性和敏感度,对于进入和退出的时机要求都很高,或者说需要更好的运气。这样的企业,我认为是不适宜长期持有的——除非在其生意特性中我们又发现了某种强大的客户粘性因素的存在。但对于能够准确把握到它的经营节奏的投资者则可能收获令人惊羡的业绩爆发力。

相反的情况则是那种客户数量众多,销售额来自海量客户数目支撑的生意。这种客户分散型生意与大客户类生意的优缺点截然相反。由于其客户数目众多且往往分散在各地,因此要想获得增长的首要前提就是建立起广泛覆盖的渠道网络。这种网络大体分为分销或者直销两种模式，前者可以充分利用社会资源迅速实现客户覆盖，而后者就不得不亲力亲为，一点点建立自己的渠道王国了。那么哪种模式更好呢？这个不能一概而论，需要结合生意的其他特性来分析。

一般来说，越是高附加值的、售前售后工作更复杂的、客户必须持续进行再教育和挖掘的生意，直销是最合适的。虽然初期慢，但这种生意成功的关键因素就是要建立对客户的强大影响力，说白了就是要对客户"洗脑"。这种复杂和高技术含量的工作渠道是很难代替的。并且长远来看，这种生意的胜败不取决于谁先通过渠道实现了规模效应，而是取决于持续创新和价值诉求的差异化。所以暂时的慢并不影响企业长期竞争力。相反，这种工作全扔给分销商渠道，时间越长隐患越大，效益越小。但对于低附加值的、客户服务标准化程度高的、企业迫切需要通过规模化运营建立竞争优势的生意，那么分销渠道往往是首选且更具有经济性和效率。

相比大客户类企业，客户分散型企业的销售额增长往往相对缓慢，因为每一分销售额都依赖于之前的市场耕耘，这也表现在销售费用率上远高于大客户类企业。但这种企业一旦建立了完善的市场网络和客户认可，特别是这种地位只有极少数企业获得的情况下，其经营风险往往要比大客户类企业低得多。因为一方面这种市场网络和客户教育过程是个昂贵的壁垒，竞争对手在财务和时间上的重置成本极高。另一方面，海量的客户使得销售额不容易被某几个重大客户的情况所左右。

有趣的是以3～5年来看，最牛的股票很多都是来自大客户大订单类别的。比如2005～2007年的置信电气，2008～2013年的歌尔声学。但如果拉长到10年、20年来看，则绝大多数的大牛股都是客户分散的结构。这其中的原因与上述的"爆发力与稳定性"的业务特征可能有一定的关系。这似乎也验证前面所讲过的，如果你看好的是某些业务本身，那么投资周期一般在3～5年可能已经面临截止。而超长期的投资往往必须基于特定的高价值生意模式。

对于经营过程中涉及大量变量因素的业务也很难把握。影视制作公司可以体现出这个特定：

每一部电影的投资都是一次风险投资，涉及大量的不确定性：导演可能是新的，即使同一个导演换一个题材可能就未必适合；演员可能不适合角色；导演演员不错，剧本不行一样出不来好片子；最后什么都合适，上映前的最终审查还给你毙了，血本无归（比如宁浩的《无人区》）；终于成功上映了，结果又碰上几个大片撞期，互相厮杀分流了票房。最关键是消费者的口味也是随时变化的，去年都喜欢看武侠大片，今年可能听见古装两字就烦，对此投资方只能一直处于揣摩加碰运气的状态。

更要命的是电影投资制作是一个长周期的过程，从酝酿、拍摄、后期制作、宣传推广到上映，短的也要半年，碰上王家卫这种个性导演可能就三五年过去了，超期、超支是家常便饭。而不管是什么电影，它的收益摊销期却又很短，1个月左右就结束了，要是上映期再碰上点儿流行性疾病等不利的外部环境，那真是欲哭无泪。在国内的产业模式下其他的延伸品开发和再播放的版权收入几乎可以忽略不计。涉及这么多的不确定性，而且每个项目都要从头再经历一遍，别管你多有经验，长期来看都是一个风险很高的生意（何况这种公司的负债率往往还很高）。因此即使在好莱坞，因为一两个大制作影片的失败而导致电影公司破产的案例也比比皆是。

涉及变量多的另一个典型是资源类企业，它们产品的供求关系非常复杂，有时涉及世界范围的经济景气状况、新技术对资源的代替性风险、勘探开发运输等诸多环节对供应量的影响，甚至是货币汇率情况的变动造成的价格波动等。事实上看过去资源品的几轮波动，无论景气时期的高价还是低谷时期的低价程度，经常都远远超过行内专业人士的想象力，普通投资者要想搞清楚谈何容易。

9.3 成长来自哪里

业绩的持续增长无疑是长期持有中最为关心的因素。大家在谈到一个喜爱的企业的时候喜欢说"它有很好的前景和成长性"，那么这种成长到底来自哪里？又如何有条不紊地对其前景进行分析呢？

9.3.1 内部驱动还是外部驱动

一个公司业绩的成长无非来自内外两个方面：对外不断通过资本手段收购兼并或者依靠外部的资产注入；对内则主要依靠自身经营来滚动发展

推进。具体可细分为开拓新产品（市场），老产品挖掘更大份额，产品提价，降低成本4个主要的方面，如下表：

增长类别	具体表现	必要基础
经营滚动	开拓新产品、新市场	研发和创新
	老产品继续挖掘需求、占领更多份额	进攻性有充足的资源支持
	产品提价	差别化的定位和定价权
	降低各项成本	高效经营模式创新
资本运作	收购兼并及重组	资本优势和运作能力
	资产注入	背靠特殊的资源

要理解企业的成长源泉不可能脱离开其所在行业大的供需背景和行业特点。在一个高速增长的需求和供应即多且分散的格局下，公司聚焦在当前产品实现更多的份额，甚至通过资本手段来收购兼并，是较常见的策略。如果行业的增速已经很小，进入了成熟期甚至面临衰退并且企业在其中所占的市场份额已经足够大，小鱼都吃干净了大鱼实力均衡做僵持状，这种情况下是否能开拓新的市场进入新的领域并获得成功往往决定了企业的未来。

在各种增长途径中，老产品（包括针对相同市场的产品群）的增长往往更具确定性。从不利的角度来说，在老的市场上的增长容易引来竞争对手的强力阻击。公司产品占有率的每一点提高通常都是以其他竞争对手丧失份额的方式实现，所以这种方式要非常关注竞争对手的反应，以及竞争格局的微妙变化。在我看来，如果企业在一个市场中已经占据了强大的优势地位，但市场的自然增长依然可观或者市场依然存在着大量的弱小竞争对手，那么这种增长的格局往往既带来较高的稳定性又具有良好的空间。

开拓新产品和市场相比老产品的增长途径来说，风险明显更大，回报也往往更大。开拓新市场和产品的首要问题在于对市场需求的把握是否准确，如果错误地判断了客户需求和市场方向，那么所有的投入都可能连个响儿都听不到。所谓成本，其实最大的就是方向性判断错误导致的无效投入和机会成本。所以能否正确深刻理解客户和市场，远比是否具备高精尖的技术和豪华的研发团队重要得多，因为前者是方向，后者是成本。

铅笔发明后的销量一直只是缓步增长，但一个叫Hayman Lippma的人深思之后在顶端加了一块橡皮，结果销量开始飞速上升。华尔街日报对此感慨："知识是铅笔，而理解就是它顶端上加的那块橡皮。"

一个公司进入新的领域推出新的业务和产品，在开始总是一个令人激动的消息，特别是如果这个新领域的前景诱人的时候。但新市场领域面临巨大的风险和成本，需要准确把握客户潜在需求，需要提供具有吸引力的产品，需要更多的投入去教育客户和迅速扩大影响力。但新市场和产品的开拓一旦成功，其所带来的回报也往往是最大的。这首先因为最先切入的市场往往缺乏强力的竞争对手，其次先发优势的建立也在后续的竞争中容易占据有利的位置。所以对这种增长路径，要非常关注新市场能成功所显示出来的逻辑上的可信。这包括了对市场需求的估计是否合理，企业是否具备相应的资源和能力。

新产品和市场的增长有恶性和良性两种。前者是原有的增长路径已经看到了尽头，恰好手中有大量资源所以四处出击寻找新的增长点。这种新市场的探索盲目、冲动，往往陷入非理性多元化的泥潭。后者的新市场拓展显示出管理者的深谋远虑：他们善于在现有业务与新业务之间找到强劲的纽带，在多个业务之间具有资源的可复用性和产品吸引力的互相强化特征。**在这个问题上，我认为需要观察公司一个关键点：在强调大力开拓新的增长点的时候，有没有同样强调哪些东西是绝对不做的？那些善于先思考"绝对不做什么"的公司，往往更容易聚焦在专业领域内且更具有坚韧不拔、耐得住寂寞的企业家品质。**相反，哪个市场最热闹就往哪里去，只要能带来增长什么都做的倾向，预示着盲目的乐观和浮躁的心态。

提价是一种有很高门槛及前提的增长途径。如果提价将带来市场份额的长期流失（短期变动不能说明问题）就说明这错误地判断了公司的定价权。拥有长期定价权的公司可以随着经济的发展和必然伴随的通货膨胀率而持续提升价格，多年积累后将产生可观的回报，当然这需要耐心。这种模式要警惕对定价权的滥用——短期内的大幅提价而透支了未来。对于价格高度管制的公共事业类公司，政策调整带来的提价可以在短期内带来较高的同比增速，但这种政策的口子并非那么规律的按期开放，下一次往往不知是猴年马月了。总的来讲，提价是一种轻松就能带来不错收益的增长途径，但第一能符合这种条件的企业极少，第二它容易被滥用。在我看来，大部分基于提价增长途径所带来的增长更稳定，但提价与放量从本质上来说是矛盾的，量价齐升往往只是种阶段性现象。

　　降低成本是一种立竿见影提升价值和改善业绩表现的途径。特别对于那些成本、费用占营业收入的比例很大的低利润率生意来说更是如此。而且降低成本与前几种途径相比，它所带来的收益不必收税因此能够完全转化为利润，而且也不用为了促进增长必须首先进行投入来培育市场。但它的问题也显而易见，成本的降低毕竟是非常有限度的，特别对于那些运营水平较高的公司来说更是如此。而且站在更综合的角度来看，某些成本和费用的削减往往带来竞争力的下降反而不利于企业的长期增长（比如削减研发经费、减少优秀人才的招募和激励、降低品牌营销的支出等）。除非是一种商业模式改善所带来的成本结构的趋势性改变，比如戴尔直销模式之于PC制造业、丰田的JIT模式之于汽车制造业，又或者已经将竞争对手扫地出门具备了行业整体盈利提升的控制力，否则降低成本是一种最不具有持续性和具潜在危害性的增长。

　　资本运作模式下的增长，无论是兼并收购还是资产注入，往往都很容易成为市场追捧的热点。资产注入、兼并重组属于一种可遇不可求的"投资彩票"。有时候明明公司有明确的承诺，但一拖几年并不新鲜，这是投资者很难预期的。但通过收购这种外延式的扩张，却没那么难判断。具有这种特征的企业，往往首先处于一个客户需求高度差异化、市场极其分散的行业中（由于市场高度细分且客户粘性较强，企业难以逐一去建立应对细分市场的专业能力，而且这一过程的时间也过长），其次这个企业具有相当大的抱负试图整合市场，最后这个企业一定具有强大的资金储备，具有现实的收购能力。但无数的案例和教训都指出了，收购之后的业务整合是个极其艰难的任务，并且急于收购的心理往往导致支付太昂贵的价格，这进一步抵消了收购所带来的收益。这件事的悖论在于，经营很好的公司你很难收购它或者必须付出高得离谱的溢价，而陷入困境的公司你买回来也未必能让它变得更好。主要来源于资本运作增长途径的企业，我个人持高度的警惕态度。

9.3.2　收入扩张还是利润率提升

　　在上面几种内部滚动增长方式中，"开拓新产品新市场""继续挖掘老市场及产品深度"主要体现在收入规模的扩大，而"提价""降低成本费用"则主要体现在单位收入所创造的利润率提高。我们在分析成长的动力时,应该观察未来的业绩主要是靠强劲的收入增幅还是可观的利润率提升?前者来自强大的产品和市场扩张力,而后者来自产品结构变化、成本变化、价格变化等带来的效益。在分析一个企业的增长前景时,可以沿着下面的思路对其内部滚动增长进行逻辑上的推演,并一步步地去挖掘相关信息,如下图:

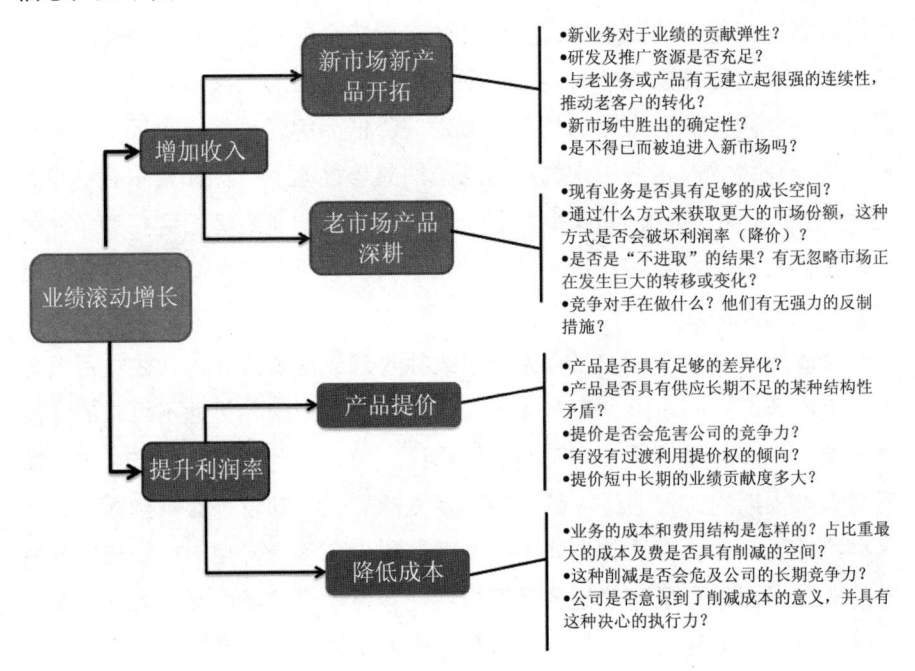

```
业绩滚动增长
├─ 增加收入
│   ├─ 新市场新产品开拓
│   │   • 新业务对于业绩的贡献弹性?
│   │   • 研发及推广资源是否充足?
│   │   • 与老业务或产品有无建立起很强的连续性,推动老客户的转化?
│   │   • 新市场中胜出的确定性?
│   │   • 是不得已而被迫进入新市场吗?
│   └─ 老市场产品深耕
│       • 现有业务是否具有足够的成长空间?
│       • 通过什么方式来获取更大的市场份额,这种方式是否会破坏利润率(降价)?
│       • 是否是"不进取"的结果?有无忽略市场正在发生巨大的转移或变化?
│       • 竞争对手在做什么?他们有无强力的反制措施?
└─ 提升利润率
    ├─ 产品提价
    │   • 产品是否具有足够的差异化?
    │   • 产品是否具有供应长期不足的某种结构性矛盾?
    │   • 提价是否会危害公司的竞争力?
    │   • 有没有过渡利用提价权的倾向?
    │   • 提价短中长期的业绩贡献度多大?
    └─ 降低成本
        • 业务的成本和费用结构是怎样的?占比重最大的成本和费用是否具有削减的空间?
        • 这种削减是否会危及公司的长期竞争力?
        • 公司是否意识到了削减成本的意义,并具有这种决心的执行力?
```

这种推演最终需要落实到一系列的具体数字上。比如,不能让研究结论停留在"费用削减的空间不小",到底"不小"是多少?它当前的费用率构成具体是怎样的比例?占最高部分的具体是哪一块儿?占比多少?如果这部分下降30%,又具体能够给净利润带来多大的影响?等。

通常在分析一个企业的历史成长轨迹时,必须将净利润变动和收入变动结合起来看。一个净利润保持了3年、每年50%以上高增长的企业,其收入同期却年均只增长了5%,这中间的差距从何而来呢?收入是销售规模和速度的演变,净利润则是(销售收入－营业成本－3项费用率＋营业外收支净额＋非经常性损益＋资产减值＋公允价值变动等)×所得税后的一个综合结果。所以当净利润增速与收入增速不匹配时,特别需要搞清楚这种不匹配的原因来自上述变量的哪一个?以及这种变量是否具有可持续性以保障其未来的净利润增速依然高于收入？我们看一下青岛啤酒的例子：

青岛啤酒近10年的经营数据显示其主营业务收入增长率基本上属于中低增速，而净利润率增长率以2005年为界有一个明显的分化：2005年之前净利润增长经常还低于主营业务增速，显得比较低迷。而从2006年开始，其净利润的增速开始持续、大幅度超越主营业务增长，呈现出一轮较好的增长，如下表：

	营收增长率	净利增长率	毛利率	净利润率
2002年	31.45%	123.55%	41.49%	3.85%
2003年	8.23%	8.63%	42.38%	3.87%
2004年	14.82%	3.79%	41.68%	3.49%
2005年	16.23%	12.53%	40.7%	3.38%
2006年	18.1%	28.8%	40.55%	3.69%
2007年	15.85%	36.76%	41.63%	4.36%
2008年	16.88%	22.7%	40.65%	4.57%
2009年	12.49%	77%	42.94%	7.2%
2010年	10.38%	21.96%	43.53%	7.96%
2011年3季度	17.28%	11.38%	43.08%	9.08%

考虑到国内啤酒行业的竞争格局越来越稳定，啤酒消费弹性也不大，很难大幅上升，所以其收入未来的增速只能以较为保守的预期。这种情况下其利润增速能否超越收入增速就非常关键，而显然啤酒行业属于典型的"提价1毛钱都要看对手脸色"的高烈度竞争，提价解决利润率是不现实的。所以进一步我们的分析重点就会聚焦于影响毛利率的营业成本、3项费用下降的余地，以及产品结构变动带来的影响了。

通过进一步阅读财务报告和了解行业竞争的现状（通过券商相关报告及财经新闻等），我们发现营业成本中波动较大的麦芽成本占比很小（12%），对毛利率的影响有限。但不同产品的毛利率差异较大（主品牌青岛啤酒毛利率高达48%，而收购的副品牌只有28%），如果产品结构变动较多则可能提升综合毛利率水平。从费用结构来看销售费用占绝对大头（近全部费用的80%），销售费用中占最大部分的为促销和广告费用（占50%）。

从可以影响利润率的能力来看，提升主品牌的销售占比和降低销售费用，特别是促销和广告费用无疑是最有力度的措施。但考虑到至少未来3~5年内青岛啤酒与雪花啤酒、地区性品牌啤酒的激烈竞争还将持续，很难预期广告促销费用有大幅度的下降（但随着市场垄断度的提升，从长远看这部分是有潜力的）。所以从短中期来看最值得关注的是销售结构的趋势，长期来看费用下降也有一定余地。

经过这个分析，对这个企业业绩前景最核心的点就找到了，自然也就会对此有关的信息产生更高的敏感度。对一个企业分析到最后，其实自然而然地就会搞清楚哪些信息必须特别注意，哪些信息可以粗线条一些。这样就能很大程度上避免"对重大影响事件无动于衷，对无关紧要的消息大惊小怪"的烦恼了。

9.3.3 梳理逻辑及测算弹性

评估公司成长的第一步就是搞清楚成长到底会来自哪方面，这将有助于我们进一步去理解为了获得这种成长，公司是否具有必要的资源。没有一个企业会承认自己"不注重研发"，但研发首先不是个愿望而是个能力问题，如果当前的基础业务都不具备稳定创造现金流的功能，企业也不具有吸引创新人才的环境，研发成果难道能从天上掉下来？

近年来我们看到很多中药公司纷纷涌入保健品领域，试图以新市场途径开辟蓝海。但是否都具备这个资源呢？一些企业推出类似阿胶块或者虫草产品的高端补品，你却看不到它具有任何类似东阿阿胶曾经作为皇室贡品以及被《本草纲目》评为"中药三珍"的"贵族基因"。而向下走日化产品的那些，又是否具备云南白药的执行力和相同的营销特长呢？要知道，在中国市场上日化的国产品牌在面对强生等外资巨头时基本上是大败而归的。

很多企业确实一直在努力扩张自己的经营范围以拓展成长的潜力。但这种扩张到底具有多高的成功概率，需要投资者从商业逻辑上好好梳理。

看一下酒店管理软件提供商石基信息的例子。过去几年间通过收购及代理和自行研发的产品组合，它已经基本垄断了国内主要星级酒店的管理软件市场，但高星级酒店数量不大及业务并不复杂等特点也使得原业务逐渐面临饱和。为了进一步拓展发展空间，石基信息推出了一个酒店客房预订平台，试图通过促进客房成交并收取相关服务费的全新模式来推动增长。从表面来看酒店在线预订市场广阔，这一步貌似是走向了蓝海。但细细分析，首先这个市场本身已经竞争烈度极高，携程、e龙和去哪儿网之间杀得难解难分。其次，石基信息的预订平台虽然具有一定的特色，但并不具有本质上的创新和客户体验上的明显差别。最后，酒店在线预订平台市场与公司以往擅长的管理软件市场的特点相差极大，并不是其传统的能力强项范围。而公司的高层管理人员结构却维持原状，依然是技术型老总加上被收购企业和产品代理公司的搭配，而没有精通新领域的高级人才加盟。

经过这样的推敲，我们虽然不能断言这个尝试一定会失败，但确实可以认为成功的依据确实还很不够。当然，很多时候我们的判断未必是准确的。但如果仔细推敲后依然看不懂，那么即使错过了也没什么可惜的——与盲目乐观伴随的巨大风险相比，谨慎的待在自己的能力范围内至少不会犯大错。

除了对增长逻辑的梳理外，一个企业的增长途径往往是多种途径并存的，但我们需要搞清楚短期、中期、长期的不同阶段内，哪种增长方式是主导？

2009年底东阿阿胶的收入结构中阿胶块及复方阿胶浆占比60%，且毛利率最高；而保健食品占收入比5%左右，毛利率略低于阿胶系列产品。根据当时的状况可以判断，中期的3~5年内以阿胶块、复方阿胶浆为核心的老产品深耕及提价，将是最主要的成长驱动力。而保健食品虽然前景广阔、基数小、增速快，但对总体收益的拉动性显然不足。但长期来看，保健食品将使阿胶从狭小的补血和高档滋补品扩大客户群，并在有限的阿胶产量上研发出更多的延伸品，所以属于长期战略的重点（但问题是保健品的利润率很低，且市场开拓周期可能很长，这将对公司的业绩增长弹性造成不利的影响，特别需要关注这一业务是否有运作成功的能力）。

与之相似的如天士力的产品梯队，短期内复方丹参滴丸、养血清脑颗粒的现有市场；中期新的心脑血管中药针剂逐渐发力；远期FDA3期通过后丹参滴丸海外新市场的打开、国内正式进入主流医院处方的二次拉动，可见公司的增长具有清晰的节奏。

当然东阿阿胶面临与石基信息类似的问题，国企的机制包括现有的激励体系该如何吸引保健品运营高手的加盟？在阿胶连续提价这个短期红利已经充分实现时，迫切的需要在阿胶浆、阿胶延伸品市场上的重大突破。可惜迄今为止，这方面无论是从人员安排还是营销举措方面，都还看不到令人惊喜的动作。

对成长的态势而言，我个人最喜欢的格局是：老产品尚具有良好的增长前景（至少3年内），提供业绩上的稳定性并能够为企业创新输送足够的现金资源。新市场解决方案已经酝酿成形，其不但对公司未来中长期（5～10年）的成长空间提供了倍数级的空间，且新业务与老业务在客户衔接和资源的互利性方面筹划周密，显示出了独特的优势和符合逻辑的成功可能。企业的经营绩效至少可以保持当前的水准，最好是未来依然具有提高价格或者降低成本的潜在能力。最好不需要频繁和大规模的收购兼并等资本运作。

除了考虑成长的方式，未来主要成长驱动所能带来的增长弹性也十分重要。

苹果和微软无疑是伟大公司的杰出代表，但像它们当前如此巨大的营业规模，要想再创造出3倍的增长需要找到多大规模的新市场？那必须在一个海量级的市场中取得压倒性的胜利，其困难程度不言而喻。相反，一个并不起眼的中小规模公司，并不需要在一个海量级市场上创造出惊人的成功，而只需要获得一般的成功就可能带来业绩成倍的增长。原因无它，当前的业绩基数低而已。

我们看看烟台万华与安泰科技的例子。作为化学原料生产商的烟台万华的MDI产品，与超硬合金材料生产商安泰科技的非晶合金带材，都具有世界级的极高技术壁垒并且未来的发展空间也较为乐观。但MDI对于当初的烟台万华就是一切，业绩增量几乎100%来源于MDI的不断成长。而安泰在原有各种超硬合金业务上2009年的收入额已经为31亿，净利润1.7亿。非晶带材产品的从零开始的增长即使非常迅速，对于公司整体业绩的增量效应无疑将打一个很大的折扣。这就是增长弹性的影响。

规模巨大的公司增长弹性普遍小于小企业，但经营持续的惯性也相对更高，对投资者来说这种在弹性与确定性之间度的把握是非常具有含金量的能力。

9.3.4　对前景的理解和把握

对于增长的前景，很难予以一个精确的计算。有一种说法认为"企业的成长能看清楚两三年就不错了，长期谁能看得清？再说短期都算不清，长期不是更不清楚了？"这种看法粗看有理实际又值得推敲：长期业绩确实是由短期业绩组成，所以预测不了短期业绩也就预测不了长期业绩。但投资者的长期判断重点并不是"业绩"更不是"精确的业绩",所以也无须"多个短期叠加"。长期关注的是空间、驱动因素以及竞争优势等根本性的因素,短期的业绩预测反而非常困难,要说对细节和专业的了解没人超得过高管,但高管预测业绩的历史照样经常惨不忍睹。

短期业绩判断有其容易的一面,因为经营往往有其惯性。但它同时更有易变的一面,不讲经营的正常波动,即使通过会计手段就可以干扰、调节、影响短期业绩的因素实在太多了。

企业的长期判断比短期更难吗?

其实越是在较短的时间内,企业的经营越是受到偶然性因素的干扰而容易出现"意外"。但在一个较长的时间内,企业的经营结果则极大地与其外部环境的大趋势和自身竞争优势及生意的特性等强相关,从而呈现较高的"必然性"结果。我个人看到的短期业绩预测经常错得离谱。读者如果有兴趣可以找些券商报告去连续看一下,那些两三年前的业绩推测有几个是靠谱的?少数一些预计准确,与其说是估算得准,不如说是企业正好处于一个业务状态的惯性中较为稳定罢了。很多本身业务环境不稳定,或者企业正处于较大经营状态变化的,业绩一出来经常让市场大跌眼镜。当然这不是说对短期业绩完全干瞪眼不管了,只不过需要注意判断的主次轻重而已。

我认为需要测算出一个大致的"量级"的概念,就是在可以看懂的增长途径内,如果一切如预期的那样发展,到底能给企业在现有基础上带来多大的增量?是一两倍?三五倍?还是八九倍?不用精确化,但必须有个简单的测算。这种对量级的认识,可以让我们正确地定位对这个企业的投资属于什么性质。

对公司增长前景的分析最终往往会有三类结论:一种是不好理解也不好把握的,另一种是可以理解的但不好把握的,还有一种是可以理解也可以把握的。所谓"理解"是指市场基础、需求到底存不存在、清晰不清晰的问题,所谓"把握"是从竞争格局的角度考虑增长的确定性问题。

最容易让人翻船的其实是第二类,因为理解和把握之间恰是成长陷阱——市场需求旺盛而明确,带给企业很高的市场预期,而此期间企业的业绩也表现非常靓丽,这一切都带来强大的投资冲动。但事情的另一面在于,这种企业细究起来缺乏真正牢靠的竞争优势,或者在生意模式上具有某些硬伤,其长期的未来非常难以预期从而不具备持续增长的确定性。在这种局面下的盲目追捧往往是非常危险的，行业景气导致高溢价，竞争激烈而优势不足导致业绩缺乏可持续性，最终面临业绩和估值的双杀。所以，对公司成长前景的分析一定要定位清楚，分析的最终结论到底是哪一类？

增长判断类别	主要含义	对策
不好理解不好把握	市场需求空间看不清，企业竞争力也很模糊，搞不懂未来成长的驱动力和企业胜出的关键优势	放弃，缺乏足够吸引力或者属于能力圈之外
可以理解不好把握	市场需求旺盛，空间诱人，长期前景明确。但企业面临激烈竞争，行业格局纷乱而不清晰，企业不具有不对称的突出竞争优势和最终胜出的可信证据	可放入长期观察队列静观其变，不要轻易介入，绝对避免行业景气时期高估值买入
可以理解可以把握	市场长期前景明确需求清晰，企业具有逻辑清晰、意义重大的可持续竞争优势，最终胜出的概率很大	重点研究对象，集中精力从财务、业务特性上研究透，再多寻找反面意见帮助自己审视风险，制定投资策略

其实这还是站在前面章节所讲的"三个本质"的角度来看问题，只不过更强调与能力圈相结合起来，在分析中注重将大的前景与确定性做好平衡。对于既看不懂市场未来又看不到突出竞争优势的，不要浪费时间。对于长期市场前景非常诱人，但暂时还显示不出真正可信竞争优势的企业，保持密切的关注和持续的跟踪，也许有一天其中的某一个会逐渐变为第三类。其实对于真正具有远大发展前景的企业来说，即使晚两年也并没什么大的影响。而对于第三类显然已经可以进入最后的决策衡量阶段了。实际上，我就是依此来建立个人的分级股票池的。

需要注意的是，到底该通过哪种策略去实现增长是一个复杂的决策过程。作为投资者，我始终认为需要做好投资者的本分而不要越俎代庖。投资者的本分是什么呢？就是通过独立的思考和缜密地推敲，看看能否理解企业所处的环境，以及在这个环境下企业提出的发展战略和方向是否与自己理解的相一致，最后是为了实现这个战略企业是否具备足够的资源（人、财、物）。最忌讳的是对公司的经营指手画脚，自以为是地为企业设定一个增长方式。即使不考虑对行业的理解深度和在经营管理上的经验、能力差别，即使在决策信息的掌握程度上，投资者与高管很难处于同一个水准，在这种情况下按照自己的一点儿研究就试图去给企业诊断发展问题，通常都是自作聪明。

投资和企业经营，都是一门大学问，各有各的专业性所在。作为投资者最重要的不是去充当各种二手的行业专家和咨询顾问，而是去衡量企业的发展局面是否清晰、可理解、风险可控。这就像反过来，一个很好的实业经营高手，未必就是证券投资的成功者一样，这两者所需要的能力是不同的。对具有充分说服力和支持自己形成判断的企业，当然是很好的投资对象。对于模糊不清、看不懂、与自己的行业和经营理解不匹配的公司，没必要把自己放在总经理的位置去假设，放弃就是了。

由于企业的成长前景是个"未来进行时"，所以不可避免地在市场中会有各种意见和看法存在。对投资者而言，找到合适的对象进行讨论是必要的，但不要陷入辩论中——辩论的目的是说服对方，而讨论的意义在于寻找自己的思维盲点；辩论注重技巧（回避锋芒、偷换概念、煽动性等），讨论看重的是实质；辩论往往是已经有结论和立场而去寻找维护面子的理由，讨论则是持着开放性的态度寻求更深刻的认知。总之，绝不要在3种事物上浪费宝贵的精力去辩论，它们是：宗教、政治、投资。

9.4 几个实用小贴士

在企业的分析中，除了上面这些方法和思路，还有一些重要但相对零散的地方，下面列出几个根据作者的投资经验总结出来的小贴士。

9.4.1 如何看年报

年报是上市公司每年向投资者奉上的一个"年度答卷"，看年报也是每一个投资者的必备功课。不看年报做投资，就像闭着眼睛开车一样荒唐和危险。但一份年报洋洋洒洒动辄上百页，内容也面面俱到，如何从中发现有价值的信息也是一个问题。

在谈有效地阅读年报之前，不妨还是先想想怎样算是一个失败的年报阅读？我想最典型的情况是：只是为了完成任务而草草地通读了一遍。打开年报之前没有带着问题，阅读年报之中没有重点，合上年报之后也没有形成任何印象和结论。而正确的年报阅读方法正好与之完全相反：首先必须带着问题去阅读，其次要有的放矢地抓重点，最后阅读完一定要进行一个总结，形成一个起码是阶段性的结论。根据个人的一点经验，下面列出一些看年报时需要注意的地方供参考：

重点关注	解释和说明
经营的关注点	有关经营的介绍主要在《董事会工作报告》一章，对这章的阅读方法： 1.将几年的年报连续起来看，重点关注公司对发展的思路是否具有延续性，特别关注几年前公司承诺的或者作为工作目标的重大业务事项，有没有一一按照计划实现；如果没有实现，有无合理的解释说明，还是当作没发生过或者言语不详地一带而过。 2.公司对于未来的经营环境是怎样看的？这种看法与自己所了解掌握的情况是否一致？如果不一致，主要的假设差别在哪里？对于行业目前的竞争环境公司有无论述？竞争的烈度是否有提高？原因是什么？ 3.在公司的论述中，能否感受到公司目前最重视的是什么？是急需扩大规模占领市场？还是为了远景在努力创造区别于竞争对手的差异化优势？与同行业相比，公司有没有在做一些不太一样但确实又比较重要的事？ 4.以杜邦分析的视角看看过去几年公司ROE有无趋势性的改变？这种改变与自己当初的预判是否一致？如果不一致，主要问题出在哪里？公司未来的发展计划，又将对ROE中净利润率、总资产周转率、财务杠杆带来什么样的影响？ 5.历史上总体来看，公司是属于总是能给出漂亮的答卷，对于设定的目标排除各种困难也能达到，还是老是出现各种客观理由经常性地完不成任务？优秀，有时候就是一种习惯
财务性关注点	资产的质量 1.同比来看在资产结构中变化（增长、减少）最大的是哪一块？ 2.主要的资产比例关系（负债率、固定资产占总资产比重、现金占总资产比重、存货占流动资产比重、流动比率和速动比率）是否在合理范围内？有无激烈的变化？原因是什么？ 3.公司在未来几年有无重大的资产性支出或者在建工程的转固？前者能否带来公司的流动性危机？后者的折旧会对公司的盈利造成多大压力？ 4.从总资产周转率、流动资产周转率、存货周转周期来看，公司的资产是否处于高效利用的状态？有无大量的闲置资产拖累了ROE？公司对此有无处理方案？未来还有无资产利用率提升的潜力？ 盈利的质量 1.收入及净利润的同比、环比增幅情况——净利润增幅高于收入还是低于收入？原因是什么？ 2.毛利率、三项费用率的同比、环比情况——平缓还是变动激烈？若波动大，公司给出的原因反映了怎样的经营局面？未来有无较清晰的方向？ 3.一次性、偶然性收入和营业外收益的占比，以及对下期业绩的影响。 4.在收入和利润构成中各个业务的占比——未来每个业务的发展态势是怎样的？主要的增长弹性来自哪里？增长的驱动力是否清晰强劲？ 5.在成本和费用中各个项目的构成——其中占比最大的项目都是什么？这些项目未来1年和长期的走向是怎样的？公司有无重视带来最大损耗的成本、费用项目？公司对此有什么对策？ 6.总体来看公司目前处于盈利的高峰期还是低谷期？未来还有哪些财务指标存在改善的余地？未来是面临均值回归还是加速上升？ 7.净利润与经营性现金流量净额的比率是否正常？经营性现金流大幅下降或者上升的原因是什么？是偶然性阶段性的，还是趋势性的

续表

重点关注	解释和说明
值得重视的信息	1.有无出现高层管理人员的连续离职？ 2.核心管理人员的职业履历值得细细阅读（还可以利用网络搜索补充），有无管理团队的背景不够专业、或者流动性较大等问题，有无天价打工皇帝等噱头？ 3.公司对于高管和核心技术人员有无合理的激励制度？ 4.有无重要的股权结构的变化，持股量高的核心人员的持股状况有无大的变动？ 5.有无发生重要的会计变更（财务报表附注中报告，附注部分）？ 6.其他奇怪的现象

总之，年报研究的重点是不能只看业绩本身的，而是要思考产生这一结果的原因何在？以及未来的整体经营态势到底是向好的方向还是向坏的方向，又或者模糊不清？要仔细推敲过去几年企业到底在干什么？是年复一年地在撞大运，年头好就多吃几口，年头不好就坦然饿肚子？还是具有一个长期的发展规划并且始终在坚定地（哪怕是缓慢地）向着这一目标前进？是否清晰地认识到自己的机遇在哪里？并且无比坚定地去构建超越同行的竞争能力？是始终在唱高调，但与现实的财务指标毫无响应？还是说到做到、财务指标与公司的经营重点及业务发展目标形成良好的呼应和验证？

年报无法解答所有问题，但通过年报的阅读和分析（特别是连续几年年报联系起来看），总是应该形成在重要问题上的一些根本性的判断：

（1）这是不是一个值得信赖的企业？它要做的事，它说出的话是不是负责和靠谱的？应该给它多高的置信区间？

（2）总体来看公司的经营环境是在越来越好还是相反？又或者无法判断？未来公司发展的最重大变量因素是什么？从财务特征上而言应该出现什么样的变化趋势？

（3）这个公司目前到底处于积累期还是扩张期？如果是前者，未来一两年内要做好业绩并不非常乐观的心理准备，但如果你判断这种积累是一个战略性的正确举措，而且意味着未来会有更为确定和良好的回报，那么这种等待是值得的。这个时候对于业绩总不是那么"给力"，就不应该感到奇怪和抱怨。相反如果判断处于扩张期，那么公司的经营指标也应该产生相对应的结果。如果经营结果与判断非常不一致，就要检讨一下自己对这个公司总体的判断是否合理了。

对提高年报水平有帮助的一个方法，就是挑选市场中最好和最烂的公司的年报（最好是被证明有污点的）对比着去阅读。当然最重要的还是多看看好公司的年报，形成一种阅读年报的"质量标准"。好公司的年报就像励志剧，虽然也曾面临外部环境的跌宕，但深谋远虑的战略思维和一步一个脚印的坚定前行，都在动态地打造着越来越坚固的竞争优势。差公司的年报则总是围绕着荒诞戏和悬疑剧的氛围。

当然说到底年报也是公司的一份官样报告，通常没有哪个公司会在字里行间和你真的"掏心窝子"，所以仅靠一些描述性和介绍性的语言，能读出的东西往往是模糊的。利用年报的一个不可或缺的技能，还是对会计报表的理解和灵活运用。这是一个硬技能，不需要你达到注册会计师的水平，但起码要读得懂主要财务数据的含义和主要会计科目之间的勾兑关系，更需要学会从管理者的角度去审视报表。这个没办法，还是那句话：在谈论投资的艺术性之前，恐怕还是要先搞好扎实的基本功吧。基本财务和会计常识就是基本功，想要绕过它走捷径，恐怕只能是一厢情愿的。

9.4.2　现场调研经验谈

说实话，我的现场调研经历并不多，投资的这些年里真正跑过的公司也就七八个。在我看来，只有非常具有投资吸引力，同时又确实有一些疑问，最好要到现场去了解一下的才会去一次。我不太理解那种一年到头都在出差，什么公司都要去看看的研究方式。其实如果仅仅从信息获取的角度，大部分的信息都可以在网络上获得了，特别是对于那些市场热度很高，引发较多关注的企业就更没必要去了。

但现场调研也有一定的作用，首先可以获得对公司管理和业务情况的一个直观感受，其次对于一些不太闻名的小公司而言，可以搜索到的信息确实很不足。最后，组织较好的现场调研往往会有较充裕的时间与公司的领导层直接对话，在这个过程中不同投资者的关注侧重和获得的解答往往能够弥补自己的一些思维盲点。此外，有经验的投资者通过对一些细节的观察，可能获得一些意外的收获。

与年报研究一样，成功的现场调研一定要带着问题去，带着重点听，带着结论回来。下面是一些个人的经验供初学的朋友参考。

需要注意的地方	意义和说明
观察管理团队是否具有创业的激情和企业家精神	这是我非常看重的一点，如果说我去一个公司调研要达到的目的是100的话，这一个就占了50的比重。遗憾的是这方面没有什么标准衡量法，见仁见智了
重点记录公司对于行业发展、经营目标、竞争格局、自身优势和弱势等方面的论述	这既是体现公司发展观的部分，也能展现出管理者的战略视野、对行业的认识深度乃至于经营哲学
观察高管谈论问题的风格	首先是否开放坦诚，有些公司不回避任何问题并且回答较为客观。也有些公司喜欢打官腔，限制提问，或者避重就轻；有些注重逻辑和数据，有些喜欢靠演讲技巧和煽动力说服对方。显然要降低对后者的置信区间
如果年报中显示出了某种重要的问题（比如销售费用提升过快），看看管理层是否会在别人提问之前主动提到和说明	公司的主动说明既说明公司认为这点很重要，也体现了一种风格，即是不是只报喜不报忧，是不是能坦诚地面对问题
在与公司的交流中，不要试图套出详细的业绩预期等话，而是更关注形成业绩结果的那些假设条件是否具备	高管都是人精，套话基本无效。而且业绩本身是结果，业绩的驱动力才是根本。更关注业务本身，既能学到一些专业知识，也能让公司更愿意与你交流
在别人提问时看看有无自己忽略的重要问题	很简单，依靠集体智慧扫除个人思维盲区
如果有参观公司的机会，观察办公及厂房是否整洁有序，员工精神面貌等	作为一般性参考，大致上这方面的差异不是很大。但如果真遇到环境与企业宣传反差很大的现象，自然要小心
到底有多少人参加现场调研，其中又有多少机构	现场调研的人数、特别是机构参与者的多少，往往能说明市场对这个企业的关注度有多高

这里指的现场调研，主要是指类似股东大会或者定期的现场交流等公司正式活动，不包括现在比较流行的"草根调研"——即投资者通过跑商场柜台、找消费者做调查、守在工厂门口数运货的卡车等行为。我既没做过这种草根调研，也不觉得这种有很多"成功故事"的做法有多高明。相反，我觉得大多数的草根调研往往会因为数据量太小、观察点错误、地区差异、个体选择差异等因素而以偏概全加深误导。

9.4.3 建立"认识卡片"

如前所述，企业研究所需要掌握的信息可谓方方面面，对于初学者来说，如果有一个"问题导向"的模板作为信息搜集和分析的依据，可能会有实际的帮助。这里就提供一个比较重要的问题集合供参考：

研究大类	具体情况说明
市场前景方面	从国际经验来看，这个行业是否容易诞生大生意和大市值企业？
	当前行业的供需格局是怎样的？是否存在供需的失衡，其长期的供需态势走向？需求增长的主要驱动因素是什么？供应层面有无较高的进入壁垒？
	这个行业最终的成熟阶段将是高集中度的还是低集中度？国际上的经验如何？原因是什么？
	是典型的只能在本土发展的业务，还是也具有国际化发展的可能性？
	业务的主要社会价值是什么？它是否不可或缺并且商业价值巨大？
	公司的业务在下游客户的业务链中具有什么地位？与客户的核心业务或者重要需求联系是否紧密？客户是否很容易和很随意地选择替代者？
	在其所属产业链的上下游中，占据明显优势地位和利润最丰厚的是哪一个环节？公司是属于产业链的"食肉者"还是这个环节上没什么油水的"无关紧要的配套商"？
	从乐观、中性及谨慎三个层面来测算，公司在未来10年的营业规模和利润能达到什么水平？相比当前水平的弹性有多大？这一过程的可信度和确定性有多大？达到这一目标的关键假设是什么？关键的驱动要素是什么？
	公司是否具有一个长期的发展战略？这个战略是否可信？公司具有完成和执行的足够资源吗？
	成长主要是靠在极分散的市场中持更多占有率？还是在较大的行业占有率上持续挖掘客户的新需求？若是前者，实现大幅度市场占有率扩张的可能性和能力？若是后者，持续挖掘甚至创造客户的能力何在？
	总体来看，公司目前处于其价值创造周期的哪一个阶段？
	对这个行业或者具体这个公司来说，最好的消息是什么？最让人担忧的情况会是什么？什么算是对行业和公司的真正重大利好，什么算是实质性的重大利空？
竞争格局方面	客户具有哪些特征，客户群体本身正在面临什么变化吗？其客户群的长期变化格局是怎样的？
	总体来看公司面临的竞争烈度有多高？竞争是否已经严重损害到了公司正常的盈利能力？
	这个行业本质上是高度差异化的还是同质化的？是强周期性的还是弱周期性的？
	客户选择厂商时最关注哪些因素？价格？品质？方便？可靠性？口碑？还是其他什么因素？为什么公司会在客户的选择中胜出？是否具有确切的逻辑和可信度？
	从业务特征和客户利益来衡量，客户是喜欢将业务集中在一个厂商身上，还是必须要分散在多个厂商身上？为什么？
	当前的竞争格局是怎样的？主要竞争对手是谁？相对优势与弱势是什么？

续表

研究大类	具体情况说明
竞争格局方面	推动这个行业向前发展和变化的长期主要推动力,是来自客户需求和选择倾向的变化?上游厂商的认证或者政府资格审查?还是同业的技术革新、商业创新?
	在这个行业中获得竞争优势的关键要素是什么?有什么东西能够阻碍其竞争对手获得像它一样的优势?
	公司的业务有无明显的进入壁垒、定价权或客户粘性?其竞争优势的主要表现形式是什么?从哪些方面可以确认公司的这种竞争优势呢?
	公司的竞争对手是普遍的弱小还是有不少实力相当的?
	相比竞争对手来讲,公司具有什么本质性的差别?有无在产品、经营模式上看起来"出格"的创新举动?
	这个行业的竞争过程会是一场持久战还是闪电战?是会出现对市场格局的颠覆性的改变,还是渐进性地持续更新?是最终的赢家通吃结局,还是多强格局?
	如果公司最终失败,会是因为什么原因?
经营特征方面	更接近于高利润率低周转、低利润率高周转、杠杆型中的哪一种?
	有无特别需要注意的经营特征,比如按照完工百分比计算收入,百分比该如何计算?若有较长的施工周期,成本计算是开口合同还是闭口合同?收入是否具有强烈的季节性因素,特征是怎样的?
	这个企业之所以有吸引力,是因为它增长的弹性和潜力很大,还是稳定性较高?
	未来几年公司主要靠什么业务推动发展?短期和中长期来看,业务结构会有什么大的变化?这种变化对于业绩会有怎样的影响?
	投资这个企业到底是看重估值的弹性还是业绩的弹性?造成这个弹性存在的原因是什么?
	公司的业务是否容易理解和方便实际验证?
	业绩增长的主要驱动因素是什么?主要是靠销售量的扩张,还是利润率的提升经营特征方面?
	有无《警惕这样业务特征》中所谈到的情况?
	行业是否经常会出现洗牌?还是行业的基本格局是长期稳固不变的?
	从DCF三要素来衡量其经营特点是否具有明显的硬伤?这对于投资周期及在投资中的定位会有什么影响?
财务特征方面	公司当前的ROE水平和构成情况是怎样的?未来ROE的演变中,最重要的是总资产收益率、净利润率、财务杠杆中的哪一个?演变的方向是怎样的?能具体影响到多大的程度?

续表

研究大类	具体情况说明
财务特征方面	公司的资产负债表是否强劲？资产的主要结构是怎样的？连续3~5年来看，公司的资产负债表是在优化还是在恶化？结合公司的经营方向和目标来看，未来几年其资产负债表会不会发现重大的结构性或者状态性变化？
	公司的利润表中，对盈利影响最大的因素是什么？这一最大因素的具体构成项目有哪些？结合公司的经营方向和目标来看，未来公司的盈利能力是会向好还是压力加大？
	公司的盈利中有无占比较大的"非经常性损益""营业外损益"，以及可能造成重大影响的可变因素——比如公司的税率与其高科技身份相关，但其高科技资格可能无法延续。
	从历史情况来看，公司的经营性现金流量净额是否能超过同期的净利润？影响经营性现金流量净额的最重要因素是什么？这一因素未来是向好还是恶化。
	总体来看，公司的财务报表是否清晰、详细和可理解？有无很多重要但很不明确的事项存在？如果存在，有没有办法向公司进一步询证？
	有无出现《亮起黄灯的信号》中所谈到的情况？
	结合公司的财务和业务特性，是否找到了观察公司经营情况的有效财务指标？
	公司有无出现过重大的财务欺诈行为？
	与同行业公司相比，公司的财务报表有无特殊的不同之处？这种不同的原因是什么？
	如果一定要指出财务报表上的三个最重要的会计科目，你会选择哪三个？为什么？
企业素质方面	管理层是否具有强烈的创业激情和产业抱负？是否具有狼性基因？
	企业文化和价值观与其产业特性一致吗？比如软件公司最强调成本节约就是错的，而普通制造业不强调纪律性和深入骨髓的成本意识就很危险。
	股权结构上是否存在控制权不稳、过于分散化等隐患？
	从现场调研等现实观感来看，公司是否体现出高度的壁垒森严、官僚化、管理层家族化的特征？
	从历史来看，公司是属于那种总是说到做到的情况，还是总是达不到原定计划的情况？
	在一些突发事件或者危机面前，公司对待客户、员工和股东的态度是怎样的？是否能做到反应迅速、公开坦诚、敢于担负责任？
	对公司能够给予怎样的置信区间？可以基本上高度信任，一般性信任，还是要非常小心？
	公司是否具有长远的眼光？公司在长期利益与短期利益的平衡上是否具有高水准？

续表

研究大类	具体情况说明
企业素质方面	我到底是看重公司的某个具体产品？还是看重其具有系统性的竞争优势？又或者是其生意特性上的优越性？我对这笔投资的周期是怎样设定的？与我看重的因素是否匹配？
	市场目前对这个公司的认知是一个什么水平？我目前仅仅是主流认识中的一员吗？

对上述信息的获取可以通过以下渠道来获得：

信息来源	说明
上市说明书	所有上市公司的IPO说明书都可以在"巨潮资讯网"获得（一些上市较久的公司，一般可以在公司的网站上得到），这份文件中对于公司是如何运作的，以及行业市场状况及竞争格局都有较多的介绍，是对一个公司建立认识的最基本材料。我最关注的是"重大事项提示""业务和技术""业务发展目标"等部分，通常会将这些部分中最敏感和重要的信息摘录出来，建立公司的基本档案
年报及公司公告	"巨潮资讯网"中有公司的各类公告和法定披露文件，特别要仔细阅读年报中最后的"财务附注"部分，对于那些在资产负债表中占据重要比例的、在利润表中可能对业绩造成重大影响的科目，务必在这一部分中搞清楚具体每一项目的构成
主要财务指标	除了通过年报数据自己计算外，也可以在新浪网的新浪财经频道下属的"股票"栏目中通过选择一个公司而得到其过去几年的一些财务数据汇总和常用指标
第三方调研报告	最丰富的各大券商的调研报告可以在"慧博投研资讯"网获得，这其中一些涉及了行业长期发展规律、国外相关公司数据及发展历程、重要行业数据的报告，和对公司整体发展态势分析的深度报告，很值得借鉴。但对于公司短期事件的分析及未来财务数据（特别是业绩）的预测则不必太关注。除此之外，"雪球财经"等一些投资社交类网站也时有较高质量的公司基本面的讨论，但上这类网站也需要注意不要过于沉溺其中，高效率地找到有用的信息才是重要的
其他方式	比如网络搜索，或者在上市公司网站的"投资者关系"部分直接提问交流，以及通过给公司的证券部门打电话等方式直接沟通，当然也包括参加一些现场调研活动

9.5 重点和总结

对企业经营的分析和观测实际上是一个挺复杂的过程，因为经营这个东西涉及方方面面。有限的篇幅是不可能事无巨细地将所有类别企业的任何细节都描述出来的。在这里我想要突出的首先是一些共性的东西，其次是一种观察企业的思维框架。在企业分析中最困难的事情，不是缺乏信息，而是找不到分析的构架和高效的方法论；企业分析中最糟糕的事情不是研究得不够多，而是分不清研究的主次，而无意义地耗费精力甚至自寻烦恼；企业分析中最麻烦的事情不是始终存在的不确定性，而是缺乏一个有效的观察评估手段，而难以及时地对重大现象做出正确的反映。

　　看待企业要抓主要矛盾，才不容易被一些波动的细节所困扰。这个主要矛盾实际上就是投资者对这个公司生意如何运转和成败关键所在的画龙点睛。在一定的时间内，到底一个企业观察的重心在哪里？它最需要你关注的到底是资产负债表，还是利润表？是现金流急需改善，还是费用结构的变化更具有启示意义？是周转率的变化，还是利润率的变化？企业发展战略的推进与财务特征之间是否表现出了持续的"自恰性"？抓住企业在不同发展阶段的主要矛盾，盯住每一个阶段主要矛盾的变化态势，才能不为纷杂的细节所动，而胸中自有乾坤。

　　逻辑支点是投资的战略理由，经营特性是对企业阶段性侧重的定性把握和核心视角，成长分析则是发展路径和驱动力的推演和观测。它们一个比一个更具体而细节化。这种细节不是自下而上地眉毛胡子一把抓的大拼盘，而是由高处着眼到分门别类地到整体定性、再到具体重点变量因素的把握。对企业的观察和守候，要注重对"态势"的理解，而非纠结于零散的信息。

　　在企业的整体态势向着好的方向发展的时候，一城一池的得失并不那么重要；相反在企业发展的态势已经走向败局或者乱局的时候，诸多的小胜利和好消息往往也难以挽回大的局面。诚然，一笔短期的投资可能并不需要考虑那么多。但一笔长期持有性质的投资，不建立起这种全局观和动态观察的关键点，恐怕就只能盲目持有并自求多福了。

　　经营分析对于初学者而言确实看起来有点儿复杂，但只要按照正确的方式持续练习并不难达到熟练掌握的程度。我见过的一些优秀投资者都曾在很短的时间内就抓住一个企业分析的主要矛盾点，并且熟练地完成对一个企业的前景建立主要假设条件、筛选关键数据和指标、进行商业逻辑推理、投资机会风险衡量的全过程。由于分析能力的不同，写出的研究报告往往也相差很大：有的洋洋洒洒几万字依然挠不到痒处，有的寥寥数句却刀刀见血直指问题核心。多看一些优秀投资者的研究和分析文章，学习他们看问题的角度和方法，算是提升企业分析能力的一个捷径。

在我看来，企业分析能力的级别如果用软件应用能力来比喻可以分为3个层次。

第一层次看到界面

就像一个只会使用软件的人，界面上给出什么就能使用什么，不知道为什么是这样。这个级别可以较好地收集信息，对于企业大部分重要的"已知"信息都能掌握，但缺乏进一步的信息加工能力，对于经营成果的来龙去脉搞不清，也不知道最重要的观察点应该在哪里，基本上属于跟随状态

第二层次看到源代码

这一层次可以跨过界面看到底层的源代码，知道每一个界面和执行结果的代码结构及过程。这个级别的人具备了较高的对不同经营进行分类的能力，也有较好的财务分析功底。可以较透彻的分析出形成这一经营结果的原因是什么，以及未来运营中最关键的几个逻辑点（就像知道整个软件的源代码中哪里最容易出bug）

第三层次看到设计思想

这一层次从大量具体问题升华到了整体结构设计的高度，不纠结于某一段代码的优秀（或者某一个界面的美观实用）而是强调整体结构和设计思路上的正确和可靠。这个级别的企业分析者除了清晰理解基础的经营信息外，更善于从这个生意形成的本质要素去考虑问题，甚至是从其业务在整个社会发展变迁中的定位和商业价值上来进行理解

这其实也再次验证，投资是对一个人综合素养的考验，对每一个投资者来说，这都将是一条漫长的自我提升之路。好在，这条路初期虽然有些枯燥，但慢慢渐入佳境后却会让人真正感受到投资的美感——**投资不再是价格的波动，不再是与无数对手的搏杀，不再是孤注一掷或者彷徨不定，不再是欲望编织着焦虑的浮躁。投资是关于事实和逻辑的、是关于社会趋势的、是关于商业本质的、是关于价值观和思维方式的，它是充满韵律而美好的。**

第10章
从雪球到雪崩

我们的每一笔投资倾注着成功的美好愿望和憧憬,但理想是丰满的,现实却往往很骨感。不得不正视的事实是,失败的企业要远远多过那些成功企业。历史的垃圾堆里塞满了那些看起来曾很有希望成为未来之星的公司,但曾经的赞誉和繁荣连同他们盲目乐观的投资人已经一起化为过眼云烟。

如何判断我们的选择当时是正确的、如今依然正确呢?如何避免滚雪球滚出雪崩?这个问题我们不妨去反向思考一下,那就是:惨案都是怎么发生的?

10.1 那些蛛丝马迹

10.1.1 行为总会留下痕迹

我经常感觉投资者和福尔摩斯面临的情形很像，事实往往藏在迷雾中，但任何行为总会留下些蛛丝马迹。好的投资者就像好的侦探一样，善于从这些零碎的细节中推敲出事实的一些碎片，并且一步步地拼凑出最接近原貌的样子。福尔摩斯有现场和案件卷宗可以看，投资者的调查手段和工具是什么呢？答案是，公开信息。

很多人可能认为公开信息（年报、公告、上市说明书、访谈、现场调研所得信息等等）怎么可能藏有高价值的线索呢？人家公司要是想藏着掖着难道还能留给你看吗？但不妨这样想想，哪一个杀人犯愿意留下线索被警察抓到呢？可为什么还"法网恢恢，疏而不漏"呢？**因为行为总是会留下痕迹，不合理的行为也总是会有不合理的解释。关键在于，你的探案水平是否覆盖得了对手的作案水平。**

大多数人读年报可能更关注的是利润增长情况，三张大报表的基本情况以及管理层的陈述等。但如果愿意将几年的报告连续起来读，以及多查阅一下最后面的财务数据的附录说明，并且结合公司宣传的发展路线和前面介绍的企业经营特征、动态来看，往往能发现一些容易被忽略但又引人深思的东西。

中恒集团事件是个很具有代表性的案例。作为2009年之后市场涨幅第一（近30倍）的明星，中恒集团的业绩连年大幅猛增，血栓通注射剂成为中药市场中最知名的产品之一。更重要的是公司显示出未来的强劲增长势头，产能持续增强；对外又强强联合了步长集团，全面代理业务，预期未来两年销售额可达到30亿元以上（步长集团给中恒集团账面上打入3亿元现金为实现目标的抵押金）。无论从哪个方面来看，似乎都是形势一片大好。

但是拿出中恒集团那几年的年报和与步长集团的合作协议书仔细看看，却发现一些让人疑惑的地方。首先，在公司净利润率持续高增长的两年间（2007年增长78%，2008年增长30%，2009年增长167%，2010年增长211%），公司的经营性现金流却捉襟见肘（2009年现金流为负数，

2010年现金流净额只有净利润的一半儿不到）。其次，血栓通注射液并不是个新品种，但2006年之前一直不温不火，2007年却开始一飞冲天。而主要的变动因素是由新的老板收购了公司并开始主导。然而这个新进入的老板和团队成员，过去都是搞纺织零售等生意的，几乎没有一个真正的医药行家。更奇怪的是，自2007年开始入主后，在业绩一路走牛、蓬勃发展的背景下，却每年有高管辞职。2007年是副总裁兼财务负责人，一个唯一医药行业背景的资深副总辞职，2008年是董秘和一个监事辞职，2009年是一个副总经理和一个董事辞职。3年竟然走了6个高管。要是濒临亏损的企业出现管理层动荡并不奇怪，但这么好的发展势头却出现这种情况就很难理解了。

再来看看2010年推动了股价大幅飙升的"强强合作"。仔细阅读合作公告后也是让人疑窦丛生。公告介绍双方将联合成立管理团队，而且中恒拥有一票否决权。看似主动权在中恒手里，但是仔细想想不奇怪吗？如果中恒在营销上有足够的能力，何必依靠步长？押宝了步长是因为看重他的营销渠道和能力，这时又要联合管理，那到底听谁的？而如果对步长的决定进行审核，出现不一致的意见并否决后，谁承担最终的结果？如果是中恒否决了，那么自然是中恒承担结果。但是由此导致销售额度未达到合约标准，那么还需要步长赔偿吗？在整个过程中，步长没有损失任何东西（所谓的3亿元保证金，如何支付没有细节，而细节正是关键）。卖得好很好，卖不好拍拍屁股走人也没啥大不了。而中恒则不一样了，将占公司毛利接近80%的生意押宝押在了另一家企业的身上，则前面的路是：只需成功，不许失败。在企业发展势头这么好的时候，为什么这么急迫地行此险招？

事情的发展如何呢？1年不到，这个当初被众人看好的合作宣布破裂，当年业绩剧烈跳水（从之前的翻番增长变为负增长）。如果仅仅是正常的商业行为，分分合合并不令人奇怪。但真正奇怪的却是中恒集团给出的理由：中恒将合作失败的理由主要归纳为步长在执行中犯了很多错误，比如把血栓通注射液"交给了口服剂团队做，忽视了基础药物招标的很多准备工作，又忽视了产品互相间的竞争性等"。不得不说这个理由简直匪夷所思，两个医药行业的大玩家居然会出现这种幼儿园水平的低级错误？何况，中恒不是有一票否决权吗？为何对这明显的问题不行使权利呢？更奇怪的是，公司以

"为了顺利交接和抢时间追市场，所以即刻取消与步长的合作。而由于还差两个月原合同才到期，所以不要求步长公司为此合作破裂赔付抵押的3亿元保证金"。这就更让人难以置信，一方面将合作破裂业绩远未达标的责任一股脑推给步长，另一方面却又"离奇地大度"不收取原本合同约定的巨额赔偿金，仅仅因为"还有两个月才到期"。3亿元赔偿金对于中恒是个小数目吗？要知道其1年的净利润也就不过3亿元多。耐人寻味的是，在合作破裂后与中恒的高调相比，步长集团却几乎不发一言。

除了上面这些问题，这个案例中还有一些地方值得思考。阅读中恒集团的年报你会有一种感觉：心潮澎湃。不但管理层信心十足，而且它的年报是我看到过的最喜欢给出下一年明确的增长目标的年报。公司每年有业绩增长目标并不奇怪，有的纯粹作内部考核用，有的在投资者见面会上可能会说说，但不写入年报，有的即使写入也较为保守低调。但中恒却相反，那几年都要在年报中列出下一年的大幅增长目标。配合着业绩的突飞猛进和不断出现的利好消息，这样的年报确实是容易让一些投资者产生无限憧憬的。

但如果再仔细斟酌一下，可疑之处显而易见。做过实业的朋友都知道，除非是在一种非常稳定且竞争也很弱的环境下，否则要让每年的业绩增长就算是老总来做也很少能做到的。大多数最优秀的公司，有年年对自己企业的业绩增长目标进行苛求的吗？这实际上真的必要性不大——做好该做的，单年的业绩是很多综合性努力的结果，而且是有较大偶然性的。这种方式，除了给市场"制造"很大的预期外，其实对于企业本身的经营并无任何实质性的促进。

此外，如果暂时蒙上公司突飞猛进的利润增长率和诸多利好消息等光晕，看看支撑这个企业的实质平台你可能就会看到一些阳光背后的阴云。一个小企业的增长可以靠碰大运的单个产品热销，但对于一个市值已经200多亿元（当时）的企业，没有明确的发展战略能走多远？但通篇读下来，你根本看不到这个公司有任何长远的打算和谋划，或任何对产业现状的反思以及构造差异化竞争优势的思索。你看到的只有大干快上和雄心壮志。而在远大的野心之后，你又发现公司的人才完全无法匹配那个高度。

最终事情草草收场，似乎什么都没发生过。只留下k线图上那曾经高耸入云的山峰和随后的万丈悬崖。

10.1.2 投资不是法庭辩论

诚然，上述的这些疑点和难以理解之处，完全不能作为公司造假或者其他行为的确凿证据。然而，投资分析像破案的过程，但投资毕竟不是破案更不是法庭辩论。后者需要确凿的证据，但投资不需要。在对企业的推敲过程中，只要出现了重大的嫌疑和诸多难以理解的因素，那么就可以直接下判决了。

如前所说：行为必然留下痕迹，不合理的行为必然导致不合理的解释。**关键是投资者要理性，要多用朴素的商业逻辑来梳理和推导。切忌给自己喜欢的公司赋予某种"特殊性"——大多数的危险，不是我们完全没有看到征兆，而是缺乏应有的警惕性。**

在我印象中，每一个类似的案例并不是密不透风的，很多可疑之处也都曾经引起广泛的争论。一些充满信心的投资者往往对疑点给予各种"合理化解释"，看来也言之成理。但可惜他们都忘记了一个简单的常识：最佳市民是不会出现在被告席上的。一个需要百般辩护的人本身已经说明一些问题，一些问题没有结论本身已经成为了一种结论。何况，某一、两点的可疑也许是多疑，当一堆可疑之处出现时还毫不知晓，恐怕最后就只能一声叹息了。

如果说中恒的故事属于步步惊心的连续剧，那么绿大地的故事就可以称之为"一个公告引发的惨案"了。

作为一家观赏植物养殖销售企业，绿大地拥有云南良好的资源条件和唯一花卉类上市企业的资格。作为2007年上市的企业，在2010年之前其整个发展情况从表面来看并无什么不妥之处，经营方向上也有一些想法。但2009年突然业绩变脸，从正增长变为业绩下降30%，原因为干旱导致的苗木死亡率升高并影响销售。当年云南确实遭遇了多年难见的大干旱，新闻曾经报道，受灾范围也确实很大，很多中药材基地受到了严重影响，因此仅仅从这个方面来讲并不奇怪。但2010年初公司发布了一个公告，称"因为干旱严重，公司担忧全球气候持续恶化，为减少天气灾害威胁给公司经营带来的风险，决定出售广南基地，并将转型，大力进军绿化工程领域。"

仔细看看这个公告透露的信息就会觉得十分荒诞。一个做花卉苗木养殖的企业，难道第一次碰到干旱？难道现在才知道这种生意必然面临自然灾害的威胁？其次，公司的管理层突然成了气象专家，对全球的长期气候都开始做判断了。而去年干旱就决定卖了一大块苗木养殖的基地，下年再干旱是不是要卖掉全部的基地呢？一个苗木养殖企业居然会因为一次干旱就做出卖家底儿的决定，还信心满满的要进军毫无根基和优势的绿化工程领域，如果管理层真的是这样的判断力，还能干成什么事儿呢？如果这不过是借口，那岂不是更可怕？因此，短短的一个公告完全揭开了管理层的画皮。联系到2009年突然的业绩变脸，以及之后更换审计的会计事务所（看，癞蛤蟆通常不会只有一个脓包的），对这个公司该如何判断已经十分清楚。

果然那之后大约半年，绿大地业绩再次暴跌，之后是ST，再之后老板因造假被刑事拘留。

我从这些案例里学到的是，在股市中做不到明察秋毫没关系，但一定要做到保持对重大不正常现象的敏感性。太多的问题不是根本无迹可寻或者毫无破绽，而是信息明明就在那里，白纸黑字里就是有可疑之处。可我们的盲目乐观，我们脆弱的自尊心，我们倔强的面子，总是拒绝去正视甚至还上赶着去粉饰。

其实很多时候，承认自己不懂，或者越来越看不懂了，就能避免发生足够多的惨剧。

这看起来很简单，对吗？但当股价与你的怀疑正相反，而且依然在飙升，恐怕这决定就没那么容易下了。上面这几个例子，每一个的疑点之后股价都继续了很长一段时间的大幅上涨，好像市场故意在对你的谨慎和疑问进行无情的嘲讽。这个时候，你是坚持服从自己的理性还是被热情的上涨所自我安慰而认为"其实一切都好"呢？投资段位的差别，往往就在这样的选择差异中产生。

10.2 穿越财务迷宫

财务欺诈恐怕是让所有投资者最怒不可遏但又侦查困难的行为。愤怒和恐惧是因为这种手段导致的直接后果最严重，无数惨痛的教训让人不寒而栗。对付的办法有限，是因为会计制度和财务知识本身博大精深，现代会计制度很容易让人钻空子。投资者在这方面的专业水准与公司的CFO甚至是外聘的做账高手比起来，实在不是一个水平面上的。

但是不是投资者就完全束手无策呢？也不是。可以确定的是，投资者不能站在审计的角度来对待财务问题，因为第一你的财务功底未必足够，第二即使是专业审计要核实问题也是需要原始凭证的，这是投资者不可能接触到的。但如果我们试着站在"企业经营"的角度以"普遍性规律"的视角来看问题，也许就找到了一个有利的切入点。

10.2.1 主观与客观条件

其实从大的财务风险角度看，有财务状况不健康带来的危险和数据不真实、不准确带来的危险两类。前者相对单纯些，主要表现在资产和负债的关系不健康，或者收益与现金的关系不健康。分别表现为资产负债率高、企业资不抵债、财务费用过高以及经营性现金流极差，现金流入与收入和利润水平严重不相称，投资和融资现金流远远高过经营性现金流净额等。这种财务不健康反映了企业经营方面的缺陷。最危险的是资产负债率极高，本身的现金流水平又极差，同时还缺乏融资的渠道，这就将导致现金流断裂、经营无法继续的严重结果。

但最困扰投资者的还是财务漏洞、调节、造假所导致的不真实、不准确问题。这里最严重的又无疑是财务造假行为，然而它的历史可能和会计报表的历史一样长，正如人类的历史与战争的历史一样悠久。但不妨思考一下，为什么会存在财务造假现象？我想主要是两个方面的原因：主观上，财务造假可能有巨大的现实利益存在。客观上，会计体系本身提供了灵活的操作空间。

什么事情找到原因了就好办。我们对财务信息扭曲这个问题的观察也就主要从主观意图及客观空间两个方面来入手分别分析。如下表所示。

财务操纵原因	具体类别	主要表现
主观操作意图	圈钱	为了实现上市、增发、其他的大额融资等目的
	套现	"大小非"套现手段，为了套现时卖在一个高点区域
	炒股	通过私下联合外部做庄，炒自己股票赚钱
	防止退市/st等	为了保住壳资源或者其他不能失守的底线，又或者新领导层上任面临压力和政绩冲动等

续表

财务操纵原因	具体类别	主要表现
客观操作空间	收入调节	提前确认收入、向渠道压货，隐瞒收入，利用非经常性收入
	虚构收入	伪造凭证虚构收入，虚设客户及订单
	利润调节	故意漏计费用、滞后确认各项费用及成本、滥用费用资本化、一次性甩掉历史成本包袱
	资产风险	存货缩水，应收却不能收的帐，不公允的公允价值，无形资产有形贬值，在建工程是个筐
	重要信息不披露	因为"我们并不认为这是重要的"

主观意图是做任何事情的基础。特别对于财务造假来说更是如此，因为造假不是一个简单的游戏，最起码造假行为本身就是需要花钱、需要有成本的（比如虚增收入起码要多交税，要是玩得更狠一些的，用虚假的需求但真实的钱去给业绩拔苗，那花费就更高得多了）。付出的成本越大就越是追求更大的回报，这是普遍适用的规律。所以在怀疑任何财务操纵之前，要多看看企业近期几个月是否具有这样做的理由，有没有面临"大小非"的减持解禁，又或者将要增发股票等等。当然是否在炒股赚钱这个是没法公开验证的，这需要联系更多的现象来看公司在信息披露和作为上有没有奇怪的地方（比如喜欢发没谱的利好消息，善于激发甚至鼓励市场的预期，企业管理层属于典型"只图利"的商人作风，其股票前十大股东少有基金等——因为公募基金、社保基金等赚了钱是很难与其分成的，所以这种路数更需要游资的参与）。这些当然主要是推测，但还是那句话：投资不是打官司需要证据确凿，投资需要的是安心。何必非要与一个具有高度可疑因素的公司共舞呢？

10.2.2 业绩调节的把戏

说到财务报表，容易让人产生一种"那是一笔笔记录下来的数据档案"的错觉。实际上，财务报表与其说是"记录"下来的，倒不如说是"算计"出来的。这倒不是说各个公司的CFO们天生不地道，而是会计报表本身是基于"权责发生制"原则编制的。也就是说整个会计报表的编制过程中，到底哪些应该计入，哪些不该计入，该计入多少都具有大量的人为判断、估计的成分。

1. 收入调节

举个最简单的例子，按照权责发生制的要求，一个工程项目的收入是需要按照施工完成的进度来计入的。假设工程签订总价100万元，当前完工了30%就只能将30%的额度算入营业收入，即30万元。但麻烦就在，进度这东西是没有统一衡量标准的，在保守的人那里可能估计为25%，在激进的人那里可能就是50%，在有目的的人那里甚至是80%。而一个公司下面可能同时有数十个数百个项目在进行，即使是审计如何能准确核实每一个工程的确切情况呢？

所以收入的调节是个很常见的现象。它不同于造假，其销售行为是真实的，主要是在会计确认的时点上做动作。一般来说，为了业绩更平滑做些类似动作既不违法也算合理，但操作的度大了同样容易给投资者带来困扰。提前确认收入是最常见的，将本不符合确认条件的销售提前划归收入，这算是一种激进的会计风格，通常有做高业绩的嫌疑。通过经销商方式销售的公司，也经常有利用其强势地位要求经销商购进超过其实际需求的产品从而拉动销售额的行为，俗称压货。与之相反的也偶然碰到隐瞒收入的，将本来已经可确认的收入推迟确认，转入预收款。又或者通过资产减值完成此目的。另外也有积攒着非经常性收入（如政府补贴，退税等），在敏感时期才放出来提振收入的行为。

2. 虚构收入

虚构收入是最恶劣的造假行为。最单纯的虚构收入就是什么都是假的，从客户到开出的发票等原始凭证。后来出现高级的操作手段，所有的销售有真实的收入（确切说有真实的订单，销售额的一部分自己掏腰包打入现金，更大一部分可计入应收账款）和凭证，但是客户和需求却是虚拟的。这两种方式都需要付出不菲的成本，前者主要用于税收和为了增加真实性雇佣的员工和办公场所费用，后者垫付的资金就更是庞大了。所以这种造假一定有着强烈的套现或者炒股的意图。通常炒股意图强烈的，还会配套做各种文章，比如在媒体发表有关看好公司的文章，制造投机概念等等以推动市场的追捧从而顺利出货。

3. 利润调节

利润调节也是非常常见的行为，它往往比收入调节的弹性还大、花样还多。收入是从外部获取的，而利润则是收入减去各类成本费用税金后的余额；收入的调节需要外部的配合和现金流的支持，利润调节大多数却是内部就可以搞定了。所以利润调节确实是属于财务扭曲的重灾区。利润调节最重要的出口就是故意漏计、少计、迟计相关的费用。比如大额的在建工程推迟转入固定资产（从而避免开始累计折旧），随意调整固定资产折旧规则（比如同业的机器设备折旧期5年，他就搞成8年，每年分摊的额度就少了）和坏账计提规则（同业的坏账准备金对于3年以上的应收款做100%的坏账，他就只做50%，损失少计算了）。与之相反的，也有通过多计说不清的费用实现中饱私囊而让股东承担业绩受损的，比如在销售费用或者管理费用中随意花费，特别留意一些"其他销售费用、其他管理费用"等之类的。如果这类东西占费用的比例较高，同行业却没有这么多，而观察企业又属于那种缺乏激励机制的企业，往往容易出这种问题。通过一次性的计提坏账准备、存货减值、开办费等把历史问题都包裹进去，也是常见的手段。

4. 费用资本化

费用的资本化是一个很隐蔽又对财务信息扭曲很大的造假方式，值得高度重视。这种现象往往在那些费用率很高的企业里出现，而此类企业一般是研发费用极高的软件、技术类公司和财务类费用极高的房地产公司等。费用资本化本来的含义是将那些当期一次性支出的、较大额的费用，考虑到其成果的可出售性以及对企业长期经营的重要意义，而允许将这些费用在特定条件下转入资产类科目，而不必计入当期费用。比如研发费可以转入无形资产科目，房地产公司建造房屋所取得的贷款利息可转入存货科目（转入的费用分别可按无形资产分期摊销、计入存货的费用则在房子销售出去时按照营业成本结算），之后根据资本化规则每期分摊一部分。这样容易给投资者造成一个假象，既公司的费用好像挺低的，实际上却完全不是这样。

费用资本化显然会对当期的利润产生"美化"的效果，但这确实是合法的。而且一些脑筋灵活的企业，可能会在行业景气的时候完全费用化处理，在行业状态不佳的时候转为资本化处理，用这种转化来平衡行业波动的影响。由此带来对估值口径不一致的影响应引起注意。

保利地产2008年有高达180多亿元的借款，其利息支出应该在14亿元以上。但看财务费用居然是负数，这就是因为它几乎将全部费用予以了资本化处理。保利地产当年的净利润总额不过38.2亿元，如果将这部分利息支出完全加进去，考虑到税费因素后也足有10亿元之巨，占当年净利润的

26%。这么看资本化转入存货对业绩是肯定有利的？也没那么简单。费用资本化转入存货后，实际上等于抬高了未来销售房产的每平方米的成本。如果房价走高当然皆大欢喜，而如果房价下跌则就会对毛利率造成更大的打击。当然总的来看至少对当期的报表是非常有利的。

更复杂的情况在于，与之相对的2008年同行业的万科的利息资本化率却只有60.1%，金地集团则为76.6%。这样同行业之间业绩的可比性就显示出了一定的差距。而即使是金地集团本身，在之前的2005、2006年的利息资本化率却达到100%。这样同一个企业的业绩可比性就也有一些差异了。可以看到，费用资本化本身已经成为公司调节利润的一种经常性手段了。

软件企业也是如此，同样的两个软件企业当年同样的业绩水准。一个研发费用大幅度资本化转入无形资产，另一个则全部计为费用。显而易见后者的业绩更真实，其会计计算也更好地遵循了谨慎性的原则。前者虽然也合法，但应该意识到其真实业绩是要显著低于财报上看到的数字的，在估值时显然也需要区别对待。

东方国信2012年上半年开发支出资本化金额1 926.45万元，占研究开发项目支出总额的比例为70.75%。截至2012年3季度，公司开发支出资本化净额进一步攀升至3 628.73万元，扣除所得税，开发支出资本化金额占当期净利润的比例为72.53%。而之前东方国信的研发费用并没有做过资本化的处理，这样当期业绩的可比性就很差了，其当期业绩所显示的信息也就有很大的误导。值得注意的是，东方国信于2013年3月5日有418.95万股限售股解禁，占解禁后流通A股的10.05%。

资本化这件事儿可以对企业的质地提供一个观察的侧面。可资本化可不资本化的情况下，选择高费用化比例的公司显示了更加坦诚和财务谨慎性处理的倾向。越是喜欢利用资本化这个"合法调控手段"来灵活处理的，越要对公司的置信度降低——这就像看人一样，不触犯法律只是个底线，道德水准高低也很重要。即使谈不上道德那么严重，行为处事的细节也能决定不同的口碑，不是吗？

从2011年开始，广联达的某竞争对手在媒体上炮轰其业绩严重造假，称其为了推高股价与外部资本方谋利而连年大幅捏造收入，并且已经到了"假的离谱"的地步。那么我们现在根据本节讨论的知识点来分析下，这个控诉的可信度。

首先，我们知道了捏造收入和虚增利润并不是个想做就做的问题，它首先是一个成本问题，特别这种虚增和捏造还到了"离谱的程度"就更是如此。比如，要将原本3个亿的收入虚增到10个亿，那么面临以下几个问题：

第一，多出来的7个亿为了不穿帮，首先需要缴税。广联达的各项税费最少占收入的2成以上，也就是说7个亿的虚增收入需要1.5亿以上的真金白银的缴税支出。

第二，虚增出来的收入由于往往收不到真实的现金，所以利润表中凭空多出来的7个亿要在资产负债表中想办法消化掉。最常见的情况，要么是挂在应收账上（最好是弄几个占营业收入比重很大的虚假客户，表现为大客户大订单），要么是搞些名目变为买房买地的资本支出，总之资产负债表的结构一定应该出现与捏造的收入规模同级别的变化，甚至是资产结构上的大幅度变动。

第三，由于根本没有那么多的业务可做，所以反应在人员规模上要么根本没什么扩张（表现为人员数量未随业务规模扩张），要么员工虽然大幅度扩张但人浮于事并且拖欠薪资福利（表现为现金流量表中"支付给职工的现金"与人员数量和行业薪资水平不符，或拖欠的工资累积成资产负债表中极高的"应付职工薪酬"），或者硬着头皮演的真实些，既大量招人也正常发工资（那么为这个虚构所付出的成本将高得吓人，因为软件公司最主要的成本就是人力，如果大幅虚增收入那么虚增收入的60%都需要真金白银地发工资，虚增7个亿的收入1年光发工资就要花4个多亿）。

第四，如果这种捏造还是"连年持续造假"，那么为了圆这个谎话的上述各项成本支出还要不断攀升。

第五，由于上面的这些现实问题，绝大多数造假公司的现金流一般都很差，表现为业绩靓丽但是拿不到真金白银，所以净利润与经营现金流的比值往往都远远小于1。并且为了"把水搅混"，会出现大规模的并购、资本性支出等让人眼花缭乱的资本运作。

然而，当我们用以上这些去核查广联达时，却发现几乎没有一条可对应的条目。每年广联达的缴税都是足额的，反而应收的退税总是被拖延；资产负债表极其健康，现金占了大部分，几乎没有应收账款，客户高度分散。存货、固定资产、在建工程、无形资产和商誉，都没有大级别的变化，整个资产负债表的结构非常稳定；人员的扩张与业务扩张完全匹配，甚至有所超前，几乎没有拖欠的费用；现金流极其健康，每年的经营性现金流净额都超过利润，并且资本性支出极少。

此外，值得注意的是它将所有的研发费用予以费用化处理，这体现了财务处理上偏谨慎的作风。另外，它的流通股中公募基金等机构的持仓占比在35%到50%，而作为实际控制人的几位公司大股东，在限售期将至终于可以抛售股票的时候，却主动延长了限售期，并且短期内公司也毫无融资、发债的需求。

因此，结合动机和财务数据两个方面，我们确实都很难找到其业绩造假，特别是"严重造假"的明显可疑点。

类似情况下，指控与辩护针锋相对时，应该采信哪一方呢？我觉得这种时候可以借用"奥卡姆剃刀"思维——如果两种说法都能解释相同的事实时，应该相信假设少的那个。需要绕好几个弯才能假设其清白的，大多不清白；对于造假的质疑用常理来看很牵强的，也大多是子虚乌有。真正的证据，永远是简洁、直接和有力的。

10.2.3　瞪大眼睛看资产

资产风险虽然没有利润操纵那么敏感，但其杀伤力却毫不逊色。资产和负债有很大的不同，负债往往真实，资产却往往存在水分——负债非常恶劣的情况你很难指望它变好，但资产非常丰厚却可能只是个表面现象。有一句老话叫"虽有家财万贯，喘气带毛的不算"，这话用来形容某些养殖类企业很合适。这类企业的存货就存在着巨大的不确定性，账面上显示1 000万元的存货很可能在一场突如其来的疫病下不翼而飞。更糟糕的是，就是连一些存货的清点都是个难题：某海参养殖公司，他的存货可能都在一个大水塘里，水底下到底有多少海参，谁能说得清呢？

若一个企业的资产负债表中，存货的占比很大就要非常小心，一定要仔细看财报中对存货减值处理的具体判定是什么条件，以及存货的具体结构是什么（产成品、原材料等各占多少）。更重要的是，这个行业的产品更新换代是否很快（比如电子消费产品或者流行服饰服装）？或者存货中的原材料价格是否经常发生变动（比如原材料以石油、化工、化肥、农产品为核心的）？企业计入存货时的买入价格是在高位还是低位（比如正好在上一个原材料价格高峰的时候大量买入）？

应收账款也是个历史上的事故多发地段——应该收回的总是未必能收回。一个公司的应收账款占销售收入的比值，在同业的对比中可以作为一个经营观察的重要指标。横向比较过高的"应收占销售额比"一般说明公司的销售政策偏向宽松。而这个指标用来对过去年份进行纵向同比，如果出现持续的升高，则揭示公司释放了很多的赊销额度，可能遭遇了激烈的竞争。突然异常高的应收账更要特别小心。应收账款的结构也是必须了解的，到底大多数的应收账是1年内欠的还是欠了很长时间的？不同欠款周期的坏账预提额是多少？如果同业的别的公司都是3年以上的应收帐90%计提坏账，而他却只提20%，显然他的业绩有明显的粉饰和潜在的风险，对公司的诚信度也要扣分。

"公允价值变动损益"是利润表中不太引人注意的一项，通常对于专注于主营业务的公司来说不常见到。但对于那些在资产负债表中拥有较高的"交易性金融资产、投资性房产"的公司就需要留意了。这些资产在持有期间以获得资产时的成本记账，但其实际价格却可能是变动的（比如股价和房价），这二者之间的差价就是公允价值变动的来源。好在解决这个问题也很简单，只要远离那些拥有大量与其经营不相关资产的公司就可以了。

无形资产、商誉也是资产风险中的常客。对于无形资产突然增加的情况要小心鉴别，看看是否是由于将开发费用资本化处理的结果。商誉是通过收购兼并行为取得企业时支付的高于被收购企业净资产的溢价部分。喜欢搞资本运作，收购大量企业的公司往往商誉值极高，但当被收购的企业出现亏损等经营不善的后果时，商誉就要减值，从而对业绩造成影响。应对方法也很简单，高度警惕喜欢费用资本化和大肆收购兼并的企业。

在建工程的妙处就在于由于是在建状态，所以对它的确认可以随心所欲而且不容易被查证。既可以通过推迟在建工程转为固定资产的时间，用来规避新增固定资产的折旧额。也可以把说不清楚流向的钱一股脑儿扔给在建工程。对于前者，表现为总是拖延在建项目的工期。对于后者，就是总是有一大堆的在建项目，你既搞不清为什么要建，也查不明白建设的真实成本。很显然，一个专注于主业的公司要搞庞大的在建工程更困难些，因为必须说清楚工程与主业的关系。但如果业务很杂，而且是多元化的，那就名正言顺了，非常适合上演好戏。

投资者都天然喜欢关注利润表，而往往忽略资产负债表。**但实际上强大的公司首先必须具有一个强大健康的资产负债表，靓丽的利润表如果是以脆弱的资产负债表为基础的，那么这可能只是个美丽而脆弱的沙雕。资产负债表的持续恶化往往是业绩即将出现大变化的危险信号。**

谈到这儿，不妨在此回顾一下我为什么那么喜欢轻资产、业务简单的公司和高度专注管理者诚信踏实的公司。其中的一个原因也是因为这种公司的资产负债表相对简单、清晰、诚实，造假的可能性远远小于那些资产庞杂、业务多元化、管理者"过分聪明""手眼通天"和"商人气息浓重"的公司——与其让自己变得比狐狸更狡猾，还不如根本不与狐狸打交道。

10.2.4 亮起黄灯的信号

对于财务高手来说，可以制造的幻象和迷宫远不止上面这些。单纯从会计科目的勾对关系和数字上去找纰漏往往没那么容易。更重要的还是建立观察企业风险程度的综合性视角，下表列出了一些值得高度警惕的现象。

特别值得警惕的信号	危险之处
让人眼花缭乱的资本运作	资产庞杂难以辨认，现金流的紊乱都被对外投资之类的借口掩盖，让投资者难辨真伪
复杂而大量的关联交易	各个子公司和母公司之间关联交易频密，既方便做假账和利益输送，又增加了识别的难度
突然变更某些科目的会计记账规则	调节利润，历史或者同业之间的业绩也变得不可比
信息披露差，不披露对经营判断具有重大意义的事项	该公告的不公告，该详细说明的数据模糊化一带而过，目的都是让人难以准确判断真伪
关键运营数据与同行业不可比	与竞争对手相比异常的运营指标（比如出奇高的毛利率，或者出奇低或者高的费用率），如得不到清晰合理的解释，往往有隐情
特别喜欢"高调展现风光的一面"	特别注重门面或者搞展示公司实力的大场面的行为（包括过于高调的"慈善"），往往是有意做给人看的。做给人看的目的是什么也许很复杂，但心理学上有句话，一个人最缺少什么往往最要突出展示什么
业绩得不到现实商业验证的支持	数字很好看，现实商业中却看不到对应的市场现象，预示着业绩造假的风险
经营数据的自洽性很差	主要会计项目的勾对关系是否顺畅，利润—资产负债—现金三张报表间的数据关系与企业声称的经营状况不匹配（比如号称产品供不应求，营业收入高增长，但应收账款和销售费用却增速更高，存货大幅上升且周转率持续下降），高风险

续表

特别值得警惕的信号	危险之处
业绩与现金流不匹配	几年来销售额高,利润高,但经营性现金流一直很差,经营性现金流净额/净利润<1,企业却还在大肆扩张使投资、融资现金流大量流出,或者生意结构有缺陷,有造假嫌疑
更换审计的会计师事务所	不是好现象,造假和经营变糟糕之前,企业经常出现这个现象
财报被审计出具保留意见	年报中一般审计会给予"标准无保留意见"以表达对报告可信度的肯定。这种肯定未必真实,但如果连这种肯定都不愿给,那其可信度可想而知
经常性的大手笔股权质押	用股权质押通过信托公司等中介换取资金,对于优秀企业来说成本远比银行贷款高,但是好处是审核宽松容易操纵。经常性无法通过正常渠道融资却又通过类似这种高成本途径大肆融资的,既表明资金的饥渴又体现出资产负债表和融资信仰的脆弱
信息披露方面被证监会谴责	历史行为很糟糕的公司,对它的未来行为也要高度警惕
企业关键高管的离职	特别是莫名其妙的理由,造假和经营变得很糟糕的企业经常出现这个现象
高管大量套现	不是好现象,造假和经营变得糟糕得多的企业经常出现这个现象
具有强烈的主观意图而历史又不干净	现实司法需要无罪推论,而投资一旦出现类似现象最好是做有罪推论,宁错过不做错

1. 联系起来看问题

上面列出的事项不少,但需要说明的是,对上述现象并不是出现一个马上就可以下结论了。企业是个复杂的经营主体,出现一些看不懂的现象并不奇怪。**最重要的是学会"联系起来看问题"。一个问题看不懂没关系,但如果一个接一个的问题出现,而且互相之间形成了"主观有意愿、客观也体现出了多种症状"的态势,就特别需要警惕。**以下几个案例可以帮助我们更好地理解问题。

《大钱》这本书的作者曾讲过一个自己当研究员时碰到的案例,一家名为Sambo's的连锁餐馆发展迅猛成为市场的宠儿。但慢慢地这家公司开始变得越来越复杂,它的餐厅连锁业务设计了复杂的股份分配和激励制度,这让业绩的推算更加困难。除此之外,它还开始广泛地涉足房地产、金融交易、租赁等业务,整个非餐饮领域的收入占比越来越大。作者坦诚地宣称,当时作为分析师已经有点儿搞不懂公司的发展和财务状况了,但自诩为资深的专业人士却又不能轻易承认这一点,因此只好给自己洗脑,认为管理层的解答已经足够清楚了。但事态越来越严重,终于Sambo's

的造假行为露出水面，公司最终破产。笔者认为它与20年后的安然公司从本质上非常类似：公司的合伙人、财务、金融状况甚至业务结构都无比复杂，连专家也没法判断它们的真实收入及来源。

显然，这种"复杂"的资本运作既是造假的结果，也是有意为之的遮丑斗篷。与"复杂"相关的另一个让人印象深刻的数据是：根据福布斯排行榜的统计，在过去20年落马的中国富豪中，由资本运作所导致的在其中排名第一，这仅仅是一种偶然吗？

在A股造假的历史上，蓝田股份曾留下了浓墨重彩的一笔，而它的造假行为同样是有迹可循的，重点表现在"关键运营数据同行业不可比""业绩与现金流不匹配""具有强烈的主观意图"等方面。

2000年年报以及2001年年报显示，蓝田股份水产品的毛利率约为32%，饮料的毛利率达46%左右，而驰名品牌承德露露的毛利率竟不足30%，作为一个以农产品为基础的相关产品且大多是低附加值商品的公司，超高的毛利率是如何获取的？公司给不出有说服力的解释。

公司2000年销售收入18.4亿元，而应收账款仅857.2万元。2001年中期这一状况也未改变：销售收入8.2亿元，应收账款3 159万元。——这看起来应该很棒吧？但结合具体业务矛盾就出来了：一个新兴的、又非市场高度稀缺和严重供应不足的农产品公司，是如何做到完全的一手交钱一手交货的？要知道其下游大多是经销商，它是靠什么让经销商这么愿意全部现金拿货的？何况同业是根本做不到的。而同时期，蓝田股份屡次试图新增发股票，获取更多的资金。

我们再来看看最新的创业板造假第一例万福生科，它完美地体现了"数据得不到现实商业的验证"这一点。

万福生科上市时顶着"稻米精深加工第一股"的美名，然而公司大米销售的第一大客户东莞市常平湘盈粮油经营部，2012年上半年财报显示来自这个客户的销售收入达1 700万元。但记者查询工商资料，这个营业部注册资本只有2万元。而实地探访这个营业部后发现，这个营业部不但明显小于其他店面，且并未销售万福生科的"瞰福"牌大米。而公司的财报却显示，过去几年这个注册资本仅有2万元的小商铺已经向万福生科累计采购了1.06亿元的大米。

更奇怪的是，据财报披露，公司产品的主要销售地是湖南、广东、湖北，2010年，三省合计收入约占主营业务收入的95%。然而在长沙、常德等地，记者走访的十几家卖场和超市，均未看见有万福生科的赈福牌大米出售。甚至在万福生科的所在地——桃源赈市镇的数家商场和超市，也难觅赈福大米的踪迹，这里的问题显而易见了。那么造假的目的是什么呢？资料显示，万福生科的股东中有不少小非股东，包括3家PE机构和7名自然人股东。还有其中两名90后农村娃。可以想象，这些身份神秘的小非股东为其上市提供了关键的辅助力量，而这些小非们也即将在2012年9月底解禁流通。

当然，这种产品的实地验证并不是每个投资者可以做到的，特别对于一些非日常消费品而言，到市场上去验证的难度很高。不过，我们还可以通过其他的方面进行观察。比如一个报告生意非常好，未来将要不断扩张的公司，却很少招人，员工总数一直没有大的变化。又或者效益很好，但员工工资却总也不涨，这都与现实逻辑相悖。又或者人均工资确实稳定提高，但工资却总是拖欠，反映在应缴工资额越来越多等情况。

2．扣住现金流

排除数字地雷的一个窍门就是一定要扣住现金流这条命脉。 这有3个方面的原因。

第一，现金流量表与资产负债表和利润表有一个本质性的区别，就是涉及"判断、估算、确认、分配"的主观影响要少得多，而更趋近于"一笔一笔的记录"。并且现金流量表必须与银行对账，要在这方面造假，在技术层面更为困难；

第二，一个企业的亏损不可怕，因为未来还可以翻盘。但现金流如果断裂了，就可能面临经营无法持续而突然死亡的危险。打个比方：暂时的利润波动不过是头疼脑热，而现金流的枯竭却是生死存亡；

第三，企业价值的根本来源不是利润的积累而是现金的积累。一个企业即使利润持续暴增但如果无法转化为大量的自由现金流，那么这个企业本质上也是低价值的。

一个业绩表现很好却得不到应有数额现金流的公司，往往存在这些情况：销售收入都体现在存货和应收账上，员工普遍得不到应有的激励和现金收入的提升，经营性现金流净额总是远远低于净利润额，利润都被拿去做新的投资等资本性支出等。这种公司即使不是造假也说明其经营模式或者生意属性存在重大缺陷。如果进一步，又体现出了上述其他方面的特征，就一定要提高警惕了。

10.2.5　养成投资的洁癖

对财务风险和造假进行断定时一定不能教条化，认为"只有怎样怎样，或者只要怎样怎样"的财务指标才是、就是造假。财务风险规避的核心，一定要立足于"其生意是否可理解，是否与其经营和业务的特征相吻合，与其市场地位相匹配，与其同行业之间可相互借鉴（但也要注意归类的问题，比如A股与港股在某些会计科目的归类上不一样，这就可能导致毛利率根本不一致，需要仔细去看具体会计科目的构成），是否符合一般的会计常识和商业常识，企业的管理者是否具有道德感"。

其实无论举出多少个案例，我们都不可能在一本书中穷尽所有的潜在危险。实际上财务操纵和造假一直也在"与时俱进"，过了不多久可能今天还有效的一些方法就会慢慢变得不再可靠。最重要的不是"见招拆招"，而是养成一种"远离危险的直觉"。**这需要了解危险的根本来源，更需要在投资上保持一种"洁癖"，设定一些禁止参与的高危游戏。很多摔得很惨的大跟头，与其说是投资者完全不清楚其中的危险所致，不如说是被这个局中诱人的一面所吸引而无法抗拒、铤而走险的结果。**而所有最危险的陷阱上，一定都是铺满鲜花的。否则，哪个傻瓜会自己跳进洞里呢？

诚然，由于投资者在财务数据面前处于天然的弱势，很多细节数据确实是笼罩着一层迷雾而不可能百分之百地获得解释。但别忘了那句话：一只癞蛤蟆不会只有一个脓包。一个糟糕或者有财务欺诈嫌疑的企业，一定在其他某方面也同样会显现出明显的瑕疵或者某种征兆。一个学会用联系的观点看问题、学会建立在整体性的基础上理解企业的投资者，在分析财务数据的时候一定也善于利用其他的"脓包"。在此基础上，学会尊重常识而不是轻信"例外"，学会只与优秀的生意、优秀的企业家为伍，是远离任何陷阱的更重要的保障。

所以最终简单总结一下就是：基础的财务知识的理解是规避数字陷阱的前提，一个不具备起码基本功的投资者恐怕只能任人宰割。但仅仅这样是不够的，没有对生意的理解和对常识的尊重，更是难以把握到财务分析的实质。所以穿越财务迷宫的关键在于，功夫是在数据之外。

10.2.6 财报无用论很危险

虽然我从来不认为财务分析能力是一个投资者的核心能力，也承认会计报表确实具有太多的可粉饰和调节甚至作假的空间，但如果仅仅因为这些就认为财务报表没啥用了那就大错特错了。财务分析能力确实算不上投资中"高端大气"的部分和投资的核心竞争力，否则所有的资深会计师就能成为股神了。但财务分析能力确实是一个基础，是一种投资世界中的通用语言。

尽管有种种缺陷，但至少迄今为止，能够比财报更加细致和全面地反映一个企业整体经营活动情况的手段，人类还没发明。失去了对财报的解读能力，就相当于企业分析的大门基本上算是关上了，你只能通过窗户进出了。

至于各种财务把戏的存在是客观事实，但不能因为有做假账的就怀疑一切。恰好相反，如果一个企业要想骗人其实最困难的地方还是要搞出一个可持续、各方面都合情合理、没有什么明显毛病的财务报表。如果投资者失去了通过财务数据去验证、检查、审视企业真实经营状况的能力，那么你还有什么更好的办法吗？还是那句话，财务分析永远没法"保证"安全，但我可以保证完全不懂财务的投资者会更不安全。

再有说到数据不能反映未来是肯定的，仅仅靠在财务报表里埋头苦干、加加减减来做投资也是很难成功的。但从另一个角度讲，如果把一个优秀的企业看做孩子，这孩子总不可能突然优秀起来吧？就像姚明不可能直到20岁才比同龄人长得高一样。所以，一个未来将保持优秀业绩的企业，往往是已经在过去留下了优秀的痕迹，而这个痕迹的绝大部分（即使不是全部）是在财报里能窥视到的，这就是财务分析和研究的另一个重要意义。

说实话，我看过的股票中绝大多数是进入不了详细的财务分析阶段的，因为根本没必要——从生意的特性和商业价值等基本的方面就过滤出去了。但任何一个对我产生了吸引力的企业，对它的财务分析永远是必要甚至是首要的工作。我也希望能有什么方法省去这个"麻烦"的步骤，但至今我也没找到，而且我认为可能永远也找不到。

10.3　失败者档案

成功的企业总是吸引了大量的研究和眼光，而失败者却总是躺在历史的角落中无人理睬。但对于投资者来说，研究失败现象从来都是具有重大意义的，因为没有人能保证总是那么幸运地碰到顺风球。

10.3.1 可控性因素是关键

前面两个部分的讨论侧重于造假等主观恶意行为。但是否只要企业兢兢业业，主观上毫不存在欺骗股东的意图，尽心尽力地求发展就能避免把雪球滚成雪崩的结局呢？很遗憾，答案是否定的。原因很简单，一个企业并不是仅仅靠美好的愿望就可以获得发展的。这部分我们将主要探讨企业经营失败的主要原因都有哪些。

在一本名为《为什么雪球滚不大》的书中，作者马修·奥尔森和德里克·范·贝弗进行了一项长期的研究。他们对《财富》100强企业在过去50年中的增长情况进行分析，并且对其中50家曾遭遇增长停滞的企业进行了分析，并最终归纳出导致他们停滞甚至失败的主要原因，如下表所示。

类别	失败原因	具体原因	主要表现
可控因素87%	战略因素（70%）	高估优势地位（23%）	竞争对手破坏性定价，高估品牌的作用，对需求的转变失察，创新束缚，毛利率束缚
		创新管理失效（13%）	研发投入不稳定，研发过于分散，研发速度缓慢，无法制定标准，与核心技术冲突，创新过度
		过早放弃核心业务（10%）	多元化，未能充分挖掘核心业务上的增长机会，偏重收益而忽略了对核心业务的再投资
		收购失败（7%）	对经济状况判断失误，财务状况不支持，企业合并失败
		对关键客户的依赖（6%）	经销渠道发生变化，对客户战略存在依赖性，买方垄断
		其他（11%）	战略过于分散（集中），相关领域扩展失败，主动放缓
	组织因素（17%）	人才储备匮乏（9%）	人才缺口，管理层经验局限，关键人才流失，对关键人才的依赖性
		董事会未采取行动（4%）	
		组织设计问题（2%）	过分分权，决策构架问题，缺乏战略规划
		绩效评估指标不当（2%）	竞争力评估指标不当，财务目标缺乏灵活性

续表

类别	失败原因	具体原因	主要表现
不可控因素 13%	政府监管行为（7%）		反不正当竞争法案，政府补贴导致产能过剩
	经济不景气（4%）		
	国家劳动法缺乏灵活性（1%）		
	地理政治环境（1%）		

这里首先要对"失败"这个词做一个定义。在上面的调查中，失败的意思并非彻底退出历史舞台而是陷入停止增长甚至是负增长的阶段性困境中（当然其中并不乏由阶段性困境发展到彻底退出市场的公司）。虽然这并不代表永久性的失败（比如苹果公司就曾经是这些案例中的一个），但仅仅是增长停止给股东所带来的损失就足够惊人了：用出现增长停滞的前3年与后10年的市值对比显示，极少有公司的市值缩水会低于25%，而且所有公司的市值损失的中值接近75%。在出现增长停滞的样本中，90%的公司市值损失过半，50%的公司市值缩水超过75%！

在这个统计中，令人吃惊的是87%的失败源于可控性因素，而通常最让投资者担忧和恐惧的经济不景气的原因只占到总失败案例中的4%。而在可控性因素中，由于错误的战略所导致的失败就占了8成，同时这个因素也占全部失败案例的70%。仔细想想这也不让人奇怪，一个公司的战略决定了它大部分资源的投向，战略判断失误自然导致巨大的投入打水漂，变成巨额的沉没成本。同时竞争对手则可以利用这个时机改变战局。而对于那些根本就没有战略的企业而言，经营就是东一锤子西一棒子，跟着感觉走，靠运气和行业景气吃饭而已，谈不上什么长远的发展。

全部的战略失败因素中，高估优势地位、创新失败、过早放弃核心业务的占比最高，分别为33%、18.5%和14.3%。我个人认为，这三个因素往往也是投资者最容易误判的地方，特别是高估优势地位——自从"护城河"成为一个耳熟能详的词后已经有被滥用的倾向。高估公司的优势地位的危害性表现在于，藐视那些具有潜在颠覆能力的强大对手，习惯于自己的老套路并且相信消费者会像他们期待的那样恋旧，从而留给竞争对手从小做大的空隙，并最终将大好江山拱手相让。

10.3.2 "伟大"也有时效性

在失败者的历史档案中，静静地躺着一批公司名曾经如雷贯耳和看似强大到不容置疑的公司。

在20世纪60年代，美国的西尔斯公司曾经是零售业的代名词。1900年西尔斯就已经在美国零售业中排第一名，截至1972年西尔斯开设了900多家大型商场、2 600家目录商店，其销售额占美国GDP的1%，每3个月会有2/3的美国人光顾西尔斯，半数以上的美国家庭持有一张西尔斯的信用卡。这样强大到骇人听闻的公司，又在零售这种永远存在的行业中，难道还会失败吗？答案是肯定的。

自20世纪60年代开始，折扣零售店、大型专业品类专卖店（如服装、电器、珠宝专卖等）、超市等新型店铺的兴起和壮大，使得传统的商场遭遇了自由落体式的下降。虽然西尔斯试图力挽狂澜，做出了诸多的努力和尝试，但最终还是失去了霸主地位。在90年代初沃尔玛正式取代西尔斯登上宝座，之后家乐福、麦德龙也先后在销售额上超越了它。2005年，为了巩固自己的位置，西尔斯最终选择与其昔日的竞争对手凯马特合并了。

巴菲特曾被问到投资生涯里最大的失败是什么？他的回答是：在1993年用4亿美元的等价股票收购了美国鞋企Dexter，但最终却全都赔光了。巴菲特认为这家公司具有持久的竞争优势，并且鞋业也是生活必需品，因此应该可以放心投资。然而，随着价廉物美的"中国制造"的崛起，Dexter在本土市场的竞争优势迅速流失殆尽。

对此巴菲特回忆到："1999年我们旗下绝大多数制造、零售与服务业务取得了优秀的业绩，唯一的例外是Dexter鞋业。不过这并非公司管理上的问题。在管理技巧、能力与敬业等方面，Dexter管理层与其他公司相比毫不逊色。但我们大部分鞋子是美国本土生产的，而美国本土厂商与境外厂商的竞争变得非常困难。1999年在美国13亿双鞋子的消费量中，约93%是进口产品，国外非常廉价的劳动力是决定性的因素"。2001年巴菲特不得不认错："Dexter在我们收购之前几年，事实上在我们收购后也有几年，尽管面对海外鞋企残酷的竞争，市场仍然十分繁荣。当时我认为Dexter应该能够继续成功地应对国际竞争问题，结果表明我的判断完全错误。"

这些重要的案例告诉我们，**竞争优势或者说护城河确实是存在的**，但同样地，任何竞争优势是在一定条件和前提下才存在的。竞争是永恒的主题，某种环境下的绝对领先并不代表在其他环境和另一个时代中依然可以保持——经营环境的重大变化往往具有出乎意料的影响，但投资者很容易陶醉在以往的成功历史中而忽略和低估了这种变化。护城河能否维持的关键，既在于能否打造同对手不对称的、差异化的、难以模仿的竞争优势，又在于是否具有持续的、审时度势做出正确抉择的能力。而绝不在于是否具有一时的高知名度，规模是否领先或者是否具有暂时的技术垄断地位。

10.3.3 错误的战略假设

我认为高估优势地位最致命的地方在于错误的战略假设。那些当期占据着优越市场地位的公司，往往倾向于高估自己在客户心目中的不可替代的地位和自己某个能力上（比如研发、营销）的难以企及的程度，而低估竞争对手发起挑战和影响客户的能力。这种错误的假设会反映在以下方面，如下表所示。

错误的战略假设	实际的情况	真实的例子
客户会为了我们更优质的产品及服务而支付溢价，不会被对手的低价抢走	客户根本不觉得你们之间有太大差别，或者这种差别还没大到可以抵制足够大的差价的地步	卡特波勒（重型推土机）认为自己质量最优，但小松价格低廉的产品却飞速发展，前者在美国市场的份额下跌7%，并绝大部分被小松蚕食了
客户不会为竞争对手的全新理念买单，那个还很不成熟	客户对这个新理念和新体验感到非常好奇，甚至认为这很酷，而新产品的成熟速度也可能远远超过你的预料	柯达认为胶片相机才是最好的，但数码相机一诞生就有巨大生命力并最终取代了前者；诺基亚的"坚固耐用"也倒在智能手机的时代大潮下
我们的品牌是强大的壁垒	缺乏足够差异化的品牌并无多少含金量，客户在意的是实质的差别而不是名字的区别	春兰空调、长虹彩电的品牌都只停留在"知道"的所谓畅销名牌层面，而缺乏同竞争对手实质性的差异
我们的竞争主要来自传统的老对手，新的对手暂时还没有这个可能	新的对手带着全新设想或者商业模式静悄悄地做大了	苏宁一直瞄准国美为其最重要的对手，但不经意间淘宝和京东商城对苏宁的威胁已经远远超过国美
我们才是最了解市场和客户的人，而显然一切并没有根本性的变化	市场正在发生深刻的变化，客户潜在需求十分巨大，变革的时代已经到来	首个计算机操作系统的图形化界面是苹果公司研发的，但微软却更深刻地理解了它的意义以模仿的Windows将其发扬光大

续表

错误的战略假设	实际的情况	真实的例子
竞争对手是无力追赶我们的，在各个环节他们有巨大的差距	竞争对手聪明地利用领先者无暇顾及或者看轻的市场缝隙、以独特的定位和模式，而不是靠和领先者在同一领域拼资源，从而逐渐发展壮大	在西尔斯的零售帝国时代，一些另辟蹊径的企业通过独特的模式（超市、折扣店等）更加有效地满足客户，从而把自己的雪球越滚越大并实现反超的目的
我们的优势不仅仅是技术，而在于营造了强大的产业生态系统，对手要挑战的不仅仅是一个公司，而是千百个公司和用户的使用习惯	也许在目前看来确实如此，但时代和技术的进步迟早会催生出更新的平台	微软曾经围绕着Windows系统营造了强大的业务粘性，在个人电脑平台上无人能敌。但随着互联网和移动终端的普及，以苹果和谷歌为代表的新平台正迅速地掠夺微软的领地。然而，时代必将继续前进

　　从上面这些问题来看，其实用一句话可以高度概括：客观地认识行业环境、自己和竞争对手。但说得简单，实际上做到这一点并不容易。**最困难的地方在于，当前占据强大优势的一方总是在灵魂深处害怕破坏性创新**，因为传统模式下它已经是最大的赢家，而主动推倒这座山很可能让它又一次和其他竞争对手站在相近的起跑线上，这是他们所绝对难以容忍的。而它的这种对新事物新概念的保守、拒绝的姿态，又客观上为那些新进入者提供了成长的土壤——与垄断者不同，他们最欢迎颠覆性的革命，因为传统的跑道上早已没有他们的位置。这种一方保守一方进取的态势，就为很多行业的新一轮竞争的展开提供了条件。

　　PC机的开创者IBM在企业级市场的霸主地位让其对兼容机和由此衍生的独立软件市场掉以轻心，结果成就了个人电脑时代最大的赢家微软和戴尔、联想。同样，等到微软建立了单机时代无人能敌的超级垄断帝国后，照样错失了互联网和移动平台的爆炸性增长机会，并孕育出了Google和苹果这样的强敌。其实这与其说是时代的捉弄，不如说是商业规律的必然。否则，全部的商业世界早就被一个公司独霸了，这显然既不符合商业规律，也不符合消费者的利益。

　　从波特竞争优势的角度来看，挑战者的胜利基本来自于两类：以规模化的低成本战略为本质的企业，被能用更低成本和更佳性价比的竞争对手击败；以差异化、细分市场战略为本质的企业，被能更有效满足客户独特需求和更多附加值的对手击败**。前者的错误在于，在本质上是以强大规模为优势，却不看重差异化的行业，漠视对手的性价比战略，而对自己的"卓尔不群"盲目自信（如奔驰认为自己的品牌和优良质量值得高溢价，忽视日本汽车在低端的切入及后续不断向中高端的冲击，并付出了代价）。

而后者的错误在于，以行业翘楚和专家自居却未能发现行业和客户需求面临的深刻变化，对竞争对手的创新不屑一顾（比如柯达对于数码相机和富士公司的傲慢，锐步对耐克崛起的漠视），而对自己的保守失去警惕。这提醒我们，一旦一个公司开始自我膨胀地自高自大，进入目中无人状态甚至对竞争格局的变化视而不见的时候，就可能正在步入败局。

值得注意的是，这种颠覆性并非只出现在高科技行业。上述的例子在零售、机械、电子、汽车、食品饮料等领域似乎都可以找到类似的案例。但是不同行业出现变化的频率显然是有差别的，那些更新和颠覆的周期更长的行业显然更有利于当前优势方的维持。

10.3.4　创新之殇

创新失败是战略失败中的第二个大问题。这一方面来自于机制性的障碍，另一方面来自于在"度"的把握上的失衡。前者主要体现在组织设计上的欠考虑导致重要的研发成果无法转化为重要的产品，施乐未能将在个人电脑上的突破性创新成果转化为商业成功，原因之一是这一成果的诞生地（研发中心）距离总部间隔着整个美国大陆，两地的沟通成本高效果差（特别是在20世纪70年代）。而后者体现在未能很好地平衡"先进性"与"商品特性"之间的度，要么过于先进以至于提供了客户根本不需要的诸多功能（如沃尔沃卡车），要么是技术太复杂导致成本过高或者研发周期过长（如波音777飞机的不断延期成就了空中客车）等。创新失败的类别如下表所示。

创新失败类别	具体表现	真实案例
创新遭遇机制性的障碍	研发力量过于分散，将重要的创新淹没在当前的业务中，研发中心距离总部遥远而沟通困难	西门子70年代就发明了传真，但该技术只放在传统的电报业务部门而未得到重视，后被日本公司重视推广

续表

创新失败类别	具体表现	真实案例
创新的"度"失衡	对产品过度开发导致不必要的功能和过长的周期,过于尖端而难以被市场接受,过于注重当期绩效而削减研发经费,忽视或者无法获得行业标准的制定权	沃尔沃卡车在沙特阿拉伯市场的失败原因不是落后,而是过于先进,以至于技术超过了客户的需要而使用却过于复杂。奔驰卡车却以实用和高性价比取得了成功

创新对于投资者来说可能是个爱恨交加的东西,因为它既带来巨大的回报潜力也制造了更多的不确定性。我个人认为完全回避这种不确定性是困难并且弊大于利的,特别对于那种无形资产占主要价值的公司而言更是如此。对这类公司创新行为的观察可以从三个方面着手,如下表所示。

考虑的因素	简单介绍
管理层是否理性和善于控制风险	创新说到底是一个典型的项目管理过程,因此领导者是否具有理性和熟练的管理能力非常重要。典型的项目是可交付成果、成本及时间三个要素之间的协调,精明理性的管理者善于做出最有利的取舍。苹果前总裁乔布斯那样的天才固然具有无与伦比的创新精神和伟大的奇思妙想,但他对完美无止境的追求和无边界的坚持,对投资者来讲是极其难以预期的。相反,微软的几乎每个重大产品是"模仿"的(Windows源自苹果的麦金托什,Office来自莲花,IE模拟自网景),但在这种模式下对投资者来说却似乎更容易预期
创新是否具有现实条件	如果有一件强大的现金流产品、一个强大的资产负债表来哺育其他研发项目,并且企业具有足够的能力获取研发成功的人力资源,具有历史可验证的熟练的控制研发转化为成果的经验,市场的竞争环境也允许较长时期的等待孕育,那么其可行性更高些
创新的跨度有多大	一个企业与一个投资者一样都是具有一定能力边界的,对于创新所跨越的领域过大的企业来说往往最终是场灾难。一个企业某种行事的"基因"很难改变,一个传统制造业要跨行到互联网产业将面临文化和思维方式上的巨大挑战;一个习惯了做企业级产品的公司,转型去做消费者市场也很难找到感觉。针对某一特定方向的产品持续改进,阶段性成果往往更具可预期性,但"革命性"的创新却往往遭遇研发时间和消费者接受能力上的巨大不确定性的挑战

值得注意的是,当行业特性要求企业必须马不停蹄地创新(特别是纯技术层面的创新),并且这种高频率的创新又经常导致行业格局的颠覆,那么此时创新反而成了悬在企业头顶的达摩克利斯之剑,对这种企业要异常小心,不能轻易涉足,更不要仅仅看到迷人的前景而重仓长期持有。

在IT半导体领域这种现象就非常突出,著名的摩尔定律(每18个月电脑的性能就会翻一倍)让英特尔、AMD、SUN等公司面临着这样一种局面：一个IT公司即使当前卖掉和18个月前同样多的同一种产品，它的营业收入却会下降一半。这就是Google前CEO埃里克·施密特提出的"反摩尔定律"。对于这种公司来说，技术上的创新是没有一丝喘息的机会的，而且每一次的技术变革可能有公司永远地倒下。对投资者来说，这样的企业固然在业绩冲浪的那一刻令人艳羡，但时间拉得越长它就越不可测。因此，我认为以技术为最重大决胜因素的公司，都要格外小心。

特别是当一个技术型公司出现被隔离在主流技术路径之外、或走错了技术发展方向的趋势时，对其千万别抱幻想，千万别贪便宜——这种企业的下跌有时候是会使市值归零的。曾经风光无限、不可一世、全球雇员超过5万人、市值达到2 000亿美元的SUN公司，在与微软竞争失败和互联网泡沫破灭的打击下，1个月内市值便蒸发了90%，并且最终被收购时的市值只有其峰值的3%。

相反，另一些公司虽然也是典型的高科技企业，但纯技术变迁在其中的重要性却没那么明显。比如对于一些管理软件公司、特别是一些扎根在特定细分行业领域的软件公司而言，最宝贵的竞争力是对客户业务和需求的深刻理解，是齐备的产品线和长期服务下的客户粘性。显然，这样的企业相比前者具有更佳的稳定性——别忘了，DCF三要素中的第一要素就是"经营的存续期"。这恐怕也是为什么自2000年以来，美国很多半导体、芯片公司的市值至今只有当初很小的一部分，而IBM和SAP、Adobe这种依托IT服务或特定专业市场的公司却屡创新高的原因之一吧。

10.3.5 慎言市场"饱和"

战略失败中另一个值得关注的问题是过早地放弃核心业务，多元化是个典型的反映。这个问题也反映了，即使是行业内的专家和泰斗级人物，也往往容易错误地判断行业的发展前景。失败的公司总是更倾向于认为行业已经饱和，从而放弃自己的核心业务而走向多元化。在20世纪60年代的电子消费行业，飞利浦和美国无线电公司作为行业领头羊都认为这个行业已经没有大的前途，并断言"能够在不久的将来应用于电子消费品领域的技术已经被物理学家开发得差不多了"，甚至连物理学家们也赞同这一观点。然而讽刺的是，就在他们转身投入到别的行业不久之后，电子消费行业就开始了长达20年之久的超速增长。今天的苹果、三星的超大市值，更得益于电子消费行业至今的蓬勃发展。

国内的情况也是如此，早在六七年前格力电器就被很多研究报告认为"增长空间有限""空调市场供过于求、接近饱和"，但那么长时间过去了，我们却看到格力电器就在空调领域创造出了惊人的增长业绩。不过我个人觉得，对于市场的前景和增长的估计，既然连行业里的弄潮儿和真正的专家都很容易搞错，那么投资者进行错误的判断并不是什么了不得的事儿——特别是对一些高技术、脱离日常常识的产业，判断错误很正常。

不能因为害怕"失去了机会"而盲目相信行业的前景，关键还是要看自己的能力圈。看到底能不能懂它的未来，能不能理解它的增长逻辑。眼光放得远一些是对的，但保持估计上的谨慎性也同样重要。实在因为看不懂而"错放"了并不可惜，至少比盲目乐观要好。

除此之外，组织问题中的人力资源不足、外部环境中的政策法规限制等也值得关注。但这些问题其实已经是老生常谈，这里就不再赘言了。

10.3.6 教训和启发

在所有的失败案例中让我印象最深刻的有几点：首先遇到问题时反应缓慢是个大问题。柯达在20世纪70年代就遭遇了竞争对手的低价冲击，但它直到1994年才警惕到这一现象，也推出同样的低价产品。这中间数十年的时差，早已导致竞争对手做大。日本汽车制造商在20世纪80年代末期开始推出质优价廉的产品，但奔驰在很长的时间内对此不为所动，认为便宜货怎么可能与自己的尊贵豪华相提并论？结果1991年雷克萨斯在美国的销量首次超越了奔驰，1993年奔驰有史以来出现第一次亏损。当一个企业傲慢到无视威胁和沉浸在自己往日的荣耀中的时候，它的反应必然是缓慢和固执的。

其次是不要神化"伟大企业"，重要的是创造价值。《毁灭优秀公司的七宗罪》的作者德赫斯发现，截止到1983年，1970年的《财富》500强公司中已有1/3不复存在——它们有的被收购、兼并，有的被拆分。可见，不要迷恋在学术上的"强大优势"，要知道商业的本质是竞争，而竞争的胜败总是动态的。

需要注意到，这个调查的对象范围是"财富100强"这种超大规模的企业。这首先说明即使是这些巨无霸级和规章制度堪称典范甚至被广泛学习的企业，也远远不是无懈可击的。**不同规模和发展阶段的企业面临的主要矛盾可能并不相同，超大型企业的很多问题来自内部资源的协调和避免犯错误、避免成为森严和迟钝的帝国型组织的措施。但中小型企业最重要的一定是准确定位、创造价值，在这些巨型企业被击败的案例背后，就是中小企业获得成功的最佳例子。**

我以前曾认为MSN依托于一个强大的社会和商业关系网络，具有极高的用户粘性，QQ实在难以让最高峰达到3 000万之众的MSN用户转移到他们稚嫩的模仿品上去。可今天我再登录MSN时几乎已经没什么人还在上面了，他们似乎全都转移到了QQ上。问题就在于，暂时的优势（比如强大的用户粘性）并不是一劳永逸的，只要你的业务存在瑕疵或是让客户恼火的问题（比如MSN的稳定性差，响应时间慢，传送大数据文件非常慢等），同时你还对此反应缓慢视而不见，而竞争对手却更好地解决了这些麻烦甚至提供了更多的惊喜（就像QQ做到的那样，解决了MSN的绝大多数应用瑕疵并飞速地扩充延伸应用模块），那么宝座就并不注定总是它的——客户从来是现实的，别妄想他们真会和你海誓山盟。

真正伟大的公司恰恰是能够持续创造价值、居安思危并不断进取的企业。

IBM曾是个人电脑业的巨人，但如果他们仅仅满足于此，恐怕早已被戴尔和联想这些成本杀手夺去了性命。然而其个人电脑业务的没落和剥离并未影响它的未来，它早已打造出了IT建设咨询这一更加有利可图和强大的新平台，甚至吸引到了巴菲特的注意力和巨额投资。

强大如可口可乐，并没有像我们的某些"老字号"一样躺在秘密配方的安乐窝里，不但继续巩固着碳酸饮料的霸主地位，更积极向着非碳酸饮料市场进军，与之配套的则是对历史上大获成功的"特许瓶装业务模式"作出诸多重大革新，以利于新战略的推进。经过多年努力，2007年时其非碳酸饮料的收入占比已经超过20%，并且还在继续提高。

最后是"时势造英雄与英雄造时势"的辩证关系。所谓时势造英雄是绝对的，没有时代的基础任何英雄可能无用武之地。而英雄造时势又是同一时代内拉开差距取得竞争胜利的关键性因素。公司其实也是一样。时势的变化发展往往催生出了新的需求和新的可能性，这为企业持续创造价值提供了外部的土壤。但时代是公平的，所有企业面临的是一样的可能性，而只有那些真正抓住机会的公司才能成为产业的弄潮儿。

那些失败的案例中87%来自于内部的可控因素，这正说明了战略上的方向性正确是确保抓住"时势"的第一要务，而建立起具有战斗力和创业精神的组织并协调好发展的节奏，才能借着"时来"而"运转"。

当然，我并不认为我们可以轻易洞悉企业发展的景象。当企业管理者都看不清未来前景的时候，普通投资者可以做得更好吗？恐怕这是很难做到的。**所以研究这些问题和案例的意义，并不是让我们变身为"企业战略和管理顾问"去为一个个面临复杂和模糊状况的企业出谋划策。而是更加明确地提醒我们，寻找那些发展态势清晰的、自己能够理解的、业务简单的、具有明确的成长驱动逻辑的公司有多么重要。**

这一点对于那些自诩聪明过人的投资者而言可能更需要注意，无论是在网络讨论还是现实调研中，不难见到一些人非常喜欢对某个公司的经营指手画脚甚至是大肆批判。其实我觉得，这些议论中，90%是书生式的自以为是，剩下的10%可能确实是真知灼见。但真正的好公司早就想到了，而一个差劲的公司你说多少遍也是起不到什么作用的。当然这不代表我们不需要自己对于行业的理解，但投资者的本分是做好一个旁观者，投资者的优势是可以自由地选择和放弃。投资者永远不要假设自己成为经营者并以自己的认识来指导真正的管理层，那恐怕入戏就有点儿深了。

除此之外，这些失败案例的意义就是再一次强调安全边际的重要性。**商业的世界里不存在绝对的安全岛，但我们应该学会找到在投资世界里的安全带——那就是价格。**经验不足的投资者最容易犯的、并且也是最具有杀伤力的错误，就是沉迷于"护城河""伟大企业""远大前景"等词汇中，被当前的靓丽业绩和不断创新高的股价所鼓舞，最终以高昂的价格买入本质上平庸（当前的优秀业绩往往不过是运气或者阶段性的行业景气而已）的公司。更糟糕的是，还对这样一笔错误的买入许以"长期持有"的自我安慰。如果说前者的草率是错误的话，那么后面宗教式的盲目偏执则算是放弃了改正错误的唯一机会，一个严重的错误往往就是这样进一步演变成一个致命的错误。

买入的价格足够低，才能够与商业发展和市场竞争的不确定性进行足够强劲的对冲。**在提高投资决策的准确性上只有两条路：要么不断提升并**

最终具备足够高的商业洞察力，要么选择一个市场疯狂打折的足够便宜的价格买入。前者当然是条正路，但遗憾的是我们往往也容易像上述那些企业管理者一样过高地估计自己的能力和优势，所以低价在任何时候都是真理——在你错误的时候，低价给你保护和全身而退的机会。在你正确的时候，低价给予你更大的投资回报率和意外的惊喜。有赚不赔，何乐不为？

10.4　认识失败的价值

所有的投资决策是奔着一个美好的愿望去的，但投资的世界显然不是处处鸟语花香。在本章中讨论的问题就是试图为投资者设立一个个警示碑，让我们在兴奋激动之余冷静地衡量一下，是不是正在靠近一个巨大的陷阱？

从某种程度上来说，会识别错误、规避失败与会发现价值、抓住机会一样重要，甚至更重要。不妨看这样一个事实：作为世界首富的巴菲特，在他的历史投资清单里你几乎看不到能进入历史收益率排行榜前列的超级大牛股。相反巴菲特错失掉的超级大牛股比比皆是，但为什么他会是首富呢？除去其独特的商业模式之外，还在于他从来没有遭受过致命的损失。善于规避投资的陷阱可以说是一个至关重要的因素。

我们从复利的原理已经知道，无论多么高的阶段，收益率只要缺少足够长的投资时间，那么总收益率和最终的投资总额都不会有太大的增长。而哪怕是并不起眼的收益率水平，只要能长时间地保持下去，就会在复利的神奇力量下创造出惊人的总回报。时间，永远是推动投资收益的核聚变发动机。

那么靠什么去延续足够长的投资时间呢？答案只能是稳健的投资方法。滚雪球总是一件让人快乐的事，可惜现实的世界中从雪球到雪崩的悲剧并不鲜见。所以投资者需要掌握相应的技能来规避陷阱，更需要学会从别人的教训中吸取经验。

对美好前景的盲目乐观、对财务数据的漠不关心或者缺乏分析的能力、对一些需要警惕的现象缺乏足够的敏感性、对历史上曾经发生的各种典型事件缺乏了解和思考，是让自己陷入投资危险区域的根源所在。本章所探讨和展示的，正是一些最常见的危害投资结果的行为和事例。但有效的学习方法不是将它们都倒背如流，而是更多去思考这些现象为什么会出现，以及为什么会有人中招，其背后的本质原因是什么。

在我看来，所有的失败中有一半是来自于缺乏足够的专业技巧和商业常识，但另一半可能是来自于投资者被自己的主观情绪和立场所蒙蔽。骄傲、自负、鲁莽、不客观、缺乏怀疑精神、被利益冲昏头脑，都是导致投资失败的重大因素。

所以规避投资失败的风险的努力，也注定是一半来自于专业技能上的磨砺，一半来自于个人投资品性上的锻造了。

第11章
对象、时机、力度

寻找投资对象只是投资的最初一步，一个真正的投资决策不仅是"找到一个公司"那么简单。找到了以后，什么时候买呢？买多少呢？又该什么时候卖呢？是不是所有的公司可以遵循一个统一的"买卖"和"仓位"原则呢？实际上这就是由"找一个公司"进一步发展到找"一个投资策略"的过程。我个人认为，在股市中无论采用的是哪种投资方法，都会面临3个根本性的问题，即：买（卖）什么？什么时候买（卖）？该买（卖）多少？任何无法清晰回答这3个问题的方法，都不能称其为策略。而这3个问题可以浓缩为3个投资的最核心要素，即对象、时机、力度。

投资的结果主要取决于这3个要素之间的协调，或者说一个投资策略是否成熟、体系是否完整以及它的利弊得失，都可从这3个要素的平衡和取舍上表现出来。要回答这一问题，我们首先需要回到投资获利的基本原理。投资者的净值变动取决于什么呢？我想可以用下面这个等式来表达：

投资的净值＝股价×持仓量＝每股收益×估值×股票数量

通过这个等式，我们知道最好的投资是：1.寻找到每股收益能够增长的对象；2.在较低的估值下买入并在较高的估值时卖出；3.尽可能多地拥有符合这种条件的企业的股权。这个等式清晰地说明了如何通过对象、时机和力度的协调，来达成一个较好的投资结果。

11.1 对象和态势

对投资对象的划分可以用各种分类方法，比如盈利的、亏损的；强周期的、弱周期的；或者按照各个行业来划分。但在我看来投资是一种对未来的下注，对投资对象的划分最好是能够简明地概括其未来的主要发展态势，而不仅仅是描述其当前的处境或者经营上的特征。最好反映这个企业真正的价值全貌和当前其所处的价值阶段。不管是什么样的资产类别或者生意特性，在投资分析时总归是要落实到一个问题：它的经营发展态势如何？所以在这样的视角下，我认为可以将所有可投资的对象分为以下几类，如下表所示。

类型	主要特征
当前优势型	这种类型表明企业已经处于较好的经营绩效状态，它相对同业已经具有强大的竞争优势，它依然还具有一定的成长空间，且其竞争优势可能也具有较强的持续性，其行业龙头的地位不容易被颠覆，其经营绩效保持在良好水平的概率较高
高峰拐点型	这种类型的企业已经度过了发展的黄金期，虽然其行业内的竞争格局未发生大的改变，但整个行业的供需关系及获利水平已经面临长期的向下拐点；另一种情况则更普遍，通常发生在某些同质化行业中，由一个全行业的景气转而进入一个全行业的低潮期。一致表现为经营绩效进入一轮向下的拐点，并具有一定的持续性
持续低迷型	这种企业已经深陷某种行业性或者个体性的困境较长时间，而且目前来看似乎没有什么明确的改善的驱动因素。总之它并不属于某种暂时性的困境或者时效性较强的负面因素的打击，而是其生存发展的根本因素难以得到扭转，表现为经营绩效持续的低迷
低谷拐点型	与高峰拐点型企业相反，这种企业表明其正在或者即将从某种大的负面性经营环境中复苏。有些复苏是基于行业性周期再度恢复生机的驱动，有些复苏则可能是个体经营层面发生了根本性的改变。其表现为经营绩效将从当前很差的状态转变为向历史平均水平靠拢，甚至将挑战历史最好水平

续表

类型	主要特征
未来优势型	这种类别有近似当前优势型的特点，即在能力层面已经构建了强大的经营优势。但区别于当前优势型的地方在于，它当前的经营绩效并未完全展现出其能力所对应的业绩水平，并且仍然具有广阔的成长空间。其绩效将展现出渐入佳境，乃至于走向卓越的过程
难以预测型	这种类别其实是市场中最多的一类，既不体现出什么真正的竞争优势，又不一定处于某种经营局面的极端状况。总之属于随波逐流，没有什么特点，随着整个市场环境的起伏而起伏的一类。经营绩效一会儿好点儿、一会儿差点儿，没什么确定性的前景，也还没到倒闭关门的困境。总之很难对它的中长期态势有什么靠谱的预期

经营态势这四个字看起来好像挺高深莫测，实际上它的具体内涵已经在前面的章节探讨过。从外部来说就是供需环境的演变，从内部来讲就是竞争优势的变迁，而从动态的角度来看就是分析这个企业未来一段时间将处于价值扩张、回升、回归还是无法判断。能否认识到一个企业未来的经营态势，既是确认自己能力圈的一个基本依据，也是区分投资者商业洞察力的重要体现。

11.1.1　当前优势型

当前优势型的企业一般来自两种领域：首先是在一个总体同质化的行业中，通过当前优势的经营肃清市场，取得了高占有率，并且将整个行业的盈亏平衡点门槛大幅度拉升的企业，比如格力电器。

格力电器在优秀管理团队的带领下，以技术质量及渠道创新为突破口，实现了内销空调市场近40%的占有率。在空调前几大巨头的垄断下，整个空调行业的能耗质量标准、产量盈亏平衡点都有了大幅提高。空调业利润率极低，而投资的厂房、生产线等固定资产以及大量的营销、人工等费用必须在一个极大的量上予以分摊才可能在尽可能短的时间内盈利，因此行业的进入壁垒被大幅提高。在这种优势的保护下，其净资产收益率（ROE）自2008年以来连续5年保持在25%以上，自2006年以来连续7年保持在20%以上，确实是优势型企业的杰出代表。考虑到农村空调市场和出口市场以及整体份额上的空间的弹性，其经营优势在管理层不出现大变动的情况下，还可以预期有一定的延续性，但总体来看它已经在越来越接近经营的高峰区。

另一种当前优势型企业来自于一些高度差异化的行业，在这种行业中虽然难以获得较高的市场份额，但企业可以通过强化自身的个性化因素来制造壁垒，或者通过兼并收购，实现具较高持续性的优质经营。如云南白药。

云南白药所处的传统中药及药物日化产品市场都是高度差异化的行业，这种行业虽然难以形成较高的垄断市场份额，但是市场极其广阔且产品的单位利润率也比同质化产品的企业高得多。云南白药以国家保密配方及百年老字号的品牌为依托，不断创新，推出具有鲜明品牌特色及功能诉求的产品，保持了独特的竞争力及优秀的经营绩效。它自2003年以来有8年的净资产收益率达到或者超过了20%，营业收入及净利润增速也十分优秀。广阔的市场空间及依然鲜明而难以复制的品牌形象，使得其未来的优势还可能持续相当长的时间。

当前优势型企业识别的关键词是：已经十分优秀的业绩表现，净资产收益率水平已经达到企业整个生命周期的较高段区域，具有明显的竞争优势且稳固而不易被颠覆，市场依然具有一定的发展潜力而尚未面临明显的下滑拐点风险。

11.1.2　高峰拐点型

高峰拐点型企业的来源也有两种：一种是从当前优势型企业转化而来。通常这种情况很容易与当前优势型企业混淆，因为其外在的表现往往非常相似：一眼就可看到的强大竞争优势，当前依然非常靓丽的业绩水平，以高ROE为核心的持续多年的优秀的经营业绩，无数的市场赞誉等。仅仅从企业本身来看，你很难就这二者之间发现什么不一样的端倪。

因此，在判断到底是当前优势型还是高峰拐点型企业时，我认为一个重要的视角是跳出企业本身，从全行业来审视这个问题。 如果仅仅是占据明显和独特竞争优势的少数几个企业获得较高的增长和持续性的高ROE，也许并不能就此判断它已经面临从高峰向下的拐点风险。

但如果，一个行业的同层面企业（因为即使处于同一行业，也可能分为高端、低端等不同的市场层面）似乎都在轻松获取超额收益，都在过着非常滋润的日子，都在享受着极不一般的净资产收益率，那么就有必要思考一下这种情况到底真的是得天独厚的竞争优势导致，还是某种行业性景气使然了。

道理很简单：整个行业保持在一个极高的盈利水平下（特别是长期的保持）是不符合商业规律的，这种情况下要么将吸引大量的资本进入从而加剧竞争并推动其收益率的回归，要么整个行业的结构或者经营模式可能面临重大的改变。下表对不同行业的净资产收益率进行了比较。

	代表企业过去三年的ROE	行业主要企业3年平均ROE	与同行业差值
高端白酒	贵州茅台，30.77%	29.13%	5.6%
银行业	招商银行，20.26%	18.42%	9.98%
家电行业	格力电器，30.36%	11.6%	161.72%
中药行业	云南白药，19.88%	14.26%	39.41%

注：由于酒类企业不同品类（红酒、啤酒、白酒、黄酒）以及不同价位区间（高端、中低档）的市场特征差异非常明显，所以选取的样本是在高端白酒业中除贵州茅台外的另5家市值最大的高端白酒企业（均截至2012年12月30日，下同。包括五粮液、泸州老窖、山西汾酒、洋河股份、古井贡酒）。

从统计中可以发现，这个区间的3年平均ROE（2009～2011年，下同）与最具盛名的茅台几乎没有什么差异了。而银行业以最著名的招商银行与银行板块市值最高的十大银行比较（除招商银行外），二者之间的差异也仅有10%不到，总体处于相当靠近的同一盈利水平区间。

格力电器的对比对象选取的是A股上市企业中具有空调业务的家电企业。有4家相关公司（因为大多数未能上市的空调企业已亏损或者只获微利），格力3年ROE比行业样本要高161%以上，可见同一行业内的经营状况差别极大（比如春兰空调的3年ROE是-16.17%。即使空调第二巨头的美的电器也只有21.3%左右，差别达到42.5%）。

云南白药有些特殊，由于没有与其产品完全对应的公司，这里的样本取的是中医药行业中市值最大的5个（天士力、东阿阿胶、同仁堂、片仔癀、广州药业），以及另外两个老字号的传统中药企业（马应龙、九芝堂），样本与白药之间的3年ROE差值也达到了近40%，具有相当大的差异性。

从上面的视角，我们思考一下，类似高端白酒和银行行业的这种接近全行业的繁荣是否一种正常的或者说可长期持续的商业现象？诚然，无论是高端白酒还是银行，都具有相当强悍的壁垒，这能确保它们不容易被一般的资本侵入。但这种"护城河"只是对于狙击对手的竞争有效，对于行业本身的结构性矛盾转化却无能为力。无论是高端白酒还是银行，其最近七八年的群体性繁荣并不仅仅是其竞争优势的体现，而有相当大部分也在于特定条件下的时代红利。比如高端白酒与高投资背景下的公务消费剧增欲说还休的关系，又如银行业几乎垄断了国内企业融资渠道的强势地位，这些因素都是具有一定时代背景的。而随着高端白酒企业产能的集体扩张及多年的大幅提价，对应其已经非常庞大的公务开支，企业过去多年产品量价齐飙升的成长时的盛景恐难以持续。银行业则将面临未来融资渠道拓宽后的替代效应的威胁，像过去那样，即使在各个行业处于很艰难的时期时也轻松赢得高成长的情况可能也将改变，而面临一个调整期。

另一种高峰拐点型的企业则相对单纯和易识别些，它们的业绩驱动因素更加单纯和直接，那就是行业的景气轮回。

三一重工是这方面的典型，它的业绩和盈利能力与宏观经济特别是固定资产投资的力度呈现高度的关联性，每当到达一个固定资产投资的高峰期就是它业绩飞速飙升的阶段，而一旦投资减速也会让业绩立刻从高增长进入负增长。在2011年之后由于2009年4万亿元经济刺激政策已经基本兑现，三一重工的净利润增速和净资产收益率都出现较大的下滑，如下表所示。

	2008年	2009年	2010年	2011年	2012年3季度
净利润增长率	-22%	+60.74%	+160.08%	+51.87%	-24.63%
净资产收益率	21.11%	26.07%	49.47%	43.99%	25.5%

静态来看，当前25%以上的净资产收益率已经非常好。但从历史来看其ROE的构成中无论是销售净利润率还是总资产周转率都具有较大的波动性，且当前60%的资产负债率水平也缺乏进一步提供杠杆的潜力。所以一旦外部投资环境出现增速放缓等必然的周期性现象，其ROE也无法保持在高位。

与之类似的如金风科技，在2009年行业全面景气期间营业收入增速高达66%，ROE达到了33.5%。但从2011年开始，整个行业陷入萧条，其ROE迅速下降，到2011年末只有4.7%，营业收入也出现－27%的下滑。由于过去几年风电投资的大跃进以及供应商产能的急剧扩张，行业的低迷恐怕还要持续较长的时间。

对于高峰拐点型企业而言，历史坐标和时效性是非常重要的。对于一个处于行业性的繁荣阶段且又持续了较长的时间周期的企业来说，行业处于其经营绩效的历史性高点，而促成其当前极高绩效水平的外部环境因素又面临一个较长期和显著的负面因素变化时,就是这种拐点出现的时刻。但坦率地讲,这种定性依然是非常模糊的,其拐点的精确时刻依然是非常难以把握的。**就我个人而言,判断这种类型的企业的目的不是去把握它的精确拐点,而是避免投资有高度疑似特征的股票——特别是避免在估值较高时期踏上这种陷阱。**

11.1.3 持续低迷型

这种类型相比较前面两种要简单很多。它的特征就是深陷泥潭,为了生存苦苦挣扎。比如钢铁行业的整体性产能严重过剩,加上铁矿石原材料采购又无定价权,产品整体同质化程度又高。实在还看不到有什么特别重大的改善因素能够帮助它们脱离苦海,再一次实现优秀的经营绩效。也有一些陷入困境的公司纯粹是因为自己战略和经营上太糟糕导致的。但总的来说,持续的困境往往来自于行业的某种结构性缺陷(比如没有差异化的空间,供大于求非常严重且行业又难以通过大批淘汰而实现整合进化的目的),如果恰好这个行业又已经处于发展的高度成熟甚至衰落阶段,这些企业脱离困境就更加的艰难。

但需要注意的是,盈利不增长并不代表着困境。能够获得良好的收益而只是缺乏增长的潜力和动力时,谈不上陷入困境。这种发展已进入成熟阶段或者业务只能局限在某领域内,但又具有很大的可能进入壁垒,其实更倾向于当前优势型或者高峰拐点型企业。

大秦铁路在相当长时期内可能都缺乏业绩明显增长的驱动力,也许会表现为每股收益的徘徊不前。但它的净资产收益率达到15%以上的良好水平(以公共事业为基准),且始终都保持在一个相当稳定的水准上,而其业务特性也赋予这种水准较好的可持续性。这种"成长性缺乏"的背后是良好的净资产收益率,且面对的竞争环境很轻松。这与钢铁企业在激烈竞争和宏观的不利环境下只有5%左右的当前ROE和惨烈的利润下滑是有明显差别的。

业绩情况只是一个表象和结果,一些企业可能陷入暂时性的困难,但如果从本质上来看它依然具有广阔的发展潜力,又有实质性的竞争优势和良好的资本回报率,那么这种情况不属于持续低迷型——"持续"是这种类别的企业一个重要的特征。这类暂时性低迷但本质上越来越强大的企业其实更接近未来优势型。

11.1.4 低谷拐点型

顾名思义，低谷拐点型具有两个显著的特征：第一，它已经陷入经营的低谷，甚至可能已经陷入这种低谷状态有挺长一段时间了；第二，由于某种外部或者内部重大因素的变动，它将出现从低谷转向一个较为确定的中长期的向上的拐点的阶段，这将同时体现在业绩增长和ROE态势两个方面。

一个企业陷入低谷有两种可能性：第一是企业处于一个行业性的低迷周期内，这可能是因为行业基本面中有影响价值发挥的扭曲因素，也可能属于周期性的景气轮换造成的；第二是企业自身的战略偏差和经营弱点一直没有得到修正，严重影响了企业自身的价值实现。当上述情况得到彻底扭转或者修正的时候，原本的低谷就将出现强劲的向上的拐点。

第一种情况可以看看包钢稀土。在2005年之前包钢稀土的经营绩效处于长期的低迷状况，其ROE在很长时间里都只有5%不到，净利润从2001年开始更是连续5年的负增长。这种情况的背后是当时中国的稀土开采销售处于混乱无序状态，有报道称每公斤稀土的售价甚至低过白菜。因此即使当时包钢稀土拥有全国最好的稀土矿业资源，也依然陷入苦战。但随着最近几年国家对稀土市场的治理和资源整合，淘汰了大量的低端开采企业，并且各类高科技产业的发展也对稀土资源提供了需求上的支撑。包钢稀土的利润增速及净资产收益率都随之开始迅速提升，到2010年达到31%的ROE，销售净利率更从2005年的1.7%剧增到2010年的26%，这一过程其实就是对行业中长期存在的某种影响价值实现的重大扭曲因素的修正。而正常的行业景气轮换则更多见，比如汽车制造行业的几轮低谷和再次景气。

第二种情况可以看一下早年的泸州老窖。泸州老窖作为一个著名中高端酒类品牌，在1994年上市之初的几年曾经是业绩非常突出的绩优股，1994~1997年的平均ROE高达37%以上，净利润率的年平均增速高达56%。但从那之后，其业绩和收益率每况愈下，曾经在相当长的时间内ROE居然下滑到只有3%不到，利润更是连年的负增长。原因就在于其经营战略出现了重大失误：一方面盲目的多元化造成投资的巨额亏损，另一方面白酒主业错误的将自己定位于向低端靠近造成盈利能力的大幅下滑。直到2004年后新班子上任，全面调整了经营战略，老窖也由此焕发新生。

ROE从2005年的3%一路上升到2011年底的40%多，净利润也从2006年的不足3.2亿元增长到2011年末的29亿多元，翻了整整10倍。

对于低谷拐点型企业而言，了解其之所以出现低谷的原因至关重要。与高峰拐点型企业一样，这些企业的拐点本身往往也是难以精确捕捉的。**但重要的不是去预测其拐点出现的具体时机，而是关注和评估这个企业本身是否存在被压抑的某种巨大价值，且这种压制因素即将而且正在消退。** 从历史案例来看，如果能够意识到它们核心业务所蕴含的长远价值，那么即使等拐点因素明确无误地出现以后再去介入也是完全来得及的，因为一个真正具有长期价值的企业其价值的回归也不可能仅仅是在几个月内就完成的。

11.1.5 未来优势型

未来优势型企业是最有嚼头，也是识别上难度最高的一种。它代表了这样一种企业：

在一个具有广阔发展空间的行业内，已经锻造出了明显区别于竞争对手的、切中行业发展实质又很难被模仿的竞争优势，这种优势将可能为企业带来长期的巨大收益。

但另一方面，它的这种优势刚刚构造起来尚没有充分地发挥出应有的效益，而为了打造这种优势却花费了较高的成本及费用。

这样，就出现了一个奇妙的差异：当前的经营绩效相比同行并不出色，甚至还表现出资产回报率同比较低或者费用较高的负面形象。但财务表现的背后，是其在市场中的竞争力却与同行正在拉开越来越大的差距，企业也正在迎来一个更加广阔的天地。

1. 典型案例：天士力

让我们来看看天士力的例子。在天士力2002年上市后直到2007年的5年多时间里，我们看到的业绩和净资产收益率表现都很一般，虽然比较稳定但谈不上优秀。特别是净资产收益率还处于一个下降的阶段。如下表所示。

	2003年	2004年	2005年	2006年	2007年	2008年	2009年	2010年	2011年
收入增速	13.5%	23.3%	12.6%	65.38%	15.28%	22.84%	16.26%	16.5%	41.23%
净利润增速	21.27%	22.78%	11.44%	11.92%	-25.17%	53.62%	29.25%	41.95%	39.29%
ROE	12.67%	14.27%	14.8%	14.32%	9.78%	13.38%	15.58%	13.62%	16.95%

注：2007年净利润负增长是因为一笔大额一次性开办费导致。

但如果我们看一下在期间天士力正在做什么，可能就会有不同的感受。首先，天士力的复方丹参滴丸是国内最早和当时唯一突破10亿元销售额的重磅产品。而国际研发型医药企业的明显特征之一，就是要能出重磅药。重磅药既代表着企业在研发、质量、推广等一系列产业链上的布局成熟，也意味着能提供源源不断的现金流去支撑持续创新的研发费用，从而进入一个良性循环。相比之下，当时绝大多数的药企还是靠大量的拿药品批文，搞"药海战术"来"拼凑"起一个看似不错的销售规模。

其次，它坚定不移地以FDA的标准在构建自己的一整套研发、临床试验、制造、质量保障体系，这在当时的中药制剂厂商中绝无仅有。它在当时不规范的医药黑金销售泛滥的背景下率先全面转向与国际接轨的临床学术营销模式，同时大力构建自己的基层医药销售体系。

最后，它非常重视管理素质与规模扩张的匹配。天士力建立了中药制药企业中最豪华的管理团队（多位国际顶尖医药和监管领域的归国人才），它推行的全面项目化管理获得"2006年度IPMA国际项目管理大奖"银奖（当年同获此银奖的是宝马公司的亚太公司，而一等奖是神舟飞船团队所获）。

在那时你会发现天士力的报表虽然还没那么好看，但它居然在克隆国际巨头医药企业的发展路径，并且以此为模板坚定和耐心地构建着决定自己未来10年20年命运的核心能力。它所考虑和聚焦的问题从来不是下1年的增速，而是未来发展的根本性问题：

从发展根基来看，"说得清道得明"的疗效和各批次产品质量的一致化一直是中药产业的致命问题。这一问题不解决，不但从消费者而言难以放心，更重要的难以融入现代医学环境，其结果就是不断被边缘化，难以进入主流医疗市场。这样产品就难以成为真正的重磅药，而重磅药驱动正是现代研发型医药企业的最典型的成长路径。

从定位来看，撒胡椒面式的拼凑产品数量的增长不可能有前途。天士力清晰地定位在"心脑血管"这个大市场，通过产品群去覆盖这一病症不同的治疗阶段。这种聚焦有利于在一个大科室中不断做强做大，形成品牌效应。从整个产业链布局来看，从源头的药源，到以经典中药配方为基础的"现代化"研发，再到质量管理和分层的销售体系的建立，全产业链的无死角无重大隐患，是一个医药企业走得远的基础。

在2009年研究天士力的时候，看着并不靓丽的历史数据我曾经问过自己一个问题：对于现在这个发展阶段的中国的医药行业而言，怎样的企业才是最具有价值的？

我的答案是：对于一个当前行业环境非常不完善但改革不可避免和改革大方向并不模糊、同时发展还处于非常初级的行业而言，那种早已提前意识到这一大趋势且在研发水准、质量体系和营销体系上进行了高度差异化积累的企业才是最具价值的。

在2009年后，随着国家医药体制改革的不断深入，以及天士力十年磨一剑的FDA临床认证顺利通过2期试验并且获得超预期的试验结果，天士力不断打造的差异化优势在经营绩效上的成果开始逐渐显现。公司自2010年开始净利润增速明显加快，复方丹参滴丸这一早已过10亿元的大品种重新焕发生机，多年研发的几个产品也呈现梯队状的接力增长态势。这表明其多年的战略投入开始进入一轮持续性很强的回报周期。更重要的是，由于当前整个市场环境依然良莠不齐并且医疗体制的改革本身仍有很多问题并未得到解决，所以天士力在研发及质量层面上与同行的差距，并未充分反映在市场结果的差距上，其格局依然是企业个体优势远远领先于市场结果的确认，而其整体的经营绩效也尚未达到非常充分的阶段。

2012年我曾在与朋友的讨论中提出，如果说5年前高价值医药企业的一个表象特征是具有10亿元以上的重磅药的话，那么未来5～10年的看点就是将出现拥有多个重磅产品的企业。到2013年底，预计天士力旗下将有11个产品的销售额过亿元，公司将从2009年前的"积累期"迈入一个价值充分发挥的"进攻期"。

2. 把握关键点

我们在谈未来优势型企业的时候，我认为有几个关键点可以把握：

第一，企业处于整个经营生命周期的初中段。它从行业层面来说还有广阔的发展空间和可能性，从自身经营层面来看还具有巨大的潜力。

第二，企业已经针对行业发展最关键的矛盾构建起了清晰和强大的差异化竞争壁垒。这种壁垒首先要能够为企业带来未来长期的超额经营收益，其次要难以复制和模仿。

第三，企业的当前经营绩效并未充分反映其竞争优势在市场取得地位和应达到的水平。

未来优势型企业与当前优势型企业的相同之处在于，他们都已经构建起了强大的竞争壁垒，这种壁垒或者使得市场的新进入者无利可图从而保护甚至发展自己的市场份额，如格力电器、伊利股份；或者是建立起了强烈的差异化经营特色，且这种特色难以被模仿，如天士力的FDA认证和研发及质量管理平台。

但它们之间的最大不同之处体现在：当前优势型企业已经充分发挥了其经营潜力，它的各项经营指标都已经在竞争优势的支撑下发展到了高点，表现为业绩的持续高速增长和ROE达到企业收益能力的上限区间。而未来优势型正相反，竞争优势对于它而言尚属于一种"支出状态"或者"闲置资产"。

如前述天士力的FDA认证依然处于投入阶段，高标准的质量保障体系也属于相对于同行的超额投入，但这些资产或者费用尚未创造出所对应的超额收入——目前在国内医药市场上，研发和质量层面的差别并未对应到市场地位的差别。它的净资产收益率总体仍然处于其整个经营周期的中低范围。

3. 典型案例：广联达

对此我们还可以看看另一个公司：广联达作为一家建筑领域的应用软件提供商，它用了高达35%的销售费用率来实现对下游高度分散客户的销售覆盖（而其主要竞争对手则为了避免这种耗时耗钱的方法而采取代理销售为主，但这一"捷径"也使得产品越多越复杂就越难以通过代理商做好相关的售前售后工作），但在这样一张强力但高投入的销售网络上其在2012年之前销售的现成产品却种类既不多、单价也较低。可以想象，市场基本覆盖完毕后这部分的投入会趋于降低，而随着源源不断的新应用、高价格、多种类产品组合在这张网络上的复制，那时才是其市场渠道这个历史高投资部分的回收期——研发成果进入密集爆发期的预期既可以从公司的长期产品梯队的规划中看到其发展的逻辑非常清晰（特别是新产品群既体现出业务领域的突破——如从招投标进入施工这个核心业务，也体现在业务深度的变化——如从前台向深层管理渗透），也可从销售费用与研发费用的对比上得到验证。如下表所示。

	2008年	2009年	2010年	2011年	2012年
销售费用（亿元）	1.15	1.39	1.79	2.63	3.73
管理费用（亿元）	0.59	0.74	1.28	2.41	3.46
管理/销售比（%）	51.3%	53.23%	71.5%	91.63%	92.76%

可见，主要体现研发投入的管理费用在公司总支出中的占比正在急速增长，2011年开始已经基本与销售市场支出持平，这预示着未来新产品在高效市场网络上的复制战略将得到有力的执行。同时从资产回报的潜力来看，由于上市初期的超募资金过多以及一直以来较好的经营现金流导致现金推高了资产规模（截至2011年末，现金占总资产的68%），且当前业务发展初期的销售规模尚处于初步阶段，广联达当前的ROE只有14%左右（2011年末的销售收入为7.4亿元，而总资产为21亿元，导致总资产周转率只有0.35%左右），距离其竞争优势完全发挥、业务充分发展阶段仍然具有很大的提升空间。

在与朋友的探讨中，我曾提出广联达如果从大的逻辑来看可以推测为三个成长阶段，即"大网络小产品"：销售网络强大，同期卖的产品少，此阶段从上市前截至2011年为止。"大网络大产品"：即源源不断的新应用将开始在销售网络上复制，此阶段自2012年开始预计可持续数年。"大平台大服务"：即将软件产品陆续移植到以云技术为基础搭建的行业应用整合平台，未来的服务即产品。此阶段目前只是初具雏形，尚有较长时间的发展阶段。当然，公司的实际发展是否能如预期，就需要坚持动态地观察和不断地评估了。

4. 一些补充说明

值得注意的是，未来优势指的是一种综合的能力和体系层面的优势已经构建成形但尚未充分发挥，而不是指某个具体的新产品或者新业务尚未变为市场结果。一个企业在酝酿某种新业务和新产品，虽然表面来看这部分产品和业务也尚未创造价值，但这种单个产品及业务如果既不存在对企业业绩的重大改善作用又并无什么牢固和高度差异化的优势，那么这仅仅只是企业的一种简单业务拓展的尝试而已。所以真正的落脚点不是要做什么，而是为了做成这个事情已经构建了多大的优势。

与低谷拐点型企业不同，未来优势型企业首先现状并不差，只不过不那么引人注目罢了。其次它的向上态势既是由行业的景气驱动，更是其自身竞争优势开始发挥所推动的,甚至有时是在行业遭遇困难同行都较为艰难的时候,反而更显示出强大的优势。

如2010年中药材原材料价格大幅上涨的背景下,一些中药企业毛利率受到明显影响从而利润增速明显下滑(比如康缘药业的毛利率从2009年的74.77%下降了两个百分点,净利润率增速远低于收入,增速只有14.22%),而天士力在多年前就建立了多个药源种植基地,2010年医药工业的毛利率不但未降还相比2009年逆势上涨了3个百分点。并且在下半年FDA2期顺利通过拉动复方丹参滴丸这一毛利率最高品种回归快速增长,凸显净利润增速(+41.9%)远高于医药工业收入增速(+18.88%)的优异表现。

11.1.6 难以辨认型

至于"难以辨认型"就简单些了,凡是无法清晰地划入上述5种发展类别的企业,都可以归入这里。在我看来这恰恰是市场里最常见的一种类别。这既是因为大量的企业缺乏清晰的竞争优势,也是因为很多企业的经营情况也并不处于某种极端环境下,同时也是因为每个人的能力圈也很有限,很难对各种生意类别和业务进行态势层面上的判断。

11.1.7 态势与转化

从企业经营发展的态势角度进行的这六种类别划分,核心的视角其实是两个:

一是观察其个体处于经营的生命周期的哪个阶段,这既与其所处行业的发展成熟程度有关,也取决于企业自身经营绩效的发挥状况;

二是关注企业发展情况的动态转化,关注一个企业未来的综合经营状态相对于现状是处于好转、恶化、无显著变化还是不清晰等状况。

总的来讲,上述六种对象可以归纳为四种态势,如下表所示。

	类别	特点	区别
持续向上态势	未来优势型 低谷拐点型	经营绩效可能面临持续性的向上提升的过程	当前业绩是陷入困境还是较为正常?长期驱动的核心,行业景气驱动的周期性轮换,还是个体能力明显强于同业的优势发挥的结果?

续表

	类别	特点	区别
持续向下态势	高峰拐点型	经营绩效可能面临一轮较明显、长期性向下的回归态势	
维持当前状态	当前优势型 持续低迷型	可维持在各自当前的经营绩效状态。暂无大幅、较长期颠覆其当前状态的因素	一个是持续维持在优秀水平，一个是困境状态
无法清晰判断	无法判断型	上下的不可预见的波动，难以形成持续性、方向性的判断	

当然这里有个问题，就是这种态势的判断以什么时间为一个周期呢？周期太短这种态势不可能得到足够的演化，而周期太长又会面对更多的不确定性，判断过程过于复杂。我个人的看法是，这个周期以5年左右为宜。需要注意的是，企业的这种态势并非是一成不变的，我们看看五粮液的例子。

1995~2000年期间，五粮液平均净利润增速为60%，ROE也非常高，属于典型的当前优势型企业（站在当年的时间点判断）。但自2000年开始，内外环境的变化使他从一个高峰期转入向下的低谷：在2001~2005年间它的年平均净利润增长率只有1.99%，5年间的平均ROE也只有12.78%。但自2006年之后的又一个5年间，企业从低谷再次焕发生机，期间的年平均净利润增速剧增到43.5%，年平均ROE也提升到19%左右，随后两年更是进一步提升，直到整个高端白酒遭遇新的拐点风险。

可以看到，同样是五粮液但站在不同的时间点来看，就分别经历了当前优势（1995年视角）——高峰拐点（2000年视角）——低谷拐点（2005年视角）——高峰拐点（2012年视角）等不同的状态（有趣的是，它的态势改变周期也差不多正好是在5年左右）。其实这也很好理解，就像人生总有起起伏伏，企业的经营怎么可能一成不变呢？

总之，企业的经营是动态发展的，我们不宜总是沿用一种眼光或者历史的思维惯性来看待它。在日常投资中，经常看到类似错误，抱着一种静态的观点来认识企业。看到企业的经营绩效突出、优势明显，就冠以"永不褪色的珍珠"等美誉，而没有认识到商业世界的本质是"有限性"，再伟大和强大的企业也终将回归平庸，或者至少是面临阶段性的困难和波动。这个道理对于一些当前尚处于经营低谷，或者仅从业绩表现来看并不靓丽的企业来说也是一样的。

11.1.8 对象的辨别

前文已经说过，区分一个企业当前处于优势型还是面临高峰拐点始终是一个艰难的任务。如何解决这种困难呢？

虽然当一个公司的估值出现持续性的区别于历史区间的大幅下降状态时，往往是市场对这一区分的认定。但这是一个后知后觉的指标或者说是个验证指标而不是预判指标，等到这时候早就遭受巨大损失了。何况，并不能认为一旦出现这种情况就都是市场的有效性，也可能是错误定价。

重要的是预判，但说到预判似乎又没有什么"金标准"。我个人的习惯是反复斟酌以下几个问题。

第一，企业已经多大程度上登峰造极地演绎了它的价值，未来大概率的情况是仍然有提升潜力还是只能维持，又或者面临明显的均值回归？

第二，优秀的绩效是否依靠着特定的时代红利？这种红利还可延续甚至进一步发展吗？

第三，结合上述两条及企业发展的生命周期判断，综合来看它的状况是否能够继续较长期地支持它保持其以往的估值体系？

虽然对市场公认的大白马型企业进行当前优势或者高峰拐点的判断是困难的，但这是值得的。或者说在意识层面上注意具有这些不同的可能性是有意义的。因为如果错将一个已经面临高峰拐点的企业当作当前优势型企业而在其原本的估值语境上买入，则很可能遭受很大的损失。

设想一下，一个当前优势型企业在高成长期的历史估值区间为20～35倍PE，一般经验上讲25PE买入就算OK了。但如果它已经面临一个较大级别的高峰拐点，市场完全可能重新赋予它一个估值波动体系，比如下降到10～20PE。这个时候，以往不贵的25PE可能就买在了山顶，即使企业利润继续增长，但估值大幅度下降依然得不到良好的回报。

当然，这也可能导致把确实仍将保持当前优势的企业误判为处于高峰拐点的企业的情况，但我认为如果自问过上面的三个问题后依然做出这个判断，那么这种误判并不可惜——那只不过说明它确实超出了自己的能力范围。当确实看不懂的时候，选择放弃才是最好的结果，而不是盲目地坚持。何况，至少这样不会导致莫名其妙的损失。

高峰拐点和低估拐点更容易出现在周期性强烈的企业中，只不过前者是自行业景气周期的高点向下衰落，后者是自行业景气的底部向景气区间上升。但并非所有的周期性企业一定具有这种循环特点，如果一个本身属于周期性强烈的企业，同时这个行业又发展到了成熟末期甚至是衰退阶段，那么很可能意味着这样的企业将长期难以出现新的低谷拐点，从而成为持续低迷型——请注意，这并不意味着它的业绩和收益率从此将不再波动而只是静静地躺在最底部。随着经济和行业环境的变化而继续上下波动是难免的，重要的是它是否存在某种可预见性的强力恢复的因素，以及这种因素还能不能驱动它再创一个较长期的向上持续攀登的周期，并在新的周期中创出超越上轮周期顶峰的业绩水平。

比亚迪虽然在前几年的利润下滑得确实惨烈，短期来看它的经营低谷也可能延续一段时间，但它的业务布局和所瞄准的市场毕竟依然具有广阔的发展前途，一旦行业恢复景气是完全可能迅速崛起甚至再创经营高峰的，这样的属性在钢铁行业恐怕就不具备了。

高峰与高峰不同，拐点与拐点也不同。周期性企业的高峰拐点往往非常陡然，可以从上百个百分率的利润增速一下子下落到负增长，ROE可能在一个非常宽的区间内波动。而原本的当前优势型企业的高峰拐点则往往没有那么陡然，可能表现为从高增长和极高的ROE转入较低的增长和依然较好的ROE。但相同的是，一旦这种拐点的预期形成，并且确实被后来的业绩所证实，那么就将遭遇市场估值的大幅度下调，表现在股价上就将是业绩下降+估值下降的戴维斯双杀效应。

很显然，所有的这些判断并不是纯学术意义上的讨论而只是为了在投资实践中占据有利的概率局面。所有类别的企业在一个适当的价格面前可能具有一定的投资价值，只不过相对价值的高低而已。对不同企业基本面态势上的分类的目的，不是为了划定一个投资领域的绝对"天堂"和"地狱"，而是为了思考不同对象类别具体在什么情况下才能出现好的投资时机，当多种不同的投资时机出现的时刻该怎样取舍，其各自将导致在未来投资结果上的哪些得失。只有在脑海中建立起清晰的不同发展态势的对象分类，才能更加有的放矢，也更有利于把握相应的投资机会并少犯致命的错误。

11.2 时机与周期

根据一些学者的统计，从长期来看股市的投资回报率在扣除通货膨胀率后大约在7%左右，作为世界股神的巴菲特几十年的复利回报也"不过"25%左右。但这似乎又与一些几年间就赚了很多倍、连续几年的复合收益率高得惊人的案例并不相符。其实这两者并不矛盾，因为前者的超常时期跨度已经基本上磨平了时机选择的差异性。

正如芒格说："长期来看你获得的投资收益不大可能超过这个企业的ROE，而长期能保持在25%ROE的公司已经极其稀少"。但在较短的时间周期内（比如几年或者10来年），时机这一要素的重要性则是巨大的，而且越是时间周期缩短，这一要素的决定性作用就会越突出。**所以，异常的阶段性收益率必然是以异常的时机作为前提。如果一个投资者只专注于企业的研究，而不理解和不会运用市场时机的机会，那么也许也很难取得卓越的成绩。**

11.2.1 买入和卖出的原则

从投资时机的角度来看，首先结合本文最初的那个等式：**投资结果＝股价×持仓量＝每股收益×估值×股票数量**，六种态势企业的业绩及估值表现如下。

	典型业绩表现	典型估值表现
当前优势型	维持稳定优良的增长	估值体系较为稳定
高峰拐点型	由高速增长状态明显下滑，未来成长预期由高度确定状态进入很不确定的状态	估值中枢大幅下降
持续低谷型	业绩持续低增长甚至负增长	维持在净资产附近的极低估值
低谷拐点型	由负增长或者低增长转向持续数年的高增长阶段	从低估值转向高估值状态
未来优势型	由平淡的业绩逐渐走向优秀增长水平	从低估值转向高估值状态
难以辨认型	难以确定	难以确定

根据业绩及估值的大概率走向，我们可以进一步梳理出不同类型企业的主要买入及卖出时机。

对象类别	买入时机选择	卖出时机选择
当前优势型	对天花板的质疑导致折价出现；黑天鹅事件的打击	面临高峰拐点的危险；估值接近历史估值区间上限区域；竞争优势面临重大挑战
高峰拐点型	市场充分反映业绩下降预期出现较大折价；高峰拐点的风险被"证伪"；新业务或者环境酝酿出新一轮增长趋势	股价从折价后大幅反弹；高峰向下的幅度和严重程度远超预料
持续低谷型	股价大幅低于现金、无法折价的净资产等"硬资产"；企业出现重组、私有化、清算等重大价值重估的机会	市场大幅反弹即刻卖出；超出预料的持续低迷；作为基准的硬资产价值得不到保障
低谷拐点型	压制企业价值的重大因素出现突破性进展；景气来临之前的低市净率时期	业务景气接近高峰的低PE高PB状态；行业景气再次面临下滑周期
未来优势型	任何不是高泡沫的时期，如果市场根据其当前并不靓丽的业绩给予折价，将是重大机会	业务发展进入成熟期；市场给予极高估值溢价；关键业务出现重大失败
难以辨别型	不作为投资对象	不作为投资对象

其实仔细观察一下就可以发现，所有最好的买卖时机可以一言以蔽之："通常不那么让人舒服"。最佳的卖出时机都是企业最景气、市场反馈最热烈和情绪最高涨的时刻；而最佳的买入时期则往往是企业景气度低迷、前景看不太清楚、遭遇突然的重大打击、市场评价也最糟糕的时候。

11.2.2 当前优势型的时机

当前优势型企业一般属于市场公认的大白马，市场形象好、业绩持续优良，吸引了机构大量的研究和注意力，一般性的企业信息很好地得到解读。这种企业估值的波动范围往往相对要小些，首先因为其在竞争中的不确定性相对较低、业绩稳定性相对较高，市场对它们在认识上的分歧较少。其次这类股票也是各大机构必不可少的属于必须配置的"政治正确性"仓位（盘子够好、流动性够大，虽未必有功但也无过大责任），流动性虽高但基本稳居各类机构持仓前十大排名中。这种企业的良好买入机会主要来自两种情况。

- 对天花板的疑虑导致股票出现折价的情况。典型的比如格力电器，多年前格力做到行业第一时其成长背景就不停遭受质疑，表现为股票始终没有溢价，PE往往在十几倍甚至10倍以内。而在每次业绩报告被证实又一次超预期高速增长后，往往股价也会在短期内出现较大幅度的追涨。

- 遭遇黑天鹅事件的打击，特别是受其关联打击。前者比如伊利股份或者双汇发展遭受到食品安全危机的打击，在1年多时间里业绩急剧下滑，随之股价大幅下跌。但其属于基本消费的需求特性，相对市场其他对手强大得多而且其难以短期复制的竞争力、当前法律惩治不可能致命的前提以及市场中几乎所有对手也同样难证清白的背景，使得它们在短短两年内就恢复了正常的经营轨道。而如果是一个弱小的企业，这种打击完全可能成为灭顶之灾。

对当前优势型企业到底是长期持有还是在其股价出现阶段性的大涨（比如50%）时就做套利性的卖出，取决于对这个企业维持当前的价值创造能力的持续期的判断。如果判断企业在未来相当长的时间里优势不但不可动摇，而且行业增长驱动力也依然强劲，那么当然可以继续长期持有。但如果，这个企业虽然还具有很好的护城河，但它的未来增长驱动力越来越模糊不清或者出现越来越多的负面因素，就要小心它可能正在靠近一个高峰的拐点。

此外，这种市场形象良好的大蓝筹企业，在基本面未发生剧烈变化的时候其估值中枢比较稳定，其业务的稳健性让它在估值区间的下沿附近表现出投资价值。而另一方面，随着它业务的成熟度增高，业务弹性越来越低；经营绩效展现充分使得再次提升潜力变小；市场对它不容易产生持续的超预期等因素。因此在持有时要对估值的变化提高敏感度。再考虑到由当前优势转入高峰拐点的精确判断的难度很高，在靠近历史估值上限区间（这种企业往往已经具有较长的历史，其估值区间拥有穿越牛熊市的背景，可参考性更强）时可以考虑套现问题。

11.2.3 高峰拐点型的时机

高峰拐点型企业的买入时机往往出现在市场已经对这种业绩拐点充分预期的时候。

从2010年开始市场对于银行的未来长期盈利将进入下降周期逐渐取得共识，与之相伴的是银行估值的连续下滑。到了2011年末银行板块的PE已经只有5倍，PB接近1倍。在这种情况下，我们可以计算出即使来年业绩真的大幅下降50%，其PE也不过是10倍。这种市场预期至少是阶段性地充分反映了当前坏消息的具体情况，形成了是否可以投资的临界点。

另外，如果一个被认为将进入向下周期的企业，当这种观点被"证伪"时也将带来估值向上修复的动力，这往往是通过持续稳健或者超预期的业绩增长来实现的，也可能经过几年蛰伏它孕育出新的重磅业务而进入新一轮增长周期。但如果判断为高峰拐点型态势，我认为它的投资价值主要体现在市场提前预期并大幅折价的时候。**少数企业的这种拐点也许不过蛰伏几年就又再次回到更长的向上周期，但做这个结论需要非常谨慎。**毕竟这里面既可能是富国银行和盖克保险这种死里逃生带来极大回报的，也可能就是诺基亚或者雷曼兄弟这种一蹶不振一把抹平历史收益的情况。

值得注意的是市场预期对于高峰拐点型企业的提前反映，在企业的营收和利润增速仍然正常甚至是高速增长时，市场给予企业的估值却可能一路下滑。这会对投资收益造成不容忽视的损害。

假设一个企业依然保持着每年净利润35%的高增速3年，但估值却从3年前的25倍跌落到10倍，那么这3年的实际投资回报率是0。而如果市场并未出错（长达3年的市场错误并不多见），紧接着企业真的业绩下滑，那么可能累计4~5年的一个投资周期内可能都会是很差的投资绩效。

11.2.4 持续低谷型的时机

如果说前两种企业主要需要对未来盈利的可持续性或者负面打击的程度进行判断的话，那么持续低谷型企业判断的重点可能不是盈利能力，而是最基本的资产价值。对于持续陷入经营困境的企业而言，谈盈利的前景可能过于奢侈，但如果企业拥有丰富的"硬资产"——区别于水分可能很大的净资产（比如净资产中巨额的可能贬值的存货、生产设备、将要烂尾的在建工程、永远追不回的大额应收账款等），如果它扣除各项负债后的净现金或者未反应真实价值的土地物业资源相当丰厚，甚至连其市值也低于这些硬资产价值的时候，也许就开启了一道投资的窗口。如果，这个企业其实还具有未被认识到的增长潜力，那么可能就具有潜在的投资价值了。

这种企业属于巴菲特所形容的"烟蒂股"。A股市场上真正跌破硬资产的投资机会不多，在港股等境外市场更加常见。这种投资机会看起来清晰可辨，但实际上问题没那么简单。有些资产所谓的"清算价值"或者"变现价值"，就像我们的身体器官一样，看着好像在器官交易市场里能卖个不错的价钱，就算在街上裸奔也是个富翁了。但实际上这些"价值"

永远也没法变现——比如公司根本就不清算，那么持续恶化的经营就会继续摧毁公司的价值底线。

如果现在有一个公司的净现金就有15亿元，市值却不到12亿元，看起来是不错。但明年公司经营继续恶化大幅亏损5亿元，那样其净资产也就大幅下降，原本的好交易可能变为更深地套牢的陷阱。**所以任何一个可测量的当前基准价值（比如净现金）都必须在确保这个企业将不会继续毁灭价值的前提下才有效。**然而，这种普遍出现股价明显折让于"硬资产"的时机很少见，很难构建一个足够分散的组合。但若集中买入这类企业，要承担的风险过大——格雷厄姆以捕捉这类企业而闻名，但即使是以他的深厚财务分析功底，在投资这类企业时也强调要大量分散投资，这个事实已经很好地说明了这类投资的风险性所在。

持续低谷型企业一般不具有长期持有价值，除非它隐藏的潜在增长能力开始被证实。对这种类别格雷厄姆曾列出几种卖出的情景：股价上涨50%后、两年依然低迷没有上涨、失去分红的能力。

11.2.5 低谷拐点型的时机

对于低谷拐点型企业最重要的就是判断当前导致其经营绩效很差的压制因素是否解除了。一些具有优质老字号消费品牌的企业，曾经因为国企体制下的管理不善而长期无法发挥其真正的价值。在更换了合格的管理层、迈出了现代企业机制的一步后，这样的企业往往焕发出夺目的光彩，甚至由阶段性的低谷拐点成长为当前优势型企业。因此一个优质的胚胎，当出现了孕育环境的积极变化时，可能是买入的一种好时机。

另一种情况出现在行业性亏损转向全面景气的时候，类似汽车制造业经常上演这种反转剧目。由于之前这类企业已经出现巨额亏损，股价也大幅下跌。这时表现为很高的PE和很低的PB，往往这种时候却是进入埋伏的好时机了。

除非判断这一拐点已经转变为企业的长期优势和成长周期，否则对于这类企业，卖出时机既可以是在股价大幅反弹后，当时获利了结，只赚最低风险部分的钱，也可以是在行业再次面临景气高峰的阶段。作为周期性很强的企业再次遭遇困境的概率是比较大的，这种时刻往往表现为很低的动态PE和较高的PB。对于各类估值指标的更多讨论我们会在第三部分进行。

11.2.6 未来优势型的时机

我经常说在投资的世界里其实很公平。符合未来优势型特征的企业是最稀少的,从选择面来讲相对上述类别都狭窄了许多。但作为奖赏,它提供了最宽阔的买入时机和最长的安心持有周期。

由于这类企业竞争优势积累深厚,自身的经营绩效具有很大的提升余地,行业又往往处于长期大发展的初中期阶段,因此其成长的驱动力非常强,且往往在未来业绩翻了多倍后市场依然看得到它的想象空间,配合那时的优秀业绩往往依然可以得到很好的估值。因此,对于这样的企业而言,不用非要等到市场极度悲观的大熊市或者非要等到市场将其股价杀到估值区间的最低点,而只要避免在市场过分热闹的极高泡沫区间买入,就依然可以得到良好的回报。

天士力2002年上市后的年收盘价是2.57元,而到2012年的收盘价则上升到了55.27元(前复权),涨幅21.5倍。即使是极端不幸地在2007年超级牛市的最高点19.6元买入(要想正好买在最顶部其实也挺困难的),截至2012年,收益率也可以达到2.89倍,而同时期内的上证指数下跌了62.94%,深成指下跌53.48%。可见,即使是在"最不幸"的时候买入并持有天士力,到2012年末,这个成绩依然可以轻松地排入私募和公募基金同期业绩排行榜的前列,事实上考虑到2013年天士力又有了一波强力的上涨势头,这个成绩几乎打败了所有公开可查的股票投资产品。如果,一个精明的投资者选择在其几次股价大幅下跌的时刻买入,那回报就更加丰厚了。

其实与想象的"成长股必然要以高价格为代价"不同,真正识别到一个未来优势型企业时往往反而更容易寻找到安全边际。因为其当前业绩较为普通,深层次的竞争优势则并非市场的普遍认识,所以一般这种时候企业的股价反而是不容易升高的。比如在上一轮大牛市已经开启的2006年,天士力的最高价18元所对应的当年PE也不过24倍,而当年的收盘价15元的估值只有20PE以上,甚至我们惊奇地发现直到2009年还可以用25倍的市盈率从容买入——要知道当时上证的平均市盈率也有25倍,深证大盘的平均市盈率更是达到了35倍,所以这能算价高吗?显然,市场价格根本不像一些人抱怨的那样始终高不可攀,只不过要想把握这种机会,它需要你有那么点儿穿透迷雾的洞察力和前瞻性而已。

最后的无法辨别的类型由于有太多的可能性，而每种可能性的证据又不足，所以我的看法是完全避免投资。我并不否认这其中肯定也会出现良好的投资机会，只不过是从确定性、风险和收益的角度而言，我不会在其中投入什么精力。

在上述对象和时机的讨论中，将对象先恰当定性是首要的，对象的属性决定了不同的交易时机的选择。遗憾的是，各种对象的划分和认定没有一个像ISO9000一样的标准，这就可能造成对同一企业出现截然不同的对象属性认识的结果。我认为这也很正常，一笔交易的客观生成需要"买卖"的同时实现，这一入一出间已经反映了对这个企业的不同认知和判断，这种认识上的分歧永远是市场的常态。对于个人而言，重要的是不断提升自己准确定性的能力，扩大自己的能力范围，而不是因为注定会出现的误判、分歧而干脆放弃判断。

11.3 力度和仓位

到目前为止，我们所有的讨论是围绕着寻找优秀的公司和有利可图的股票。但看好了股票，怎么来判断买卖的力度呢？毕竟，任何一个决策最终是要用仓位来说话的。索罗斯就曾说他从来不关心下属的意见，而只是问他们一个问题："你准备为这个观点建立多大的仓位？"

11.3.1 力度的影响

现在让我们再一次回到那个影响投资结果的公式：

股价×持仓量＝每股收益×估值×股票数量。

除了合适的对象以及恰当的时机，最后一个关键性的因素就是投资的力度问题。设想一下，一个高风险高收益的对象和一个低风险低收益的对象，哪一个能带来更好的回报？

假设100万元的资金，对于高收益但也高风险的对象，因为考虑到其实现收益还面临很大的不确定性和潜在风险，因此必然影响到分配给它的资金量。所以100万元可能只敢买20万元。这样，假设1年后它真实现了60%的高收益率，其绝对回报额大约为12万元。而低收益率的对象，虽然看起来潜在的收益弹性较小，但是由于其经营的稳固性确定性极强，出现意外负面因素的可能性很低，因此可以配置更多的资金，所以我们决定分配80万元给这个股票。假设其未来1年只提供了15%的收益，这时其绝对收益额也是12万元。

这里有几个问题可以再扩展开来考虑一下。首先，所谓的高收益和低收益预期，不是一种事实而只是一种主观的评估。在评估中，对某些因素也许过度乐观或者悲观，所以这一结果未必是准确的。但我们知道，1年60%的极高收益率在市场常态情况下很难实现，属于一个高难度的、往往是必须多个条件共振才能达到的结果。而低收益率往往是把实现的环境充分往负面考虑的结果。然而，真实世界里考90分总是要比60分难得多。如果上述案例中出现一些小小的偏差，比如高收益率预期的对象收益率只有50%（依然是个很好的结果了）而低收益率超预期一些达到18%——毕竟，从一个极高的收益率预期出现向下的一点误差或者从一个较低的预期出现向上的一点误差都是很常见的。这样一来，结果就变为了10万元和14.4万元，收益率差距达到了44%！

此外，如果将时间拉长，那么红利再投资的影响也不容小看。一个低估值、低收益率预期的企业，如果具有较高的分红收益率，那么将每年这笔分红再次投资买入，多年后将累积到可观的股票数量。这样就能在总投资收益率上更降低了业绩和估值的要求，从而进一步压低了整体的投资风险。

上述情况是就单笔投资而言，那么站在整体仓位的角度看，情况怎样？在上例中，高风险高收益对象只买了2成仓，余下8成的仓位。如果在一种可选余地很多、俗话说"遍地黄金"的情况下，余下的仓位可能带来更多收益的可能，同时也可以有效地分散风险。但如果是在一种可挑选的余地并不多的环境下，过多的现金未必有利。在自我情绪控制不当的情况下，这些现金反而会带来一些麻烦，比如草率的出击导致频繁的亏损。在这种情况下，已经配置了8成仓位的低风险低收益率的局面更加有利。因为如果市场环境走好，那么手中的持仓也可以带来回报，甚至是一些惊喜；而一旦市场走坏，其低风险性的特征也可能使得其相对跌幅较小；那么当市场真正到达一个遍地黄金的时候，可以将低弹性的企业的股票调出而买入更多的高弹性特征企业（这种企业在同样的负面环境中的跌幅往往远远超过低弹性对象）的股票。这样一旦市场转暖，其回报率将非常可观。

11.3.2 形成投资策略

根据对象、时机、力度三个要素的相互关系,我们可以梳理出一条基本的投资策略。如下表所示。

对象	时机	力度	总策略
很好的对象	很好的时机	大力度	买入后安心长期持有
很好的对象 一般的对象	一般的时机 很好的时机	中等力度	设好补仓间隔,越跌越买
一般的对象 较差的对象	一般的时机 很好的时机	小力度或放弃	小力度建仓的短线套利交易,或者不行动
较差的对象 很好的对象 一般的对象	较差的时机 很差的时机 很差的时机	放弃	不做任何行动

在交易的力度判断上,总体原则是很简单的,关键是定义对象和时机的"好"和"差"。在我个人看来,这种评价可用风险机会比来衡量:即如果正确将带来巨大的回报,如果错误也不至于损失很多。从这个角度来看,我认为好的对象主要集中在未来优势型、低谷拐点型两类,因为它们在业绩和估值要素上的态势都是向上的。它们的好时机是指,出现了各自时机特征中的最佳情况,比如未来优势型出现明显低估值、低谷拐点型当前估值很低且重大改善因素出现。这些时机往往值得较大力度的投入。

一般的对象主要是指当前优势型,虽然表面来看它的当前绩效是最好的,市场形象也是最好的,但毕竟它已经处于经营水平的最佳状态,未来持续改善的弹力较小,且它存在着转为高峰拐点类别的危险。但如果这类对象出现黑天鹅错杀等好机会,也值得投入一定的交易力度。与之类似的,是很好的对象处于一个估值缺乏很大吸引力的状态。

较差的对象是指剩下的3类:高峰拐点、持续低谷、难以分辨。它们的业绩和估值趋势主要是向下,即使出现阶段性的大幅杀跌往往也仅提供了有限的反弹机会,特别是在它们出现这种态势的初期阶段,千万不要急着去"贪便宜",此时往往都是"用手接一把飞速下坠的刀"。除非出现市场对它们的所有坏预期都充分体现的情况,在估值上相对于其他对象便宜得匪夷所思,以及出现分红收益率高、硬资产占市值比重具有吸引力、市场已经很久不再关注它们等较强力的见底标志。否则只能以较小的力度参与。

最后几种情况属于缺乏起码的投资吸引力的情景。要么是对象缺乏吸引力，时机也不佳；要么是对象很好，但是时机处于非常不利的状况，至少在中短期内面临巨大的下跌和亏损可能性。这种时候，持币耐心等待是最好的选择。

上面主要以买入的力度为主，其实卖出的力度也是相似的，只不过将条件倒置过来即可。比如一个一般的对象获得了很高的估值，或者未来优势型企业的业务发展充分成熟，市场也给予了很高的定价等。具体的交易标准完全可以根据个人的实际情况灵活调整，最重要的是遵循不同对象和时机组合下的不同处理这一思维模式。

此外，在考虑较大力度的投资前我通常会自问三个问题，如下表所示。

短期的预期收益率	• 以现价买入，在未来的1年以中性条件预估，是否能获得40%收益率的机会？ • 这种收益机会主要是业绩增长提供的，还是估值修复带来的？业绩增长和估值修复的预期，是否有坚实的假设为基础？
持续的预期收益率	• 如果价值实现的时间推迟，其预期收益的吸引力会持续放大吗？也就是其内在价值是否依然会稳定地累积？ • 这种收益的潜力必须不是基于一个特定的时间窗口（比如只是建立在阶段性的外贸数据的回暖） • 我的资金状况是否允许我对超出预期的定价低迷状态继续等待？会不会因为资金链断裂而成为"强制卖出者"？
再跌20%后的估值状况	• 如果买入后继续下跌，那么再跌20%时的估值水平能否让我有欣喜若狂的感觉？ • 如果真的出现了这一状况，我是否还有足够的后手来面对？

上面说的短期收益率40%的预期是种冗余，实际上无论是业绩释放还是市场估值波动，稍微哆嗦一下就会有导致收益下降20%的可能，如果连这个吸引力都没有至少不是上佳的时机（虽然也许是上佳"对象"）。价值实现如果依赖于某个特定的时机（比如1年内必须依赖政府上调价格），则一旦预期落空就无余地了。下跌的收益吸引力幅度则是反向的一种推导。

我们现在已经谈到了具体执行交易的阶段，这里我想谈一个很实际但往往被有意绕过去的话题：技术。对于很多价值投资人来说，谈技术指标是非常"掉价"和"政治不正确"的。然而实事求是地讲，我在交易阶段确实也借助一些技术手段。但在我看来一切都是个"度"的问题，技术指标（特别是长期技术指标）并非毫无意义，而我也不相信不谈这点的人真的不看。当然需要说明的是，对于技术指标的运用有3个重点：第一，仅局限在具体交易阶段（已经决定买入或者卖出）；第二，技术观察以月线级别的长期指标为主；第三，技术层面的判断主要用于对基本面判断的辅助验证——如我判断一个企业被明显低估了，但其长期技术指标却显示明显的强势和超买，这其中的矛盾就值得再次仔细斟酌。

总之，在恰当的阶段恰当地运用技术手段服务于交易，是很正常的，这不值得夸耀，但也没必要羞羞答答。

11.4　我的总结与选择

在本章中我们讨论了组成投资策略的三个核心要素，即对象、时机和力度之间的关系。我不得不承认，这些讨论依然无法简单和高度标准化地完成对三个要素的设定。或者这样说，我不知道本身就是复杂和充满不确定性的投资世界，是否存在被简单而高度标准化分类的可能性。在我看来，这三个要素的判断和平衡也与每个投资者不同的能力倾向及具体情况而存在投资倾向上的差异性。

从极端的角度说可能存在两类完全不同的投资者。一种持"对象不可知论"，认为对象的判断过于复杂和不确定，所以这样的投资者可能更倾向于对"时机"的被动等待，体现为守株待兔式的哪里出现体现在价格上的好机会就去哪里。而另一类则持"时机不可知论"，认为市场的走势和波动是难以预知的，但企业的商业规律是可以把握的，投资行为更侧重于"择股"的主动性。当然绝大多数的人可能介于两者之间，认为可以理解有限的对象类别，也只能捕捉特定的投资时机。我认为只要能力足够，上述方式都可以获得成功，当然也都必然面临自己的利弊得失，对此不妨持一个开放的态度。就在本书撰写的2013年上半年期间，市场就正好处于各种机会很丰富的时期。此时，有很多的大蓝筹企业跌出了有史以来的最低估值。看着那些只有10倍左右PE和1倍左右净资产估值，但依然会在未来的经济格局中占据重要位置、目前业绩增速也很理想的蓝筹股，我确实有一种按捺不住的兴奋。只要国家经济不崩溃，构建一个低估值的分散组合，长期来看获得理想的回报并不是很困难的事。

但就我个人而言，还是更倾向于以相对集中的模式投资于未来优势型企业。我的这个选择至少有三个理由，如下表所示。

选择的理由	解释和说明
它具有宽阔的可投资区间	未来优势型企业仅仅处于价值创造大周期的初期阶段，所以对于市场的阶段性出价具有更好的覆盖力。这种企业不用非要死等股灾等大级别的下跌时机才能买入，而只要避开极少的高度泡沫化区间，在绝大多数的市场状态下可以投资
它其实更容易获得安全边际	未来优势型企业由于当前的业务还笼罩在某种迷雾中，其经营绩效也尚未变得极其耀眼，因此这种企业市场通常反而不会给予高溢价，这就为安全的买入提供了条件
它提供了更舒适的投资生活	未来优势型企业的投资必然是以长期持有为特征的，频繁的操作或者自作聪明的波段优化反而不明智。这种模式下投资的精力占用得非常少，由于远离短期的波动，压力也很小，可以提供充分的生活的自由来享受闲暇或者做些投资之外的事情

巴菲特说购买企业时会评估"这个生意是需要聪明一次，还是需要一直聪明下去"。我觉得投资也面临这样的问题，不同的投资倾向确实可能导致有的方式只需要聪明几次就够了，有的则必须过不了多久就要聪明一次。我喜欢那些能聪明一次就管很久的决策，它不但带来更好的回报，更能避免很多麻烦和压力。而未来优势型企业恰好在这方面体现了明显的优势。

当然，这并不说明这是我唯一认可的投资模式，对于更强调逆向投资的、构建较为分散、低价但尚具潜质，只是处于阶段性困境的投资组合，我也很感兴趣，并一直有所尝试，只不过是从个人当前的状态来讲，这一部分的仓位并不占主要地位。但显然我也意识到未来优势型的投资也有其固有的缺陷：比如对于前瞻性的要求非常高，虽然买入的区间非常宽阔，但是符合这一特点的企业确实也非常稀少，要挖掘出来有时候还需要一定的运气。而且长期持有一旦出现判断错误的时候机会成本会非常高。所以只能说现阶段它会是我的重点，我想在未来，逆向投资在我仓位中所占的比重很可能会有所提高。

总的来说，关于具体的操作是存在灵活性的，当然灵活的前提是大的原则不能动摇。但有一点是明确的：价值在哪里我就去哪里。不同的环境下投资机会可能会出现在不同的地方，不同的个人情况可能会对风险和机会有不同的侧重。但不管如何变，对对象、时机、力度这三个基本要素的理解和运用，都将是投资者面临的永恒的主题。

投资感悟：微博摘录（二）

- 好公司会偶尔带来麻烦，但更多时候带来的是持续不断的惊喜；坏公司会偶尔带来惊喜，但更多时候带来的是持续不断的麻烦。好公司的股价是爬山，有休息甚至下坡的时候，但长期看不断刷新海拔；差公司的股价是过山车，有时爬的高度让人欢呼，但长期看总会回到起点。我愿孤独地爬山，而非热闹地游艺。

- 研究企业既是折磨也是享受。那过程有点儿像侦探根据现场的蛛丝马迹来寻找真凶。最像的地方就是思维方式和尊重证据，一个好的侦探一定有一个犯罪天才的脑袋，而一个好的企业分析师也必须努力靠近企业家的思维境界。幸运的是，企业家不但要想到更要做到，而我们实际上只需要判断"好不好"就够了。

- 投资这座大厦，上层建筑是"思维的视野和前瞻性"，而地基则是"企业价值分析方法论"。光有上层建筑只能是空谈甚至沦为概念炒作，而只有地基则很容易事倍功半或者只能捡烟蒂。说到底，投资最怕的还是"上不去，下不来"。

- 产业特征就像河道，有的宽阔顺畅并可汇入太平洋，有的则狭窄还容易断流；商业竞争就像河道中的船，宽阔河道中一马当先的大船再配合一个好船长是最优。而大河道中过于拥挤的场面，有时还不如独占着狭窄河道的悠然小艇；投资时机就像是老天赐予的天气，既有扬帆远航的好日子也有休息等待的时节。

- 对企业的商业和财务分析基本上是"用望远镜观察"，虽然离得远但是反而隐去了诸多细节而呈现出整体特征上的客观。企业的现场调研则是"用放大镜观察"，突出针对性以及从细节见真实的能力。整体观察建立骨骼，细节观察补充血肉；业务和财务特征是身体，企业家精神和创业激情则是灵魂。

- 对于长期持有型投资者而言，不管你选择的是未来被证明多么好的企业，在持有过程中的每年都会有不少业绩和市场表现远远胜出的其他标的；而对于不断动态更新组合的投资人而言，不管你付出了多大的努力去挖掘每个阶段的优秀对象，都可能发现能且敢于重仓把握到的好主意其实并不多。

- 虽然企业研究力图寻找确定性，但确定性永远是相对的、暂时的，而不确定性则是绝对的、持续的。这二者看似矛盾，实际上确定性研究圈定符合特定标准的"对象"；而不确定性带来的市场分歧、定价偏差和收益概率分布，则提供了"时机"。前者是瞄准，后者是扣扳机，二者结合正是投资艺术性的重要表现。

- 如果以一个5年的周期来回顾，我们通常发现带来回报最大的往往就是那么两三个选择，而剩下的大量的交易在回报贡献率上基本上是无足轻重的。但正是这些次要的非核心交易，却占用了整个投资研究精力中的80%。巴菲特说"一辈子能打好20个孔就够了"，看来确实如此。

- 历史数据是投资分析中的重要依据，但这东西也真害惨了不少人。无论是历史的经营数据还是估值区间，都要考虑其内外部的背景。外部背景包括了产业发展的成熟度和市场的长期未来预期，内部背景则是其经营资源发挥的程度及主要变量。这些东西决定了哪些历史将具有延续性，哪些历史将被改变。

第三部分　理解市场

第12章
市场定价的逻辑

对于到底要不要倾听市场的声音，不同的人有不同的答案。我想，如果市场的声音是指各种纷繁的新闻热点、板块潮流、股评杂谈之类的话，那么确实是没必要理睬。但如果我们将市场定价作为一种具有集体智慧的判断结果，那么不但需要倾听和观察，而且还需要思考。原因很简单，我们的投资最终需要通过股价来变现。

市场定价的逻辑将很大程度上影响到我们的投资收益。企业的内在价值最终也需要得到市场的认可，而不仅仅是投资者个人的青睐。其实理解市场定价的逻辑，会反过来进一步有助于我们理解价值本身。我们可以不在意市场短期的涨跌波动，但如果不理解甚至误读了市场定价的原理，则可能既无法"买好的"也很难"买得好"。

12.1　有效还是无效

在考虑市场定价问题时，首先需要弄明白的就是市场到底是有效还是无效的？因为这将直接决定对定价机制甚至是投资基本原则的认识。但在这个问题上，投资领域的专家学者们已经吵了几十年了。那么为什么会在这个基本的问题上产生这么多争论呢？主要原因就在于它似乎怎样都是说得通的。

12.1.1　矛盾和争吵

市场是有效的吗？好像是这样的。

我们通常可以看到市场能对企业相关的信息给予正确和迅速的反应：一个公司业绩预增，市场会给予其正面的反馈；公司如果亏损或者同比下滑了，则股价也会下跌。除了最直接的业绩因素，市场同样对于与业绩并不直接相关但却具有潜在重大意义的事项有非常明确的反映：如一项重大的研发获得阶段性成功、一个重要管理层的任职或者离职、某个产业政策的调整等。

更令人惊奇的是，市场不仅仅对于短期的盈利状况进行有效反应，而且还非常关注公司的长期状况。在《价值评估》一书中作者引用了一项对美国1992年至1997年间上市公司季度盈利报表的大型样本分析显示，在信息发布四周之内盈利未达到预期水平对股价波动的影响不到2%。在对2002年137家美国公司的股价对盈利报告的反应调查中显示，只要有证据显示短期的盈利下降并不影响公司的长期盈利时对股价的影响就并不明显。因此可以认为市场的有效性不仅仅局限在短期的利润相关性因素上，而是同样考虑、甚至更加重视与企业的长期盈利相关的信息。比如，对于以下几种对短期盈利构成负面影响但可能有利于长期业绩的信息，市场就通常做出正面的反馈。

- 为了开拓市场、增强长期竞争力，增加收入来源和规模而采取的费用支出。比如研发费用、营销和广告促销费用、关键人才的工资及激励费用等。
- 为了扩大规模和占领市场而增加的资本性支出。

- 将非主业资产、短期虽然贡献收益但长期来看会是包袱的不良资产的剥离。

从这些角度来看，市场的共同智慧让人赞叹。有效市场的赞同者认为：由于市场已经将所有已知的可影响价格的因素充分反映在了当前的股价中，因此任何试图通过主观努力获取超额收益的行为是不可能的，最强有力的证据是长期来看能够战胜市场的基金非常稀少，绝大部分倒在了市场指数的脚下。

那么市场还可能是无效的吗？这么说似乎也并非空穴来风。

如果市场是有效的，那么如何解释历史上那些惊人的泡沫？美国20世纪70年代的"漂亮50"股票普遍被炒到八九十倍的市盈率，而其他不符合当时主流成长理念标准的股票，却不论素质如何一律坠入深渊；到了20世纪80年代，生物技术股又成为了新泡沫盛宴中的主角，一些生物技术概念的股票的市值卖到了销售额（而非盈利）的50倍。而这些与1990年的互联网泡沫相比似乎又不值一提了。在纳斯达克的激情顶点时期，一个没有任何利润甚至是大幅亏损的股票可以仅仅因为公司的名称中含有".com"，就轻易地被追捧到惊人的价格。市盈率和市销率乃至于PEG都成了过时的老家伙，市梦率这一"创造性"的估值方法开始浮出水面。再想想48元的中石油或者回头去看看日本股市泡沫时期的光怪陆离吧。这一切发生的时候，有效的市场在哪里呢？

如果市场是有效的，又怎么解释对同一个公司，在同一个基本面状况下，市场却在很短的时间内给出相差高达百分之几十甚至几倍的定价区间呢？50年代IBM和德州仪器公司的市盈率达到了80倍以上，而仅仅1年之内它们的市盈率就分别变为20多倍和30倍。也就是说，在同一个基本面基础上它们的市值变化相差3~4倍——这么宽阔的价格区间中，到底哪一个节点才是反映了市场的合理定价呢？再看看一个名叫"美国地球物理"的公司，它在1960年12月上市发行股票，发行当日的收盘价就达到了27元。而1年后的1961年它的股价更是直冲上58元的最高点，然而仅仅又过了1年它的股价再次发生变化。这次的股价是多少呢？答案是：9元。如果说1960年的27元或者1年之后的58元都体现了共同智慧对这个公司的合理定价和理性的期望值，那么仅仅是1年之后市值最大缩水85%又该如何解释呢？

巴菲特曾说过：如果市场是有效的，那么我早就沿街乞讨了。

12.1.2 捡钞票还是鉴宝

有效市场理论有大量的统计数据和案例的支持，无效市场假说也有数不清的例子和投资大师的背书。那么到底哪一个才是市场定价的真相呢？在我看来，其实两个都是真相，只不过它们都是真相的一面而已（看，这个世界上太多的事物和问题具有这种多面性。可太多人已经习惯了一根筋式地看问题了）。我更赞同霍华德·马克思对这个问题的阐述："没有一个市场是完全有效或者无效的，它只是一个程度问题……最终我得到一个有趣的答案：有效性并没有普遍到我们应该放弃良好业绩的程度。"

关于有效市场理论有一个著名的故事：一个金融学家和他的朋友在大道上散步，朋友突然说"看，地上有100元钱！"金融学家说："这是不可能的，地上如果真有100块钱早就被人捡走了"。当然通过这个例子有效市场理论的赞同者并不是说绝对不可能有钞票掉在地上，但是钞票是不可能经常性地掉在地上而没人捡的，所以如果你希望通过去捡钞票发家致富只能是个幻想。

这个例子似乎很有道理，但仔细想想却并不很恰当。首先捡钱是没有成本的，其次钞票一般来讲也比较容易辨别真伪。但证券市场的所谓无效性现象，更像是有一个人在路边以100元售卖一颗宝石的行为。看起来这是个非常好的大便宜，但是大家未必都会蜂拥而上的原因在于：

第一，对宝石鉴别真伪需要非常专业的技能；

第二，你至少需要付出100元的成本（如果你买得多，你付出的成本也就会直线上升）。

如果宝石是真的，当然赚了个大便宜，但如果是假的，那即使100元的价格也是亏本的。所以这两点导致了一些看起来似乎人人都不应错过的投资机会，确实具有被忽略和放弃的逻辑基础。

在我看来，市场首先一定是有效的。否则我们所有的投资失去了起码的基础——试想一下，如果市场不能对企业的经营结果进行正确的反应，我们还有什么理由站在企业经营的角度进行投资呢？**但市场的终将有效与市场始终有效、充分有效有着天壤之别**。这点我们可以借助市场有效论的基本假设前提，来理解市场无效出现的基本条件。如下表所示。

市场有效的基本假设和前提	市场出现无效的基本情况
投资者都是理性的，并且具有可靠的投资分析技能	投资者并不总是理性的，他们容易受到情绪的影响或者缺乏足够的分析技能
信息被广泛充分的披露以及得到迅速的传递	信息并不总是被充分的披露或者信息的传递不是同步完成的

在有效市场论者看来，投资者总是可以得到需要的信息并且对这些信息进行充分的解读。然而事实上并非如此，通过常识我们就知道，在股市中的绝大多数人是缺乏自我的情绪控制能力的，并且更缺乏投资分析的专业技能。此外，即使从总体上而言，信息得到了详细披露的强制性要求，并且由于互联网的存在而使得信息的传递确实可以瞬间完成。但具体到每一个股票身上，显然其所受到的关注度不可能是均等的，必然有一些股票更加受到关注而被研究得较为充分，而另一些股票却关注者寥寥，从而一些有意义的信息被忽略。

更关键的一点在于，市场在将已知的信息转化为定价表现形式的估值时，是具有很大的局限性的。通过现金流折现模型可以确信，一个股票最终的市值是取决于其遥远将来的长期经营结果的。但这一过程中涉及大量的估计成分，市场不可能对这么长区间内的精确数值达成共识。再考虑到"折现率"这一体现不同保守程度的变量条件的介入，**我们几乎可以肯定地说：市场对于任何股票的定价即使是准确的，也仅仅是反映了当前可见状况的阶段性评估，而远远谈不上对一个股票全生命周期的充分定价。** 这正是为何可以有这么多的股票可以在上涨了十几倍以后继续上涨十几倍（比如沃尔玛），而不是一次性体现在价格内的根本原因所在。

理解了这点后，我们可以回过头来再一次重温投资要具有历史感和前瞻性这个话题。无论多么聪明的市场，也无法充分预支一个具有远大发展前景的优秀企业的未来。谁洞悉了未来，谁也就领先了市场。

12.1.3 最后谁说了算

但另一方面，不论什么原因导致了市场无效定价的出现，只要这种价格与价值的偏离到达一定程度，则市场必然会产生反应，将其纳入合理的范畴——这就像不管一个皮球被扔到多高，最终等待它的是地心引力一样可靠。

这是因为，虽然市场从整体来说绝大部分的参与者是容易情绪失控或者缺乏专业技能的，但确实又存在着一个群体具有足够的理性和分析评估的能力（我称之为成功的少数派）。在市场的大部分时候，投资者都是在一种市场趋势下来回奔波，这种时候"成功的少数派"往往既不参与这种趋势博弈的游戏也无法起到作为逆转的力量的作用。但当趋势运行到某种足够的程度（不管是上涨还是下跌），当这个资产的吸引力开始出现足够的保障和确定性时，即所谓的获胜的概率和赔率都极具吸引力的时刻，这些"成功的少数派"就会断然出手，并且一出手相对于其他的群体而言就是大手笔的——这也很好理解，既然是"成功的"，自然具有更大的实力。与此同时，趋势经过大力度的释放也运行到了这个方向的衰竭阶段，投入这种趋势的力量也就越来越少，这就越来越无法阻止"成功少数派"的力量来改变趋势。而一旦趋势改变，新的方向性确立会吸引新的趋势跟随资金的介入，从而实现股票的价值回归。

我认为这就是格雷厄姆所说的"市场短期来看是个投票机，但长期来看是个称重机"的实现过程。**短期市场的起伏和定价相对更加随意，更加容易受到一些偶然性、突发性、短期性、情绪性因素的影响。但市场的长期定价在趋势与价值偏离达到一定程度后必然被一股强大的理性力量推动回归到合理范围内。**

蒂姆·科勒针对趋势交易型投资者和内在价值型投资者的一项交易数据调查可能对这一过程提供了佐证：在这项2006年的调查中，所有大型交易投资者买卖了11万亿美元的股票，而内在价值投资者仅为3万亿美元，这显示日常价格波动中活跃的主角是前者。然而，当统计两种投资者中每个投资者每次交易的额度时，内在价值投资者约为700～3 000万美元，而交易投资者只有100万美元左右。

这显示，内在价值投资者出手的时候往往坚定而更具决定性。虽然他们每年的总交易很少，但却更为集中在有限的时间内的有限的股票上，从而对股票在极端偏离价值区域内后的回归具有决定性的影响——这其实也解答了一个疑问：为什么投资大师们说市场中的绝大多数人往往是错的，但市场本身却经常是有效的？正是因为真正决定市场定价关键话语权的，不是占绝大多数但情绪化而且弱小的人，而是相对数量很少但精明和拥有决定性资本的人。

12.1.4　发现错误定价

既然已经对于市场定价有效和无效产生的原因有所了解，那么接下来更具有实际意义的一个问题就是如何利用这种现象来服务于自己的投资。我们已经知道，在市场非常有效的部分中是很难取得超额收益的，所以投资的关键是找到市场暂时失效所带来的错误定价的机会。

市场有效与无效各自所占的比例是多大？这个问题显然非常难以量化。但按照我的经验，市场在70%的时间里是不具有重大的操作意义的，25%的时间里可能出现有意义的操作机会，而只有5%的时间是具有重大操作意义的。这是否间接地说明在绝大多数的时间内，市场还是处于较为有效或者说不是处于重大无效的状况下？这是以市场整体为评价标准，作为个股而言我们将看到另外一种情况：上市的几千家公司里，即使处于一个市场整体非常有效的背景下，只要其中有10%的股票处于错误定价的位置，1%的股票处于严重的错误定价的位置，那么提供的机会也已经足够多了。

任何一笔交易其实是正方和反方同时做出的决定（既买和卖），那么谁是错的？为什么我会确信这是一个错误定价，而不是我自己的判断失误呢？我想对此可以沿着以下的思路来提高成功率。

错误定价的前提	市场有效性的局限	重点关注	自我审核
市场无法对企业的远期经营结果充分定价	企业的长远未来经营结果涉及大量的变量和估计，市场无法对这些变量因素充分预估并达成共识	具有广阔成长前景、仅仅处于发展生命周期的初中级阶段的企业	我为何能比市场更具有远见？我发现了哪些市场忽略的因素和证据？这种估计是否过于乐观？我是否已经充分聆听了反方的意见，并且依然觉得上述判断成立
市场情绪失控的时期	市场往往夸大一些阶段性的信息，越是短期的股价波动越可能是情绪性的反映	受阶段性的重大负面信息打击、已经连续大幅下跌，价格已经充分反映了现有负面因素甚至潜在负面影响的股票	真的只是短期的影响吗？会不会低估了这一影响的程度？有多少证据证明这不是经营态势趋势性的改变

续表

错误定价的前提	市场有效性的局限	重点关注	自我审核
信息的掌握或者解读不充分	市场的注意力总是过分集中在那些主流品种上，而那些受到冷淡的品种则可能存在已知信息传递不充分、从已知到可知信息的解读不充分的问题。另外，业务过于复杂也会影响市场的有效解读和共识的形成	不要在研究已经极其充分的地方浪费时间，多找找那些市场毫无兴趣的、无人关注、缺乏调研报告、机构持仓量小的公司	我所得到的信息是否真的是有价值的？这些信息被市场忽略的原因是什么？有什么证据证明，这个股票处于严重的缺乏关注和研究不充分状态

除此以外值得注意的是，市场总体上更喜欢对近期绩效做出夸张的预期，并在日常性的估值中所占的权重过大。如果公司当年的业绩增长率是80%，那么下一年的预期往往认为增长50%就算保守估计了；相反如果当年业绩增长只有10%，那么下一年似乎20%的增长率也是过于乐观的。这一方面将只不过是偶然或者短期业绩快速增长的公司错误高估为具有长期的超额收益能力的公司，另一方面对于那些真正具有长期竞争力和商业价值，但仅仅是阶段性业绩平庸的企业也有进行低估的可能。显而易见，这两点很容易造成重大的错误定价。

但坦率地讲，市场确实在大多数时候是非常精明的，要想等到市场重大失效的时机确实很不容易。个人智慧超越市场的共同智慧不是不可能，但做出这个判断确实需要非常地谨慎。降低这一判断风险的最好办法，还是牢记安全边际——耐心的等待永远是美德，将未来需要验证的不确定性用当前可见的价格予以对冲永远是有利的。

在一个企业业绩非常突出并且市场预期很高的时候，多考虑一下可能的小概率事件。而在一个企业经营平淡或者低迷而市场预期很差的时候，多去审视一下它长期发展的大概率情况。这种抽离出市场情绪和企业静态业绩表现的思维方式，往往能够让我们更好地规避风险、把握机会。

其实在市场中去寻找错误定价就像是一个永远不停止的探宝游戏，激动人心而又困难重重。在这一过程中，**投资者对市场状态的敏感和耐心往往是成功的必备前提。但我个人认为，仅仅这样是远远不够的。在捕捉错误定价的过程中，最为关键而且相互之间具有内在关联性的因素是：第一，理解价值产生的源泉；第二，理解估值溢价和折价的本质**。因为市场的定价并非是盲目和想当然的，定价的背后是深刻的价值规律在起作用。并且市场定价从来就不是一刀切，而是存在着明显的差异化定价。如果不能理解这种差异产生的本质原因，那么捕捉错误定价往往会变成投奔价值陷阱，会简单地将"估值指标低"等同于"价值偏离"。

这里我想起一位证券分析师的反思案例：他回忆10年前曾关注的葡萄酒企业，王朝酒业（0828.HK）在香港上市，张裕（200869.SZ）在B股市场上市，长城没有上市。2003年这位分析师认为张裕的股价太贵而王朝很便宜，因此更看好后者。然而半年后张裕的股价大涨，王朝却原地踏步，虽然那时他已经感到哪里错了，但那时的张裕却更贵了，只好干脆放弃。之后的整整10年，张裕成为标志性的大牛股，而王朝和长城却要平庸得多。事后这位分析师反思到：很多时候贵和便宜真的是有道理的，市场的精明往往超出我们的预料。

总之，市场的有效性让我们相信以企业经营的视角看待投资绝对是一个可信赖的方法，不管短期内股价因为什么原因偏离了企业的内在价值，偏离了多大的距离，它一定会回归到合理的范畴。并且市场大多数时期的有效性也告诉我们：不要无谓地瞎折腾，要么安心地持有，要么耐心地等待。而懂得市场也会失效，并且理解导致市场失效的主要因素，可以让我们知道股市中的"狩猎场"都在哪里，"猎物"在什么情况下才会出现，以便在时机来临之时果断地叩响扳机——记住：猎手的优秀从来不是取决于他多么精力旺盛，而是取决于他有多了解自己的狩猎场和猎物，以及掌握了多少狩猎的基本规律和经验。

12.2 折价、溢价与泡沫

证券市场对上市公司的定价主要是以倍数指标体现的，无论是以盈利指标为倍数的市盈率还是以净资产指标为倍数的市净率等都是如此。那么一个有趣又非常有嚼头的现象是，为什么同样的一个市场却会对不同的对象或者在不同的时间对同一个对象给出差异极大的定价呢？

12.2.1 三个影响因素

对市场的估值存在很大差异这一现象，很多投资者简单认为是市场的不理性所致，在这些人看来整个市场最好给出整齐划一的估值。然而，这样的"完美"市场似乎从来没有出现过。

其实我认为当想不通这种定价的差异化的时候，不妨就思考一下社会分工的不同所带来的收入差，道理是一样的。收入差本质上越是创造更多商业价值的（商人的交换价值、科学家的研发创新），越是进入壁垒更高的（比如飞行员、精算师），越是随着时间的增长越宝贵的（律师、医生、会计），越是存在自由市场化定价的（国防科研人员就不行），定价就越高，否则就会带来定价的扭曲，就会带来问题（比如医生工资与劳动价值不匹配所导致的一系列问题）。而相反，如果这项技能很容易被复制而可替代的人众多，虽然不可或缺，但是创造的相对价值较低，以及不存在可持续积累增厚的无形资产的工作，则可能虽然辛劳却未必获得高的社会定价。

这样反过来想想，难道整个社会以一刀切的收入水准来分配才更合理吗？显然并非如此。如果说收入是社会对于职业价值的一种估值的话，那么证券市场的定价也存在类似的差异化估值的"价值观"。

申银万国曾做过一个长期数据研究：研究的10个国家中有8个国家医药板块相对全市场溢价，其中5个国家溢价超过30%。1980～2008年，美国医药板块相对美国市场平均溢价20%，印度医药板块相对印度市场平均溢价49%。在医药经济快速发展或者美国经济减速阶段，美国医药板块相对大势估值溢价幅度在30%～50%，印度在向国际市场快速发展的1997～2002年，相对印度大势估值溢价幅度达到50%～200%。2005～2008年4月中国医药板块估值相对大势平均溢价34%，溢价处于国际市场中间水平，2007年3月和2008年1月由于市场对中国医改的预期以及板块风格变化，溢价水平开始超过50%。英国和日本是全民免费医疗卫生体制，且政府价格管制严厉，导致企业盈利降低，其医药板块估值溢价最低。

估值差并不仅仅是不同行业和生意之间才有区别，同一个公司在不同的价值阶段估值也可以相差很大。我们看看银行的例子：

招商银行2005年大熊市底部收盘价的市盈率也在18倍左右，市净率大约2.6倍，之后两年牛市涨幅十几倍。而2008年大熊市下降到只有9倍市盈率和2.4倍市净率，之后的4年却涨幅连1倍都不到并且市盈率继续下滑到5倍，市净率也仅有1.5倍左右。即使不考虑牛市的涨幅，为什么同样在熊市的2012年和2008年，在大盘指数比2005年的998点高得多的时候（2008年的最低点是1 664，2012年的最低点是1 949），银行股的市盈率却大幅下降呢？前面提到的美国医药股曾在某个阶段享有高溢价，但近几年由于营业规模已经极其巨大、化学药研发模式遇到瓶颈、其依存的卫生保障模式也压力日趋增大且重磅药陆续超出专利期等重大因素的影响，化学药巨头辉瑞的估值已经回落到15倍市盈率左右。

　　如果只是一两年的偶然现象还可以以市场偏好来解释。如果这个特性在10年甚至几十年里，在中国也在世界其他国家中都出现，那么这个客观事实的背后逻辑恐怕就值得重视了。我的理解是，在一些特定的阶段，一些特定的行业以及公司，会在整个商业环境上体现出远远超越其他行业（或自身的其他阶段）的经营优越性。这种优越性进一步体现在行业业绩增长水平的提高以及相当长时期内业绩维持的高确定性。下表是对溢价和折价因素的一个归纳。

	溢价因素	折价因素
不同的价值创造阶段	处于长期价值创造的初、中级阶段，具有广阔的发展空间和巨大的资本复制扩张潜力。从ROE的表现来说就是收益率有持续提升到优秀水准的潜力，且保持在较高水平的时间预期较长或者在保持较好收益率的前提下净资产具有规模上的持续大幅度扩张潜力	已处于价值创造的末期和成熟期，其固有业务的发展空间接近饱和，缺乏大规模新投资的潜力（或不得不投资进入高风险的陌生领域）。ROE特征表现为进入高峰回归均值的过程或者高收益率将失去稳定性（行业变迁或者竞争加剧），资产的规模扩张逐渐遇到瓶颈
生意模式的差别	高度符合DCF三要素，属于典型的资本开支少、现金创造力强利润丰厚又接近永续经营的好生意	长期来看难以积累自由现金，利润微薄、资产负债表始终处于高风险状态或者生意模式决定很容易归零，难以永续经营
盈利预期的确定性	一个高度确定的盈利预期将大幅降低投资中的不确定性。在投资的世界中，市场更愿意为了获得较高的收益确定性而承受较低的收益预期（其反面正是相对估值更高）	盈利的前景被众多不确定性所包围：技术的变迁、行业竞争的混乱、市场需求的难以捉摸、大量经营变量因素的干扰，这一切决定市场须追求更高的回报预期来补偿承担的高风险——其反面正是估值的折价

　　看到"不同的价值创造阶段"，可能有读者会提出疑问：在本书中我已经多次强调了"前景"的重要意义，这是否有过于强调成长性而违背了价值投资安全保守性的一面呢？我的回答是：这种想法可能既误解了价值投资也误解了我。我们可以看一下作为价值投资开山鼻祖的本杰明·格雷厄姆在《聪明的投资者》第11章中"确定未来的价格"一文中所

谈到的观点：

是什么使得一家公司的价值达到其利润的10倍，而另一家公司则达到20倍？你如何保证自己不会因为明显乐观的未来转变为一场噩梦而支付过大的代价？格雷厄姆认为，有5种因素具有决定性的作用。他将其归纳为：

（1）企业"总体的长期前景"
（2）企业管理层的水平
（3）企业的财务实力和资本结构
（4）企业的股息记录
（5）企业当期的股息支付率

请注意，即使被称为极其保守谨慎的格雷厄姆，在考虑市场定价因素中的首要一条竟然也是"长期前景"（其实第二条也是公司前景决定性的因素）。实际上对于价值原理有所思考的朋友，对这个现象不会感到奇怪。正如在《揭开价值的面纱》一章中讨论过的，企业价值的源泉主要来自于两点：资本回报率和业绩增长力。上市公司与普通商品最本质的区别在于，上市公司具有持续创造价值的可能，而普通商品只是用于消费。这一点决定了，对后者而言价格最关键，而对前者来说品质更重要。

对于长期未来（或者说增长的前景）判断的困难与判断的必要性是两个截然不同的问题。显然普遍而言，对公司长期增长前景的判断都是具有一定难度的，但这并不能成为不判断的理由。或者这样说，这是一个"困难但必须要做的工作"。因为必要，所以须高度重视并且掌握相关的研究技能；因为困难，所以在得出结论的时候要做到谨慎而留有余地，要重视用较好的价格对冲不确定性的风险。这两者从来就不是谁替代谁的关系，而是水乳交融的。

注重成长性与保守谨慎有冲突吗？ 一个注重公司的成长性但10年才投资了5个公司的人，与一个专找便宜股票，5年就能交易50个公司的人相比，**谁更谨慎保守些可能本身就是个问题**。当然，根据投资者具体能力倾向的不同，有些投向前景判断的权重更多，有些更偏向市场给出低价格，这很好理解。但在我看来，优秀投资者的基本特征之一就是能在这两个方面进行恰当的平衡。

1. 表彰过去还是面向未来

我们经常会看到一个似乎非常强大、营业规模非常高的、被公认为伟大和管理优秀、并且财务状况良好的所谓大蓝筹，却偏偏估值比较低。而一些规模较小、经营的稳固性看起来并没有那么强健、还需要不断通过融资等途径支撑增长的企业，却经常享有较高的估值。对于这种估值的差别，很多"价值投资者"愤愤不平地认为这是中国市场非常不理性而喜欢炒作的表现。然而事实真的如此吗？

首先从投资的原理来看，二级市场的报价到底是对过去历史的一种表彰还是对未来发展和回报的一种预期？历史辉煌的企业也许可以证明其在企业发展史中配得上"伟大"这个称号，但却不足以证明这种辉煌将是未来的重现。**对于一个在既有的业务领域中发展到高度成熟阶段的、将绝大多数经营绩效变得提升到了极佳水准的企业而言，它要在未来创造更高的经营高峰实际上不是变得更简单了、而是更困难了。**一个只能跳过0.5米横杆的人经过良好的训练和刻苦的努力，也许可以达到1.5米（3倍增长）的较好水平。但已经达到2.2米高度的优秀选手，即使再努力也要面临2.45米这个世界纪录的巨大天花板。**从表彰角度来看我们可以给予后者更多的鲜花和掌声，但在投资角度而言回报不是来自于过去的成就，而是来自于未来的增量。**

这也并非是中国市场的特例。我们可以看到在美国这个世界上最大也被认为是最成熟的市场中，那些让整个人类都如雷贯耳的伟大企业微软、可口可乐、苹果、思科、沃尔玛等都不过只有十几倍的市盈率，而在它们早期的成长阶段的市盈率却远高于今天（那时它们的营业规模还很小、事业处于高速增长但同时也面临相应的不确定性，其经营管理远未像今天一样被广为赞叹）。这是否也是"不理性"呢？

其实这恰恰说明了市场的理性。市场对于一个企业的定价并非是针对其当前的状况，更不是根据其历史的表现，而更多是基于其所处的价值创造的大周期的定位。如果我们从价值的根本源头"现金流折现"来看这个问题，可能会看得更清晰一些：就像人们事业成长的抛物线一样，也许事业最辉煌、地位最高、最受人尊敬的时候是60岁，但这个时候其在未来可继续创造的现金流已经非常有限，再提升的可能性也越来越小。而30岁虽然绝对收入规模远小于前者，但只要具有优秀的外部前景（职业选择）

及个人素养（竞争优势），那么其在未来可创造的现金流的总量和增量都可能远远大于前者。以现金流折现的原理来看，后者的估值更高是很正常的。

事实是最好的证明。2012年堪称最伟大软件企业的微软只有15倍左右的市盈率，而名不见经传但依然处于上升发展阶段的塞纳（美国著名医疗信息软件提供商）却享有着近40倍的市盈率，这种定价的差异是否可以简单归于"非理性"呢？苏宁上市的第一天市盈率就在30倍以上，但据媒体统计，如果上市当天买入，一直持有到2009年，则回报率高达700多倍。2012年末苏宁的市盈率只有17倍了，看起来很便宜，但这二者之间哪个时段更具有投资价值呢？企业的生命周期所蕴含的价值创造周期，恐怕并不能简单地以市盈率来衡量。

2. ROE与估值的反差

净资产收益率（ROE）作为企业价值创造的最综合性展示指标对于这一问题也有观察意义。通常我们会认为越高的ROE应该匹配相对高的估值。但如果我们观察一个企业的动态估值分布，却会发现其估值的中枢并非完全是随着ROE的抬高而线性走高。恰恰相反，对于一个实现了ROE从低到高的完整走向的企业而言，其ROE的高点可能反而对应着估值的下降。我们来看三个典型的案例，如下表所示。

贵州茅台

年份	市净率	市盈率	ROE
2003	2.21	~12	~17
2004	3.41	~16	~19
2005	4.17	~18	~21
2006	13.44	~50	~25
2009	10.94	~34	~29
2010	9.35	~31	~27
2011	7.9	~21	~34
2012	6.12	~15	~38

这是贵州茅台的ROE与PB、PE的结合趋势图（股价均取当年收盘价；由于2007、2008年的波动过于剧烈，属于极端态。因此将这两年的数据予以了剔除，下同）。可以看到2003年以来它的净资产收益率扶摇直上，到2012年达到了历史高点的38.9%的惊人水准。但其估值从2003到

2006年随着ROE的上升而不断上移，并在2006年见顶，随后一路下移，2012年其市盈率下降到只有16倍不到，基本上只与2004年的水平相当（而2012年净利润的增速却依然高达50%）。虽然这其中有遭遇公款消费管制、经济转型等诸多因素影响，使得其多年来施行的连续大幅提价的"印钞机"经营态势遇到麻烦，但这只是触发的表象。真正更本质的原因还是在于它已经进入了价值扩张的中末端。又如下表所示。

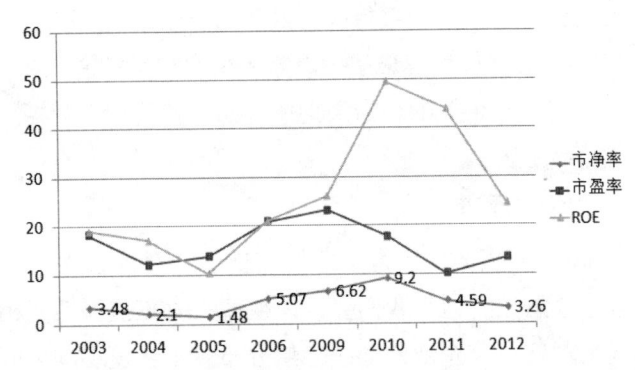

三一重工

年份	2003	2004	2005	2006	2009	2010	2011	2012
市净率								
市盈率	3.48	2.1	1.48	5.07	6.62	9.2	4.59	3.26
ROE								

三一重工的市盈率也出现了剧烈的回归现象，而这种回归也正是发生在其净资产收益率达到历史高点的2010年（当年净资产收益率49.4%）。与贵州茅台相似的是，三一重工的高收益率受益于行业景气，并且也已经进入一个较大规模的基数。当然，细心的朋友可能会发现三一重工与贵州茅台的市净率变化相差非常明显，在下面我会揭示其中的原因。又如下表所示。

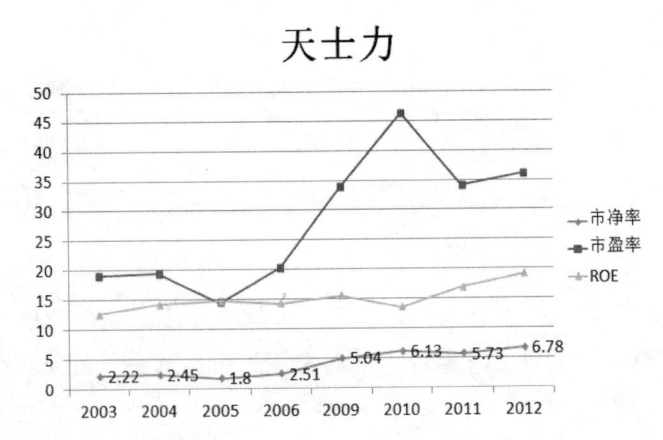

天士力

年份	2003	2004	2005	2006	2009	2010	2011	2012
市净率								
市盈率	2.22	2.45	1.8	2.51	5.04	6.13	5.73	6.78
ROE								

天士力的情况却截然相反。其ROE开始向上爬升出现在2010年，2012

年达到19%左右。但自2006年开始其估值就稳定攀升并至今依然保持在历史的最高水平。这其实正是由于正在进入创造超额收益阶段，处于企业价值创造的中期而非末期。并且随着2010年FDA2期认证的通过，其原本潜在的竞争优势开始逐渐发挥效益，并且这种态势还将保持较长的一段时期。所以2010年我曾在一篇博文中谈到"自此天士力进入一个经常性的估值溢价阶段，我对此并不会感到吃惊"，正是这个逻辑下的结论。当然，最终它的估值随着逐渐进入企业发展成熟期的过程而回归的结局只是个时间问题，但对投资者来说抓住这种未来优势型企业的超额收益阶段正是意义所在。

这些案例给予我们一个重要的启示：**对于那些刚刚经过了什么"黄金十年"之类的长期行业景气繁荣、企业已经将各方面经营要素运作得登峰造极且达到资产收益率极高水准的要特别小心**。很简单的道理，这个世界是均值回归的，否则几个巨头公司早就占领全世界了。超额收益的长期持续其实是一种对均值的偏离现象，达到一定程度一定会遇到阻碍而回落（要么是行业景气因素的稀释，要么是产业竞争导致了新陈代谢，又或者是企业在优势领域内已经业务饱和而不得不进入竞争性更强和不确定性的新领域）。对于这种各方面堪称完美的大市值（相对行业而言）企业，给予高溢价反而是一种昂贵的错误。恰恰是那些当前看来还不那么完美，数据还没那么漂亮，但其业务具有远大发展空间并且具有强大差异化竞争优势的企业才应该享有更多相对的溢价的机会。

3. 好生意就是不同

企业的生命周期和价值创造周期虽然重要，但却不是唯一影响到市场差异化定价的因素。我们经常可以看到，一些已经步入缓慢增长和市场成熟期的企业，其估值却显著地高于市场的平均水平甚至是那些依然处于较快速增长阶段的企业。

好时糖果公司的收入增长率已常年处于5%以下的水平，但其2009年底的市盈率却接近20倍，超过了70%的美国400家最大的非金融公司。又比如金宝汤公司与折扣零售商科尔士公司的市盈率非常接近，但前者仅实现了4%的增长而后者的增速却是15%。同样我们可以看看东阿阿胶与北新建材的比较，从业绩状况来看北新建材过去5年的复合增长率为22.8%，而东阿阿胶为29.34%，相差并不很大且都依然具有很大的发展前景。但东阿阿胶过去5年的市盈率运动区间最低也有22倍最高在45倍以上，北新建材却最高也不过20倍左右的市盈率，最低只有10倍。

显然，在成长空间和企业生命周期之外，另有一个影响到企业溢价还是折价的关键性因素存在，那就是生意特性。在本书的第二部分曾经重点探讨了不同生意特性在财务和业务特征上的巨大差别，对于那些更符合DCF三要素（比如好时糖果和东阿阿胶）、资本收益率更高的（比如金宝汤的资本收益率高达50%而科尔士只有15%）生意，在相似的条件下其享有更高的估值溢价机会。

虽然俗话说"360行，行行出状元"，而且现实世界中确实每一个行业都可能出现优秀的经营者和大牛股，但是普遍意义上来讲生意这个东西真的是天生就很不公平的。依然从"现金流折现"这一基本的估值理论源泉出发，我们会发现所谓的好生意确实更容易孕育和积累价值：更低的资本支出、更高的资本回报率、更好的现金流水准、可预期的持续的需求、更容易差异化而导致的高进入壁垒……这一切成为其持续孕育价值并形成长期壮观复利的温床。

在前面贵州茅台和三一重工的ROE与PB、PE趋势图中，我们也可以看到显著的差异：首先作为强周期企业的三一重工收益率波动极为剧烈，收益率呈现阶段性特征而不是趋势性特征。其次，我们看到其市净率在2012年由于行业景气，市场回落，它的市净率基本上跌回了2003年的水平，甚至长期来看跌回最低水平也并非不可能。而贵州茅台虽然市盈率下降较迅速，但市净率却相对于10年前高得多。这其实反映了两者生意特性上的巨大不同——茅台毕竟是具有极高的差异化壁垒和强大的现金创造力，即使进入价值创造的终末期也仅仅影响的是增长率，它本质上的高资产收益率和现金流的稳定性是工程机械企业所无法比拟的。所以一个在行业景气下降后市净率就跌回最低区间，而另一个长期来看依然可以享有中高水准的市净率估值。从这个角度讲，**即使两个企业处于相似的价值创造周期，完全不同的生意属性也足以使得他们分别显现出溢价和折价的不同特性**。

另据麦肯锡的一项统计，资本支出与资本回报率是影响市盈率的一个关键性指标。

假设两家公司当前的营业规模均为1 000万元盈利均为100万元，未来

5年的收入增长和盈利增长率都是5%。a公司的资本性投资较少（假设5年共计资本性支出占盈利总额的25%），而b公司具有较高的资本性投资需求（假设5年共计资本性支出占盈利总额的50%），那么这两家公司在完全相同的营业收入、盈利水平和增速的前提下，a公司比b公司要多创造出50%的现金流。这个时候，如果我们采用10%的资金成本来对这两个公司进行贴现，并将这些现金流进行加总得到a公司的数据是1 500，而b公司只有1 000。用1 500和1 000分别对两家公司的当前盈利100万元相除，就会得出a公司的市盈率为15，而b公司的市盈率只有10。

在这个案例中，a公司的低资本性支出属性是建立在其较高的资本回报率基础上的。A公司第一年的盈利是100万元，而支出占盈利的25%也就是25万元。又由于第二年其收入和利润都上涨了5%，所以其投入的资本回报率约为$5/25 \times 100\% = 20\%$。而相同情况下b公司的资本回报率则只有10%（同样带来5%的盈利增长却需要多一倍的资本性投入）。

从这份调查进一步得出的结论是：当投入的资本回报率较高时，业绩的高增长将推动价值的增加。但资本回报率较低时高增长却会导致价值的下降。而一旦资本回报率低于资金成本时，越大的增长就将越破坏价值。而且，考虑到现实的商业世界中两者的应收和盈利的未来确定性会有更大的差别，因此具有不同的资本支出和资本回报率的企业在模拟计算中所体现出的估值差异会更明显。

4. 确定性的来源

越是低风险的投资品种回报率越低，相反则必须提高回报率才能形成平衡。比如银行存款是几乎没有风险的，所以只能获得3.5%的年利率。相比较而言，企业发行的债券的信用风险就要高得多，因此必须付出更高的利息吸引投资者。一些企业债的票面利息可以达到8%左右，如果企业的信用很低，那么利息还要更高。我们知道，市盈率是收益率的倒数，所以如果将银行存款和企业债务作为两个企业来估值，那么前者的估值就是28.57倍，而后者只有12.5倍左右。前者这种溢价就是来自于更高的回报确定性。

当然，确定性本身其实是一个定义模糊的词，在股票投资的语境中，确定性永远是相对的、暂时的，而不确定性其实才是绝对的、永恒的。但毕竟不同的公司的内外部环境相差很大，这确实导致一些公司的经营前景相对于另一些公司而言更具有可预期性。那么经营前景的可预期性来自哪些条件呢？我想包括以下几条，如下表所示。

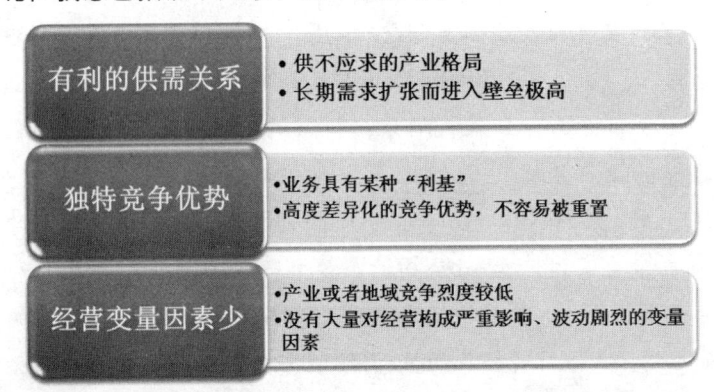

有利的供需关系	• 供不应求的产业格局 • 长期需求扩张而进入壁垒极高
独特竞争优势	• 业务具有某种"利基" • 高度差异化的竞争优势，不容易被重置
经营变量因素少	• 产业或者地域竞争烈度较低 • 没有大量对经营构成严重影响、波动剧烈的变量因素

严格意义上来讲，供需关系可以归纳入不同价值创造周期中，因为供需情况的演变往往是企业生命周期变化的一个外部表现。但由于这个因素在日常定价中占据很明显的权重，因此予以单独提列。

在第二部分"让视角回归本质"一章中已经就市场供需格局的不同状态和意义进行过讨论，供不应求显然是市场最青睐的一种局面。对于处于这种局面下的企业，需求处于爆发性增长中而供应则由于进入壁垒或者先发优势等因素而有利于当前的行业领先者。在这种情况下市场也非常喜欢给予高溢价。从表面来看这一点似乎也无可厚非，因为供不应求预示着企业订单的源源不断和未来可预期的几年内营收的突飞猛进。所以较高的估值有望被快速提升的业绩所熨平。

市场对于供需失衡这个因素往往非常敏感，这确实要比前两个因素更加直观并且具有话题的刺激性。但这个估值溢价因素隐含着巨大的风险，因为当期盈利的优秀并不代表真正的盈利能力的卓越。吃市场景气的顺风宴往往最热闹火爆，但这种宴席也经常最快曲终人散并留下一片狼藉。**所以特别需要注意的是，这种供需的失衡必须至少在3～5年左右的区间来看是非常明确的趋势性的驱动，而不是那种一两年突然兴起的短期行业景气的波动。**

天富热电是一家拥有独立电网的发电企业，从生意特性上来看没什么亮点。但其所在的石河子市恰逢新疆经济开发和内地制造业转移的大潮，大量的高污染及重工业企业在很短的时间里密集进入石河子经济开发区。这就导致了石河子市的发电供应量在短期内远远跟不上用电需求的"供需失衡"。而且这种失衡随着迁入的企业越来越多有加剧的可能,此外天富热电拥有石河子地区唯一的发电和供电行政准入壁垒。这两个因素一结合,就是这家企业在未来几年内的业务提升量都只取决于其发电能力的建设速度上了,而这种建设的计划又几乎是公开的,由此带来很高的业绩增长的确定性。

也因此,跟发电的同行业进行比较,天富热电差不多是发电行业中估值最高的公司——2013年上半年发电行业的市盈率普遍只有8～10倍左右(有些高市盈率是因为盈利太低),市净率在1.5(以2012年末净资产为基准,下同)以下为多,而天富热电在业绩高增长后还保持在15～20倍的市盈率和2.5倍的市净率。这种估值溢价可以说完全建立在供需失衡所导致的业绩增长的相对确定性上。

竞争优势的作用显得有些复杂。并不是所有泛泛而言的竞争优势能够带来溢价,比如格力电器在国产家电行业中具有明显的竞争优势,但其相对于青岛海尔、美的电器却并无什么溢价(2013年4月都在10倍市盈率左右),甚至还低于小天鹅a和九阳股份。同样,天士力独树一帜的竞争优势也并未换来其在中药制造业乃至于医药制造业中明显的估值溢价,甚至在2010年之前还处于相比同行业的折价状态,仅仅是在2010年正式通过了FDA2期试验并且反馈到了业绩的高增长之后才形成较为明显的溢价。

对此我个人的理解是,首先竞争优势是一个非常个人化的主观判断得出的结论,相对于整个证券市场的判断力而言,它并不那么直观和容易形成共识。另一方面,"竞争优势"只是一个手段,目的是超额收益——而脱离整个行业发展阶段和生意属性谈竞争优势也可能有点儿形而上。是否有优势一定会反映在企业的经营结果中,无论是在生意特性的优化上还是业绩的持续表现力上。当这一点表现出来后市场通常会给予相应的反映,只不过从表面看来这种反映更像是针对当前业绩和可预期的未来业绩而已。

但反过来看,如果企业丧失了竞争优势其对于估值的杀伤力则是明显的。竞争优势的丧失,意味着盈利能力走向平庸,企业开始陷入不确定性的沼泽,市场对此的预期下降并不难理解。

苏宁电器(已更名为苏宁云商)是一个典型的案例,本来在家电连锁店业态中它已经成为无可置疑的王者，并且以原来的业态来看要想颠覆它也确实不容易，竞争对手仅仅是复制它的店面数量就需要数年时间。但电子商务的爆发式增长瞬间改变了这一切，原本苏宁引以为傲的店面优势却反而成了全面转型电子商务企业的一个麻烦。随之而来的则是竞争烈度的提升，业绩的下降和估值的大幅下滑。如下表所示。

	2009年	2010年	2011年	2012年
业绩增速	+32.23%	+37.37%	+19.01%	-48.72%
ROE	19.88%	21.88%	21.59%	9.4%
年收盘价市盈率	32.46	22.98	12.41	17.97%
年收盘价市净率	6.66	5	2.16	1.72

其实在2012年，我对已经大幅杀跌后的苏宁电器产生过浓厚的兴趣，但经过仔细的研究和思考后，我认为它面临的不是普通的景气或者转型问题，而是面临颠覆性商业模式的挑战。更要命的是这场战斗的烈度极高，而且平台商的战争结果往往是赢者通吃，输的却可能连粥都没得喝了——也就是说一旦竞争失利，业绩的下降几乎是无底线的（这种特性下所有的"低估值"是脆弱和不堪一击的）。从各方面衡量，我都得不出苏宁能高概率取得胜利的结论，或者说它完全处于我能力圈的范围之外，因此还是冷眼作壁上观吧。

似乎可以这样认为：竞争优势的强弱和是否清晰，体现了公司实现预期收益和增长的风险程度。竞争优势越强大，越能免于与市场竞争，越具有实现目标的可预期性和可持续性，就越会巩固其他几个因素的牢靠程度，使得其溢价更为明显和可持续。

"利基"一词源于法文，原指宗教信徒在墙壁上凿壁而建的，摆放圣像的小洞窟。英文解释有登山时着力的牢固支点的含义。彼得·林奇首次将其引入作为一个投资上的概念，我的理解是形容为某个企业在特定领域拥有的某种行政准入壁垒。这种权利由于市场垄断地位、独特的资源禀赋等因素，可以免于市场竞争的袭扰，从而为企业带来丰厚和高确定性的回报。

盐湖钾肥（现已更名盐湖股份）就曾经是一个典型的拥有利基的公司。它掌控了对青海湖所产钾肥的独家生产经营权。特别是在七八年以前，钾肥在国内只有这样一个出产地。并且从总体的供需格局来看国内大部分所需的钾肥需要进口。这样一个利润丰厚而又独家经营的生意，成就了盐湖钾肥在2005～2007年间的超级牛股走势。值得注意的是，2011年公司完成集团资产注入，但注入了大量劣质资产的盐湖股份不但被稀释了盈利，并且还需要为注入的化工项目持续资本支出弥补窟窿，加上钾肥价格由过去几年的飙升变为下跌，由此公司的业绩和股价都大幅下挫。由此可见，"利基"并非一成不变，要随着形势的发展而动态评估。

经营的变量因素还是一个不确定性的问题。我们经常会发现有的公司的业务简单、好理解，有些公司的业务却让人云里雾里摸不着头脑。越是经营复杂的公司其涉及的变量因素就越多，也越发不可捉摸——这对于喜欢玩猫腻的公司是好消息，因为很难去证伪。在《经营观测与守候》一章中的"警惕这些业务特征"中已经列举和讨论了相关的问题，这里不再赘述。

12.2.2　四种溢价程度的处理

似乎可以这样认为：竞争优势的强弱和是否清晰，体现了公司实现预期收益和增长的风险程度。竞争优势越强大，越能免疫于市场竞争，越具有实现目标的可预期性和可持续性，就越会巩固其他几个因素的牢靠程度，使得其溢价更为明显和可持续。

溢价的原理是基于DCF理论并且结合经验性的判断，但不能期望市场时刻都具备这种准确的定价能力。这点我们在前面的市场有效无效中进行过讨论。认识到这种关系的意义在于，这种定价基准的理解可以帮助投资者更好地锁定错误定价。

溢价原理的另一面就是折价机理。理解了经常性溢价的本质，就不会盲目给予当前市场热捧的明星一个高的买入价位。特别是对于那些本质上属于折价的企业，由于市场偏好给予了高估值的泡沫化危险，可以非常明确地予以规避。**如果不理解溢价和折价的机理，就很容易陷入用过于细节化的视角看问题，而缺乏一种原则性的价格判断体系。这其实是非常危险的。**

估值溢价的存在不代表调整不会发生——溢价与折价原理不是市场走势的指南针，而不过是内在价值差异性的一种外化表现形式。就短中期而言，决定股价走势的还是资金偏好和市场情绪。这就会出现一种情况，股价短期被推升到一个很高（低）的价格水平，对于这种情况该如何处理呢？我想依然需要具体情况具体分析。对照着上图中A、B、C、D四种溢（折）价特征的思路如下，如下列图表所示。

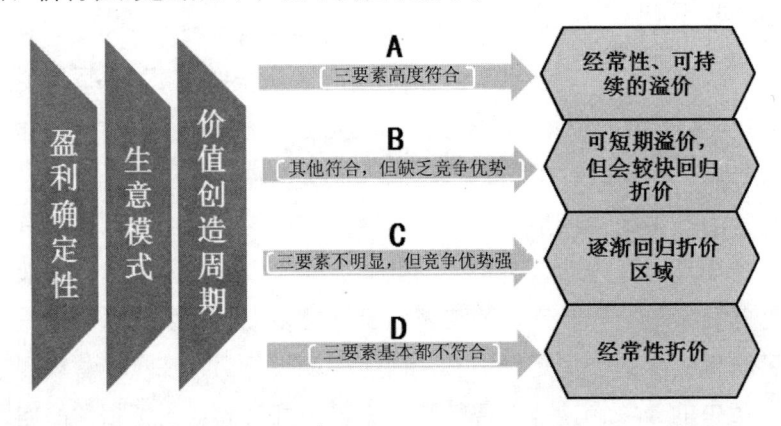

```
盈利确定性 → 生意模式 → 价值创造周期
  A  三要素高度符合 → 经常性、可持续的溢价
  B  其他符合，但缺乏竞争优势 → 可短期溢价，但会较快回归折价
  C  三要素不明显，但竞争优势强 → 逐渐回归折价区域
  D  三要素基本都不符合 → 经常性折价
```

类别	市场定价情况	处理思路
A类	给予很高估值	如果确信其价值创造周期还非常长，且其他溢价因素和竞争优势明确而牢靠，以坚定持有为主要原则
A类	给予很低估值	属于本质上高溢价企业被赋予折价的重大错误定价，坚定并且有力度地买入（当然可以根据市场形势设定分段买入的区间和额度）
B类	给予很高估值	测算一下这个估值水平已经透支了其未来正常估值水准多久的业绩，若透支较多以卖出和减仓为原则
B类	给予很低估值	属于较明显的定价错误，可予以增持或者买入
C类	给予很高估值	市场高估了竞争优势并低估了折价因素在未来的不断强化，属于高估性错误定价，以卖出为原则
C类	给予很低估值	历史的良好口碑往往吸引投资者面对表面的低估值而蜂拥买入，实际上这不过是回归正常估值水平。除非出现负面因素的持续引爆导致的极低估值，否则原则上不构成交易吸引力
D类	给予很高估值	属于典型的泡沫，大多短期的行业景气和概念性炒作都是此类，坚决卖出以及规避
D类	给予很低估值	这类企业大多数并无稳固的价值创造基础，低估值中往往还隐藏着陷阱。只有当出现极度悲观的极低估值时，才可考虑构筑一个分散化的组合并作为套利性的头寸

投资是一个原则性和灵活性结合的游戏，上述提供的是一种处理的原则，但具体操作显然在不同的个人情况下可因地制宜予以灵活处理。比如a类的高估值状态原则上是坚定持有，但如果你已经持有了它很大的仓位比重，又或者有更好的选择或希望加大现金的比例以应对突发情况，当然

可以卖出一部分仓位。这些细节可以在大原则的基础上进行符合个人投资心态、预期、资金状况、持仓结构的优化，不再赘述。

12.2.3　溢价与安全边际

需要说明的是，所谓溢价和折价其实是一个相对的概念而不是一个绝对值。溢价和折价也不能仅仅以某一个时点的市场平均估值为参照物，特别是不能以某个市场极端态为参照，而应该是一种具有可持续性的经常性状态——比如我们不能以6 124点或者1 664点作为正常的估值参照，因为在极点状态的价格中包含了太多非经常性的情绪因素。而且由于三个溢价要素之间可能出现矛盾，因此溢价本身需要具体情况具体分析。比如，火力发电行业本身的商业特性和总体的价值创造周期决定了其本质上难以获得溢价，但如果其中某个地域出现阶段性的供需不平衡则可能导致这个区域的受益企业得到一定的溢价。但这种溢价仅仅是相对于同行业估值水平而言的，你不可能仅仅因为"溢价"两个字给予它和成长期的品牌消费企业一样的估值。

遗憾的是，对于高度符合高溢价原理的企业到底该以什么估值水准来认为其"合理"恐怕很难有个标准化的答案——或者换一个问题：投资是不是一定要精确到算出一个明确无误没有商量的"标准估值"才行呢？我认为不是。最重要的不是刻舟求剑地探寻10PE还是20PE才是铁律，而是理解溢价与折价所反映的内在价值的区别，以及由此体现在具体操作上指导思想的不同。如果我关注的股票确实价格很贵，那么要么我会把它放入重点股票池中等待，要么就只买一点儿放在那里作为安慰奖。幸运的是，买入的好机会在定性层面相对明确些：被阶段性的、短期的、一次性的坏消息所集中打击或者被系统性的下跌所株连的恐慌时刻，就是最好的时机。

在以往讨论溢价原理时经常遇到一种误解，认为探讨市场定价的溢价原理是为泡沫寻找一个体面的理由，并且将置投资者于忘记安全边际的危险境地。然而事实果真是如此吗？

以贵州茅台为例，如果可以很早地理解估值溢价的原理，那么完全有机会在很低的估值状态下买入它（其实绝大多数的好企业都曾经给出过一个很便宜的价格）。毕竟，2005年之前的3年，其年收盘价的估值都不过十几倍的市盈率。恰恰是不具备这种意识的人，才会在茅台暴涨成为一个神话之后，再去盲目歌颂其护城河如何强大、资源如何的不可复制。但若那时以几十倍的市盈率接盘的结果，恐怕就要在之后的估值下滑周期忍受多年无回报甚至亏损的局面了。所以理解估值溢价的重要意义，首先就是可以更好地把握好公司在合理甚至低估期间的买入机会。

研究估值溢价的内在逻辑也丝毫未改变"安全边际"原则。安全边际、错误定价是"买入"时的第一原则（内在价值评估是前提）没错。但是，如果将买入看做是一个只有类似2008年那种大股灾中才能出现的机会，是否会犯另一种推向极致的错误呢？人这辈子还有几次买入机会呢？这不显得过于荒谬了吗？所谓的安全边际是否仅仅是价格这单一因素？一个看起来估值很低，但实际上却处于价值毁灭状态的公司会安全吗？而一个看起来估值稍高相对溢价的公司，如果高度符合上面的溢价原理难道就不安全？我想，更好的安全首先来自于选择一个价值创造属初中阶段，有良好的生意属性和强大竞争优势的企业，其次才是选择这个企业被市场错误的定价的时机。

这样才可能在合理价格出现时果断地拥有一个好的生意，而不是只能永远感叹"太贵了"。总之，溢价现象不是兴奋买入的理由，正如同高企的价格也不是慌乱卖出的理由。只有看懂这背后的逻辑，才有可能尽量做出正确的决策，尽量避免做出错误的决策，从而使得投资这一本质上的概率游戏，形成更加有利于自己的局面。

12.3 估值差的影响

估值差作为一种客观存在，对于我们的投资会有什么样的影响呢？投资者有没有可能将估值差作为一个经常性的套利手段呢？

12.3.1 弹簧总是有极限的

既然市场定价存在着折价与溢价的现象，那么必然会呈现出不同股票群体的估值差现象。从现金流折现的角度来看，处于不同价值创造周期、不同商业特性和不同市场供需态势、不同竞争牢靠程度的企业其估值基准的差异化是合理的。但在实际应用中可能需要注意两个问题：

第一，估值差虽具有相对的合理性，但不具有无限的拉伸性。

第二，估值差受到各种因素的影响而处于不稳定的状态。

第一个问题是显而易见的，即使是一个应该属于折价状态的股票，我们也不能由此就认为它应该无限地接近于毫无价值。同样，一个方方面面看起来非常符合高溢价原理的公司，并不代表给予它任何价格就是合理的。原因也很简单，企业的未来都是一个估计值，只不过由于各种可知条件的不同而产生出不同的确定性。但只要存在着不确定性的因素，安全边际都必然是一个牢不可破的原则，如下图所示。

表4：主要指数估值情况

板块名称	市盈率(TTM,整体法)	预测市盈率(整体法) 2010	市净率(整体法) 最新
全部A股	21.63	19.01	3.1
中小企业板	48.98	41.27	5.78
创业板	65.94	56.54	5.2
上证180	15.66	14.83	2.49
上证50	14.02	13.4	2.31
沪深300	16.98	16.02	2.66
大盘指数成份	17.07	16.15	2.73
中盘指数成份	38.32	32	4.29
小盘指数成份	60.5	38.24	4.31

资料来源：中国银河证券研究部，wind

2010年末A股各主要指数的估值差异，图片来自网络

2010年末时正好是自2008年末的一轮熊市大反弹的末期，几大指数分别在当时见顶。随后的两年市场出现所有指数的整体性调整，但由于2010年末各自估值水平的不同（创业板市盈率是上证50市盈率的4倍），这种调整呈现出较明显的差异，如下表所示。

	2010年最高点位	2012年最低点位	调整幅度
上证50	2584	1528	-40%
沪深300	3597	2102	-41.5%
中小板综	8017	4013	-50%
创业板	1239	585	-52.78%

从这个统计中可以看到，2010年之后两年的调整中估值最低的上证500和沪深300指数调整幅度也是最小的，而中小板和创业板的高估值获得了更大幅度的调整。考虑到2012年末，中小板和创业板的平均估值依然非常高，而上证50等都纷纷创下了新低，所以这一调整从指数的角度来看幅度的差异比想象的要小得多。如果从不同指数中的具体股票来看，则分化更加明显。一些不具有高溢价本质而被错误高估的股票跌幅极其惨烈（如

金风科技的跌幅高达86%），一些虽然应具折价属性但已经被市场赋予了极低估值的股票在这轮大跌中并无超额损失（如银行股的跌幅大致等于或小于上证50的跌幅），而一些具备突出高溢价特征的企业反而在持续两年的跌势中不断创出新高（如一些医药股）。

当然仅仅一两年的情况也确实并不具有说服力，从估值差的极端表现和长时间周期下的视角来看，也许美国的纳斯达克是最为典型的案例。下图是美国纳斯达克指数与标普500指数的一个市盈率估值差历史走势。

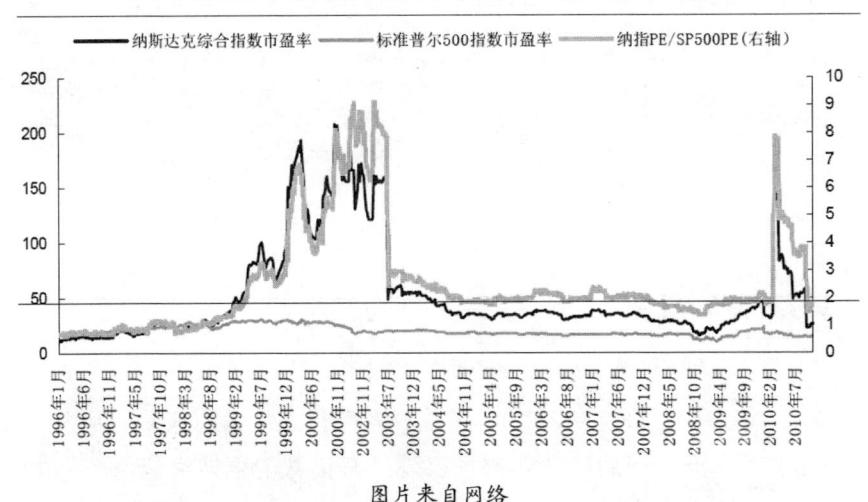

图12: 美国纳斯达克综合指数与标准普尔500指数市盈率历史比较

图片来自网络

从图中可见，在1999年到2002年期间，纳斯达克综合指数相对于标普500指数的溢价高达9倍！且其最高点的市盈率已经达到200倍的惊人水平。但经过了长达4年（1998～2002年）的极高估值差之后，这一历史上著名的泡沫还是在2003年破裂，随后纳斯达克指数出现瀑布般的大调整。经过这一轮惨烈洗礼后，两者的估值差迅速回归到一个相对更合理的范围。

因此，估值差虽然是市场先生定价艺术的体现，但它显然并不对估值差的幅度具有无限的容忍力。弹簧是具有弹性的，但没有哪根弹簧可以无限地拉伸。

12.3.2 从偏离到回归

当由于某种原因出现极不寻常的市场估值差价时，高估值与低估值的各自方向性走向首先会放缓，接着进入胶着状态，最终将就这种极端情况，寻求一个妥协的方案，恢复到一个为市场各方所能接受的程度，从而进入新一轮的博弈。这种估值差的收窄至少有3种表现形式，如下表所示。

高估值下跌向低估值靠拢	低估值上涨向高估值靠拢	业绩差填平估值差
• 下跌市背景下出现 • 或者高估值难以为续	• 上涨市背景下出现 • 或低估值已经跌无可跌	• 高估值品种的高增长预期被证实，估值降低 • 低估值品种的担心被证实，估值升高

上述3种估值差的演化情景可能反映了市场的基本特征：低估值向高估值流动，更多是上涨式背景，表现为所谓的轮涨；高估值向低估值流动，多出现在弱势环境下。此二者的拐点是牛市再无低估值而高估者登峰造极，熊市几乎无绝对高估值品种而低者逼近极限。业绩差抚平估值差则是市场有效性程度较强的体现。在对估值差进行方向性判断的时候，可以从3个方面思考，如下图所示。

- 估值差发生在多大的范围
- 估值差已经持续了多久
- 估值差与历史区间相比达到了多高的偏离度

显然，当估值差达到甚至创了历史上的最高水平，且已经持续了很长时间，并且这一现象已经是大范围的普遍现象时，这种估值差向均值回归的概率也就越大。既然估值差所导致的方向性判断是可能的，那么有没有可能对这种估值差的流动状态进行套利呢？比如在估值差明显的时候，卖出高估值的股票而买入低估值股票以获取收益并规避风险？我想理论上这是可行的，但实践中可能面临的问题会比较复杂——这正是"估值差受到各种影响处于不稳定状态"的体现。

12.3.3 不稳定性和复杂性

首先我们知道市场环境会影响估值差的幅度，但遗憾的是没人能预知接下来会是什么样的市场环境。就算对未来有一个大概的方向性的判断，也没人知道估值差的极限点（拐点）到底是多少？宽阔的估值差会保持多久？以及最终合理的平衡点到底在哪里？

比如上例中2010年末上证50的估值最低，创业板的估值是其4倍，但接下来两年的总体走势却是同步下跌而不是低估值品种能够在高估值品种的杀跌中保持稳定甚至上涨。更糟糕的是，随着2012年末创业板的大幅持续反弹，到了2013年中的时候，它们之间的估值差反而更加突出了。虽然从理性的角度衡量，这种估值差未来必将大幅地收窄，但到底是什么时候呢？没人知道——不要小看时间的作用。即使方向是清晰的，但如果时间远远超出预料和准备之外，那么它所造成的负面影响和实质性损失同样会让人终生难忘。

板块性的估值差流动状况已经很复杂，如果考虑到个股的情况这种做法就更加困难。如果一个人选择在2010年招商银行15倍市盈率（当年价格大约12.5元）而天士力30倍市盈率（当年价格大约26元）的时候卖出天士力买入招商银行，那么接下来的两年半时间里招商银行的收益率大约是0，而天士力的收益率接近300%。这个在估值差高达100%的时候进行"主动优化"的选择，带来的却是让人沮丧的结果。如下图所示。

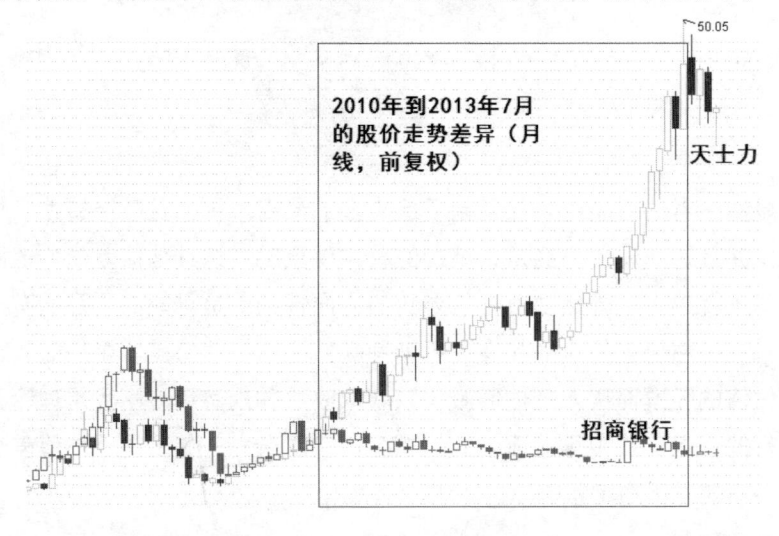

所以我的看法是，估值差可能在短期内驱动某个市场波动的产生，但长期来看最重要的还是各自的价值创造能力。 如果不是特别纠结于中短期内投资业绩的波动性（实际上这也不是一个重要的问题，总是试图以平滑净值波动做无谓的努力其实才是得不偿失的），那么对这个因素最好还是"迟钝"一些的好，不要过于自作聪明地去做加法，更不要将这种行为常规化。

但从概率的角度来看，达到某种极高程度的估值差依然应该引起重视，这毕竟还是表明了市场的偏好达到了某种盲目的地步，一部分资产相对于另一部分资产至少具有更好的防御性。比如2012年的银行股即使来年业绩下跌50%也不过是从PE5、PE6上升到PE10以上而已，这实际上在股价中已经提前反映了。而一个已经持续走牛了四五年并且享有四、五十倍市盈率的资产再向上超预期的可能性较低，一旦出现意外的负面因素却可能引起较大幅度的下跌。毕竟，没有什么东西能够一直享有好运气。

所以买入并长期持有的股票虽然以未来优势型品种为主，但在一笔长期持有的中后期阶段却可以考虑在不降低整体预期收益率的前提下用更低的风险来实现。比如一个10倍的收益可以怎样达到呢？一种方法当然是通过从头到尾来持有1个10倍股来达到，但问题是在这个股票还未达到10倍的时候已经陷入了某种程度的泡沫化状态，对此投资者是该继续坚定持有还是干脆卖出呢？也许借助估值差的再平衡思路可以提供另一种选择。

假设一笔投资已经获得了7倍的收益（本金10万地增至到70万元），这个时候其实只需要当前净值再增长50%就可以实现10倍的收益（70万元 + 70万元 × 50% = 70 + 35 = 105万元）。所以如果这时市场存在大幅度的估值差，可以考虑卖出已经极高估值的当前持仓，而买入大幅折价的低估值品种。因为对于后续上涨的要求并不高（50%即可），这对于极低估值但只要不被证实真的无可救药的品种来说并非过高的预期。而已经大幅上涨的品种虽然也许长期来看依然具有吸引力，但如果确实已经经历了巨大的涨幅、市场预期已经极其高且其业务规模也已经很大，这个时候随便调整个20%~30%也是非常正常的，但相对于总收益率来说这30%的调整就相当于从7倍的收益瞬间降低到了5倍。

一个是5~10倍的波动范围，一个是7~10倍的波动范围，对于投资的目标实现阶段而言（注意这个前提）后者显然提供了一种回撤风险更小而实现目标要求更低的方案。

第13章
预期与回报

每一个人来到股市是为了取得回报,但有几个问题可能需要先搞清楚。首先,我们需要了解股票的回报受到哪些因素的影响?这些因素对投资者来说构成了什么挑战?其次,到底什么样的股票更容易产生高回报呢?容易产生高回报或者导致严重损失的股票,具有什么共性?这正是本章要讨论的内容。

13.1　企业与股票的和而不同

在本书的第一部分我们就开宗明义地确定了一个投资的基石：必须用企业视角来看待投资。但这句话是否可以反过来讲，变成：股票就是企业，股票与企业完全相等呢？答案很简单，不能。

这个问题可能要从证券市场的本质出发来认识。从功能来看，企业通过出让部分所有权，从证券市场中获得发展的资本，投资者通过付出资金来购买一部分的所有权，来享有企业发展的相应成果。而在这一过程中，关键就在于市场评价企业的这部分股权的价格是以一种复杂的方式进行的。这一点如果从价值的角度可能对此能有更清晰的展示。

在前文中曾经谈到，"价值"一词具有多种视角的解释。比如企业当前的账面价值（净资产），这可以说是对企业最直观但也是最浅层次的表现；而内在价值是企业在账面价值基础上不断创造现金流的能力，但由于必须在未来才能证实，属于一个推测或者估计值，所以虽然最重要但也最具不确定性；除此之外证券市场给予企业的市值，则反映了企业在账面价值之上未来创造内在价值的预期，而这种预期既缺乏确切的标准和共识，也极容易受到各种因素的影响。所以这三种主要的价值之间处于永远的互相影响的动态调整和经常性的不同步状态。

所以从这个角度来看，证券市场本质上就是一个对企业的预期价值进行定价和交换的场所。也就是说，在证券市场中的定价既非反映的是企业的客观现状也不是对企业未来状况的准确估计，而是市场对于其未来的笼统的看法。这种看法有时对，有时错，有时接近事实，有时会与事实产生极大的偏离，有时保持稳定有时波动很大。股票作为企业在证券市场中的身份，成为这种预期定价的主要载体，而股价波动成为表现形式。所以股票与企业有紧密的联系无疑，但股票与企业又不完全是一码事儿。

根据《价值评估》中的一项研究，在剔除了1999～2001年存在股市泡沫的年份后，对标准普尔500公司过去10年的股东总回报率变化进行分析后，发现在各项可能影响回报率变化的指标中，"预期"所占的比重远远高过其他因素。所选的样本公司股东回报率变化中，有18%可以用投资者预期的变化来解释，而现金流和经济利润的绝对指标所占的比重只有8%

和1.5%。这表明，决定股东总回报率变化中关键的决定因素实际上是预期——而这个结论似乎也再一次告诉我们，理解市场定价的机理，理解什么将会折价、什么会获得溢价是一个非常重要的投资认识。

13.1.1 增长率陷阱与戴维斯效应

对于二级市场上的投资者而言，大多数情况下我们是通过对股票的买入和卖出之间的差额实现主要的盈利的目的——所谓的企业价值并非在一个封闭的环境内的自我评估，而必须通过"市值"这一途径来予以实现，而市值的构成既包含了企业当前可见的盈利水平，更包含了市场整体对其未来的预期。这就不可避免地要处理好"企业"与"股票"之间的关系，或者说在股权拥有者与股票投资者二者之间保持一个恰当的立场。

西格尔教授对此有一个著名的论断：一只股票投资的长期收益率不完全依赖于所投资公司的实际增长率，而是取决于该增长率与投资者预期之间的差值。也就是说，1个实现了当年业绩30%这么漂亮增长的企业完全可以让你亏钱——如果市场已经对这个企业产生了应该实现60%以上增长的预期。

那么预期的表现形式是什么呢？

答案是估值，也就是市值相对于利润的溢价。不管是依据市盈率也好，市净率也罢，或者是另外的什么估值指标，估值基本上都是以企业盈利的某种倍数关系进行定价的。一个企业的每股盈利如果为1元，那么它的估值倍数可能被市场定为5倍、也许15倍、也许35倍甚至更高（比如在2007年到2012年的5年间，A股银行的估值就经历了比这个区间更大的波动），相对于这个企业同样的盈利基础它的市值就在5元、15元、35元或者更高之间转换。显然，这几个结果间最高达到7倍的差值，既反映了股票与企业的差异，也反映了投资者盈利和亏损的惊人波动区间。

由于那些业绩快速增长的企业总是能激发市场更多的想象力，所以这类企业的股票经常会被演绎到一个相当高的估值水平。这时即使企业真的高速增长也需要很长时间来熨平高估值，而如果增长达不到市场的期望就很可能立刻受到估值下降的巨大杀伤力。这就是著名的"增长率陷阱"概念。

对此曾有学者将其比喻为在一个跑步机上的游戏：预期推动着跑步机越转越快，无论这个企业是多么伟大的运动健将，终将倒在不断加速的跑步机上。英特尔公司在预期最高的1999年曾经达到过100倍以上的市盈率，那之后虽然利润连年增长股价却至今只有高峰期的一半儿，只因为现在的估值已经只有10倍多。

那种认为只要企业在正常经营，或者企业不但在正常经营而且未来还可能创出经营的新的高峰，只要存在这种良好前景就可以不顾市场的变化而一味持有的观点，是包含着巨大的潜在风险的，因为它过于无视市场的定价本质和二级市场投资盈利的现实途径。

理解这一点的关键是认识到企业时间与证券时间的时差效应。企业的内在价值或者基本面的改善通常是缓慢的，把一个业务从酝酿到做大做强是一个漫长复杂的过程。但证券市场却在每个工作日进行着频繁的定价工作。值得注意但又经常被忽视的一点是：企业经营与证券市场一样都具有或多或少的周期性，但企业的经营周期又未必与证券市场的情绪周期完全一致。企业本身的经营周期已经具有足够大的业绩波动，而证券市场的情绪周期更具有异常强大的放大作用。上述现象最典型的例子就是"戴维斯双杀或者戴维斯双击"。下表提供了几种常见的企业盈利与市场定价关系导致的中长期收益率分布。

	4年的业绩增长情况（EPS：元）					4年间的估值变化	导致的股价变化	盈利
情景A	1	1.25	1.56	1.95	2.44	4年前为15PE 4年后为25PE	从15元变为61元	306.6%
情景B	1	1.25	1.56	1.95	2.44	4年前为15PE 4年后为15PE	从15元变为36.6元	144%
情景C	1	1.25	1.56	1.95	2.44	4年前为25PE 4年后为10PE	从25元变为24.4元	-2.4%
情景D	1	0.85	0.72	0.61	0.52	4年前为25PE 4年后为10PE	从25元变为5.2元	-79.2%
情景E	1	0.85	0.72	0.61	0.52	4年前为5PE 4年后为15PE	从5元变为7.8元	56%

- 情景A是典型的戴维斯双击，企业的业绩在4年中保持着25%的高复合增长率，同时市场对其定价也从15倍PE提升到了25PE，估值提升了66.6%。这就导致其4年的市场价格增长了406%（扣除成本后实际盈利306.6%），市场价格的4年复合增长率41.9%，大大高于企业的真实业绩增速。

- 情景B的情况下，企业的业绩增速与A完全一致。而市场在4年前后取值的这个结算点，没有给予企业任何的估值变化依然是15倍的PE。这样其4年的市场价格增长了244%（扣除成本后实际盈利144%），市场价格的4年复合收益率为25%，与其业绩增速完全一致。
- 情景C的情况下，企业业绩增速依然是25%。但估值却从4年前的25倍大幅下降到10倍，这就导致市场价格只有4年前的97.6%（也就实际盈利为－2.4%）。这个结果远远低于企业真实的业绩增速。
- 情景D的企业业绩是每年负增长15%，这样4年后的每股收益只有EPS0.52。更加雪上加霜的是其估值也像C一样大幅下降，这样市场价格缩水到只有4年前的20.8%，这样投资等于亏损了近80%，远大于其48%的业绩缩水。
- 情景E与D的情况正好相反，虽然业绩是同样的缩水幅度。但是4年后的估值大增了3倍达到15PE，这样就在业绩实际缩水48%的背景下，投资反而盈利了56%。

（注：上述的案例为了简单明了，只是从PE这一个视角来衡量。实际上即使在4年前后的PE相同情况下其他的估值指标也许也是不同的。比如以情景B为例，如果第一年的每股净资产为5元，那么第一年的市净率为3倍，假设其后的4年盈利有50%用来分红，那么4年后的净资产约为每股8元。这样4年后的市盈率虽然还是15倍，但市净率已经变为4.75倍，比原来的要高。）

在上述5种案例中，A就是典型的未来优势型企业的投资回报轨迹。这种企业首先随着竞争优势的逐渐发挥而业绩稳定攀升，另一方面其在证券市场中的形象也从原本的默默无闻（因为在其竞争优势打造期间业绩并不靓丽，难以受到追捧）慢慢变为人人称颂的"白马股"和"伟大公司"，与之相随的是每股所对应的估值大幅度的上升，从而为投资者带来最为丰厚的回报。比如云南白药和天士力，哪怕是茅台也是如此，在最初的时候其市场评价和估值都不高，随着竞争优势逐渐显性，迎来业绩和估值的持续双升。当然，这种情况也可能发生在熊市时期买入具有长期增长能力但暂时大幅下跌的股票的时候，一旦牛市来临其良好的增长会重新吸引市场的目光。

而B的情况一般是出现在市场处于一个较为稳定的低波动的估值区间中，其次是更容易出现在严重缺乏想象力又竞争激烈，或者业务非常复杂而难以理解或者不确定的行业中的龙头身上。比如格力电器，由于行业没有什么花哨的概念,其估值的波动相对要小得多——大多数时候格力电器只是在十几倍市盈率波动。虽然正常情况下很少得到过什么估值倍增,但其一直以来极其优秀的业绩依然让长期持有人获得了极高的回报。

C一般发生在两种背景下:要么是起始年市场处于一个高估的泡沫期而截止年却处于一个低迷的市场环境中,导致企业盈利虽然增长但是收益反而可能是亏损的,比如2010年底相对于2007年底的情况。另一种情况则发生在一些市值庞大且面临业务天花板,或者业务的形态发生长期不利影响的大蓝筹股身上,虽然业绩还在惯性地增长,但是市场对其长期预期大幅度下降。比如2008年之后的银行股或者2013年中的白酒类股票,虽然业绩连年增长,但估值却从上轮牛市顶峰的六七十倍市盈率剧烈下降,银行股下降到了最低5倍左右的市盈率,茅台也向着十几倍的市盈率靠拢。

D和E企业业绩都出现了滑坡现象,但D是属于典型的"戴维斯双杀",业绩大幅下降+市场估值大幅下降,导致巨亏。这种情况往往发生在那些根本无竞争优势,但又恰逢行业不景气而获得较高估值的企业身上,特别是强周期性的公司。一旦行业不景气,其业绩会迅速滑坡,且市场也将毫不留情地将其往垃圾股的估值去靠拢。汽车股这种强周期股票经常上演这一幕,即便是拥有巴菲特概念的比亚迪,照样在行业不景气、业绩滑坡时迎来戴维斯双杀。如果有人不幸在它业绩最辉煌、估值最高的时刻买入,恐怕要抱憾终身了。格雷厄姆对此曾评价道:"最悲惨的就是在市场的景气时期以高昂的价格买入那些竞争力平庸的企业"。当然,我认为比亚迪并非没有竞争优势的平庸企业,但可见即便是具有优秀基因的强周期公司,照样具有恐怖的杀伤力。如下图所示。

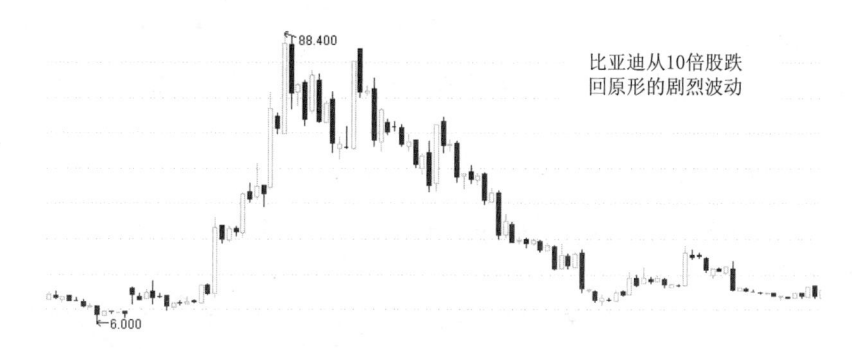

比亚迪从10倍股跌回原形的剧烈波动

13.1.2 强大而危险的武器

一个投资者是否成熟的关键判断依据之一，就是能否恰当地利用这两个周期偏离带来的机会和规避它们带来的潜在巨大风险。我们需要注意到，当市场给予一个企业极高的定价的时候，即使这个企业看起来拥有美好的未来也将是危险的。**因为当前的市场价格已经是一个确定的客观结果，而企业的美好未来则还只是我们脑海中的一个不确定的主观判断。**这种时候，如果我们的判断正确可能也已经被市场提前预支了大部分的收益。而如果考虑到我们主观判断必然包含的错误概率（实际上这种错误的概率可能远远高于我们自己的估计），这其中的风险就像处于一个慷慨激昂的拍卖场，面对一个疑似真迹的艺术品，大众正在以迫不及待的和你争我抢的方式不断报出刷新真正的艺术珍品价格的买价，对待这样的场面也许满足买家们的愿望才是皆大欢喜的。这种情况即使放在公认的最伟大的企业身上，结果也是一样的。

1. 细品市场预期

但我认为投资者需要时刻谨记"预期"是一个强大而危险的武器。市场预期力量的强大源泉来自于人类对未知事物不可遏制的联想和放大。正如希区柯克说的那样："惊悚不是屋子里有鬼，而是那扇忘了关上的门。" 那些无法被证实（和证伪）的悬念更加强了这种想象的空间。精确利用市场预期的困难也因此很清楚：首先，我们无法精细地确定某项重大事件会在什么时刻发生；其次，我们无法预料到市场对于这个事件能产生多大的想象力。一个乐观的人总是倾向于低估市场"把事情向坏处想"的程度，而一个悲观的人则总是不理解市场为什么能达到那样的亢奋程度。

预期可以让一个股票获得惊人的爆发力但也可能玩弄你于股掌间——因为它可以在短期内就带来巨大的股价波动，但其成因和发展过程却又往往复杂而难以捕捉。

一只股票到底该在什么估值的情况下卖出才是聪明的？我想这很难有一个标准答案。过早地卖出往往错失大部分的利润，当你在一个牛市氛围中以严苛安全标准将一个基本面良好的企业股票以20倍市盈率卖出后，可能不得不眼睁睁看着它就在几个月内估值上升到了40倍市盈率，从而错失了1倍的利润。但事情的另一面是，如果贪婪地一定要等到市场给出一个疯狂的报价，那么很可能会经历一次价格从飞速上升到剧烈跳水的猛烈过山车。我认为这需要具体问题具体分析，至少有以下几个问题需要搞清楚，如下表所示。

需要考虑的问题	思考的重点
市场当前处于什么环境？	牛市中市场会放大企业乐观的一面，而熊市中则会放大隐含的任何悲观因素，平衡市场对于事物的看法更加多元化
市场在这一环境的历史估值区间是怎样的？	市场在牛市、熊市中的历史估值区间可以展现悲观预期和乐观预期曾经到达的程度，这个区间可以参考，但同时也要注意到市场的估值区间也会发生变化。
所持的股票过去几年的走势状况如何？	一个过去几年已经大幅上升甚至成为10倍股的企业，其优秀的一面往往已经得到过多的预期。相反连续多年巨幅下跌的股票，价格中可能已经包含了可以想象到的各种麻烦
所持股票的基本面发展态势如何？	过去几年的股价走势仅仅说明了过去，所持股票的基本面发展态势是否正在发生逆转，且这种逆转并未被市场意识到是另一个重要的思考点
所持股票的历史估值区间是怎样的？	与市场整体估值区间一样，一种股票在曾经的牛熊市中的估值区间，以及当前的位置是个重要的参考因素。同时需要注意，仅仅一个牛熊市的数据并不具有说服力，最好是两个以上的牛熊市区间的可参考数据
所持股票相对于同行业和市场总体的估值偏差有多大？	如果一个股票比同行业中的其他股票的估值都低（高）得多，就要考虑这一现象的原因是什么，是否可持续。同理，如果一个行业总体的估值远远低（高）于其他行业，则需要考虑这一现象是否可成立和可持续
市场定价中反映了股票什么程度的预期？	股价对一个企业所包含的预期往往呈现不同的程度，预期所呈现的程度往往与市场对这个企业的认同度成正比，而认同度往往受到当前业绩、政策环境、当前市场热点概念、企业基本面利好等各种因素的复杂影响

外部环境会极大地影响人的想法和行为，所谓"盛世古玩乱世黄金"就是这个道理的生动体现。在牛市和熊市，对于同一个企业面临的同一种状况可能给出完全不同的预期。一个基本面平稳当年业绩增长率20%的公司，在牛市里可能25倍的市盈率都会被认为太低估了，而到了熊市里15倍的市盈率都觉得还是贵。所以采用哪种预期模式恐怕首先要看是在什么市场环境里。当然，牛熊那是回头看确认出来的，身在其中可能并不容易察觉——特别是处于牛市和熊市发展初期的时候。但这并非完全无迹可寻，在后面的章节我们会专门讨论牛市和熊市的典型特征。

除了确认环境前提外，在这一环境中股票的历史估值区间需要掌握的数据，这显然具有重要的参考意义——但要对市场极端态势中出现的估值高点保持高度警惕，因为复制这一高度沸腾的市场环境以及这个股票再次成为这个沸腾市场中的明星，是一个非常小概率的事件，这种所谓的历史痕迹往往造成"好日子还会来"的错觉。所以，具体企业的历史估值区间往往没有市场整体的历史数据可靠。这可能是因为一个企业发展的生命周期更加短暂，随着业务的成熟和市场热点概念的转换，其估值区间往往会发生明显变化。而市场作为一个整体不断有IPO的新鲜血液加入，可以持续保持市场情绪的轮回。比如说到炒作新兴产业现在脑海里第一反应出的就是环保、新能源等。而50年前的新兴产业热点却可能是化工和私家汽车，再之前则是钢铁和电力公司。

2. 人多的地方不要去

有一个称不上规律但是确实具有极高概率的现象是，过去几年或者上一个牛市中最为火爆和涨幅最惊人的股票，往往在未来几年或者下一个牛市中会失去光彩。我想这主要是3个原因造成的。

第一，大多数的企业业绩靓丽只不过是行业景气和某个产品"撞大运"的结果，缺乏持续的竞争优势。这种情况往往也只能持续两三年左右就形成了拐点。

第二，被爆炒过的股票预期曾高得无以复加，即使业绩平稳增长也不过是用很长的时间去熨平高估值了。

第三，市场的喜好从来不会持续到海枯石烂，它向来是个多情种子。

所以相反情况：**连续多年的低迷和大幅的下跌，极低的估值，反而值得多看几眼。**

就像保守型投资大师卡拉曼说的：从历史的经验来看，不受市场追捧的证券在一段时间的表现不佳之后，通常会立即成为业绩冠军；而那些表现很好的证券在一段时间的出色表现之后则几乎总会堕入深渊。现在已然衰朽者，将来可能重放异彩。现在备受青睐者，将来却可能日渐衰朽。

这个观点也得到了行为金融学的印证：1985年，泰勒和德邦特在《股市是否反应过度》一文中提出了行为金融学最重要的发现之一：以3～5年为一个周期，一般而言原来表现不佳的股票开始摆脱困境，而原来的赢家股票则开始走下坡路。这个现象在行为金融学中被称为反转效应。

市场预期往往还很喜欢"抱团取暖",热点往往呈现板块性。而我最不喜欢的就是这种板块性的高预期。如果说一个企业的高预期可能确实是建立在其不同凡响的商业机遇之上,那么行业板块性集体的高估值就实在没什么道理。**任何行业的胜出者最终只是极少数优秀个体,全行业都享有极高估值与行业必然的大多数公司走向平庸甚至被淘汰在本质上实在是个悖论。当一个行业板块整体性呈现出极高的估值溢价时,往往预示着巨大的危险。** 特别是,如果这一现象已经呈现了很久,连续好几年都是股价走势最强、估值最高的板块,那么就更是接近盛宴的结束了。

3. 预期的发展路径

根据我个人的经验,市场对于股票的预期程度往往沿着一定的进度发展,如下表所示。

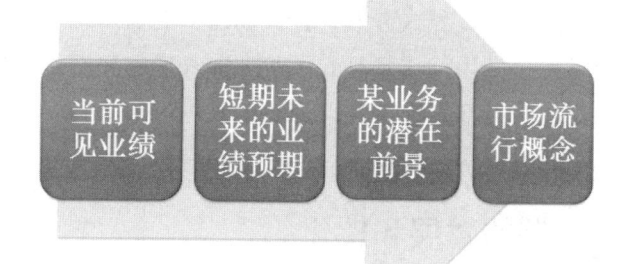

当前可见业绩 → 短期未来的业绩预期 → 某业务的潜在前景 → 市场流行概念

程度较轻的预期表现是迅速对当期的业绩作出反应,比如业绩预增或者预减的幅度较大,立刻导致价位发生相应方向的变化。在此之上更强一些的预期表现,则是将注意力转向企业未来两年的业绩态势,比如价格开始对其未来两年的高增长前景(或者重大亏损前景)开始做反应,这是股价走向高估阶段的一种重要表现。更进一步的程度,是对那些仅仅是纸面上的业务的潜在可能性进行反应,比如市场的精力都在讨论某公司在研的重大药品的未来前途无限,价格已经完全脱离了当前可见的业绩,股价开始走向全面泡沫。与之相似的情况,是将企业与某种当前市场热捧的概念挂钩进行热炒,比如"新能源""环保"等,这也往往也是股价进入泡沫阶段的标志。

4. 我的习惯和想法

我有一个习惯，每过一段时间就翻阅一些券商报告并到各个最著名的投资论坛逛逛。除了通过各种讨论和报告搜集些有价值的信息外，最主要的目的还是看看我持有的企业已经被"市场"理解到了什么程度。**如果我发现自己的理解与市场当前的认识程度几乎没有差别的时候，总会产生一种不安全感，因为这可能说明我已经沦为主流市场预期中的一员。**我们经常讲超额收益，但是这种收益是从何而来的呢？我想，除了超人的意志力和理性之外，超越市场主流认知程度的、对企业发展的前瞻性和深度也是必不可少的。只有这样，才能更好地理解市场的预期已经进入哪一个范畴，以及企业未来的发展潜力是否足以覆盖当前程度的市场预期。

我最喜欢的股票当然首先是那种企业的基本业务坚实可靠（竞争优势强大），未来的发展较为清晰且具有可观的前景（处于发展的初中级阶段）的对象。但如果在此之外，还具有某种"空中楼阁"式的远期期待（比如重大资产注入、外延式并购扩张、创造新的蓝海、符合某种长期的市场概念）就更好——因为这将有利于我在较长期的持有之后依然有可能以较高的估值卖出，从而至少规避"业绩增长但估值大幅下移"的尴尬并有机会获得一定的戴维斯双击效应。

13.1.3 预期的发展和转化

精确捕捉股价的顶（底）点是不可能的任务，但是判断股价是否进入疯狂泡沫或者相反的极度低迷状态则是可能的。我们可以从预期的程度、估值的侧重、市场观点和评价、预期收益率4个角度来把握，如下表所示。

预期向着乐观和泡沫方向运动的表现	预期向着悲观和低估方向运动的表现
股价已经进入"概念炒作"和"对未来无限预期"的预期阶段，对企业未来几年的高增长视为理所应当和板上钉钉，价格对于绝大多数潜在好消息进行了充分的预期	低迷的企业则被市场集中反映那些坏消息，认为企业的未来前景一片悲观迷茫，一切看得见的消息是不利的，甚至对于可见的当期良好业绩也不屑一顾
股票的估值已经达到甚至贴近其历史牛市的最高估值区间，并且市场总是发明一些说法来证明"其实一点儿也不贵"，比如开始采用PEG估值法和网络泡沫时"越烧钱回报越大"的流行看法，用越来越远期的前景来证明当前估值还是便宜的	低预期的企业，其估值正在贴近历史估值的较低区间，市场给予它的估值的方法也越来越保守，从PEG回到PE再到PB，最后是看分红回报率。往往分红回报率已经超过了银行存款利率，市场依然提不起兴趣

续表

预期向着乐观和泡沫方向运动的表现	预期向着悲观和低估方向运动的表现
市场对于这个企业交口称赞，对它的质疑需要巨大的勇气，它被公认是伟大的企业并且具有无可置疑的远大前途，它是当前市场的主流热潮，其持仓结构中公募基金等机构的占比急剧上升，它的股东大会人潮汹涌。持有着这个股票总是迎来掌声和称赞，对这个股票曾经最坚定的反对者也开始改变态度	预期不充分的企业几乎无人提及，你向任何一个人提到它时回馈给你的只有哈欠，它的业务让人困惑或者提不起兴趣，它不符合当前市场的主流热潮，它的持仓结构中机构占比较低，它的股东大会门可罗雀，大多数的持有人已经感到心烦意乱甚至在长久的坚持后终于决定倒戈
股价即使保持在现有估值上已经必须将那些美好的事务——实现，如果稍微出现达不到市场普遍预期的高度就可能导致阶段性的亏损。如果稍微谨慎些，会发现业务一旦出现意料之外的挫折，可能在现有价位上导致巨大的亏损	股价只需要基本面出现某种稍微改善的情况，或者被证实没有想象的那样糟糕，就可能盈利。放在较长时期来看，其基本面和估值回到正常甚至偏低的水平，都会在现有价格上带来极具吸引力的回报

虽然很少有哪个股票可以如教科书般完全的——对应上述的所有特征，但这些归纳出的特征在股价越是大幅度的波动往往越能更大程度地体现。戏剧性的反转更是能将这种情况表现得淋漓尽致。

在2012年的前11个月，贝因美公司就一步步地完美体现着预期悲观走向的表现：从公司创始人突然离职、公司落选高新技术企业评定而补缴2000多万的税款影响当年业绩、股票在大宗交易被神秘的大笔抛售、到其婴儿米粉产品被曝违规添加猪骨粉而停售、公司收缩战线、原来的"婴童综合运营商"概念不复存在、同期大盘也熊态毕露……在这一切的综合作用下，其股价持续下跌。从2011年上市高点的50元一路跌到20元，跌幅达到60%。那时已经接近年底，2012年的业绩其实已经基本确定小幅增长没有问题。20元价位的分红收益率已经达到3%左右（含税），市盈率只有17倍不到，但即使这样，11月底依然产生一波幅度18%的急跌而直到16.4元才见底。在此期间，公司股票从上市时被讨论的热门股变成基本无人问津的股票，机构的持仓占比从2012年初的24.88%一路下滑到3季度末的7.5%。

而到了12月份，随着大盘的逐渐转暖，贝因美的"美"似乎又重新被发现了：管理具有改善因素、业务依然具有美好的前景、进口奶粉也开始出现质量问题、从婴童综合运营商变为婴儿食品商其实是更加专业化了等成为了市场评价的主轴。股价随之飙升，从12月初到2013年6月短短7个月上涨了近3倍！半年多的时间，公司其实还是那个公司，但股价却可以在预期的反转下天翻地覆，如下图所示。

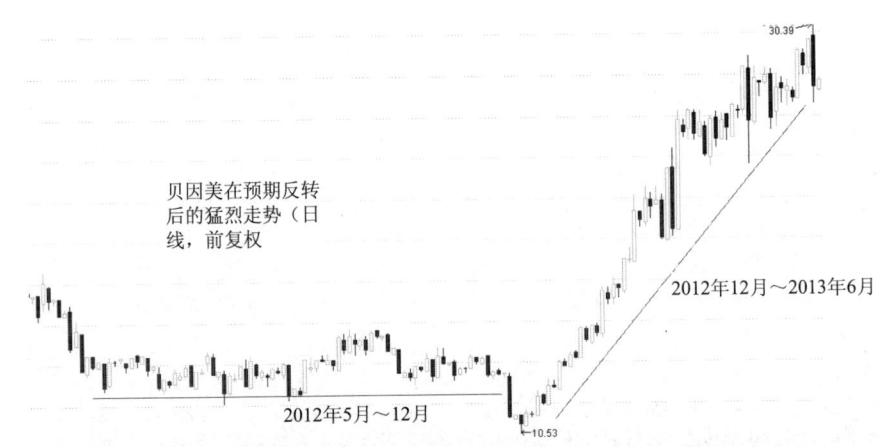

贝因美在预期反转后的猛烈走势（日线，前复权）

2012年5月～12月

2012年12月～2013年6月

30.39

10.53

所以，漠视由于预期所导致的价格与价值的极度偏离对职业投资者可谓是一种职务性犯罪。这一方面表现在市场预期（定价）明显低于最悲观情况下的内在价值，另一方面则反映在价格明显给予了账面价值以太高的溢价，而显示的是可能过分高估了企业的长期内在价值创造能力。前者如果我们不予以重视则可能丧失极好的买入机会，而后者如果我们没有冷静衡量则可能与致命的泡沫一起消亡。

13.1.4　关键现象的投资启示

市场的预期虽然经常不可捉摸，但一些特点和现象却是有迹可循的。理解和思考这些现象及背后的原因，有助于我们形成更加成熟的投资观。下表列出了我对市场预期感触最深的几点看法：

市场预期的关键现象	由此引发的思考
时间拉得越长股价就越从属于企业业绩的状况，但短期甚至一些时候不短的时间内股价的主要波动可能来自于市场预期的变化	一笔投资到底是基于业绩具有极大发展潜力的长期持有，还是所投的中短期估值回升？二者之间不可模棱两可
预期的产生和发展、运动往往非常复杂和出人意料，它的启动和终结与所依据的事实往往非常不同步	靠主动去捕捉预期的起伏来盈利是非常困难的，持续性更是难以保证
预期总是来自于重要的事实，但它不会仅仅满足于事实本身	不要用原来的事实去解释已经的泡沫或者低价，关键是看股价在事实之上继续自我发挥的程度
预期可能建立在错误的假设基础上，而且它向着这个错误方向所持续的时间很可能远远超出你的想象和忍耐力	可以不参与疯狂和愚蠢的预期游戏，但不要以为真理在握就试图去和预期做对，那纯粹是螳臂挡车和不自量力。观察并耐心等待

续表

市场预期的关键现象	由此引发的思考
市场的预期具有自我强化的特征，从而会在相当一段时间内看起来越来越有道理	这种自我强化是客观现实，学会从旁观者的角度冷静地观察其发展程度，学会利用这种强化而不是自己被强化
预期总是喜新厌旧的，总有发现和创造新的兴奋点的能力	那些已经受到市场预期多年眷顾，走出连续多年大牛形态的股票要非常小心（反之可以多留意一下）
市场的预期最高度一致的时刻，往往是某种重大拐点来临的前兆	整个市场找不到对手的时候，往往就是自己瓦解自己的时刻
大多数的声音和最强的声音往往是市场预期的推波助澜者	不要幻想依靠外部力量获得清醒意识，相反尽可能远离市场的杂音才是明智的
预期的反应既可能由于个体事件的突然爆发，也具有较为常态的反应节奏	比如每年初的估值适宜用静态市盈率，静态低估值的对象。而下半年开始则动态市盈率的视角更为重要些，预期更侧重高速成长的可见性

市场的心理预期往往具有自我强化特征。开始只是怀疑和将信将疑，随着共识的达成股价开始剧烈反应。股价的剧烈行动会让市场参与者更加肯定自己的看法，并且开始在原有的事实基础上过度发挥从而再次影响到股价的运行轨迹。反映在现象上就是经常看到股价要么涨过头，要么跌过头，真正停留在所谓"合理"价位的时候反而不多。可以说，在一个方向上市场会从事实启程，但事实本身总不会是终点站——**所以最重要的不是企业拥有多少好消息或者坏消息，而是市场预期已经在价格上对此反映了多少，这个价格水平是否已经高度透支和反映了各种潜在的信息。**

这让我对交易的时机有所启示：在牛市或者个股强势确立的阶段，不要仅在价格合理时就一次性抛出，相反在熊市或者个股弱势确立的阶段也不要仅在合理价位就着急买入。虽然自觉有点儿水平的投资者经常喜欢说市场已经错了，但他们往往会因为过早地去纠错而最终被迫比市场更早认错。在这一点上行为金融学的研究值得借鉴：1993年Jegadeesh和Titman提出了动量效应的概念，它是指过去一段时间收益率较高的股票在未来获得的收益率仍会高于过去收益率较低的股票，也就是俗称的"强者愈强"。因此，不要轻易被另一个看起来便宜的股票吸引而放弃手中保持强势的股票。彼得·林奇也曾说过，投资中一种愚蠢的行为就是卖掉涨势良好的股票而去增持下跌的股票，那就像是"拔掉鲜花灌溉野草"。

有些价值投资者可能会疑惑：这算不算投机了？我的想法是如果利用

市场算是一种投机的话，那么价值投资本身就具有这种基因（比如最著名的恐惧与贪婪理论），关键在于"度"。成熟的投资者不该纠结于名词上的考究，也不该对重要的现象视而不见、只坐而论道。现象是客观的，如何利用或者是否利用则是个人选择。

对于市场预期最重要的是观察而不是轻易参与，极端态的出现才具有真正有力度的交易价值。而极端态往往来自于市场共识的高度统一。俗话说行情总在绝望中爆发、在犹豫中发展、在狂欢中结束，周而复始。所谓的绝望和狂欢其实就是市场情绪和预期高度统一的时刻，而犹豫反而是市场分歧较为浓重的阶段。**如果说预期的本质是"用钱投票"，那么高度一致的预期意味着不会再有更多的钱转化进入这个阵营，也就没有了更大的力量推动其继续前进，这一价位的崩溃和共识同盟的瓦解将只是时间问题。**总之，注意那些已经凝聚了高度统一的市场共识，并且持续了很长时间的情况——那句话怎么说的来着？出来混，迟早是要回去的。

13.1.5 估值波动对持股的影响

前面曾经提到过，企业真实的发展是相当缓慢的，起码要以年来计算。但证券市场却是每天都要进行交易的。所以在1年以内的大多数时候，股价的波动与其说是企业发生了怎样的变化，不如说是市场的看法发生了变化。由于市场预期的载体"估值"主要又是以企业盈利的倍数形式（市盈率）出现的，所以预期的改变往往导致股价的大幅波动。

预期对于股价的巨大波动影响是否会动摇长期持有的投资策略？我们首先可以做一个简单的测算，如下表所示。

10年每股收益增长	初始投资价格	10年后15PE卖出的收益率差异
业绩每年复利+25%，初始年EPS1元，10年后33.25元	10PE买入	49.87倍
	15PE买入	33.25倍
	20PE买入	24.93倍

如果一个企业的业绩保持10年复利25%增长，那么10年后以当时的15倍PE卖出计算，10年前以10倍PE买入的投资者将获得49.87倍的收益率。而当年以20倍买入的相比10PE投资者的差异虽达到近100%但依然可以获得25倍的收益。所以只要是选择并且持有了一只真正的长期成长股，那么收益率也相当的理想。所以就长期来看，更关键的是寻找到一个正确的对

象。正确或者错误的时机则可以放大这个对象所带来的结果。

从更普遍的情况来看，美国的研究机构SG Global Strategy曾对估值波动、分红收益以及经营业绩累积这三种股票收益手段在不同时期段的影响进行了一系列的统计，见以下所示图表。

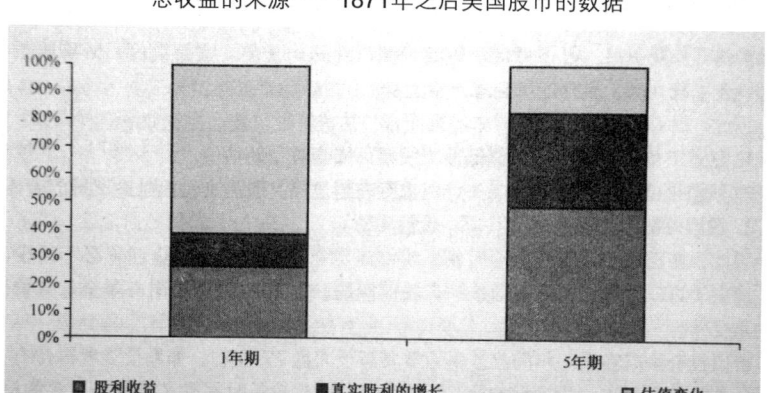

总收益的来源——1871年之后美国股市的数据

《价值投资——通往理性之路》P126 附图

第一个统计的结果表明，仅就1年期来看，投资者股票收益的60%都取决于估值的变化。但如果时间拉长到5年期来看的话，那么股票总收益中的80%来自于股利（分红收益）和真实股利增长（企业经营业绩增长）。**这一结果印证了上面测算案例的结论：长期持有策略并不会被估值的短期波动所动摇，但长期持有的前提必须是企业的业绩能够持续地增长或者能够获得较高的股息收入，或者兼而有之**，如下图所示。

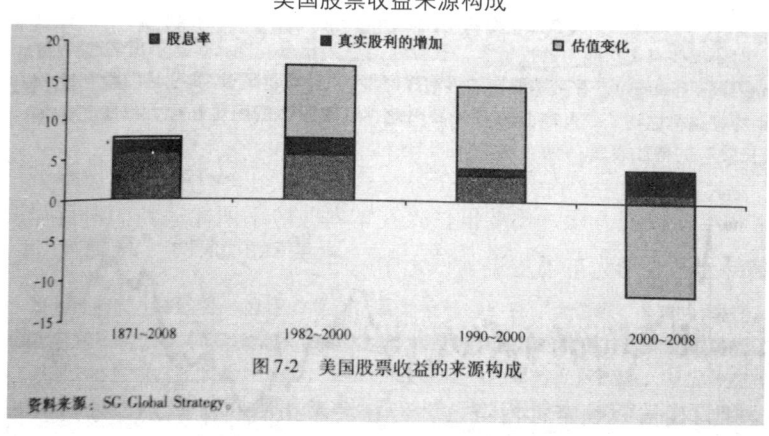

美国股票收益来源构成

图7-2 美国股票收益的来源构成

资料来源：SG Global Strategy。

《价值投资——通往理性之路》P59 附图

第二个统计图也揭示了两个非常重要的现象。

首先，站在长期的角度而言，估值的变化对于投资收益的影响非常的小（大约只占6%），因为这其中经历了多轮的牛熊转换，时间和周期已经熨平了各个阶段性的极端现象。但就一个特定的牛熊的转换的周期来看（1982到2000年以及2000到2008年分别是美股历史上的大牛市和熊市周期，1990到2000年则正是牛市进入最高潮的阶段），估值波动对于股票收益的影响极其重要（占统计区间总收益率的55%～75%）！**这个结果告诉我们，成功的投资既需要坚定的长期持有，更需要在合适的时刻做聪明的资产配置**——而要做到这一点，就需要对股票市场的周期性运转规律有所了解，并且善于利用这种周期性为自己的资产服务。这正是下一章节将讨论的内容。

企业与股票的和而不同，给我们指引了投资的一些基本逻辑。投资的基础，应该是来自于对企业内在价值的认识，只有这样我们才能谈得上有效估值或者估价（否则很难想象，在不知道面前是一块普通石头还是稀有金属，就能予以正确的定价）。但仅理解内在价值还远远不够，学会利用市场定价与内在价值的偏离，认识到真正的投资价值来自于这种偏离，进而对于这种偏离度所带来的风险和机会有敏锐的直觉，才是投资者工作的核心。投资者最可贵又不可或缺的能力，其实就是对价值与价格的偏离的敏感性，它必不可少地建立在对市场预期的本质意义、威力、特点和规律的深刻理解。

最重要的是，**我们由此将理解投资与实业的最大区别在于，前者很大程度上不仅仅是经营结果的积累更受到复杂心理因素的影响。这就注定了，一个优秀的投资者既要是商业分析的佼佼者，更必须是对人性具有深刻洞悉的人**。千百年来，人类科技发展所带来的变化可谓翻天覆地，但今天人类天性中的劣根性却几乎与几千年前没有太大变化。所以永远不要怀疑人性的顽固不化和难以改变，永远不要低估人在羊群效应下所能达到的盲目程度，永远警惕自己已经沦为市场主流共识之中的一员。

13.2　低风险高不确定性的启示

很多人在谈"确定性投资"，但在我看来其实不确定性才是股市中的常态。任何企图避免遭遇全部不确定性的尝试必然是一种乌托邦。但如果我们看到不确定性的两面性，那么有时候它将向你张开友善的双臂。低风险、高不确定性，这两个看似矛盾的因素居然可以在某种情况下成为一个有机体。这个看似奇怪实则辩证统一的事实，淋漓尽致地展现了投资所具有的那种艺术性的魅力。

13.2.1　不确定性与预期的时间差

在投资中"不确定性"经常被视为一个威胁。然而在我看来这其实是一个中性的词。不确定性既可能是敌人也可以是朋友，区别只在于：你选择什么时候与其握手？当价格已经给出足够的折扣以反映这种不确定性时，它可能会是友善的朋友；而当不确定性隐藏在高昂的价格和乐观的预期背后的时候，就可能是致命的杀手。

"不确定性"与"风险"并不能简单地画上等号——风险有不确定性所导致的因素，但不确定性却并不仅仅只带来风险，其实它还可能带来机会。"低风险高不确定性"正是我对这种现象的一些思考。我们可以通过一个图表来理解这个思路的意义所在，如下所示。

	具体含义	投资的影响
低风险	当前核心业务稳固牢靠，并且财务风险很小 仅仅当前看见的业务也具有稳健增长的能力	市场完全没有将未来的重大潜力反映在股价中，这样投资者等于仅仅以一个合理的价格买入当前可见的稳固业务。若这个潜力在未来被证伪，损失也不大，但若这种重大潜力被证实，将可能带来巨大的回报
高不确定性	某个对未来业绩具有重大正面影响的潜力正在酝酿 这一潜力目前来看还有较多不确定性，市场因此对这一潜力采取完全无视的态度	

低风险是针对企业当前的基本情况而言的，包括财务和业务特征上的。即先不考虑什么远大的前景，这个企业当前贡献主要收益的业务是否具有稳定性和可持续性；从财务角度来评估是否脆弱或具有重大的风险因素；从行业的基本供需及竞争格局来看，其经营的长期前景是否是客观存在的，并且企业在其中占据着越来越有利的形势且至少在3~5年内不容易被颠覆。

但仅仅是低风险还并不吸引人，很多公共事业公司具有类似的低风险特征。更重要的是在这个低风险的基本盘之外，公司还具有某个对未来的业绩可能具有重大提升意义的项目正在酝酿或者发展中。但这依然还不够，最为重要的是市场当前并未对这一潜在的重大项目产生任何的"美好预期"。这也许是因为这一业务较为复杂而没有先例，确定性很难掌握。也可能是因为市场的注意力暂时放在了别的更时髦的概念和热点板块中而没有凝聚起强大的共识。总之，这个重大的正面的可能性丝毫没有在其股价中予以任何的溢价反映。

这样就会形成一个有意思的局面。如果这个时候你买入这个企业的股票，你会发现首先你以一个合理的价格拥有了它当前的核心业务，且这一业务稳固而可持续，财务风险也很小。同时市场白送给你一个巨大的可能性。在这个可能性的前提下，如果未来失败，你的损失也很小——因为你买入的时候市场本来就是对这个潜在项目采取完全无视的态度。而一旦这个项目真的成功，甚至只是显示出越来越多成功的可能性，市场就非常可能从无视转为热烈的追捧，由此带来的业绩和估值的提升将形成完美的"戴维斯双击"效应，其回报往往非常可观且承担的风险又较低。

说白了，这个思路的核心就是利用不确定性与市场预期之间的时间差。其关键在于：低风险，决定了这笔投资起码不会打水漂，就算只是延续当前的状况也有一般的收益。高不确定性的存在，反而避免了企业被迅速地追捧和高估。前者决定了风险的可控性，后者决定了具有吸引力的赔率。其中注意事项如下表所示。

必须注意的几点
这个企业的"不确定性"一定是好的事情，不确定的是好事能不能成，而不是坏事会不会来（比如你一定不能把房地产是否会遭到更厉害的调控作为不确定性，因为那是负面的不确定性）
这里的"不确定性"不能只是停留在纸面上的公司计划。而是从当前公司的战略、执行进程、配套要素（人财物）、外部环境等方面来看都已经具有相当进度了，但对于最终是否成功、何时成功、成功的程度是多少市场的分歧很大
这种"不确定性"至少在当前市场看来完全是一个负面因素，市场由于种种原因都在强调它不确定、不可能的一面。反映在股价上就是没有任何对这个潜力支付溢价的苗头，反而由于其当前基本业务和业绩的平淡而给予低估值

13.2.2 大桥建成之前的评估

我们可以看两个典型的案例，通过表格的形式我将低风险因素、高不确定性因素、市场预期因素、之后发展情况几个方面进行了一个简单整理，如下表所示。

	天士力	重庆啤酒
低风险因素	以复方丹参滴丸和养血清脑颗粒为代表的中药国内市场，始终发展稳健且独具特色，具有很高的可持续性	其啤酒业务的盈利能力较好，也具有当地市场的强大品牌和渠道，具有较高的经营可持续性
高不确定性因素	复方丹参滴丸的FDA评审，其成功率和之后对于国内市场和国际市场的影响程度属于不确定性事件	开始研制一种治愈性乙肝疫苗，其市场空间极具想象力。但这种革命性的创新其成功率难以预测
当时市场预期	完全忽略FDA的可能性，并也给予基本业务较低的估值（相对其他药企）	估值依然是完全按照啤酒企业进行的，即使只以当前啤酒业务来看也是合理的，未对疫苗业务有任何的体现
之后事态发展	几年后FDA2期成功通过，这一重大事件带动复方丹参滴丸的国内增长重返较高增速，3期的成功率可预期。市场也开始给予天士力较高溢价和估值，成为市场中走势强劲的牛股	几年后疫苗进入临床试验，不断释放出接近成功的消息。市场开始热烈回应，成为涨幅十几倍的超级大牛股。但之后试验被证实基本失败，从高预期转为连续9个跌停

在例子中我们可以看到，高不确定性事项有成功也有失败的。由于"高不确定"事项通常涉及冷僻的专业知识以及诸多的不确定因素，所以市场才很长时间不对其产生很高的心理预期。**利用这一点的重点不在于比别人更准确地判断其成功率，而在于衡量这个潜在可能性是不是市场白送的。**

不管是天士力的FDA认证还是重庆啤酒的医疗性乙肝疫苗，市场在当时都是对其完全忽视的。这个时候项目是否成功不是最重要的因素。不成功市场也不会做出过多的反应，反正之前买入的价格只包含了原来的基本业务。但如果这个项目本身意义重大，并且随着其进展逐渐开始吸引到市场的关注，那么由此带来的心理预期的大幅提升，就等于在基本业务的业绩之外奉送了丰厚的利益。

重庆啤酒的案例展现了市场预期跟随项目进展而大幅起落的轨迹。最初，虽然从逻辑上和常识上来看一个划时代的革命性疫苗出自一个啤酒厂商实在匪夷所思（实际上是重庆啤酒下设立的一个专门的疫苗研发机构执行此项目），但值得注意的是这一项目不管是在未来被证实还是被证伪，都需要一个漫长的时间——疫苗的研发和不同时期的临床试验，都是以年为单位来计算的。而在这么长的时间里，随着项目从一个虚无的传闻，到切实运作甚至产生了一些积极的临床试验数据，这个长长的"最终判决前的空档期"其实已经足够市场先生表演好几场了。

而天士力显然是另一种典型，它的故事对于我们怎样把握"高不确定性"项目的可信度提供了极好的借鉴。FDA认证同样是一个划时代且前无古人的事业，即使是业内人士也对此多持怀疑的态度，如果钻专业知识的牛角尖恐怕一个普通投资者一辈子也搞不出个所以然来（就像重庆啤酒的疫苗项目，在进展到中后期的时候一些机构的首席医药研究专家都纷纷表示希望很大，如果你轻信所谓的专业人士恐怕离破产只有1米远）。那么怎么判断呢？其实，有时候不必等到大桥建成那天也可以提前知道它是否容易垮塌。

一座大桥在建成之前显然我们并不能百分之百地的知道未来开通后过车时是否会垮塌，这个时候还没有确切的实证。但我们可以通过这座桥梁建设的过程来评估这种可能性。比如在设计之初的设计指标是否合理？其建设是否经过了公开合法的招投标？建设方具有什么样的资质？所用的材料和工期是否符合行业的规范？监理方的工作是否尽责到位？每一个阶段性的验收结果是否顺利达到标准？……如果这一系列的分支事项都是可信的，我们有理由相信这座桥大概率地可以达到总的质量标准。

"高不确定性"项目的评估其实也是这样的思路。比如天士力的FDA认证过程我们可以发现具有如下相互之间具有逻辑关系且较为可信的证据：首先它的复方丹参滴丸是个现金牛产品，有足够的现金流支撑这一项目的长期进展（事实上它对于FDA项目早已从市场上募集了资金），并且冲击认证的复方丹参滴丸本身成分简单，也已积累了多年大人群的实际临床经验和数据；其次，冲击FDA之前它已经开展了长期的中药现代化体系的探索，并且建立起了国内最完整的现代中药研发和管理体系；此外，FDA已经正式接受非单一成分植物处方药的认证，并且有了德国某绿茶提取物的先例，这扫清了中药申请FDA认证的制度壁垒；更重要的是，执掌此次任务的孙鹤博士原本就曾是FDA计量临床药理学的首席科学家和最高级别评审官之一，本身就是FDA的认证程序及相关专业领域的权威，这是至关重要的一个要素；最后，天士力对于FDA的认证有着战略上的长期规划和激励制度上的统筹安排，是深思熟虑而不是一时的心血来潮，且十年如一日地始终稳健推进着，这种全面的押宝可以理解为企业的决心，又何尝不能理解为企业的信心？有了这一切的基础，换来2010年突破性地通过FDA2期认证并顺利进入3期临床，就不是一个非常不可思议的事情了。

13.2.3 四种局面的选择

前面曾提到过，市场的心理预期往往是随着企业经营的进展而不断变化的，同一个企业在不同的时间和经营态势下市场所给予的定价基准也可能是完全不同的。将企业基本面和市场定价两者结合，我们可以发现有四种非常较为典型的局面组合，如下图：

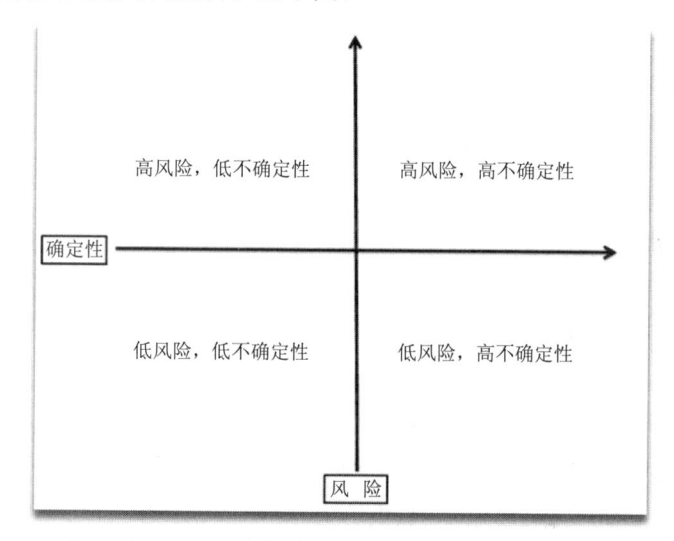

```
                    ↑确定性
         高风险，低不确定性  |  高风险，高不确定性
                           |
    ───────────────────────┼───────────────────────→
                           |
         低风险，低不确定性  |  低风险，高不确定性
                           |风险
```

- 低风险高不确定性：这个前面已经重点讲过不再赘述。简单说就是风险可控机会很大。

- 高风险高不确定性：这有两种可能呢，第一种是市场的预期已经非常高，而公司的核心业务实际上是缺乏稳固性的。虽然从好的方面看如果成功具有很高的增长弹性，但问题在于公司是整体性地架设在一个高风险的业务上，且高企的市场预期已经大大熨平了业绩增长所能带来的收益。另一种情况是从"低风险高不确定性"状态演化而来的，就像重庆啤酒的后半段。市场对于疫苗业务已经极度追捧，整个公司的市值中倒是对疫苗的预期占了绝大多数，这个时候重大项目的确定性还没显现而估值倒是提前透支了。这种局面可以理解为风险很大、机会很小。

- 低风险低不确定性：这种局面往往说明一方面公司的基本面非常稳固且

市场估值也很低，但另一方面公司的业务也确实是缺少任何可能带来重大提携作用的潜在可能性，属于风险不大但机会同样寥寥的鸡肋。
- 高风险低不确定性：这种情况属于在一个本来缺乏想象力的地方生硬地进行概念炒作。市场的心理预期很高，但企业的业务却缺乏相对应的高弹性正面潜力，同样是机会很小和风险很大。

如同前面所讲，低风险高不确定性的本质是利用不确定性与市场预期之间的时间差来形成有利于我们的赔率。低风险高不确定性显然具有最好的赔率，不确定事项未实现的损失有限而一旦有所进展则爆发力惊人。

高风险高不确定性则相反，是市场的心理预期已经远远超越了企业所承载的可能性，属于进入泡沫阶段的典型特征，且业务本身的不稳固性可能进一步将悲观情况下的杀伤力放大，是最需要避免的局面。剩下两种形态同样不具有足够的吸引力。这种观察视角可以帮助我们更好地捕捉买入的时机，已经在多个观察标的之中选择最佳的组合。比如，同样在基本业务和估值上属于低风险，那么具有某种正面的、高不确定弹性因素的，往往就要优于缺乏这种因素的。

当然，还是那句话：投资是个对"度"的拿捏要求极高的游戏，任何真理再往前演绎一步就可能变为谬误。这种思路如果把握不好，容易走向追逐概念的道路。眼里只有"重大的可能性"却淡漠了市场预期对这种可能性的反映，或者缺乏对高不确定项目的持续跟踪和把握判断能力，而无法在价格已经体现出足够正面的预期之后正确地选择放弃还是继续坚守。**总之，低风险高不确定性思路是一种特定对象在特定时机下结合的产物，也是基本的核心业务、重大可能性与市场心理预期之间形成的一种微妙局面。它提供的这种机会，需要投资者在确定性与赔率之间进行精心的算计和聪明的取舍。**

13.3 回报率数据的密码

我们得感谢那些对投资历史进行了长期大量实证研究的学者，他们对于股票回报率的细致统计分析让投资的一些秘密逐渐地展现出来。当然，案头资料是公开的，但能从中破译出什么有价值的信息，就功夫在个人了。

13.3.1 回报率与市值有关联

除了预期对投资回报的影响外，国内外的一些学者和投资者也对于长期回报的其他特征进行过有意义的研究，这里我们将其中一些引人注意的研究数据进行解读。这种分析可以让我们更好地理清自己的投资思路，规避最容易造成投资回报不佳的陷阱，并且将注意力放在最有机会产生优良投资回报的对象上。

1992年，尤金·法玛和肯·弗雷切在《金融期刊》上发表的一篇文章认为，有两个因素在决定股票回报率时比贝塔值（一种针对某种投资方法相对于市场整体波动性的测算）重要得多，一个是股票规模，另一个是股票估值。实际上早在1981年，芝加哥大学的研究生罗尔夫·邦兹就对此做过一个相关的研究，他发现即使经过风险调整（波动性）后，小盘股的整体业绩也优于大盘股。

在《股市长线法宝》中作者对此进行了一系列的数据研究并且证明了上述的观点。在一项从1926~2006年12月的长期统计中，研究者将市场中的4 252只股票按照市值从小到大分为10档，并且分别计算每一档的回报率，结果如下表所示。

按市值从大到小排列	公司数	占总市值的比例	复利回报率
最大	168	61.64%	9.6
2	179	13.81%	11
3	198	7.24%	11.35
4	184	4.02%	11.31
5	209	3.17%	11.69
6	264	2.76%	11.79
7	291	2.15%	11.68
8	355	1.83%	11.88
9	660	1.92%	12.09
最小	1 744	1.47%	14.03

这个统计中有几个非常值得注意的现象：首先所有样本的市值规模相差非常之巨大，最大的168家公司就占了4 252家公司总市值的6成多。其次在这个跨度80年的统计中清晰地显示出，每一档的市值越小其回报率就越高。回报率最高的最小市值档仅占样本总市值的1.5%不到，

却囊括了1 744家公司，其市值之小可以想象。但这一组的复合回报率却高达14%，比最大市值组的复合收益率高了4.43个百分点，考虑到这是80年间跨度的复利差别，其相差的绝对值是非常惊人的。

但研究人员们强调，小盘股的这种收益率领先并不是一种稳定的现象。在漫长的股市历史中，大盘股与小盘股的收益率呈现着几乎没什么规律的交替领先状态。比如在1926年到1959年这一期间，市值最小的1/5的股票的复利收益率从未超越过大盘股。直到1974年末，小盘股的年均复合收益率也只比大盘股高0.5%。但自1975年到1983年，小盘股的复利收益率却高达35.3%，是同期大盘股收益率的两倍。

所以如果仅仅从这个统计数据来看，就认为持有小盘股会在某一个时期必定胜出大盘股是毫无道理的。但这一现象毕竟说明了一些问题：如果我们认为长达80年的时间周期下，市场应该体现出较强的有效性（并且这又在市值更小的分档中显示出了收益率的强关联性），那么小盘股收益率的远远领先就不应该是一种随机现象。

其实对于这一现象在本书中已经进行了很多探讨，这个现象我认为再次说明一个道理：大盘股通常是已经成熟的所谓"伟大企业"，但投资的回报却不是来自于辉煌的历史，而是取决于未来的价值创造的增量。一个营业额只有1亿但未来可以做到5亿的小公司，很可能比当前营业规模高达100亿却面临增长瓶颈甚至下滑的巨型企业更具投资价值。并且在商业世界中"大"从来不表明安全，经营安全与否其实取决于价值创造的周期、生意的特性和竞争壁垒的程度，而不是市值或者营业规模的大小。

13.3.2 估值也具有决定性

另一个对于投资具有关键性影响的因素是估值。在一项从1957年到2006年12月的长期统计中，研究人员将标准普尔500成分股按照市盈率的高低分为5组，并且只计算它们在未来12个月的收益（特别注意这个前提）。结果如下表所示。

市盈率分组	年均回报率
最低	14.3%
较低	13.52%
适中	11.11%

续表

市盈率分组	年均回报率
较高	10.04%
最高	8.9%
标准普尔500	11.13%

可见，市盈率的高低对于年回报率具有明显的影响。越高的市盈率对于下一年的收益从长期的平均水平来看就越是负面（虽然可以想象出，这并不代表高市盈率组在每一个未来的12月的收益会低于低市盈率组）。高市盈率无疑是拉低投资者绩效水平的重大杀手之一，也因此得出一个著名的结论：成长股的长期收益远远比不上价值股。

更重要的是，类似的统计结果并非美国市场的独有现象，在中国的A股也非常完美地体现了这一点。曾经有国内的投资者对于申万的17只风格指数进行了一个较长期的统计。在该统计中，一些典型指数自2000年起始的13.5年中的总收益率及年复合收益率情况如下。

申万风格指数	总收益率	年化复合收益率
低市盈率	287.33%	10.55%
低市净率	259.72%	9.95%
绩优股指	246.64%	9.65%
小盘股指	188.62%	8.17%
中市净率	174.85%	7.78%
深证成指	174.4%	7.76%
中盘指数	156.67%	7.23%
中市盈率	110.85%	5.68%
高价股指数	110.73%	5.68%
亏损股指	70.69%	4.04%
微利指数	67.22%	3.88%
上证指数	67.05%	3.87%
高市净率	25.33%	1.69%
新股指数	0.97%	0.07%
高市盈率	−12.51%	−0.98%
活跃指数（高换手率）	−96.44%	−21.89%

从这个统计中看到A股的回报率特征与美股的统计非常相似：更低估

值组的回报率明显高于更高估值组，更小盘规模组的回报率也明显高于大盘组。新上市股和高换手率股票组的收益率都是全市场中最低一档的，这一点也与美国的相关统计高度一致。**所以客观来看，A股市场的有效性其实与美国股市没有本质的差别。**

13.3.3 统计与经验的矛盾

但上述的统计数据可能会让人产生这样的困惑：一方面，巴菲特、芒格等投资大师都认为用合理的价格买入优秀的公司要比用便宜的价格买入差的公司长期来看更加有利可图。但另一方面，大量的统计数据表明低市盈率的组合长期来看又能够大幅地战胜高市盈率的成长股组合。这是否是一种矛盾的现象？其实这只不过再次说明一个道理：事实的全部真相往往是个多棱镜，不要仅仅看到其中的一个棱面就匆忙地宣称掌握了真理。

首先我们需要搞清楚不同语境下对"成长股"的定义。在原文中，成长股与价值股的定义是"那些股价与基本面相比较低的股票被称为价值股，而股价与基本面相比较高的成为成长股"。所以很清楚，其实质是低估值股与高估值股的对比，那么高估值股是否就是成长股投资大师菲利普·A·费雪所言的成长股呢？我们如果去看一下他所著的《怎样选择成长股》就会发现，费雪对于成长股的选择具有苛刻的基本面标准并且对于交易的价格也有审慎的态度。因此，可以说统计中所谓的成长股与实际意义的成长股不是一个概念。

更重要的是，这些统计是基于大数据量上的一个结果（比如这里的任何一个分组包含了上百只股票，是这一特征群体性的总结），因此它从总体的概率角度而言具有高度可参考性，但就投资的具体个体而言其结果的概率分布就要广阔得多了。举个例子，从千百万的统计样本来看，也许高学历组的工资水准要明显高于低学历组，但如果仅仅是任意分别选择10个高学历和低学历进行对比，结果就可能大相径庭，其实这是一个统计的样本范围上的合理偏离。如果从整体的角度来看，高估值全体整体输于低市盈率群体是非常符合价值原理的——真正优秀的企业是极其稀少的，大面积的高溢价透露出一种奇怪的信息：大部分的公司将在竞争中胜出——这毫无疑问是不可能的。所以大样本中的高估值群体必然由于大多数企业的归于平庸，遭受估值和业绩的双杀，而被整体拉到一个最低的收益率水平。

但问题就在这里，投资者所面对的一般处境到底是怎样的呢？投资者是否会按照上述统计，以几百只股票的组合方式来买入具备共同特征的股票，以此进行投资呢？我看恰恰相反，对于绝大多数的投资者而言，其投资组合最多也就是几十个而已，甚至占据仓位主体的也就是10来个或更少。那么这种情况下，上述各类风格统计的意义要远远低于这有限几种股票各自的基本面状况。换句话说，即使你的十几种股票全部是买入统计中最高收益率的低市盈率组，那么你的这个组合产生巨大的亏损是完全有可能的，而且这一结果丝毫无法动摇低市盈率组在总体收益率上的领先地位——因为你的组合只占这个特征组的极小的比例。

所以说到底，对于绝大多数的投资者而言，面临的基本状况还是精选个股。因此统计数据与巴菲特等投资大师的观点其实并没有什么矛盾，只不过前者是从普遍意义上而言，而后者的前提是针对具体投资对象的选择而言的。**大样本的统计数据可以告诉我们，面对高估值一定要具有普遍的怀疑并且对于低估值品种可以从普遍意义上更加地关注；而投资大师们的具体案例和忠告则告诉我们，最终决定你投资绩效的不是大样本的学术统计和对这种组合的模拟，而是你真正做出的有限的几个选择。而其中，用合理的价格买入真正优秀的企业的股票更加合算。**

但这完全不代表"价格低"的股票就意味着安全，这一点需要特别注意。

同样来自SG Equity Research的一个针对全球市场的调查表明，即使是价格低廉到完全符合格雷厄姆标准的"净运营资本（即公司的市值已经低于公司的流动资产——全部负债后的净值）"类别的股票，依然可能遭受致命的结果——在以"股价低于净运营资本"为策略选择的股票中，约5%的股票遭受了"永久性的资本损失（定义为股价在1年内的跌幅达到90%）"，而在广义的整个股票市场上，却只有2%的股票出现过这种情况。

此外，再看看美国的比尔·米勒，这位连续15年击败大盘指数并且曾为投资者带来巨大回报的优秀基金经理的例子。他的成功几乎完全来自于传统价值投资者避之唯恐不及的高科技类股票，但最终让他折戟沙场的却恰恰是2008年大幅下跌后看起来已经非常便宜的"价值型股票"，如美国国际集团（AIG）、Wachovia Corp、贝尔斯登和房地美。如下图所示。

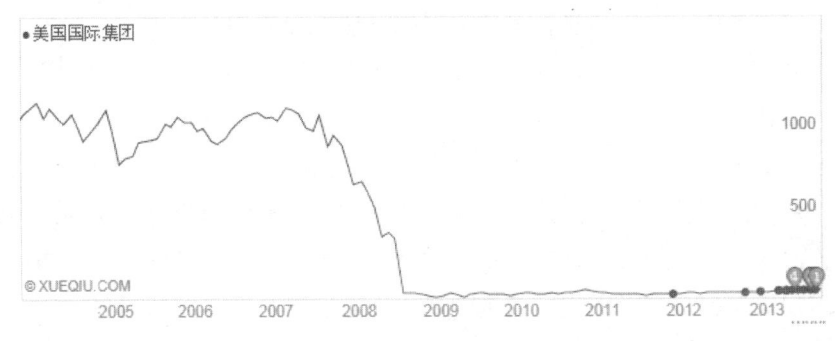

美国国际集团的股价走势

总结一下：基于成长因素的投资最需要警惕的就是成长陷阱，而基于低价因素买入最需要警惕的是价值陷阱——换句话说，再好的成长前景也要衡量价格因素，再便宜的价格也要以可靠的基本面为前提。所以还是那句话：投资中没有什么绝对的安全岛，但我们一定要找到自己的安全带——客观地认识自己、老老实实待在自己的能力圈内、谨慎地假设和严谨地推算、合理地分配持仓、在概率和赔率同时有利于自己的时候再出手，共同运用这一切才能构成一个可靠的安全机制。

13.3.4 将规模和估值结合

前文回顾了市值规模和估值两个因素下的回报率统计，那么如果这两个因素结合起来，又会是什么样的结果呢？研究者们进一步将1958～2006年间的股票按照小盘股和大盘股进行大类分列，并且在每一类再具体根据账面市值比（市净率）将估值进行5个程度的划分，进而得出一个结合了估值和市值规模的复合收益率统计结果，如下表所示。

	小盘股	2	3	4	大盘股
低市净率	19.59	18.29	17.58	16.1	13.17
2	18.37	17.53	16.2	16.15	12.25
3	15.06	16	13.9	14.72	12.16
4	13.9	12.78	13.92	11.43	11.11
高市净率	5.97	8.3	8.85	10.62	9.87

这个统计中首先值得注意的是，收益率最高的是低市盈率的小盘股，如果在1957年在这一组投资1 000美元，那么到了2006年末，将增值到624万美元。而且小盘股在除了高市净率组的每一个区间段都大幅战胜大

盘股的收益率，即使是第二高市净率组的小盘股，其收益率也高于最低估值组的大盘股0.73，并且市值规模的大小与投资收益呈现了明确的对应关系。这似乎证明了，从长期来看业绩增长的动力是获得投资回报最为关键的因素。

但高市净率组的小盘股的收益率却是所有高市净率组中最低的，这是否说明一部分小盘股更容易受到市场追捧而形成极高的估值？并且最高市净率组的小盘股会在其后的漫漫岁月中为极高的估值付出惨痛的代价。所以即使是最好的小盘股，高昂的估值也是投资回报最可怕的杀手，安全边际的原则再一次显现出其重要性。

这个结果也部分地证明了，未来优势型企业的投资确实是符合长期投资的高回报特征的。一方面是因为这种企业的规模往往还较小，具有小盘股的典型特征。更重要的一方面是，未来优势型企业由于其业务还笼罩在某种迷雾中，或者其优势还没有进入充分的释放阶段，所以并不容易被市场赋予很高的估值。

第14章
永远的周期轮回

　　如果说股市具有什么永恒的特征的话，那么我想就是周期性运动。我甚至认为，周期性不仅是股市的特点，也是实体经济甚至是人类社会发展中的一个重要特点。

　　在股市中失去理智的一个基本原因就是忘记了市场的周期性。人们往往身处周期中而不自知，被周期中所表现出的表面现象所蒙蔽和鼓励，认为眼前所见的一切将永久持续下去。股市也许充满了不可测，但至少在这一点上，股市遵循了某种自然界的规律。就像太阳总是在最黑暗的时刻升起，随后照亮大地带来光明和温暖。随着正午的来临，太阳也将在最大的日照强度中达到其运转的周期性顶点，并在人们尚未察觉时开始向下西斜。之后黑暗开始一点点扫走阳光的余晖，黑暗重新统治大地。但不管黑夜将如何漫长，阳光依然会再次升起。

14.1　周期背后的推手

股市的周期到底是如何产生的是一个有趣的话题。我想是3个原因之间的复杂互动所导致的，既：实体业绩，资本环境以及市场情绪。如下图所示。

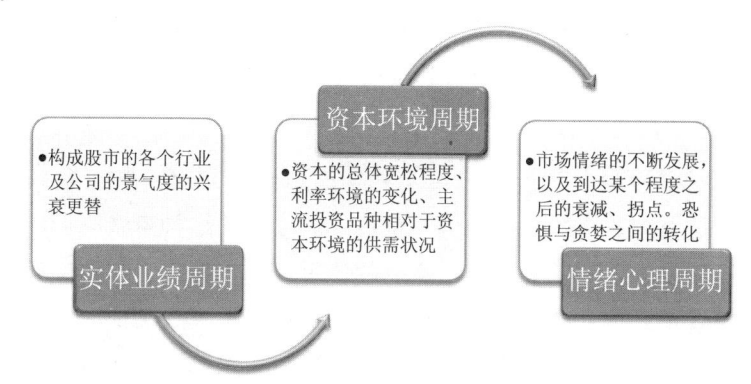

- 构成股市的各个行业及公司的景气度的兴衰更替　**实体业绩周期**
- **资本环境周期**　资本的总体宽松程度、利率环境的变化、主流投资品种相对于资本环境的供需状况
- 市场情绪的不断发展，以及到达某个程度之后的衰减、拐点。恐惧与贪婪之间的转化　**情绪心理周期**

首先，股市的基本构成单位是一个个活生生的公司，这些公司会有美好的时光，也会迟早遭遇到困难。无论如何，业绩总是构成股市涨跌的一个基本因素。假设其他条件不变，指数所反映的公司整体的业绩水准的提升和下滑，自然会导致股市产生相应方向的变动。特别是成分股主要是强周期性企业所构成的指数而言，更容易出现大起大落的基本状况。对于企业的业绩评估属于企业分析的范畴，前面章节已经有了很多的讨论，这里不再赘述。

14.2　资本的环境温度

细菌只会在适宜的温度下存活和生长，资本市场其实也一样。如果将资本市场作为一个有生命的个体，那么影响到其活跃度的环境温度可能包括利率、通胀和供求关系这三个主要的变量因素。

14.2.1　利率与通胀

利率会在两个层面对资本市场产生影响。

1．利率的影响

首先是利率的高低形成了一种收益比价的效应，存款利率和国债利率越高说明投资的无风险收益率越高。在这种情况下相对高风险的股市必须以更高的收益率来展现对社会资金的吸引力，而这种收益率实际上就是市盈率的倒数——比如20倍的市盈率表明按现有业绩水平需要20年才能收回全部投资，也就是其年预期的投资回报率是5%。如果存款利率达到年5%的水平，那么意味着资金可以毫无风险地放在银行获得不错的收益，谁还愿意以同样5%的预期年收益率（也就是20倍的市盈率）去买入具有不确定性的股票呢？

人们可能只有在股票市场提供了10%的预期收益率时，才会考虑买入股票，那么这意味着股票对于社会资本的吸引力由20倍市盈率下降到了10倍市盈率。因此，利率的调整会影响到市场资金的风险。

2．资金成本的影响

另一种潜移默化的影响来自于利率的另一个身份，既资金成本。企业经营的扩大需要不断的再投资，银行贷款往往是这种资金来源的主要渠道。然而随着贷款利率的升高，企业的资金成本显然也会水涨船高。对于绝大多数竞争充分的产业而言，投资的利润很难得到保障或者至少是周期性波动的。当再投资的成本被抬高时，会进一步加剧资本收益率的降低，从而最终决定企业的盈利能力和业绩，并最终反映到财务指标上。

显然从理论上来看，利率的变化会对市场温度形成一定的影响。高利率环境更倾向于会压制证券市场的估值水平；相反低利率环境下，资金的无风险收益率不再具有吸引力，从而刺激其寻求能带来更高预期收益的风险投资品种，比如股票。但在实践中这种变动却并不总是与证券市场的热度形成高度对应的节奏。事实上，我们经常发现这两者之间的步伐会有相当长的时滞效应，见下图。

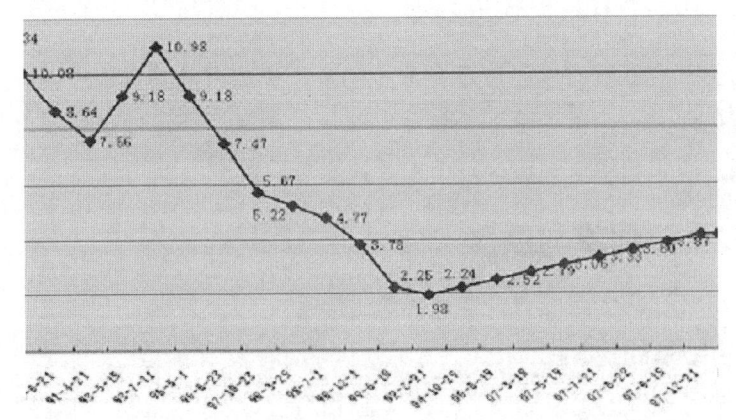

1991~2007年间中国历年储蓄存款利率，图片来自网络

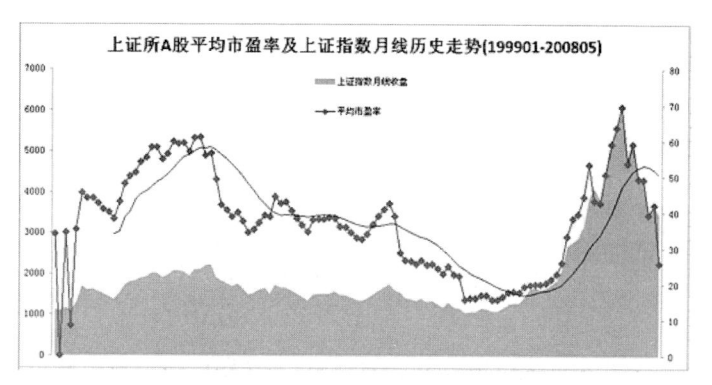

1991～2008年间A股历史市盈率，图片来自网络

从这个图中我们看到，证券市场市盈率并未与利率的变动方向呈现明显的反向联系。特别是2005年利率一直向上调整，但股市却在此期间爆发了罕见的大牛市。而自1995年到2002年之间一路下滑的利率，却也导致市场市盈率的相应下降。这一结果让利率对于证券市场的作用变得令人费解。可能的原因，我想是否与通货膨胀率有关？

3．通胀的影响

利率与通胀向来是一对互相嬉戏的好伙伴，高利率通常也伴随着较高的通胀水平，见下图。

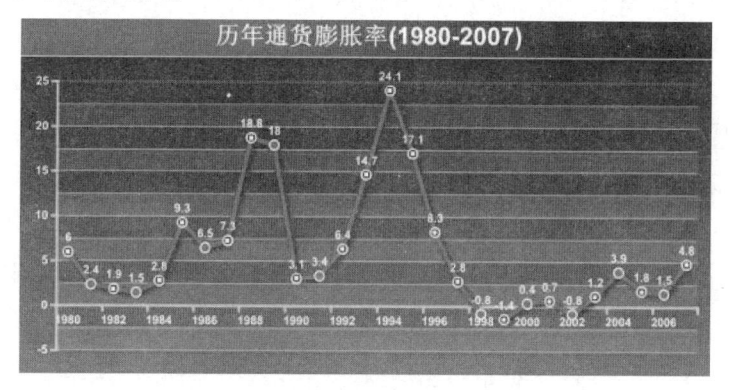

图片来自网络

格雷厄姆曾对于通胀与公司利润、股票价格变动的关系进行过跨度长达55年的数据研究。其结论是"从时间上看，通货膨胀（或通货紧缩）状况与普通股的利润和价格之间并不存在密切的联系"。但另一方面，他也认为"企业的好年景与通货膨胀是同时出现的，而坏年景则与价格的下跌如影随形"。著名财经记者兹威格在《聪明的投资者》的点评中也有类似的数据研究。其结论是"在消费品和服务价格下跌的各年份，股票收益相当糟糕。而如果通胀率超过6%，股票走势亦欠佳……虽然温和的通胀可以使公司把原材料的新增成本转移给消费者，但恶性通胀则会造成灾难。它迫使消费者节衣缩食，并使经济各个环节的活动受到抑制"。那么利率与通胀在不同情况下的组合，是否是这一问题的答案？

通胀对股市的另一个潜移默化的影响是估值。持续的高通胀可能使得重资产类企业的重置成本更高，原本5 000万元可以建造的工厂也许在高通胀对物价的推升中仅仅几年后就需要8 000万元甚至更高的投入才可能完成。这样，站在市净率（市值/净资产）的估值视角下，净资产的潜在价值被大大地低估了。

逆向投资大师邓普顿就曾利用这一点，在20世纪80年代初期（那时美国的通胀率高达13%~19%）敏锐地意识到市场远比看起来的更加便宜，资产的重置成本已经高出了70%。这使得当时市场原本已接近1倍的市净率要比1932年大萧条时期0.79倍的市净率还要便宜。综合考虑1932年的通缩和1982年的高通胀，他测算出实际的市净率水平应该分别是0.99和0.59，因此20世纪80年代初正是千载难逢的投资机会——事实证明了这一点，不久之后便是美国历史上著名的长达20年的超级大牛市，市场在1999年的高点更达到了美国证券历史上最高的8倍市净率。

从更长时期内的情况来看，西格尔曾经对从1955年到2006年期间的利率调整情况及后续股票市场的回报率进行过一个统计，其结果支持利率调整方向与股市运行方向的背离结论。统计中利率上涨次数为112次，利率上调之后12个月的股票平均回报率是7.5%；利率下调出现108次，下降以后12个月的股票平均回报率为15.3%，所有年份的平均回报率为11.8%。这表明利率下调后市场出现上涨的概率明显更高。但研究也表明，这一结果从2000年开始趋于减弱，甚至也出现相反的情况。**显然，利率和通胀适宜作为一个宏观影响环境的定性考虑因素（比如是有利于股市环境还是不利于），但仅凭这点去预测股市的必然走向是徒劳的。**

利率固然对股市估值有影响，但这种影响似乎只局限在一个较为封闭的系统内。比如香港的利率比内地的要低，按说其股市估值应该比内地的要高。但现实却恰恰相反，利率更高的内地股市的估值大多数时候明显高于香港，所以这种利率的影响也许受到一些复杂因素的阻碍（比如资本的自由流通、不同证券市场的阶段性特征等）而只具有自我的历史比较意义。

14.2.2 供求关系

资本市场本身就是一个交易场所，既然是市场，就难逃"供需关系"这一市场的本质特征。资本市场的这一特性可以从产业收购与股票市场定价的差异上得到一定的反映。同一个企业，在企业收购市场中与在二级市场（股票）中的估值往往相差很大。这首先是因为产业间的直接收购项目中的购买方数量非常有限（因为一次性收购的额度过大，并且并不是所有的标的确实能引起少数收购方的兴趣），而在二级市场中一个公司的股票所对应的购买方可能是成千上万的。其次，直接收购市场并不是一个稳定的交易场所，其定价往往是更个人化和经验化的。而股票市场是一个资金海量规模并且稳定的交易场所，博弈充分并且交易频度高，因此产业收购的出价往往明显低于二级股票市场的估值并不是一个奇怪的现象。

从资金的角度来看，任何股票的上涨就是要靠钱去"买入"来推动的。这个朴素的道理告诉我们，当所有（或者说很大比例）的"钱"果然已经进入了股市并且完成了对股票价格的大幅拉动后，其必然要面临买入资金不足而导致的方向性衰竭。它的反面也告诉我们，当证券市场总体上来看被社会资金所忽视和嫌弃的时期，往往就是投资的天赐良机。

邓普顿在20世纪80年代初期判断美国市场正处于一个历史性的低估状态，除了估值和企业盈利的基本面等因素外的另一个重要的线索正是资金环境：庞大的现金正在市场外观望。仅以当时的美国养老基金为例，其基金当时就持有大约6 000亿美元的现金，并且在今后12年内将稳步达到3万亿美元。而养老金投资普通股的历史平均水平一直是55%，也就是说未来较为确定的可涌入市场的额外现金就高达1.5万亿美元之上，而1982年整个股市的价值为1.25万亿美元。由此我们可以估算，仅仅是养老金的潜在资本推动力已经足够让市场翻番。考虑到市场上涨的不均衡性以及资金偏好的差别，这足够使很多股票走出几倍的大行情了。

资金的供求关系从证券市场的角度而言可以看作是社会流动资金与股票供应之间的关系，但从更大的方面来看，则可以延伸到整个社会投资性需求与可选择性标的关系。据福布斯的一项调查，截至2011年中国居民的银行存款高达5.2万亿美元，并且这些存款的名义年增长率为14%——远高于中国目前的通胀率5.5%。考虑到这5.2万亿美元的银行存款所能获得的存款利率远低于预期的5%的实际通胀率，中国百姓必须积极寻找各种投资渠道，以弥补银行利率与通胀率之差，从而实现个人财富的保值增值。从这个角度来说，充沛的社会资金和强烈的投资愿望是两个很好的条件。

但据申银万国证券披露的数据，截至2012年三季度末，银行、保险、信托、基金和券商管理资产存量分别为6.7万亿元、6.6万亿元、6.3万亿地、2.6万亿元和1万亿元。根据中国上市公司市值管理研究中心（CCMVM）发布的《2012年中国A股市值年度报告》披露，2012年末A股的总市值约为19.8万亿元。从这个数据中可以看到，银行和信托的理财产品合计拥有高达13万亿元的额度，而这些理财产品基本上不是投资股票市场而是用以各类企业的融资需求。并且，这些理财产品给付的收益率在过去的2年非常高，据统计平均可以达到年收益率的5.8%~7.2%，最高10%年利率的信托产品也并不少见。可以想象，这样大规模的资本以及这个资本可以获得如此高的低风险收益（其实信托产品根据设计的不同风险性会呈现很大的差异，只不过在这两年却基本以低风险的面貌进行宣传），这显然会影响到证券市场的相对吸引力。

除了信托理财产品，商品房的"投资不败神话"也吸引了大量的社会资金。根据公开的统计数据，在2011年全国的商品房销售达到11亿平方米，销售总金额约6万亿元。房屋新开工面积19亿平方米，预估销售金额达10万亿元。可见，至少在过去的2年，理财产品的快速大规模兴起和房地产市场继续的高歌猛进，吸引了社会投资资金大部分的注意力。这两个资金方向上的流入对股票市场资金的大幅分流，可能是A股在过去两年中始终缺乏较大行情的重要外部因素。

当然也许有人会说，这两年证券市场的大规模IPO发行和股票的全流通制度的实行导致了股票供应量的剧增，这才是证券市场估值低迷的原因。我想这个理由是有道理的，但可能未必是这个问题关键性的因素。首先我们看到股票发行最多的是创业板和中小板，但在市场的估值表现上最低迷的却是以上证50和沪深300为主的股票。其次，虽然股票已经从制度上实现了全流通的目标，但实际上增加的流通盘却远没有那么大，这是因为占A股市场市值主体的大量央企国企的大股东（也就是"国资委"）是不可能大幅抛售国有股份从而危及国有控股或者陷入国有资产流失的危险指控中的。最后，仅仅从量比上而言，2011年全社会商品房的销售额就是当年股票融资总额的21倍多，可以说与商品房销售所吸引的社会资金相比是微不足道的。

对于投资者来说，当前资金与投资的供求状况是一个良好的机会吗？我认为是的。随着国家的发展和经济水平的提高，居民的社会存款稳步提高是一个可以期待的长期正面因素，居民对于投资的需求在10年内也没有逆转的可能性。而站在可投资标的方面，信托等理财产品在过去两年的大繁荣和不正常的高收益率、低风险是难以维持的，商品房的极高估值和越来越高的投资门槛也显然度过了投资的高峰期间。

再考虑到，目前国内社保基金对于股市的投资大约仅占总额的10%，还有2万亿元的养老基金尚未有效地组织和投资于股市，而全球养老金资产配置中股票类投资的占比在40%以上。随着城镇职工基本养老保险个人账户的逐步做实、新型农村养老保险和城镇居民养老保险的全面铺开以及企业年金的逐步普及，中国养老基金积累规模将进一步迅速扩大，对股票类资产的投入比例与国际标准接轨而且逐渐增大是可以期待的进程。

因此，整体来看，我对于未来证券市场的资金供求关系很乐观，我认为当前（2013年初）投资股票是一个非常具有吸引力的理财选择。这不仅仅是因为从企业整体而言，未来良好的基本趋势与几乎全球最低估值发生了背离，也因为，长期来看，资本供求关系也处于一个非常有利的时点。

14.3 市场情绪与心理

如果说前两个因素是基本的土壤，那么这个土壤中酝酿生长出的才是市场周期真正的决定性力量：情绪。情绪心理与上述两个方面都有关联，作为整体而言市场情绪的产生自然是无风不起浪的。可以这样说，**在一切的开始，任何市场的共同预期总是建立在某种事实基础上**。也许是业绩，也许是资本环境，也许兼而有之。**但市场情绪的不断膨胀和疯狂生长最终总是让一切事实相形见绌。市场的情绪具有巨大的能量，市场预期的大合唱，定会推动它创造出远远脱离实业基础和资本环境的不可思议的景象。**

这三种因素共同推动着股市的周期性运动，而这种运动最典型的表现无疑就是牛市和熊市。如果说股市就像一个来回摆动的钟摆，那么钟摆的两端分别是牛市和熊市的极限点。从理论上来讲，如果能够把握住这种钟摆来回摇动的规律，那么就能准确地把握住牛熊转换的节奏，从而实现美妙的超额收益目标。但就像投资中的很多问题一样，道理是非常简单的，可具体操作起来就是另一回事儿了。

1. 不同的时针刻度

首先碰到的问题就是周期的幅度，举个例子：日出日落是周期，春夏秋冬也是周期，生老病死、文明的兴衰更替同样是周期，但这些周期的时间跨度可完全不是一个尺度和级别上的。股市的周期转换也有这样的问题，虽然都知道牛熊必然转化的道理，但到底转换的周期会是多长的时间完成呢？这一点非常的不确定。从历史来看，既有10年甚至20年都处于同一个方向上而始终都没实现真正转化的长牛市或者长熊市，也有大量的毫无征兆突然平地而起的行情或者急速的大幅下跌的行情。可以这样讲，如果股市是一个钟表的话，那么每一轮行情的钟表的轮廓甚至走针的刻度都是不同的。有的钟表大些，需要走很长的一圈才能到拐点，而有些却很小。问题在于，你不知道下一个钟表是怎样的情形。

其次，股市的周期并非按照一个稳定的节奏进行，而经常是走走停停，甚至前进3步后退两步。所谓的牛市和熊市，往往是回过头来看清晰无比，当时身在此山中时却没那么容易搞清楚——这就像看所有的大牛股一样，从后视镜看过去都能说得头头是道、条理清晰，但在其发展过程中却总是充满争议。

2. 触摸大周期的脉搏

精确地把握牛熊周期的转换一直是一个美丽的愿望，无数人在其中倾注了巨大的精力，但很显然似乎没有人在这条路上走得足够远。但是周期性的客观存在和重大影响，又确实值得投资者高度重视。因此如果可以相对准确地对当前的周期阶段进行大致的定性，其意义和效果也已经可以令人满意。幸运的是，实现这种"模糊的正确"并非那么困难。从投资战略的角度来看，我将这个钟表上的刻度划分成3个部分（即发展阶段），并且对每一个部分的进展和现象进行一个基本的归纳，以最终用来指导基本的投资策略。如下表所示。

第14章 永远的周期轮回

周期划分	周期特征		基本投资策略
系统性低潮期	预期收益	几乎所有的股票已经跌至其历史估值区间的底部,可以轻易找到一大堆明显低估的股票; 一大堆股票的分红收益率已经超过存款利率甚至更高; 总市值占GDP的比例降低到历史低水平	战略已经是全面建仓 战术上寻找最恐慌的买入点,同时留足余粮做好长期抗战准备 要点:建仓要分步,拉开距离,除非你有把握真的已经是匪夷所思地低估了 这个阶段不能以价格来看问题,而是要以"筹码"来看问题。每一次的下跌,就是搜集优秀企业筹码的机会
	宏观环境	宏观经济看起来前景一片惨淡,除了坏消息就是坏消息,每天是最新的坏消息; 政府大力谈信心并不断推出努力挽救市场的各种措施; 证券市场中开始出现越来越多的股票回购、大股东大手笔的增持等行为	
	市场情绪	市场中充斥着对股市的痛斥和哭诉,原本立志"长期投资"的人一个个地忍痛认赔出局,或者干脆"心已死"地不再看账户; 股票是聚会中不受欢迎和关注的话题,证券公司冷冷清清; 人们讨论的都是各种更加不利的局面,悲观和谨慎受到普遍的赞扬,很少有人意识到从长期来看收益率已经非常可观	
系统性模糊期	预期收益	从股市的长期收益率来看马马虎虎,不太高也不太低,股票的结构化分野很严重,有些估值高昂,有些却还很便宜,而且符合这两个特征的群体倒不少; 能够获得高股息的股票越来越少,但也并非完全消失; 股票总市值占GDP的比例处于既不过高也不很低的水平	战略是继续持有优质股票 战术是寻找市场波动的机会以更合理的价格买入,积极研究和寻找被市场错杀的优质种子 要点:忽略波动,别耍小聪明,与优秀的企业一起成长
	宏观环境	宏观经济已经摆脱了极度的低迷,但也不是高度的景气状态,行业的景气分化明显; 政府对于股市没有特别明确的态度,也并未针对股市出台各种专门的刺激或者打压政策; 股市的融资功能正常发挥,但鲜少见到股票回购、大比例增持等现象	

335

续表

周期划分		周期特征	基本投资策略
系统性模糊期	市场情绪	身边那些不太关心股市的人看到股市上上下下，依然没有太多兴趣和安全感； 股市中开始出现一些财富效应，新闻中出现有人通过股市赚了大钱的消息，在聚会上股票会偶尔成为一个话题； 对于市场的未来充满激烈的争论，无论是看多还是看空的力量都很强大	战略是继续持有优质股票 战术是寻找市场波动的机会以更合理的价格买入，积极研究和寻找被市场错杀的优质种子 要点：忽略波动，别耍小聪明，与优秀的企业一起成长。
系统性泡沫期	预期收益	从长期来看，即使上市公司整体的业绩依然较好增长也难以获得满意收益。绝大多数的股票已经被爆炒了几轮，估值在历史上限； 那些大市值并且普遍同质化的企业也普遍获得极高溢价； 股票总市值占GDP的比例达到顶峰水平	战略上是绝对的撤退期 战术上可以分批撤离，先撤离涨幅最大估值最高和仓位最重的，设定好每涨多少点就撤退一部分仓位 要点： 已经撤离的仓位千万别再进来。为克制冲动，可以在分批撤离主力部队后保留10%~20%的仓位试错，一直等着到熊市确认了再完全清仓。而不是一口气跑干净，然后看着后续的猛烈上涨着急上火，最终忍不住又冲回来自杀
	宏观环境	宏观经济形式一片大好，各个行业普遍景气，不断有经济上的新概念新口号被提出； 政策开始频频提出股市的泡沫问题，并且不断出台专门针对股市的打压措施，但似乎又效果有限； 上市的公司数量创历史纪录，股票的开户数也屡屡创新高	
	市场情绪	市场被各种乐观的声音淹没，那些享受着上涨成果的人肆意讥笑着任何谨慎的观点，而市场的上涨似乎也很配合，所有的怀疑风险的言论会被更强的上涨所淹没，因此市场的乐观变得更加肆无忌惮 新闻报道中充斥着大量"新生代股神"的惊人收益率和传奇。那些从不关心股市的人一个接一个地热情问你买哪只股票好，甚至开始向你推荐股票	

3. 证券化率的参考价值

股市总市值与GDP总量的比值又称为证券化率，一般可用来衡量证券总体价格相对于国内生产总值的相对溢价和折价程度。

一般来看，发达国家由于资本市场的发展完善、市场化水平更高，因此证券化率相对要比发展中国家高。根据世界银行提供的数据计算，1995年末发达国家的平均证券化率为70.44%，其中美国为96.59%，英国为128.59%，日本为73.88%——但这并非绝对规律，证券化率也受到国家具体金融政策及牛市熊市不同估值的影响。比如作为发达国家但是在证券市场具有保守倾向的德国，其95年末的证券化率只有25.6%。而同年马来西亚的证券化率却高达284%，智利也有125%。同样，在不同的市场氛围下同一国的证券化率也有较大的差别。如美国2007年的证券化率超过140%，1999年曾经高达200%，2008年则曾跌破40%。中国2007年达到127%，而2008年大跌后跌落到不足40%的比率。

就美国的情况而言，巴菲特曾分析了过去80年来美国所有上市公司总市值占GNP的比率，他发现的规律是："如果所有上市公司总市值占GNP的比率在70%~80%之间，则买入股票长期而言可能会让投资者有相当不错的报酬。"（注：GNP与GDP的关系是：GNP等于GDP加上本国投在国外的资本和劳务的收入再减去外国投在本国的资本和劳务的收入。当前中国的GDP与GNP基本一致，差1个百分点左右，因此可以用GDP代替GNP来计算）。因此，证券化率的变化可以大致评估市场处于怎样的一个基本状况。

市场达到系统性泡沫期的一个显著标志是：出现创新的估值方法。比如纳斯达克泡沫后期的"现金消耗率"，以及日本80年代泡沫后期的"土地资产价值重估"。这些"创新估值法"的目的都是让从传统估值来看已经很高的匪夷所思的指标看起来更加合理，但这就像一个体重已经严重超标的人换了一个创新计量单位的称重机——比如把每5斤称为1大克拉，200斤体重马上变成了仅40大克拉——由此获得一丝心安理得一样的荒谬和可笑。

三个大市场系统环境的循环中，估值差的变化也是一个可参考的视角。牛市总是高的拉动低的，轮番将每一个板块请上舞台给予歌颂和赞美。估值差由此从熊市的较低到拉大，再到追赶缩小，直到整个市场找不到低的了。而熊市正相反，是低估值的拉动高估值的，轮番拖出来暴打一顿，直到整个市场已经奄奄一息。

4. 朴素而永恒的道理

通过上述的测量手段可以基本定性市场的当前环境，以及选择与之对应的投资策略。**对于我这样以长期持有为主要投资方式的人来说，观察市场整体处于一个什么环境，不是为了更好地"动作"而是为了更好地"不动作"。**真正有决定性意义的动作只有两个时刻，系统性低潮期的精明的买入和系统性泡沫期的逐渐卖出。作为这两个判断点之间的最漫长和难以窥测的系统性模糊期，牢牢持有优秀企业的股权什么都不做就是最好的选择。

投资中这种大周期的判断和坚定的执行力非常关键，在需要下决定的时候踌躇不前与不需要多动脑筋的时候耍小聪明，都是投资取得优异成果的大敌。坚信这种波动和回复的周而复始的运动轨迹，在足够便宜的时候就逐步加大进入市场的力度，在明显高估或者不能理解的估值时刻就逐步降低在市场中的头寸，坚定地执行这一简单的策略。

无论当前的行情如何美妙和引人遐想，要记住所有的盛宴终有结束的那一刻。无论当下的市场是如何令人悲哀和绝望，要相信价值与价格的偏离一旦达到极端的程度必然回归。**不要费尽心机试图预测之后将会发生什么，也不要试图等待谁给你一个确凿无疑的行动信号。只是简单地记住一个朴素而永恒的道理：复利极限，均值回归；阴阳轮回，否极泰来。**

对此，春秋时期的"商圣"陶朱公早有心得。他认为市场行情正如阴阳五行，轮回循环而变动不居。大地时旱时涝，谷物时丰时歉。因此旱时造舟船，涝时修车马，以备后乏，这是万物之理。因此运用市场的周期性波动采取"贵抛贱收"的经营对策才是经商之道，即"贵上极则反贱，下贱极则反贵。贵出如粪土，贱取如珠玉。"

做到这一切的关键是保持理性，保持世人皆醉我独醒谈何容易？但在股市中要想成为赢家，除了做到这一点，别无他法。其实反过来看这也是好事，因为无论什么估值方法都有局限性，但人性和情绪的固有缺陷却相对可靠得多。所以市场情绪反而不容易骗人，透过这个窗口，理性的投资者其实拥有了一个观察市场的额外武器。

第15章
估值的困与惑

我曾经在博客上就"投资中你最大的困惑是什么"发起过一个网络调查，结果网友将最多的票投给了"不知道内在价值如何评估"，占第二位的就是"不知道如何给企业估值"，这两个问题占了总投票数的56%。考虑到理解内在价值也是合理估值的一个前提，所以与估值有关的问题确实困惑了一大批人。本章将深入到估值指标的本质内涵，并且探讨如何灵活地运用它们。

15.1 "指标"背后的故事

虽然企业的内在价值的经典衡量方式是DCF（现金流贴现法），但这种方法的天然限制因素（比如计量比较复杂、只适用于价值稳定类别的企业、引入的变量条件较多等）使得其在实际的估值中并不好用。第三大道资产管理公司甚至这样说："DCF就如同哈勃望远镜，只要你再推出一英寸，你就会看到另外一个完全不同的星系。"这种情况就使得投资者更经常参考一些较为直观简单的估值指标。这里将探讨几个最常用指标的内在意义和相互区别，特别是当几个指标之间发生某种组合情况时，其隐含的风险与机会的衡量思路。

15.1.1 市盈率（PE）

最为广泛应用的市盈率指标（PE），其实质是相对于公司利润的一种溢价形式。对会计报表有基本了解的朋友会意识到，"利润"本身是一个可人为调节和涉及大量主观推算的产物。如果"利润"本身存在水分或者并非体现出真实的业绩状况，那么以此为基数经过"放大倍数"后的市盈率估值，显然就会严重放大这种偏差所造成的负面结果。

市盈率法要特别注意损益表的修饰空间和变动弹性远大于资产负债表。最通常的错误在于，将"当期业绩"与企业的"盈利能力"混为一谈。即便是持续几年的历史优秀业绩，也不代表企业的未来盈利能力。PE法（特别是在此基础上进一步形成的PEG法）经常造成"企业动态低估"的假象，其实可能早已透支了未来的盈利。如果我们愿意回顾一下2007年底的券商报告，当时各类分析在静态PE已经高达60以上的时候，就是以充满"投资乐观主义精神"的动态PE及PEG法来证明大把的股票依然是"低估"的。

市盈率法更隐蔽的危险在于它容易放大"偶然性收益"的作用而产生误导。假设一个公司的当期每股收益是2元，其当时的股价20元即市盈率是10倍。这看起来很低，但如果该公司的主营业务产生的每股收益只有0.5元，剩下的每股1.5元业绩是由其可交易性金融资产的公允价值提升，或者收到的一次性政府补贴所贡献的，那么这种"便宜"就有很大的假象。公允价值变动是随行就市的，处于持续的波动中。政府补贴是偶然性的，显然并不能将他们与主营业务混为一谈。因此如果单看主营业务，其估值就上升到了40倍之高。这就提醒我们使用市盈率法时要搞清楚企业的业绩结构是基本前提。

除此以外还有一种更为隐秘的"会计失真"。两个同样的房地产开发商，如果采用不同的费用资本化规则（详见《穿越财务迷宫》一章的相关介绍），那么即使它们当期的业绩完全一致也没有可比性。同样的，两个重资产的公共事业企业，对于重要资产的折旧细节的不同，也会隐蔽地影响到利润的可比性。此时，如果仅仅看到其中一个公司的估值更低就认为"被低估了"，就可能会掉入一个陷阱。

同业绩结构一样重要的，还有识别清楚什么是经常性的业绩水准，什么是异常的业绩阶段。行业景气轮回是经济正常现象，以景气高峰和低谷最极端点的业绩来衡量PE估值显然是设定了一个错误的基准。这种轮回波动越剧烈，当时所显示的PE值就越不可靠。

但在投资的实践中，我发现这是一个主要的难点。要清晰地判断企业当前到底处于一个业绩周期的什么阶段，以及未来的经营态势会向着哪个方向去演变确实有难度。大多数的针对某一投资标的的争执，与其说是在辩论估值的高低，不如说是在争论其经营前景的变化。幸运的是，我们不需要对所有的股票都搞清楚这点，找到能看懂的股票就可以了。

15.1.2 市销率（PS）

市销率（PS）与市盈率（PE）没有本质的区别，但是在企业当期阶段性亏损的时候市盈率是无效的。在确保企业长期盈利能力有底线或者行业反转可能时，市销率在这个时刻的"历史比较（即与以往的历史市销率的比较）"有一定的参考意义——当然前提是这家企业的资产负债表和经营格局足够强劲，还能"活着"挺过低谷。

有时候我们会看到一些投资者简单地将不同生意属性的公司进行市销率的比较，进而轻率地得出"贵了或者低估了"的结论。然而仔细想想就会发现，市销率与不同生意的净利润率有很大的关联。

比如两个企业拥有同样的1亿净利润且市盈率都是25，则两个企业的市值都是25亿。假设其中一个企业的净利润率为10%，那么它的市销率约为2.5倍（25亿市值/10亿的销售额）；另一个企业的净利润率如果为33%，那么它的市销率就是8.3倍（25亿市值/3亿销售额）。两个企业具有完全一样的市值规模，完全一样的当期净利润额，只是由于净利润率的差别而出现市销率的大幅差异。这就是生意特性的天然差别所造成的。显然不能就此判断8倍市销率的公司太贵了，2.5倍的那个被低估了。只有同样生意特性和同行业间的这种比较，才有一定意义。

说到底市销率反映的其实还是一个损益表预期的问题。市销率高一方面说明每单位销售收入的盈利能力更高，另一方面也说明市场对于其销售额的成长空间及保持每单位盈利能力的预期很高。那么，企业分析无非就是沿着这两条线索去展开并回答这种预期是否合理而已。我们通常可以看到，利润率最高的企业往往PS是最高的，比如软件类企业。对于高市销率的企业来说，能否保持住这一利润率水平，并且在此基础之上实现销售额的规模化是最关键的。

而市销率很低的企业，特别是对已经占有了强大市场地位和巨大销售额基数的公司而言，有一点特别值得注意：其净利润率的变化趋势。因为一旦其原本很低的净利润率发生向上的拐点（由于市场趋向寡头垄断，竞争烈度下降带来费用率的下降或者定价能力的提高，从而推高净利润率），那么在极大的销售额的基数上可能出现净利润增幅远高于同期销售额增速的现象。

由于净利润率很低（4%），2011年初伊利股份只有1.04倍的市销率（相对于2010年销售额）。但2013年以来，其业绩的上升远超销售收入的增幅，其中的一个很大原因就在于利润率的提升。另外，苏宁电器以2010年计的市销率大约是1，而永辉超市的市销率则为1.77。但同时苏宁电器的净利润率已经提升到了5%以上，永辉超市的净利润率则只有2.4%。这种反差（包括2011年视角下苏宁只有15PE而永辉则大约为40PE以上）可能反映了市场这样的预期：要么更加看好永辉的成长空间，要么不看好苏宁向着电子商务的转型，要么两者兼而有之。

我个人不很看重市销率，因为它的基本内涵与市盈率并没有差别，也具有同样的基准波动较大的缺陷（但相比净利润，一个企业的销售额反映的东西更加"硬"一些，变化的敏感性也相对净利润要小一些）。不过它在一些市盈率失效的时刻，以及对一些特定的生意（大销售额，低利润率）具有一定的参考性。

15.1.3 市现率（PCF）

市现率（经营性现金流净额与市值之比）是一个极少被提到的视角，但是我喜欢这个指标。在这个视角下，一些貌似并不便宜的企业以更具价值（现金流创造力）的形式体现出来，而另一些业绩爆发中动态PE貌似很低的企业则显示出惊人的经营风险——毕竟，生意的最终目的是真实的现金，而不是会计意义上的利润。

	万科A	中国建筑	三一重工	广联达	北新建材	电科院
2011年末每股收益	0.88	0.45	1.13	1.03	0.9	1.09
2011年末每股现金流	0.30	-0.25	0.3	1.18	1.93	1.11
2011年末市盈率	8.48倍	6.46倍	11.09倍	32.03倍	11.44	29.17倍
2011年末市现率	24.9倍	无效	41.8倍	27.96倍	5.33倍	28.64倍

注：股价的计算均以2011年末收盘价格为准。

在上面的统计中当换了一个视角后显示出来的结果很有意思。原本非常低的市盈率在市现率的角度却并不便宜，而看起来好像并不便宜的一些股票从现金流的角度衡量似乎又没有那么贵了。当然，如果仅仅以1年的情况来下结论肯定是偏颇的，因此可以着重就"经营性现金流净额/净利润"的比值进行多几年的比较，并且排查一下其中有无主营业务之外的因素影响。更进一步来讲，可以加上资本性支出和融资支出，用自由现金流的角度去衡量。

但需要注意的是，经营性现金流的情况要与企业的具体经营情况结合起来，并不是说出现经营性现金流或者自由现金流低的情形就一定很差。如果一个企业拥有很强的竞争优势，其资本收益率也较高，那么这个阶段的高速扩张往往表现为资本开支多融资多，甚至是经营上更倾向于销售信用的放松（应收账款提升，存货也提升），这样经营性现金流或者自由现金流当然没那么"好看"。但这种情况反而是成长期的表现而不是衰败或者业绩泡沫的表现——**所以事实总是无数次的证明，对一个企业经营情况的认识是运用好任何一个估值指标的前提，对一个企业经营态势的定性是定量的基础。**

市现率提供了一个新的角度来认识估值和市场中估值差形成的内在原

因：看起来很低的市盈率，以未来的现金创造能力来看未必便宜；而看起来较高的市盈率，以未来的现金创造能力来看未必很贵。投资的世界里到处都充满这种辩证的现象。

15.1.4 市净率（PB）

市净率（PB）自格雷厄姆和多德时代便备受重视。格雷厄姆曾说："（我们）认为公众在买卖公司股票前至少应该关注下它们的账面价值……对于购买者来说，如果他认为自己足够聪明的话至少应该告诉自己实际成本到底是多少，而且还要明白他将自己的货币换成了何种资产。"

市净率（PB）与市盈率、市销率的最大不同，是前者反映的是这个公司净资产的溢价程度，而后者反映的只是这个企业当期利润额和销售额的溢价程度。很显然，这里比较的基准是有巨大差异的：净资产的稳定程度相对较高，而企业当期利润及销售额则是敏感性很大的基准，其不但受到当期市场状况的影响，甚至一些会计上的调节都可能造成很大的观察偏差。这一不同的特性，使得在估值的衡量上市净率相对具有更好的稳定性和连续性。

但市净率的考察依然面临一些问题。首先是资产的水分。一些资产项目可能是高风险的，在高风险的高净资产所表现出的低市净率，也可能造成一种便宜的假象。

众业达在2012年3月底的股价约为15元，当时其净资产就高达8元。从PB来看它不到2倍似乎并不是很高。但进一步查看其资产负债率就会发现，在其总共25.69亿的资产中以应收账款、应收票据及存货形态存在的资产就高达18.29亿，占总资产的比重达71%！从会计角度而言这些确属资产，但从商业常识而言则是具有高度风险性的资产——我们可以想想，这与一个表面看起来5倍市净率但是其中资产中现金占到80%的企业相比，哪个更安全呢？所以市净率的引用首先要考察清楚净资产构成中的这个"净"字。除存货和应收账款外，还应考虑到无形资产和商誉占比过高的企业，特别是后者往往是对外收购付出的高溢价形成的，如果收购对象出现亏损等问题将导致资产价值的修正。

PB中的"B（Book value，净资产）"到底是否坚实可靠是运用这个指标的前提。但要想在一些企业的资产负债表里弄清楚这个问题还真不是那么容易。资产负债表越庞杂这个问题就越突出。所以当看到一个便宜得离奇的PB时，先别忙着欢呼，还需要到资产负债表中仔细去排排雷。

资产安全性比较好理解。但是决定一个企业在资本市场的经常性市净率高低的另一个属性就不那么容易理解了。这个属性就是净资产收益率（相关内容参见前面关于净资产收益率讨论的章节）。为什么很多投资者，往往更重视企业的"成长空间"，却对企业的差异化竞争优势的重视程度却并不高呢？我认为就是因为没理解PB的这个隐含的、但却是实质性的含义。

由于市净率反映的是净资产的溢价，所以净资产的溢价水平自然直接与净资产的收益率紧密挂钩。考察市净率其实就是考察ROE的态势，而考察ROE的态势则不能不考察3个维度（详细请参考《高价值企业的奥秘》一章的相关论述）：竞争优势充分展现后的收益率高度，竞争优势所能达到的持久度，净资产基数的复利增长。显然，这比仅仅考虑企业的利润增长率要全面深刻得多了。

举一个简单的例子：若一个人能用100元净资产创造出30元收益，且这种收益水平可以保持多年。另一个人只能用100元净资产创造出5元的收益，而且这一收益水平还不稳定。如果你是他们的老板，会给他们开同样水平的工资吗？显然是应该有差异的。工资水平就可以看做一个企业的市净率。一个企业市净率的高低，就取决于它利用股东委托给他的净资产能创造出多高的收益，并且这种收益是否具有可持续性。

因此，企业的ROE综合展现了这个企业在资本杠杆、销售利润率、总资本周转率三大方向上的"现有水平和未来潜力"，如果说当期业绩表现是"知其然"，那么搞懂企业的ROE长期态势和特征则就是"知其所以然"了。

当公司的ROE不断提升并达到较高水准的时候往往伴随着其市净率的扶摇直上。从这方面来说，市场确实是"有效的"——但是问题在于，市场又往往是短视的：市场往往只看到"现在的权益收益率很高"，但却很少能够准确评估其"持久性"。正如《市场定价的逻辑》一章中所描述的那样，市场的有效性只局限在对当前信息的"解读"上，而不是对企业长期内在价值的评估上，并且这种解读也经常性地受到情绪波动的干扰。

第15章 估值的困与惑

15.2　PE与PB组合的暗示

上述任何一个单一的估值指标都反映了某一个角度市场定价的状况，但也受限于一个狭窄的角度内，如PE主要的比较基准是敏感性强的当期利润，而PB的比较基准是稳定性强的净资产，这两者视角不同但估值指向的是同一个主题。正是由于溢价比较基准的不同，以及企业业绩和经营态势的不同步性，同一个企业往往会呈现PB与PE状态的不同组合模式，其背后往往对于未来的投资收益分布态势有直接的关联，反映了深刻的投资内涵及风险机会逻辑。具体来讲经常见到下属4种估值的组合：

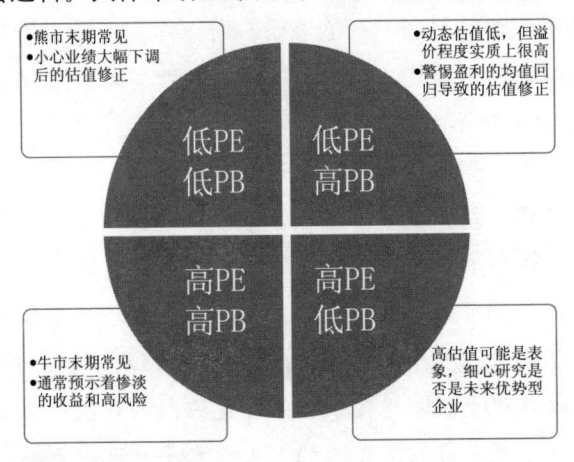

- 熊市末期常见
- 小心业绩大幅下调后的估值修正

- 动态估值低，但溢价程度实质上很高
- 警惕盈利的均值回归导致的估值修正

低PE
低PB

低PE
高PB

高PE
高PB

高PE
低PB

- 牛市末期常见
- 通常预示着惨淡的收益和高风险

- 高估值可能是表象，细心研究是否是未来优势型企业

15.2.1　低PB，低PE

低PB、低PE的情况往往发生在熊市的末期，反映了市场的"去泡沫化"卓有成效。有时，其也反映在一些经历了经营拐点的企业同时达到了价位调整的低点。比如，巴菲特自1989年开始购入富国银行时候的股价只有5.3倍的PE和1.2倍的PB。需要注意的是，这种"低"有时是建立在企业的业绩还未充分反映经营困境基础上的。就以富国银行为例，在巴菲特买入的3年后，其业绩比1990年大幅下降了70%以上——这种业绩的一次性大幅下降，这自然就将原来极低的市盈率向上抬升了。

这一点思考同样适用于当前的A股市场。在本书撰写过程中，银行、地产为首的极低估值的板块引发了市场的激烈争论。在2010年的博客中我曾经对这一现象提出过一个疑问：作为典型的周期性行业，地产和银行企业在当前依然保持着很好的盈利增速和历史最高水平的ROE。从常识来看，这是否代表了真实经营环境的"底部"？而如果这种典型的高杠杆型生意尚未表现出必要和某种程度上必然的业绩回归，那么当前的这种"低估值"又是否真的能得到很好的估值修正呢？

在此后的两年多一直到撰写本书时，这些企业经过了更加低估值的压迫。对此现象，我也曾在与朋友的交流中，谈到市场有效性和无效性的问题。我仔细回顾了巴菲特投资富国银行及涅夫投资花旗银行的过程，他们都曾以极低的估值（首次购买分别是5倍PE和7倍PE左右）买入，但之后几年富国和花旗银行都确实遭遇到大幅的盈利下滑。虽然之后多年两个企业最终恢复了生机并带来巨大的回报，但这也说明当时市场给予的低估值确实是"有效的"。而目前持续了近4年的银行股的低估值却并未遭遇真正的盈利危机，这么看来市场似乎非常的"无效"。

从花旗和富国的投资案例来看，对于遭遇了困境（或者至少是含有困境的预期）的极低估值的投资也要有充足的后手准备。以约翰·涅夫投资花旗银行为例，从1987年拉丁美洲放贷失败导致的买入机会，以7、8倍的低估值买入。到1991年业绩不佳，股价已经从买入的成本价33元下跌到了14元，4年收益率为-57%。然而紧接着花旗又遭遇亚洲挤兑风波等危机，股价一度下跌到8元。直到1992年和1993年花旗的股价才开始回升。

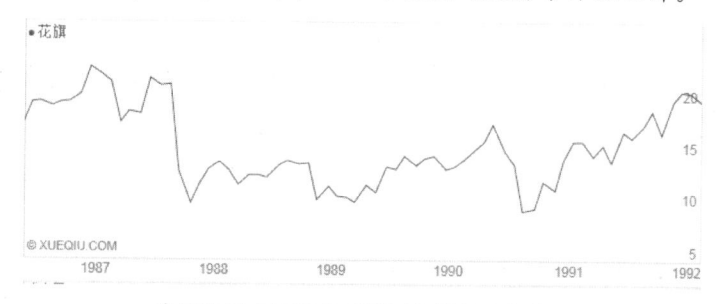

花旗银行在1987年到1992年间的股价走势

试想，一个重仓了的普通投资者，本来觉得遇到千载难逢的低估值买入机遇却换来近5年亏损75%的结果，会作何感想？涅夫的最终成功，不仅仅在于强大的抗压力，也在于仓位的控制（在大幅下跌后始终有加仓的能力）。**从这里可以再一次领悟到，以精明和对价格极度挑剔的格雷厄姆在投资低估值的困境型企业时，不止一次地提醒要分散投资的意义所在。**

不过截至2013年6月，市场在历经几年的持续调整后指数仅为2000点上下，出现大面积的低PB低PE群体，这就表明绝非仅仅是银行股的不确定性问题，而确实存在对传统产业过度悲观的情绪。我相信在此时构建一个低PE低PB（除此之外再加上高股息率这一条件）的较为分散的持仓组合，长期来看大概率的会带来较好的回报。

下表列出一些符合特征的典型股票，均以2013年6月收盘价、以2012年年末资产盈利及分红指标为准。

	市盈率（倍）	市净率（倍）	股息率（含税）
大秦铁路	7.8	1.27	6.5%
中国建筑	6.34	0.97	3.18%
招商银行	5.52	1.24	5.43%
五粮液	7.66	2.43	4%
鄂武商A	14.17	2.33	1.78%
伟星股份	12.6	1.28	6%
万华化学	16	4.16	4.37%
长江电力	11.12	1.52	4.78%
格力电器	10.12	2.8	4%
陕鼓动力	10.71	1.95	5.18%

15.2.2 低PB，高PE

低PB，高PE有几种情况，强周期股出现这种现象往往是由股价的大幅下跌+企业盈利的大幅降低甚至亏损导致的。很低的净资产溢价水平表明接近了经营周期的底部区间，但需要注意的是，经营周期的底部区间未必一定是企业股价的底部区间，过于高昂的PE水平虽然反映了业绩下滑的因素，但是有可能价格的调整只是在初中期阶段。比如，2011年业绩大幅下滑的比亚迪，虽然股价呈现的PB很低（仅有1.5～1.8PB），但是2011年预期PE高达100倍以上。除非其迅速地完成业绩反转，否则这一态势下可能意味着较长的股价调整周期（虽然其间肯定有各种大大小小的反弹）。这种情况下需要分析该企业是否具有收益的高弹性特征。因为如此一来，虽然PE高达上百倍，但一旦盈利反转可能马上就会出现业绩同比暴增的情形，这样就可以很快抹平高估值从而具有更大的上涨空间。

我们还是看看比亚迪的例子，其所处的汽车制造业具有典型的资产和劳动力密集特征，经营中固定资产折旧和员工工资、财务费用构成的刚性成本占比非常大。这种特征一旦遭遇到市场萎靡，销售收入下降就会带来净利润率的大幅下滑，表现在财报上就是业绩的暴跌（行业景气时正相反，迅速升高的营业收入将总成本和费用分摊到巨大的销售量中，净利润率明显上升，单位销售额的盈利能力呈倍数级提升）。此时股价也大幅下挫，并呈现出典型的低PB和高PE特征。但一旦市场转暖，生产设备的利用率明显提升，业绩也呈现出同比的暴涨（见下表）。如果市场持续向好，业绩的这种高弹性将持续下去，从而很快抹平吓人的高估值，随着景气周期的到来而转化为"低PB低PE"的状态。

比亚迪	2008年	2009年	2010年	2011年	2012年	2013年1季
净利润率	4.6%	9.91%	6.02%	3.26%	0.45%	1.21
业绩增长	－25.06%	+219.7%	－28.43%	－45.34%	－86.65%	+315.63%
市净率	无	无	无	2.54	2.26	3.31
市盈率	无	无	无	38	2543.75	600

　　上面这个统计中都是取当年收盘价作为计算依据，2013年1季度取上半年末的收盘价为依据。股价的实际走势波动很大，比如2012年业绩最低和市场最不看好的时刻比亚迪的股价只有13.5元左右，大约相当于1.5倍市净率（有趣的是，这个估值水平大约也是巴菲特当年买入比亚迪的市净率）。之后随着股票市场在2012年末的走强，以及汽车行业的集体回暖，并且在2013年1季度财报中显示出增长的拐点倾向（根据已经公布的半年报预告，2013年上半年公司业绩同比增长23.58～29倍之间，实现反转确认），股价在短短半年内上涨到了最高38元。截至2013年1季度，它已经呈现出"极高PE和较高PB"的特征，未来走向将取决于其业绩反转的确认和增长的爆发性。

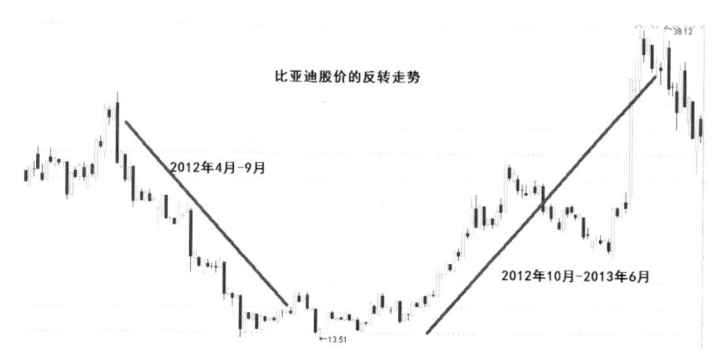

比亚迪股价的反转走势

2012年4月-9月

2012年10月-2013年6月

　　比亚迪的这个表现完美地体现了经营杠杆很大的生意是如何产生巨大波动的。假设从2008年到2013年间他的营业收入完全一致，其净利润之间也有高达近10倍的差别（净利润率从最低的0.45%到最高的9.91%）！这种特性下，200倍的PE可以在业绩突然暴增10倍后马上降低为20倍，相反也一样。所以投资者需要注意几点：

（1）像这种行业景气波动剧烈，经营的杠杆较高从而带来业绩极高弹性的周期性企业，从PE视角来看反而容易在行业最萎靡并接近拐点的时刻被高PE吓跑，而在行业景气程度最高、业绩暴增的短暂景气高点被看似很低的PE迷惑而买在山顶。

（2）也正是由于这种巨大的波动性，以及从本质上来讲属于低差异化程度的业务，所以类似这样的公司其市净率本身也不该给予过高的溢价。当市场上的这类公司普遍处于很高的溢价水平时（在牛市泡沫期有达到6、7倍以上甚至接近10倍市净率的记录），往往预示着市场已经进入高度的泡沫化，需要异常警惕。

（3）当看到一个公司当期业绩暴增数倍甚至十数倍的时候，千万不能将这种增长当成一种常态。反而要意识到，这种业绩表现已经说明这个公司在生意特性上具有巨大的不稳定性因素。对于这类企业要多从"周期"的角度来看问题。

另一种"高PE低PB"的情况更值得注意。这种企业当期的业绩并不十分突出，这时其PE看起来并不便宜（比如30PE）。但是如果这个企业符合下述3个明显的特征：

第一，在市场上已经具有明显的甚至是独一无二的强大竞争优势，且这种竞争优势将可能支撑其未来长期的广阔发展前景。

第二，当前平淡的业绩或者净资产收益水平，是由于目前正处于经营的积累期。其当期闲置资本较多（比如募集资金、正在建设的重大项目等）。随着未来这些闲置资本陆续地投入高价值业务，将有力地促进业绩增速和净资产收益率水平。

第三，市场并未清楚地认识到其可观的前景，因此只给予其较低的净资产溢价（低PB）。静态来看并不便宜的PE，实际上只不过是其尚未进入业绩回报阶段的暂时性现象。一旦公司完成积累进入大面积扩张，随之而来的超额收益能力将很快抹平当前的PE水平，而且强劲的业绩持续增长能力更将为估值较长时期保持在较高水平上提供强大支撑。

此时的"不便宜的PE"实际上并不对其未来的长期投资回报有大的冲抵。特别是，如果这种企业由于系统性波动的原因导致跟随性调整，逐渐成为"低PB，低PE"态势，往往就成为了一个典型的"低风险，高不确定性"的绝佳投资机会。

在1995年之前，云南白药还属于业绩平庸和不引人瞩目的公司，当时它的PB仅有2倍左右，PE也仅有23倍，这个时候投资它是绝对意义上的黄金时间。即使将条件放宽一些，将买入时间挪后到1997年深证指数产生7年大顶部，在云南白药高达50PE的时候买入，持有至今的收益率也依然让人羡慕。

云南白药	1995年收盘价	1997年深成指牛市顶端	2012年末
市盈率	23.73倍	51.05倍	29.82倍
市净率	2.99倍	6.16倍	6.71倍
股价增长	以后复权方式，1997年最高价19.05元；2012年收盘价829.56元。以1997年50PE价格买入截至2012年的收益也高达43.54倍		
说明	1.1995年时刻是典型的"低PB高PE"特征，后随着1997年大牛市顶部的到来而进入到"高PB高PE"特征 2.由于云南白药在1997年时依然属于典型的未来优势型高价值企业，其后续强劲的业绩增长、净资产规模的扩张和净资产收益率的提升，都使得即使在较高的估值水平买入后，长期来看依然可以获得良好的回报		

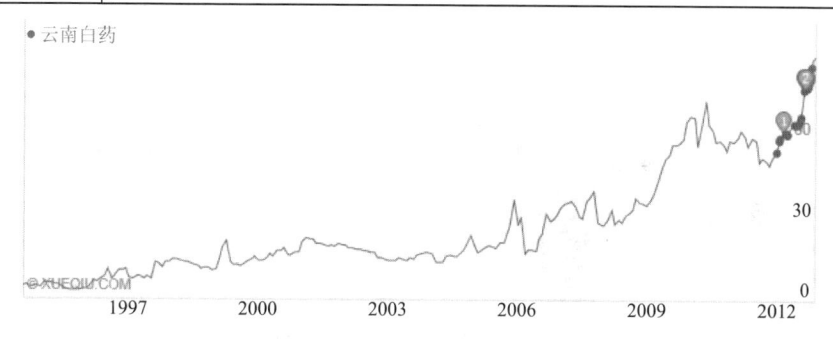

云南白药从1997年高点到2012年的股价走势图

15.2.3 高PB，低PE

出现高PB，低PE特征的企业往往特别值得警惕。这可能反映了市场对于这个企业阶段性的高增长背后的实际长期盈利能力有过度高估的倾向。"当期业绩"的爆发使得市盈率的动态推算值似乎很低，但这是建立在业绩极高增长的高预期之下的"低"。一旦该企业的竞争优势与这种预期并不匹配，就会出现典型的"把阶段性高增长的幸运"错认为"长期盈利能力超强"的问题，这时一旦中招就会"伤筋动骨"。

为什么要对高PB采取谨慎态度呢？

试想，如果一个企业的PB极高，则反映这个企业的盈利基本上靠无形资产驱动，该企业属于虚拟化经营级别的公司。但是这得靠多么强大的无形资产的竞争力才能够达到呢？10倍以上的PB表明的这个公司的盈利中有形资产的贡献率已经不到10%，如果这是一个可以持续的盈利能力，那么是什么东西使其如此坚挺？这种特性真的已经到了"长期来看都高度确定其地位难以被颠覆"的程度了吗？

通过实际的观察，我认为这种企业如果发展像预期那样顺利，其投资回报率也在高昂市场预期的消化中明显降低（等于或者低于企业实际利润增长）。而如果稍有不慎出现明显低于预期的业绩走向，其下跌的幅度往往远超普通投资者的预料之外。

2011年6月，笔者在分析中恒集团时指出其当前高达12倍的PB与其竞争优势的牢靠程度（即ROE的可持续性）长期来看并不匹配。虽然当时来看"动态PE"很低，但是结合经营上的一些重大不确定性，其在当时价格（大约17元）所隐含的风险已经远高于机会（半年后，随着业绩高增长预期的破灭中恒集团的股价跌到最低不足8元）。

中恒集团2011年6月～2012年11月的走势图，最低点出现在2012年1月

记得当时的这篇分析引起了轩然大波，很多人对基于"净资产溢价"的分析逻辑完全无法接受，并且对笔者的文章报以愤怒的回应。确实，在当时中恒集团的业绩增速确实堪称市场中的佼佼者，而且在其前景的描绘中更是充满了令人遐想的美好未来。但理性的投资者的一个基本特征，就是不太容易相信"特例"而更看重"常识"。

仔细想想，这个高达12倍PB的公司即使当前的业绩再出色但其本质上依然只是个医药制造企业，不具有任何商业模式上接近虚拟化经营的特征。何况，其业绩的高速增长不过是建立在单个产品的热销基础上而已，并非依靠着多么强大和不可动摇的无形资产竞争力。甚至细究一番，这个公司在经营的一些要素上具有明显的弱点甚至疑点。具有这样性质的企业如果其估值可以稳定在10倍PB的程度，会是一个合理的市场价格区间吗？虽说世事无绝对，但站在概率和赔率的角度来看，理性的投资者并不难做出正确的判断。

但在一种情况下较高的PB价格可能是合理的，即这个企业具有持续地将融资能力转换为高盈利业务回报的能力。这种情况下，持续的大额融资会急速提升企业的净资产规模，这样原本看起来很高的市净率就会被剧增的净资产所拉低。而又由于它可以将融入的资产持续地投入到高价值的业务中，转化为远高于融资成本的收益，这样的良性循环对于净资产的溢价而言具有更坚实的支撑力。

不过符合这种情况的公司非常少。因为这不但需要企业有强大无比的无形资产壁垒（资金只要投入，就高确定性地转化为高收益，想象一下那需要竞争优势多么强大的业务？这与拿到钱就有很多项目搞的乱投资是两个概念），而且还要关注到底其业务是否是资金投入敏感型的？比如茅台和五粮液，属于典型的强大无形资产壁垒企业，但是另一方面大量的现金难以在核心业务上放大（受制于资源限制和高端定位与规模间天然的矛盾）也极大地影响了其资产收益率的最大化。所以，能同时达到这两条的公司少之又少。

归根结底，商业世界的规律是有限而不是无限，所以无论有多美好的预期，在面临类似估值组合态势的时候都需要慎重检验。特别是这种情况，"很低的动态PE"非常容易迷惑人，尤其是对估值体系不甚了了的投资者，过分高估了企业的持续成长能力（往往仅是由于行业性的繁荣导致的阶段性业绩爆发）。

忽视低PE背后的高PB，不对其进行进一步的审视推敲，风险迟早会来敲门的。

15.2.4 高PB，高PE

高PB，高PE的情况比较单纯，一是市场全面泡沫化，完全靠一种情绪亢奋支持，类似2007年大牛市末期，地产、普通制造业、银行等一大批强周期性或者高度同质化的公司都被给予慷慨了7、8倍以上的PB和四五十倍以上的PE。可以这样说，市场在多大面积和多大程度上达到这样的估值水平，是判断市场是否已经泡沫化的重要指标。

二是一些完全靠故事被疯狂炒作的个股，比如前一阶段某些稀土概念。再者就是从"高PB低PE"的明星地位跌落凡间的——即通常所说的其高增长的预期被"证伪了"。很高的PB表明市场定价相对于其资产的实际盈利能力而言还是高估（回归之路漫漫无期），而其业绩的一落千丈，甚至是大幅亏损也导致原本"很低的动态市盈率"转眼之间迅速升高。

15.3　扩展估值的思维边界

最常用到的估值指标基本介绍完了，但仅仅用这些指标加加减减依然不足以应付复杂的情况。下面将尝试着进一步的扩展思维的边界，去进一步体会估值的艺术。

15.3.1　存在"万能指标"吗

对于一些读者朋友而言，非常希望在有关估值的方面找到某些"应用诀窍"，比如"在几倍的市盈率就可以闭着眼睛买了，到了多少倍的估值就应该卖了"等。因为这也曾经是笔者在学习过程中试图寻找的一个答案。

但看得实际情况越多，对估值的思考越深入，笔者就越是认定了一个事实：那就是根本没有哪一个估值指标是所谓的"万能指标"。那种抱着寻找一个万能的估值计算方式以驰骋天下的想法，是注定要失败和吃苦头的。与这一愿望相反，研究这些估值的意义是什么？其实就是为了从本质上去理解各个指标的适用范围和限制条件，就是为了不再简单地生搬硬套，就是为了建立起多角度的观察窗口。

在一些投资名家的著作中曾经揭示过一些较为详细的估值公式：

本杰明·格雷厄姆提出过一个内在价值的计算公司：

每股内在价值＝每股收益×（2×预期未来的年增长率+8.5）

假设一个公司当前每股收益是0.5元，预期未来的增长率是15%，那么计算得出公司的内在价值应当是：0.5×（2×15+8.5）=19.5元。这里的"预期未来的增长率"是指5~10年的一个较长时期的平均增长率，8.5是格雷厄姆认为企业的增长率为0时的合理市盈率。

约翰·涅夫提出过总回报率与市盈率之间的一种评价关系:

（预期的增长率+股息率）/市盈率>0.7时，开始符合其掌管的温莎基金的传统标准。

假设一个公司未来5年的预期增长率是15%，股息率是2%，那么总回报率就是17，当前的市盈率如果是15倍，那么结果：17/15=1.13，其结果就将符合涅夫低市盈率选股法的入选标准。

约翰·邓普顿也曾表述过一个寻找股票的标准：

用当前每股价格/未来5年的每股收益，股票的交易价格不超过这个数字5倍。

假设一个公司当前的每股价格是15元，未来5年的每股收益每年增长10%，5年后的每股收益将是1.77元（以当前市盈率15倍为基础推算），以15元/1.77元=8.47倍。显然按照此标准来看该股票缺乏吸引力。

这些公式确实能够展现这些投资家的一些投资倾向和特点，也可以提供一个粗略的参考。但如果试图以这些公式去包打天下其后果恐怕堪忧。其实仔细看看这些公式就会明白，最重要的变量因素依然是对企业未来几年增长情况的预估。没有任何一个估值方法可以脱离开对这个主要问题的研究，但如果投资者可以很好地解决这个增长的估计问题，那么最困难的工作已经完成了。

至于为什么0增长的市盈率应该是8.5而不能是9或者7，为什么总回报率与市盈率的比必须大于0.7而不是0.5等，很难说这是什么铁定的标准，笔者倾向于认为这是反映不同投资者的经验和对风险的容忍度的不同而已。但坦率地讲，笔者认为任何一个过于量化的估值标准都有教条的嫌疑。

15.3.2 多维视角下的"称重"

从某种意义上而言，我们面对市场时就像盲人摸象。任何人都很难看见事物的完整全貌，这种时候围着研究对象多转几圈，从不同的角度去审视一下，才有助于我们对估值到底处于一个什么状况建立更理性的认识。下面介绍一些笔者个人在实践中"围着转圈"时常用的方法以供参考，由于估值毕竟是带有很强经验性和艺术性的课题，所以这些小经验权当是头脑风暴吧。

估值的角度	解释及要点
组合估值法	前一章节中PE、PB组合的不同状态的指向性在实战中非常有用,这种方法可以用来为估值高还是低进行一个总体的定性
历史区间法	如果一个股票有5年以上或者经历过牛熊市转换的历史,那么其历史的估值运行区间可以作为一个参考。但这个方法有两个问题：1.企业在不同发展阶段的估值基准会有很大偏差(不可能期望已经进入成熟期的白酒企业重新回到历史上四五十倍市盈率的水平);2.一些极端市场状况下出现的价格记录会有误导性,比如2007年超级牛市大顶部的记录也许永远不会重现
风险机会配比法	假设以当前的价位买入,通过设定乐观、中性、悲观等不同的企业经营结果,测算这笔投资到底具有多大的吸引力
重要案例法	对一些著名的投资案例的回顾,特别是具体在什么环境下,对什么情况下的标的做出过什么样成功的估值,可以帮助我们更好解决对类似情况的处理
终值评估法	根据自己能预计到的企业前景,以最终企业可以达到多大的市值来衡量长期的投资机会。这种视角有利于跳出暂时的估值数据而将重点转为企业的长期价值,但风险在于这种估计的主观性太强

组合估值法和历史区间法都已经有过较多的论述,这里着重谈谈后三种方法的运用。

1. 风险机会配比法

风险机会配比法的优势是可以跳出非要精确算出"合理价格"的牛角尖,而更多从不同情境下的选择会导致什么后果这一角度上思考问题。下面来看一个运用的实际案例：

2009年安泰科技的非晶合金带材产品终于研制成功,前景似乎一片光明,随之股价大幅度上升。当时笔者进行了一个小测算如下：假设公司的6万吨非晶带材全部投产且100%销售出去,以税后20 000元/吨(与当前市场垄断者日立的报价基本相当),净利润率15%(当前业务的净利润率只有6%)计算,每吨的净利润约为3 000元。6万吨的净利润总体贡献额为1.8亿(6万吨产能完全释放并且全部销售出去这一前提本身面临的不确定性暂不理会)。

即便假设今年这1.8亿利润就产生,并且假设2010年的原有材料业务利润增长40%(这一增长率在其过去上市10年的业绩历史中从未达到过),那么2010年的"完美业绩"将是：1.8+1.7×40%=4.18亿,其EPS=4.18亿元/8.54亿股=0.489元。以当时17元的价格计算其动态PE约为34.8倍,PB约为5倍。也就是说即使将当前乃至于未来几年内最有看头、最具有爆发力、最有弹性的非晶带材产品目标产能全部在今年贡献利润,并且旧的业务实现很好的恢复，其当前估值也显得毫不便宜。

那么，能够让估值现在来看"显得便宜"的答案就只剩下了：

（1）传统材料业务实现很好的增长。

（2）非晶带材业务屡破最好的预期，产能继续大幅度扩张（比如到10万吨以上）并且畅销。

（3）其他业务方向如收购的德国薄膜电池等实现突破性的爆发性增长（因为业务小幅增长带来的贡献不够）。

（4）连续不断地被装入最优良的资产。

通过上述分析，笔者当时判断安泰科技已处于一个被未来美好预期和概念支撑的阶段。未来面临两种可能：

第一，概念和预期被证实，那么其长期的价格走势有望在业绩的支撑下持续向上。但是当前高达50倍的2010PE（基于券商一致性预测业绩）在业绩正常释放中也难以保持，只有业绩屡屡超出预期才可延续，否则长期来看将受到估值向下修正的负面影响。

第二，被证伪，未来几年的业绩的向上弹性并未达到预期，或者非晶带材及薄膜电池项目出现意外，则将面临严重的戴维斯双杀风险。

而在被证实与被证伪都未出现之前的时间内，市场资金的偏好、新能源类的政策异动和公司阶段性公告等消息，将左右其股价的中期表现。

两年后，截至2012年的答案是：传统材料业务持续低迷、非晶带材业务依然处于"紧张的试产"而没有实现真正的大规模运行，收购的德国薄膜电池公司正式破产直接损失5 000多万，其他消息更是连影子都没有。与之相对应的，股价从本文分析时2010年8月的17元左右（曾持续攀升最高达到2010年11月的近30元）跌回到2013年7月的7.3元，持有两年半的时间换回的是净值损失57%。

在这一案例中，笔者并未纠结在安泰科技当时到底多少钱才是合理价格这个问题上，而是顺着市场定价的现状去倒推，如果以这一价格买入，将面临什么样的回报局面。在很多时候，合理价格是一个"公说公有理婆说婆有理"的麻烦事儿。所以跳出这个坑，从"多少钱我才愿意下注"的角度去思考，往往更容易帮助我们理性地决策。

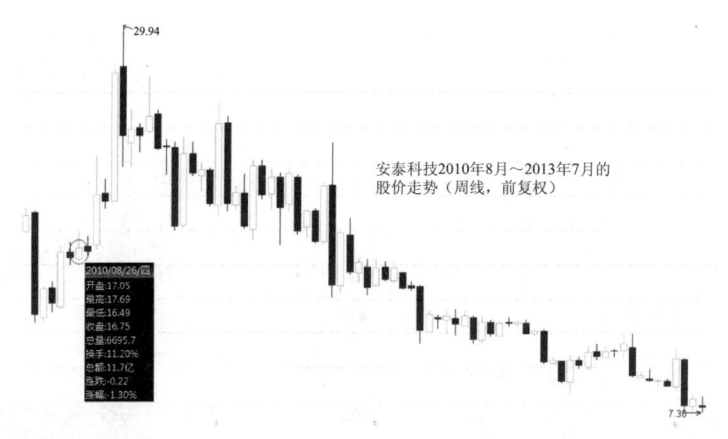

安泰科技2010年8月~2013年7月的股价走势（周线，前复权）

2. 重要案例法

重要案例法是对历史上一些经典投资案例进行回顾并从中得到启发。前面对于巴菲特、涅夫分别在银行股的低市盈率买入后遭遇的复杂局面，就是一个典型的运用。下面再看一个例子：

喜诗糖果是巴菲特的经典投资案例之一。从他买入后的35年间利润的复合增长率只有8%，其中销量的复合增长率只有2%。这体现出喜诗糖果具有较强的持续定价权、超长期的经营可持续性和优异的资本回报能力（高达60%的ROE）。巴菲特收购时的估值大约是3.1倍的PB和12.5倍的PE——需要注意的是这是在私人市场而不是二级股票市场，通常私人市场的出价要比股市低很多，这是因为出得起价整体收购的对象往往更少。这个案例对于那些增速不会很高，但具有强大市场号召力和持久定价权的消费品公司该如何估值，也许是一个不错的参考。

在2012年末和2013年上半年，高端白酒由于行业景气遭受环境变化的打击，并且这一情况引起市场的强烈担忧而股价大幅下挫。笔者自2010年起就一直不看好白酒企业，因为其低PE的低估值是以高PB为基础的假象，且其高速增长的业绩环境正在面临重大的转折威胁。但当2013年五粮液、泸州老窖等下跌到只有七八倍的市盈率和两倍多的市净率时，我想长期来看这已经是一个具有吸引力的投资机会。即使高端白酒企业的销量高速扩张已经告一段落，但长期来看稳定的提价能力应该是可信的——这一点与喜诗糖果常年靠提价驱动增长（年均销量增幅仅增长2%）的特征有所相似。作为资产负债率极低，现金极其充沛（如五粮液有257亿的现金在手，占420亿总资产的61%），净资产收益率即使下降也可维持在较高水平线（20%左右，如果将多余现金分红则可以大幅提升ROE）的企业，虽然很难获得暴利，但3倍PB与7、8倍的市盈率水平确实也具有了投资的吸引力。

但也有一点需要注意，那就是巴菲特收购了喜诗糖果取得了对经营现金流的全权处理，持续大量的现金流为巴菲特的其他投资提供了充沛的能量。但如五粮液等公司，投资者没有办法将多余的现金强制分红，这显然对其投资价值构成了不利的因素和一定的隐患（如公司将现金用作低效的多元化开发，将折损其内在价值）。

广义来看，案例法也包括了借鉴国外同类企业的估值经验。相对于纵向看企业自身的历史波动范围，横向参考美国等成熟股市中同类企业在相似发展阶段的估值区间可以克服本地市场的一些局限性。很多美国上市企业已经具有几十年的完整产业发展变迁和牛熊市转化的历史经验，这种比较往往可以带来很好的启发。

3.终值评估法

终值评估法的基本思路与风险机会配比法相似，对理论上的所谓合理价格并不纠结，而是从投资回报的吸引力角度去看问题。但相对于只考虑未来几年的风险机会配比法，终值评估法要求把眼光放得更远。要对这个企业在5~10年后所能预期达到的经营成果及市值进行一个判断。如果缺乏对企业的深入研究，这种判断很容易想当然，这是这种方法的致命缺陷。但之所以在实践中依然应用的原因在于：静态的估值往往让投资者过于拘泥在细节中，这种强迫投资者将眼光放长远，强迫投资者去深入研究的方法，实际上更贴近估值的本质意义——理解企业，而不是精于计算。

2013年上半年有一只涨势非常好的股票卫宁软件，仅半年时间就涨了75%。卫宁所从事的是医疗信息化管理软件行业，截至2013年6月底其市值大约为40亿，相当于76倍的2012年业绩的市盈率和50倍的2013年动态市盈率。市场看好的理由主要在于国家医疗体制改革将促进医疗信息化投资的加剧，并且从美国的经验来看行业龙头的成长将受益于这种进程而进入高速的发展。

那么我们不妨就用美国医疗信息巨头cenner的情况来类比，假设卫宁可以像cenner一样迎来"黄金十年"达到10年25%的复合增长率，那么以2012年5 200多万的净利润为基数，10年后利润大约为4.63亿。考虑到公司进入较为成熟阶段，以及市场在10年后对其未来的成长预期不可能像今天这样强烈，我们给予30倍市盈率这样一个也很不低的估值，那么最终的市值将为139亿左右。这样来算，相当于今天买入后10年获得的回报大约是3.47倍，10年的复利回报率约为13.24%。应该说这一结果，并不特别具有吸引力但也不算很差。

现在再来分析一下得到这一回报率的一些基本前提：首先行业必须确实在各项利好的刺激下进入快速发展阶段，其次卫宁公司需要像cenner一样构建起强大的竞争优势（特别是在软件研发的柔性平台方面），最后市场必须在10年后依然保持对医疗信息化产业的较高关注度。但事实上仔细去分析就会发现这些前提的基础都并不牢靠：行业过去几年的快速发展能持续多久尚有疑问，且行业的快速发展也导致了激烈的竞争。而卫宁公司在差异化竞争力上的积累还远谈不上鹤立鸡群，以10年这样长的跨度去审视很难得出其将在竞争中胜出的确定性。最后市场在其成功占据较多市场空间和已经具有较大营业规模后，能否再给予较高的估值溢价也非常不确定。如果我们对盈利预期或者估值预期打7折（作为起码的安全边际），那么结果就会变为97亿左右，10年的投资回报率将仅有2.43倍——这还没有算上不能排除的更悲观的局面。这样来看，除非发现更强有力的理由，否则目前的价位从终值的角度来看并不具有吸引力。

可见，估值根本不存在什么包打天下的"金指标"。好的投资标的的一个重要特征就是越用多种角度的估值方式来审视，它就似乎越能体现出性价比所在。而不靠谱的企业正好相反，在某一个估值指标上可能极其诱人，但越是多角度衡量就越能发现潜在风险的迅速聚集。

4. 透彻了解企业是估值的前提

采用不同的估值视角固然有帮助，但要想正确地衡量企业的价值最关键的还是透彻理解财务数据所反映的真实状况。在没有对企业业务特点和发展战略有深入跟踪和理解之前，投资者很容易只专注于数字而忘了企业分析的本质。

2013年4月，广联达发布了一个看起来很惨淡的年报：2012年净利润增长只有9%左右，每股收益0.76元，每股净资产5.11元，而4月份收盘的股价约为22.5元（考虑到配股和分红，现在以前复权方式看为16元左右），对应的静态市盈率达到30倍，这样看起来好像挺贵的。然而，如果我们仔细研究这份年报并梳理企业发展的脉络就会发现如下问题：

第一，当年业绩不佳的主要原因并非销售不畅——2012年即使在建设施工行业受到宏观经济负面影响的背景下，广联达的收入增长依然达到36.3%。净利润不佳的主因在于当年大批量的招聘和薪资上调，由此导致费用的大幅上涨。

第二，软件公司享受国家的增值税退税政策，但截至2012年年末公司只收到了8个月的退税（而2011年同期已经收回了11个月的退税）。退税额与销售额成正比，所以占2012年全年销售收入达49%的第四季度的退税并未到账。

第三，公司的资产负债表非常强大，现金占总资产的比重高达65%，几乎没有任何债务，现金流也异常充沛，客户也高度分散，不存在大客户的相关风险。

通过这几点可以大致推测：2012年这个公司实际的经营状况要远远好过当前可见的数据。首先在行业低迷期间大肆网罗人才正说明了公司的长远眼光，如果仅仅是为了粉饰业绩完全可以减少费用压缩成本，如此利润增速起码会与收入增速保持一致，那就是36%的业绩增幅。其次，如果算上法定的、从权责发生制来看（但目前要求必须是收付实现制记账）已经属于公司的那4个月的增值税退税额（从后来公司公告计算应收的退税高达5 000多万），那么将是一个相当漂亮的业绩增速了。如果以那个数字为依据，那么估值其实连20倍市盈率都不到！对于一个依然具有广阔增长前景、在行业内又具有独树一帜竞争优势，同时商业模式属于典型轻资产高现金流、高客户粘性的生意来说，这意味着什么呢？

以上述内容为基础，假设其在未来经营不再继续恶化（事实上从第四季度销售收入已经大幅增长，显示出相当强劲的回暖趋势）、公司对费用合理控制（公司在访谈和调研中已经确认未来几年将保持员工人数稳定和加强费用控制）的前提下，考虑到应收的5 000多万退税肯定将算入新一年业绩中，因此可以对其未来1年的业绩增速有相对乐观的预期，这样动态来看该股票不但没有被高估，事实上是隐蔽地明显低估了（自4月份之后，2013年广联达业绩反转逐渐显性化，几个月间股价便上升超过50%。

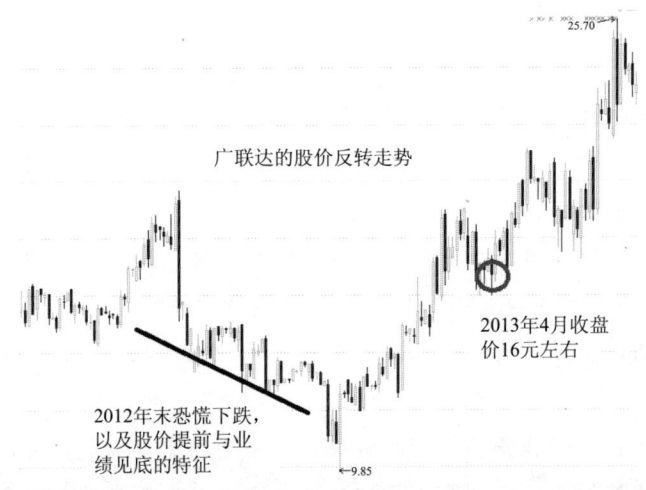

[广联达的股价反转走势图]

- 25.70（价格高点）
- 2013年4月收盘价16元左右
- 2012年末恐慌下跌，以及股价提前与业绩见底的特征
- 9.85（价格低点）

值得注意的是，在我们所看到的很多案例中都显示出股价提前于公司业绩的表现，这似乎再次印证了股市确实具有敏锐性和伟大的前瞻性。

我清晰地记得女儿能独立完整讲的第一个故事是《小马过河》，在这个故事中，一匹小马由于不知道河水的深浅而求助旁边的老牛和小松鼠。老牛说河水很浅只到小腿，但松鼠却说河水很深淹死了它的同伴。最后亲自下水的小马发现河水的深度与它们的答案都不一样，是正好到它的大腿。某一天我突然意识到，其实这个故事很有深意：它说明一个事物放在不同的参照系下可能得出差异非常大的结论，选对参照的指标不仅仅对于估值至关重要，对于我们认识世界和理解很多事物同样重要。

我曾计划未来慢慢地教授女儿一些投资的知识，却没曾想在那之前，女儿竟已经给我提供了投资思想上的启发。这是种美妙的感觉。

15.3.3 市值冗余与市值差

卫宁的案例解释了以"终值"来衡量一个企业的长期投资价值是对"成长性幻想"的一种制约机制。有人会说，对终值的评估很可能是错误的，比如某企业的市值在成长了几十倍后又再次成长了几十倍，如果"恐高"就会因此而错过。这种说法有一定道理，但笔者这样分析：首先，"终值"的视角并不是考虑其过去翻了多少倍的"恐高"，而是对其成长必然面临的天花板的一种评估。

这种思路可以强迫投资者对于企业发展的各个主要驱动力进行深入的思考，对于市场的容量、企业在其中的可能占有率，以及行业竞争均衡态势后的盈利能力进行审慎的评估。另一方面，要考虑到越是接近这个可能的成长天花板的范围，市场将提前给予其折价。同时考虑到这两方面，将能够勾勒出一个大致的最终市值的"量级"。

其次，终值的评估并不是为了精准而是为了弄懂投资的基本逻辑是否在自己的把握内。也就是说，在无法进行基本的成长空间的"量级"层面的估算时，这笔投资已经开始脱离自己的能力范围之外。这种估算并不需要精准到与最终事实分毫不差的地步。不妨想想那句话：最好的投资，来自于简单估算也能看到的显而易见的大机会。

正因为无法精确化的评估一个企业的最终市值，所以对待一笔长期持有的投资标的，就非常需要结合其产业特性和企业特点，来考虑到底有多大的市值冗余存在？所谓市值冗余，可以简单理解为"市值成长的余地"。假设站在较为乐观的背景下估计，其市值就算未来再翻10倍，相对于其可能的市场地位和盈利规模而言依然不离谱，就是一个很好的市值冗余。这种情况下，就算估值方面或者企业竞争动态中有所偏差而打了折扣，可能依然有3～5倍的市值增长弹性。

除此之外，对市值的视野更加扩展一些，也有利于我们更深刻地认识市场的环境和未来机会所在。2010年，笔者曾经提出投资既要考虑近两年来市场分化所形成的"估值差"，但更需要思考"市值差"的现象及长期来看这一现象的变化趋势。

2011年12月20日，笔者曾在博客中做了一个小对比，当天按证监会分类的计算机应用服务业的前十大市值企业，其市值之和恰好等于五粮液（000858.SZ）的1 310亿元；医药制造业的前十大市值企业总市值2300亿元略高于贵州茅台（600519.SH）的2 100亿元。用两个酒厂，就可以买下中国最具有竞争力和实力的20个IT软件集成企业和医药制造企业，这是市场在这一刻的局面。毫无疑问，我们可以为这种现象提供很多存在的理由，但结合未来中国经济发展的大背景，这种"合理性"下的"不合理性"是否可以对投资带来一些启示呢？

截至2013年7月底，五粮液的市值下降为730亿，茅台的市值下降到1 800亿。而计算机应用和医药制造业前十大公司的市值之和分别增长到1 900多亿和3 900多亿。当然这么短的时间还不能说明什么，也许再过5～10年，这一对比的结果会更有趣。

15.4 估值的本质指向

在此,对于估值技术性的探讨暂告一段落。笔者希望上述的介绍能引起读者更深入地去思考一个问题,那就是:估值的本质到底是什么?它不是一堆数学模型或者几个公式的堆砌,而是对"什么东西才值得溢价,以及溢价的程度与投资回报率之间的关系"进行评估的过程。

估值既可以说得很复杂,也可以说得很简单。往复杂了说,笔者看过一本专门讨论各种估值模型的书,整本书详细地解释了各种估值方法的理论基础、数学模型的演化逻辑以及相关统计数据,差不多有600页厚。往简单了说,不管是笔者自己的经验,还是笔者曾经有幸交流过并让笔者印象深刻的那些优秀投资者,在投资决策中的估值环节却又往往是很简洁的。

估值的简单体现在它完全不需要高深的数学知识和金融背景,其基本逻辑是简单清晰的。但它的复杂反映在投资者必须对一个生意有着透彻理解才能做出这种判断。越是了解一个企业的经营实质和这个生意的特性、了解市场定价的基本规则,估值就越简单;越是对企业的认识模糊不清、对生意的理解不够透彻、对市场的定价茫然不解,估值就越体现出它不可捉摸的复杂性。

所以我认为,大多数对估值的困惑,与其说是不了解某个估值指标的原理和算法,不如说是始终徘徊在企业经营态势和市场定价原理的大门外而不得入的原因。任何一个估值行为都不能脱离对这个企业基本面的定性。不能忘记,所谓的估值都是在特定的前提条件下才成立的。所以越是接近理解主要几个估值指标的本质意义之后,我们发现估值的主要困难其实越是指向一个老问题:你对这项生意到底有多了解?

投资者在对一个企业进行估值时容易陷入一种"复杂计算的安全性假象",即喜欢算得特别细,用各种复杂的计算公式并且力求精确估算企业经营的每一个变量。似乎这种大量的演算能带来某种心理上的安全感,但这毫无疑问是一种心理上的海市蜃楼。真正好的投资机会应该是大致算就呈现出非同一般的吸引力,也即体现出明显的"大概率和高赔率"特征。

总之,估值可能是最能体现投资中艺术性一面的领域。任何一个投资大师都没法给出一个标准化套用的估值公式——如果这种公式存在,市场就没有无效的时候了。**估值的艺术性集中反映在,不同的情况下投资者需要决定选取什么样的指标组合并且妥当地分配这些指标在决策中的权重。**但不管用什么样的方法,理解价值的规律都是估值的基础。

第16章
客观理性看A股

前面谈了很多企业价值分析层面和市场运行特征方面的问题，一些读者可能会抱有一个疑虑：你说的那些可能很好，但那只是国外成熟股市的成功经验吧？A股市场被专家们称为"连赌场都不如"，这里的市场管理体制也还很不完善，在这样的市场中就算再好的价值分析技术恐怕也无用武之地吧？那么下面就来探讨市场的独特性和普遍性这个话题。

16.1 最好的投资市场之一

作为一个诞生仅仅二十多年的资本市场，我国投资市场放在全球资本市场发展史中虽然充满了活力但确实不可能那么完善成熟。但这并不妨碍它成为当今世界上最好的投资市场之一。如果读者对此感到诧异和惊奇，那么请继续往下看。

16.1.1 毫不逊色的回报率

首先来分析市场整体的回报率情况，下图是截至2010年年末几个市场的指数收益率比较：

指数	过去22年走势（当年收盘价计）	指数涨幅	年复合收益率
上证综指	1990年127点～2012年2 269点	17.86倍	22年13.99%
深证成指	1991年963点～2012年9 116点	9.46倍	21年11.29%
沪深300	2005年923点～2012年2 522点	2.73倍	7年15.42%
中小板综	2005年1 415点～2012年4 840点	3.42倍	7年19.2%
美国道琼斯	1990年3 000点左右～13 400点左右	4.46倍	22年7.03%
香港恒生	1990年3 000点左右～23 300点左右	7.76倍	22年9.76%

可见在过去20年里A股主要指数的复合收益率都远远高于香港和美国（而且选取的截止日期，正是A股的几大指数均自2010年之后大幅下跌后的低迷阶段，而2012年年末的美国道琼斯和香港恒生指数均有较大幅度的指数上涨回升）。在此期间，其他如伦敦市场、德国市场、东京、韩国、新加坡、中国台湾等市场主要指数也均没有明显超越上证的涨幅。当然有人会说他们之前已经有过几次很大的牛市了，这话没错，但之前中国尚未有证券市场所以确实难以进行比较。至于未来的情况也具有各种可能性，可以留给时间去解答。但有一点是可以明确的：**在过去的20年，即便只以指数化的形式在中国A股的投资，与世界主要证券市场相比其收益率也是一个相当出色的成绩。**

在我国的媒体上有一个经久不息的话题，那就是专家总喜欢在股市阶段性低迷的时候高呼"中国的证券市场没有反映出宏观经济，不然GDP一直增长股市为什么还下跌呢？"。"股市必须与经济发展同步"吗？笔者对此持怀疑态度,巴菲特在1988年致股东的信里就说过:"市场有效与不总是有效对投资者来说,其差别如同白天与黑夜。而我们63年的成功经验表明,有效市场理论是多么的荒唐透顶!"

还是让事实来说话吧。

看一下美国1965~1980年15年间道琼斯指数都在原地打转,而同期美国的GDP增长非常好并且始终在稳定上升。不知道那些"股市要与经济发展同步"的经济学究们对此该作何感想?左图为道琼斯指数,右图为1965~1980年间美国GDP增长率(按两种美元值分别计算的结果)。

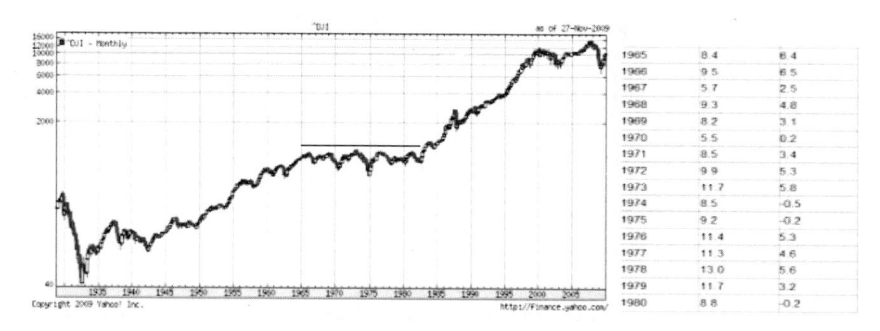

图片来自网络

印度股市过去几年的涨势风生水起。但如果把历史拉长一下来看,从1997年到2005年的长达8年时间里,其指数都没能突破高点并一直在一个宽幅的箱体中震荡。然而,这8年中印度的GDP总量却始终是增长的。

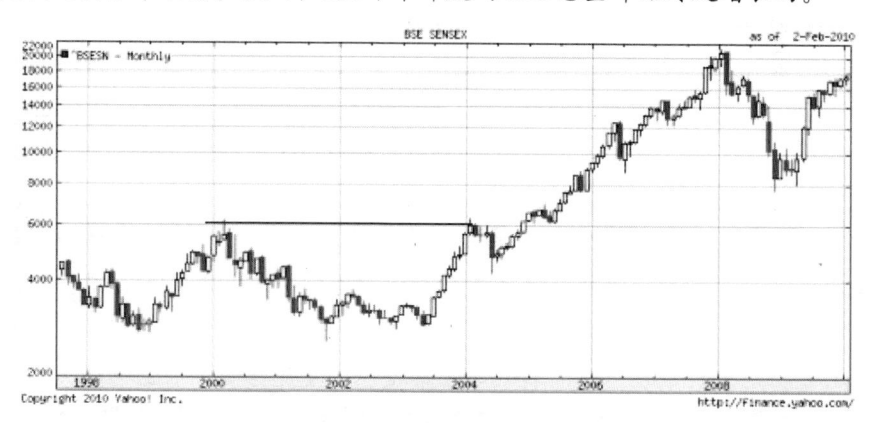

图片来自网络

GDP可以用来衡量经济总量的增长情况,但证券市场往往并不直接与这种总量增长同步调地行动。这似乎不好理解,实际上如果将整个国家看做一个公司实体,那么这个公司的股价终将反映其业绩的情况但却未必时刻都准确地予以反映,似乎就不难理解了。

上述分析的是指数级别的市场整体情况。但毕竟大多数人投资的不是指数而是个股,那么下面我们再看看具体个股的投资回报又是怎样的。事实上,过去20年以来涨幅超过几十倍甚至上百倍的股票绝非罕见,几乎在每个主要的行业领域都诞生了大牛股。下面是财经媒体截至2010年12月的一个统计:

过去20年分红超过募资额最多的15只股票		过去20年累计涨幅最多的15只股票	
股票名称	分红总额/募资总额	股票名称	股价累计涨幅
伊泰B	3 813.92%	云南白药	31 257.72%
东电B	2 304.43%	美的电器	20 765.15%
宁沪高速	1455.35%	格力电器	11 264.94%
锦旅B股	1 052.19%	贵州茅台	5 177.23%
深赤湾A	777.23%	粤电力A	5 043.16%
杭汽轮B	582.51%	东软集团	4 832.78%
烟台万华	573.2%	山东黄金	4 744.05%
三精制药	516.36%	烟台万华	4 491.49%
新城B股	468.43%	苏宁电器	4 124.98%
耀皮玻璃	407.32%	东阿阿胶	3 672.15%
皖通高速	407.11%	辽宁成大	3 515.68%
江铃汽车	372.44%	中天城投	3 152.58%
S上石化	352.18%	万科A	3 064.15%
双汇发展	332.35%	兰花科创	3 061.51%
兖州煤业	313.14%	海通证券	3 036.59%

实际上这个表单所涵盖的面还是有限的,如果统计的数据更多会发现几乎每个主要的行业都有优秀的投资机会出现:消费的双汇,苏宁,茅台,老窖;医药的恒瑞,白药,华兰生物,天士力;工业的格力,天地科技,美的,天威保变,置信电气,伟星股份;文化传媒的博瑞传播;资源的钾肥,山东黄金;银行的招商、平安,地产的万科、保利,运输的中集,公共事业的国电电力等。

The Global Top Ten, 2005–2009

#	Company	Location	Industry	TSR[2] (%)	Market value[3] ($billions)	TSR Decomposition[1]						2010 TSR[5]
						Sales growth (%)	Margin change (%)	Multiple change[4] (%)	Dividend yield (%)	Share change (%)	Net debt change (%)	
1	Tencent	Hong Kong	Technology and telecom	106.3	39.5	70	4	37	1	-1	-6	-22.4
2	Jindal Steel & Power	India	Mining and materials	88.2	14.3	57	9	19	2	0	2	-11.3
3	Suning Appliance	China	Retail	81.4	14.2	52	15	16	0	-2	1	-17.5
4	OCI	South Korea	Chemicals	70.9	4.4	7	24	8	2	-4	34	14.0
5	Sany Heavy Industry	China	Machinery and construction	67.4	8.0	50	1	13	1	-1	4	-25.1
6	Tingyi	Hong Kong	Consumer goods	67.3	13.8	33	14	13	2	5	2	1.7
7	Changsha Zoomlion Heavy Industry	China	Machinery and construction	66.4	6.4	49	3	13	2	0	0	-36.6
8	Kweichow Moutai	China	Consumer goods	63.4	23.5	30	5	29	2	0	-3	-25.0
9	TBEA	China	Machinery and construction	62.3	6.3	37	7	6	1	-1	12	-38.1
10	Perusahaan Gas Negara	Indonesia	Utilities	61.7	10.3	36	9	10	3	-2	5	-0.6

Sources: Thomson Reuters Datastream; Thomson Reuters Worldscope; Bloomberg; annual reports; BCG analysis.
Note: n = 712 global companies.
[1]Contribution of each factor shown in percentage points of five-year average annual TSR; any apparent discrepancies in TSR totals are due to rounding.
[2]Average annual TSR, 2005–2009.
[3]As of December 31, 2009.
[4]Change in EBITDA multiple.
[5]As of June 30, 2010.

图片来自网络

再看看这个2005~2009年间全球主要股市股票的涨幅榜。令人惊讶的是，在此期间的全球十大最牛股票中居然有50%来自中国大陆的A股市场（按顺序依次是苏宁电器、三一重工、中联重科、贵州茅台、特变电工）。还有20%的牛股虽然在香港上市但其主要市场也在中国大陆，分别是排名第一的腾讯和第六的统一。

这些大牛股中的很多公司，无论从营业收入和净利润的增长，还是净资产的回报率方面来衡量，都完全可以和世界级的企业进行比拟。在中国，只要是真正优秀的企业一样会得到市场的奖励，难道这不是最好的证明吗？

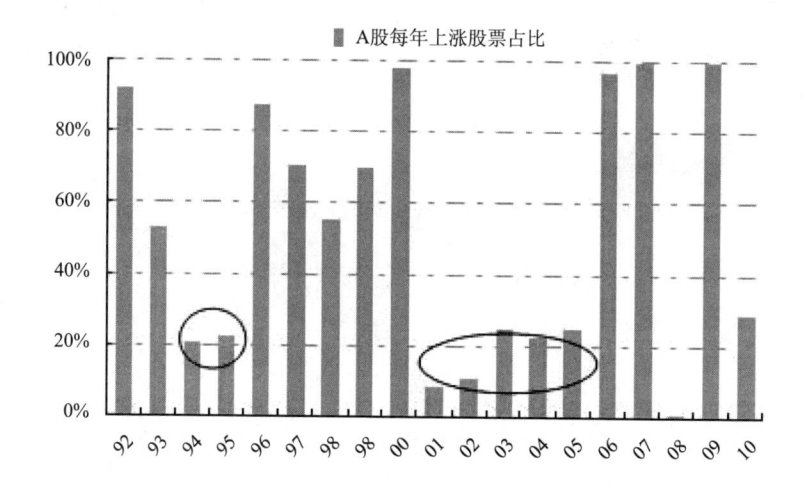

图片来自网络

第16章 客观理性看A股

另外，即使从每年股市的上涨概率来看，1992～2010年18年间每年股票上涨占比达到50%的年份就有10年之多，也就说有一大半的年份中每年有超过5成的股票是上涨的。在过去的20年里，A股市场不但主要指数大幅战胜同期的其他主要市场指数，而且其中的个股投资机会也层出不穷。甚至即使我们没有指数投资，也不会价值投资，而只是每年"扔飞镖"的乱点，也可以在近一半儿的年份中有7成以上的概率买到上涨的股票。但为何这个数据与我们的观感差别很大呢？原因很简单，因为大多数人太"聪明"和喜欢折腾，这样本来从全年看应该是上涨的股票，也很容易在追涨杀跌后变为亏损的结果。

16.1.2 天堂只在梦里有

在2013年的伯克希尔股东大会上，巴菲特说："我通常不理会宏观预测。无法想象在一只正发生宏观讨论的股票上做出决定。为什么要花时间讨论你并不了解的事情？我们谈论的是生意。"对此消息，一位非常有名望的经济学家在微博中评论说："我的理解是巴菲特的风格是长期投资，所以不用去理会短期的宏观波动。但实际上巴菲特幸运地生活在一个政治、社会、宏观经济和股市都较为稳定的国度，所以他能专注于'生意'而忽略'经济'。换了时空，也许就不灵了。"

然而真的如此吗？好吧，让我们看看现实中美国所经历过的政治、社会、宏观经济历史，以及股市历史的发展和走势情况，是否真的如传说中的那样"平稳"？下图显示了美国股市的代表性指数道琼斯1900～2004年间的走势情况：

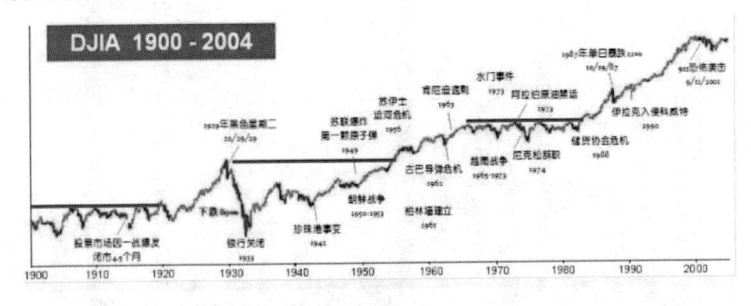

图片来自网络

在美国股市的历史上，经历了5次大规模的对外战争，多次的重大政治危机和经济危机。这个过程中，股市大幅的波动司空见惯，甚至出现过创纪录的断崖式下跌。这些政治和经济危机都是世界级的重大危机，被一些人津津乐道的A股20年来所遭遇的政治和经济波折，在这张图面前显得微不足道。在美国道琼斯指数的长期走势中，我们也可以看到至少出现过3次超长的指数停步不前期：1910年到1920年、1929年到1950年，1965年到1980年期间道琼斯指数都在原地徘徊和波动。之后在2000年道琼斯指数首次达到11 000点左右之后又进入了长达5年的指数震荡期，直到2006年才再一次达到11 000点并创出新高。

这种横跨几十年的统计图可能过于概括，那么我们就来看看具体的风险问题。如果按结果来衡量，在股市中最大的风险是什么呢？恐怕没有什么能比退市更恐怖的了，因为那意味着所有的股票都成了废纸。我们先来看看纳斯达克的退市比例：1999年纳斯达克的上市公司数为4 829家，而2009年底则只剩下了不到3 200家，也就是说在10年间有33.73%的公司完全"消失"了。这还是在新股IPO不断上市过程中的结果，如果以当年的老公司来计算可能更加骇人。不仅纳斯达克如此，美国道琼斯指数自编制以后几十年还存在于指数内的"当年大蓝筹"已经寥寥无几。

与之对比，A股的中小板向来是高风险的代名词，其中大族激光更是第一批上市时最被爆炒的企业，最高价炒到48元并连续下跌两年多。但即使这样一个名不见经传的公司，以上市最高价48元拿到现在，也是赚4倍多的。而过去20年A股市场真正退市的企业有多少？很多的ST不但没有退市，反而被借壳后乌鸦变凤凰了，这与上述的大比例下市相比，哪个风险更大？再来看看香港股市在熊市中可能出现的私有化这一A股不存在的风险。A股一个股票从100元跌到10块，只要企业优秀，从理论上而言投资者未来还有翻本的机会。但在港股投资者必须保证这个公司不会启动私有化进程，否则强制性地以一个价格收购投资者的股票退市，投资者就可以彻底"泪奔"了。

最后别忘了，资本利得税在海外市场的普遍存在会对投资产生多大的影响。即便是长期投资的资本利得税也高达15%甚至20%，而对短期频繁买卖——我国股民挚爱的行为的杀伤力更大，每一笔交易的摩擦成本都将成倍增加，大幅吞噬掉利润。在股民大谈羡慕"成熟市场"的时候，请不要忘记，这个"成熟"的代价是20%以上的资本利得税——扪心自问，谁愿意为成熟（要知道所谓的"成熟"完全不代表股市的稳定和盈利的概率提高）付出这样的代价呢？

　　再看其他分红回报率等问题，首先可以看到A股现在就存在一批年分红收益率高过3%甚至达到5%以上的大蓝筹股票。其次，分红率其实也根本不是判断一个市场或者一个企业投资价值的指标。微软之前十几年都极少分红谁能否认他的投资价值？巴菲特的公司更是几乎从来都没有分过红（只有一次小额分红），连送股都没有。只盯着分红率或者融资规模来谈投资价值的，大都不懂得"只要留存利润或者再融资后的盈利能力高于融资成本，那么对于企业和老股东不但不是伤害反而是最有利的选择"这一最基本的道理。

　　对比了这些后，还有人还会认为A股是当今世界上"风险最高"的证券投资场所吗？还会觉得海外的投资者占了多大的便宜吗？

16.1.3　监管是个伪命题

　　有很多人说A股的监管不健全，并且上市扩容太快完全是圈钱的市场。好吧，继续让事实说话。笔者完全同意A股市场远远谈不上监管完善。但是这并不表明国外市场的监管就如想象般的完美无缺，或者国外的市场就真的像个成熟的智者一样波澜不惊保持着"理性的有效性"。

　　如果评选证券史上最大的丑闻案件那么安然恐怕有很强的竞争力。安然在2000年的总收入高达1 010亿美元，名列《财富》杂志"美国500强"的第七名；掌控着美国20%的电能和天然气交易，是华尔街竞相追捧的宠儿；安然股票是所有的证券评级机构都强力推荐的绩优股，股价高达70多美元并且仍然呈上升之势。但安然的丑闻在掩盖多年爆发后股价最后跌至0.26美元，市值由峰值时的800亿美元跌至2亿美元。不但安然公司本身，全球五大会计师事务所之一的安达信也绝难逃脱干系。

　　在《聪明的投资者》中，格雷厄姆列举了大量的事实证明"华尔街分析师大肆推荐一些股票，但其实私下里承认这些股票是垃圾；一些大公司的高官侵吞公司数亿美元资金而被指控；会计事务所炮制报表，甚至销毁记录以帮助客户误导公众"。

　　再来看看一些股票的"波动"记录吧。Valinux公司1999年上市每股最高239元，而3年后的价格是多少呢？1.19美元。北电网络2000年上市后达到113.5美元，最高市盈率达到100PE以上，3年后则变为了1.65美元。这样的记录，拿到A股市场来恐怕也是名列前茅吧？类似的例子并不鲜见。看过《大时代》的读者应该还记得，港股从1 700多点直落到450点，歇了口气后又砸到150点的恐怖事件吧？而港股市场上40%左右的大波动次数毫不逊色于A股。

再说说上市扩容。证券市场存在的基本意义就是为企业的上市融资和发展服务，这本是天经地义的。是否具有强大的上市融资的能力，甚至体现出一个证券市场的活力和影响力。美国无疑是全世界最成功的证券市场，我们看到它不但为美国本土企业的上市提供了良好的条件并且还积极地吸引全世界的企业上市发行股票。

当然在一个特定阶段内，由于市场存在供需关系的制约因此上市发行的股票数量和规模确实有可能对市场行情造成影响。那么我们就来看看，A股市场在上市发行的规模和节奏上是否过于激进。

根据投中集团2011年发布的统计报告显示，2010年共有491家中国企业在全球资本市场实现IPO，总计融资规模1 068.75亿美元，无论是IPO数量还是融资金额均达到年度历史最高水平。由于2009年10月份创业板的推出，2010年深交所共有322家公司上市，占比65.6%。我们就以这个A股1年上市322家公司的"历史最高水平"为例来对比一下其他市场的情况。

在《香港股史》中曾经有一个香港市场每年上市公司数目的统计，自1976年之后香港股市每年上市的公司数目就一直保持在270家左右，在1992年到1997年间的上市发行数量则一路提高到500多家，在最高峰的1996和1997年分别上市583家和658家。可见，A股市场作为一个总规模比香港市场大得多的证券交易场所，目前历史最高发行数量也不过300多家，仅比香港市场80年代的年均上市数量多一些，而相比其最高发行数量还差得远呢。

把视野放得再远一些，看看世界银行对金砖四国和美国日本股市过去24年（1988~2011年）本土上市公司（指的是在本国证交所上市且在本土组建注册的股份制公司，各国统计数据不包括投资公司、共同基金或其他集合式投资实体）的数量变化图：

图片来自世界银行

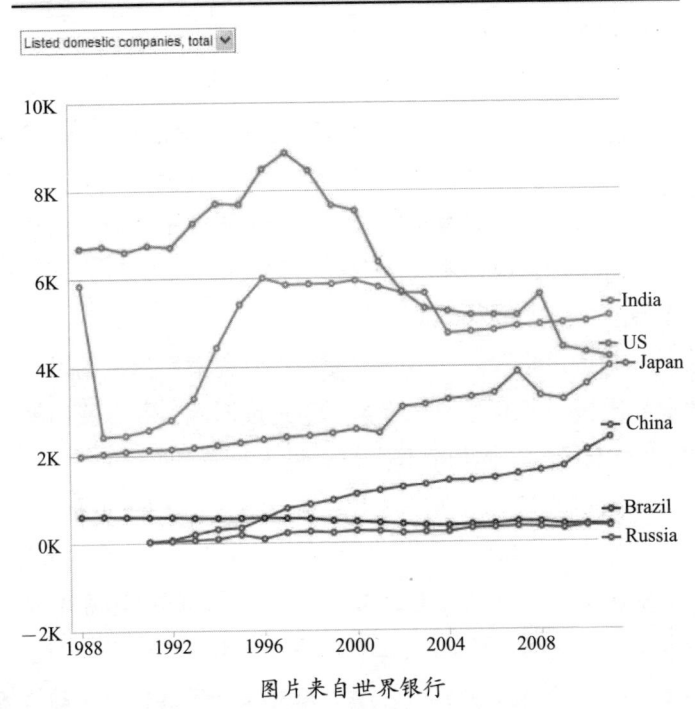

　　据这一统计，近年来本土上市公司最多的其实是印度，2011年已经拥有上市公司数量高达5 112家。美国在2008年前长期占据6国的首位（仅有极少数年份被印度超过），2009年后则被印度彻底超越。日本国土面积虽小但经济和股市较为发达，本土上市公司数量整体而言稳步攀升，至2011年已快赶上美国。1991年以来中国股市的发展迅速，本土上市公司数量一路走升，近两年更是加速增长，至2011年达2 342家。巴西和俄罗斯的本土上市公司较少，巴西呈逐渐减少态势，而俄罗斯的数量也长期低迷不振。美国本土上市公司数量最新数据为2011年4 171家，日本为3 961家，巴西366家，俄罗斯327家。可见，无论是从总的上市公司数量与国家经济规模的对比，还是从年上市公司的数量和规模来看，A股都只能说是规规矩矩，完全没有脱离国际规律。

　　当然有人又会说，发行的数量规模没问题，但是发行的估值贵得离谱啊。比如48元的中石油套了多少人？讨伐新股发行价格高不算错，但话说回来，新股发行再贵也没有人拿枪顶着脑袋逼股民买。何况，上市发行的股票普遍昂贵几乎是全球股市的通病，不少投资大师如彼得·林奇和邓普顿等都曾大声疾呼"不要买新上市的股票"，这点即使在美国市场也不例外。

纳斯达克泡沫期间的"市梦率"的故事就不说了，就说说最近一个叫Tableau（DATA）的公司吧：2012年营收只有1.27亿美元，净利润仅仅142万美元。那么给它多少倍的估值才是"成熟理性市场"应有的发行价呢？答案公布：仅仅因为"大数据"概念的光环和商业模式上的受推崇，2013年5月公司的IPO大受市场热捧，在将发行价由23～26美元大幅上调到31美元后，该公司IPO首日仍然大涨63%至50.75美元。按照29亿美元估值，市销率已经23倍，市盈率高达惊人的2 029倍的天文数字。与之相比，中石油又算什么呢？

毫无疑问，笔者无意去做所谓的"比烂"。但我们应该更客观地看待世界。那种想当然地将A股视为一无是处，将国外的资本市场视作美丽天国鸟语花香的看法，显得很幼稚。当然我从来不认为A股市场有多么完善成熟，同时我也承认在监管上确实需要继续提高以更好地维护投资者权益——我个人最反对的是对公司现金分红收税，以及迟迟不推行正式的退市制度，此外就是对于违规造假者的惩罚还需要极大加重。

另外，总是抱怨市场环境和监管，并且强调中国并不适合价值投资的人似乎忘了一个问题：从价值投资大师格雷厄姆写下《证券分析》和巴菲特进入美国股市开始投资，都距今足有七八十年了。80年前的美国股票市场未必会比今天的A股更规范、更适合价值投资。

对于抱着"监管不完善所以不能投资"逻辑的朋友，我经常提出的一个问题是：如果说到监管水平和市场成熟度，请问是现在更糟糕还是十几年前更糟糕？毫无疑问是以前。那么，有没有人愿意穿越到10年前，回到那个只有几十亿市值的茅台和苏宁，十几亿市值的万科和招商银行、云南白药、格力电器和三一重工的时代呢？

16.2　看好未来的逻辑

说了很多A股已经存在的成功，那么对于现在的投资者而言，未来还有机会吗？未来的机会又会在哪里呢？我的回答是：我非常看好未来10～15年之间A股的投资机会，这是基于从历史和现实两个方面的衡量后得到的结论。

16.2.1 历史的借鉴

我向来认为学习历史对做好投资有莫大的帮助，这不仅仅局限在证券市场的历史也包括人类社会兴衰轮回的大历史。历史视角的缺点是往往过于宏观，而且在具体问题上由于时代环境的极大不同而难以直接借鉴。但历史视角的优点在于，它能屏蔽掉很多噪音和过于关注眼前现象的浮躁，让一个事物发展变化的本质动力和因素显现得更加清晰，从而让人更加善于从长期的根本规律的角度来思考问题。

我向来认为投资最根本的基础就是国家的整体社会和经济环境，从长期来看甚至可以说投资就是赌国运。巴菲特在谈到自己的伟大成就时，总是首先感恩自己出生在美国和合适的时代，所以才能接受良好的教育，并且有这么大的资本市场和这么多优秀的上市公司供他投资。那些著名的投资大师几乎都是出现在发达的经济体中，只有卓越的经济发展和与之配套的强大资本市场才可能带给投资者巨大的财富。不可能指望谁在阿富汗或者海地通过股票市场赚取财富，哪怕他比巴菲特和芒格更聪明、更勤奋。

那么当今的中国对于投资者而言到底是一种幸运还是无奈呢？在我看来，当前乃至至少未来10~15年间经济和社会发展的大环境正是最有利于普通人通过资本市场积累财富的黄金时期。

从历史的角度来看，一个国家的运行往往有巨大的惯性。如果站在历史的视角并用股市的语言来描述中国的发展，自春秋时期始标志着中华文明进入一个漫长的持续上升期到汉、唐的顶峰期，又自宋的短暂辉煌后开始进入漫长的下降期。历经数千年到康乾盛世的阶段性反弹后再次迅速下跌。从1840年的第一次鸦片战争开始中国进入一个剧烈快速的跳水周期，其中历代不乏能人志士试图力挽狂澜，但这个惯性其实一直延续到改革开放才真正见底，历时200多年。我们需要思考的是：**如果我们认为自改革开放起，标志着中国的一个历史性长期转折点，那么这种又一次的上升惯性会在短短30多年就完结吗？我们正处于历史上的上升期还是又一个见顶回落期呢？**

我的判断是，这一次的上升期还远远没有看到尽头甚至还没有到达高潮阶段。一个国家和民族的兴衰轮回往往有许多复杂的因素共同导致，但在我看来有三个非常重要甚至决定性的判断条件：

（图：技术和贸易大革新的机遇 / 开放性的发展倾向 / 长期稳定发展的社会格局）

1. 开放还是闭塞

闭塞的国度往往走入故步自封并在自己的小天地里徘徊不前，开放的国家更易具有全球性的视野并且在频密的国际交流中快速学习成长。在这一点上中国人得到的教训可谓痛入骨髓，"中国"由人类历史上的超级蓝筹股到最著名的*ST甚至差点被摘牌，最重要的因素在于由农业文明向工业文明升级的战略机遇期自我封闭，自我陶醉，极端排斥外来文明。实际上第一次鸦片战争前夕，中国与日本的文明程度基本没有区别（后者幕府末期）。但前者沉醉在"天朝上国"的梦中无法自拔，而后者则猛然警醒主动向先进文明靠拢和自我改造，这才导致了后来200多年的巨大命运差异。

以"改革开放"作为中国近代历史见底并向上拐点的意义是十分确切的。这是中国历史上第一次开始主动、全面向世界开放门户，并越来越快、越来越彻底地融入当今世界的一个最标志性事件。中国人吃够了"闭关锁国"的亏，中国也就不会再走回封闭的老路。开放和与世界的交流频密，乃至于逐渐在经济血脉中你中有我我中有你，将更进一步断绝中国重回封闭愚昧的悲惨命运。这种长期的趋势不是在弱化，而是在进一步加强。

一个非常有意思的现象是，现在一些老牌的发达国家倒是越来越表现出经济上的贸易保护倾向，而那个当初被大炮轰开港口被迫给予外国自由贸易权利的东方古国，却越来越在世界范围内要求相互间更大的自由贸易。

世界贸易组织发布的报告显示，2012年我国在全球货物贸易额排名中位列第二，货物贸易额为38 670亿美元，仅比美国少150亿美元。另据美联社对相关贸易数据的分析显示，2006年，美国是全球127个国家最大贸易伙伴，中国则为70个。如今该现象完全逆转，2011年中国是124个国家最大贸易伙伴，美国则是76个。在2002年，他国与中国的贸易平均占其

GDP的3%，与美国的贸易占其GDP的8.7%。2011年，其他国家与中国的贸易占其GDP平均为12.4%，30年来连美国也从未达到过这样的比例。

可以这样讲，过去十几年中贸易全球化的最大受益者就是中国，而中国的全球利益越大越普遍，国家的开放主基调就越不可能改变。

另据《国际人才蓝皮书：中国留学发展报告》显示，2011年中国出国留学人数达33.97万人，占全球总数的14%，居世界第一。自1978～2011年，中国已经送出了224.51万名留学生，成为全球最大留学生输出国。而同期留学回国人员总数达到81.84万人，回归率为36.5%。大规模的对外交流学习和贸易依然将是中国未来几十年的不可动摇的大趋势。而这正是中国未来几十年保持向上发展的一个最基本条件。

2．稳定的发展环境

从历史上来看中国曾经遇到过不止一个国家发展的战略机遇期，但每一次要么视而不见，要么就在惨烈的自我折腾中擦肩而过。它的结果有两个：第一是大大地阻塞了国家的发展；第二是终于折腾到了一个举国上下都心有余悸的地步。可以说，保持总体的社会经济格局的稳定并且在稳定中求得持续的发展，并不仅仅是官方的口号也是国民切身利益的理性选择。

虽然从具体来看似乎整个社会拥有无穷无尽的问题，到处都是需要迫切解决的挑战。但客观来看，任何国家的发展其实都要经历这样的过程和阶段，没有哪个国家是在发展前能先解决了所有的社会问题而一步跨入较成熟阶段的。这就像一个公司的发展，中小规模快速成长期其实往往都是问题最多的时候，但聪明的公司都是一边发展一边解决问题，因为发展本身往往就会解决一些矛盾或者给一些问题带来解决的本钱。那种期待解决了所有问题再往前走的想法，只能说是不符合客观规律的。从没有一个公司是在发展的初期，就设立出了一个类似世界500强的严密规章制度的。这并不是对问题的视而不见，其实只是一种普遍的客观规律而已。

在不断发展的过程中，一些潜移默化的东西都在慢慢地但明显地重塑着我们的生活环境。仅仅是几十年前，我们的父辈还在为温饱而担忧，而现在越来越多的城市正在为汽车实在太多导致的交通拥堵和大气环境苦恼。仅仅几十年前，"旅游"这个词还与中国普通人的生活没有任何关系。今天中国的国内旅游市场规模已经居全球第一，出国旅游人数2012年已经达到7 800万人次。

是的，如果我们将眼光转向最落后的地区会看到赤贫的状况几乎没有改变，这是事实——就如同至少几亿人口的生活确实发生了巨大的改观一样，同样是事实。忽略哪一个事实，都是片面的。但就投资而言，却是更侧重在"发展的观点，对比的观点"来连续地观察问题，而非钻牛角尖式地抓住一个"正确但片面"的衣角不放。

我们需要思考的是，这种改变其实正在潜移默化地反向影响国家局面的演变。随着经济的发展，越来越多的人将成为某种程度上的有产阶级，而教育的不断普及网络信息技术的彻底平民化也正前所未有地改变着中国普通人的发言欲望与权利。这些因素都在形成一种新的民众和政府之间的博弈局面——不要认为这很可笑，实际上过去几年由网络引起的重大社会事件的解决和改善，孤立地去看确实不过是新闻事件而已，但是联系对比起来，我们不难想象15年前这可能吗？那么问题就是，15年后呢？

在我看来，社会阶层的成长和结构优化才是重塑社会模式的根本基石。任何一次所谓的"革命"都无法代替这一过程。因为前者是一个必须依靠在必要的经济基础之上的渐变过程，后者只不过是推倒重来回到起点——以过去200年来看，中国诞生的各种革命可能是最多的了，但哪一次不是在付出了巨大成本后又从原点轮回？

从公司价值分析的DCF原理可知，长期发展的可预期性是一个公司价值的核心源泉。对一个国家而言这一点同样适用。能否保持稳健和可持续的发展环境，不在又一次的自我折腾中再次与战略机遇失之交臂，某种程度上而言决定着中国和中国人未来的命运。我不否认要改善的问题太多，但我同样充满信心。因为我环顾身边，发现绝大多数的人都在为自己的未来而奋斗，社会总体而言对于勤奋和有才干的人也确实提供了广阔的机遇。普通人的朴素的梦想，渐进式的在发展中的持续改革，仅是这两点已经足够中国内生性成长再延续20年。

对于稳定发展环境的另一大危险是大规模战争。考虑到中国周边局势的复杂不能排除这种可能性，但是确实比过去几十年的机会要小很多。这就类似股票投资上的一句话"大到不能倒"一样，当交流频密的几个最大经济体缠绕到了今天这种地步，并且由于中国的自卫能力已经达到可以确保相互摧毁的能力，所以除非发生极其重大的生存底线型冲突，否则大规模战争很难打起来。因为成本已经高到不可承受。

3. 重大技术和贸易机遇

前面谈到了抓住战略机遇。战略机遇这个话题过大，但从机遇的角度至少我们可以判断成功崛起是否具有必要的技术和贸易机会。机会当然不代表必然成功，但试想如果这个世界死气沉沉处于生产力发展的停滞周期，那么一个国家的发展也就少了很多的可能性。

无论是网络带来的前所未有的知识传播，还是信息科技、生物科技、新能源科技带来的可能的革命性的社会发展驱动力，又或者人类历史上最大规模的全球化的贸易网络和产业链结构，其实都给中国的发展提供了重大的机遇。这正如农业文明孕育了四大文明古国，工业革命开启了欧洲的百年辉煌，金融和信息技术驱动了美国的空前强盛。每一个大国的崛起的背后实际上都离不开生产力跨越式发展蕴含的这种驱动力。

假设现在还是农业文明或者工业文明延续期，世界缺乏重大生产力变革或者经济结构变革的机遇，并且整个世界非常分割交流不便。那么一个后进国家实现跨越式发展的机会是很小的，必须要靠自身完成缓慢的积累。而当前世界交流频密，知识的传递极其迅速，资金的流动非常便捷，经济结构和利益结构的转移也远比旧的农业工业社会快速。这在客观上为像中国这样具备竞争的综合优势（劳动力、市场、资金、基础设施、社会环境等）的国家分享最好的经济发展效果提供了条件。

幸运的是，人口的红利虽然正在逐渐消失，但这一过程是渐进的发展中。对于转变经济结构还有时间。

对于国家而言，几十年不过是短短的瞬间，对人而言那可能就是一辈子。想想看，在中国5 000余年的历史长河里，我们有幸的恰好在这个时期拥有了投资的物质能力和主观意识。哪怕再早30年，空有大好年华却根本无投资的任何现实土壤。再晚30年，经济发展最为精彩的阶段告一段落（据一些研究预计，从2020年起中国的劳动人口将开始减少，这无疑将对其后几十年的经济发展带来重大负面影响），恐怕也要面临"钱比主意多、社会上升通道越来越狭窄"的尴尬。所以，今天的投资可谓正当其时！

16.2.2 现实的潜力

历史角度的借鉴令人遐想，但投资最终还是要回到现实进行客观地衡量。中国到底是否具备成功的现实潜力呢？特别是当前大家普遍担心中国经济的增速放缓，在这样一种大背景下，股市还可能产生良好的回报吗？笔者的回答是肯定的。

1. 增速放缓非噩耗

还是先回到历史中，看看数据能够给予我们什么启示。从经济占世界的比重来看，按照著名经济历史学家安格斯·麦迪森的计算，在公元元年时中国的GDP占世界GDP总量的26%，在公元1000年时占22.7%，随后一直在20%以上，于1820年达到32.9%。然后1870年回落到17.2%，1913年进一步下降到8.9%，从1950年到1980年一直处于历史最低的4.5%左右，但自1998年又上升到了11.5%。这些数字告诉我们什么呢？说明中国作为一个经济体，在历史上一直就占据着举足轻重的地位。在几千年的世界经济史上，中国在绝大多数的时间都是"绩优股"。仅仅是在近200年的近代才一路崩溃。从历史的角度来看，只要中国恢复"正常"，成为一个超级的经济体是丝毫不应让人惊讶的。

那么这几十年的趋势又是怎样的呢？从中国和美国经济的对比来看，1990年美国GDP是中国的15倍多；1995年美国GDP是中国的10倍多；2000年，美国GDP是中国的8倍多；2006年，美国GDP是中国的5倍多；2008年，美国的GDP只有中国的3.3倍了。如果中国经济保持在8%左右的增速，那么预期在未来10年左右中国就将成为世界第一大经济体。

也许有人会有疑问：随着中国经济体量的增大，GDP增速的放缓是不可避免的。在这样的背景下股市还会有好的回报吗？《股市长线法宝》中有很多耐人寻味的研究。其中特别值得注意的一点，是GDP特征与股市投资回报的一种惊人的反差。这种表现就是：过去几十年全世界主要国家的统计研究情况表明，GDP增长越快，投资者获得的股市回报就越低。

发达国家以美元计价股票长期回报率与实际年均GDP增长率的关系（1900～2006年12月）

国家	实际GDP增长率	股票市场回报率
日本	3.8%	3.8%
意大利	2.9%	2.7%
德国	2.7%	4%
美国	1.8%	6.5%
西班牙	1.4%	3.2%
……		

图片来自作者博客

笔者个人认为其中主要的原因是两点：

（1）由于GDP增长的强劲导致了投资者对于未来过高的预期，进而

支付了过高的价格直接导致回报不佳;

(2)高速增长的GDP的伴生现象是高度的波动性,其中特别是由于经济发展处于工业化过程的国家,第二产业及工业产量的扩展是其重要表现。这造成了3个方面的影响。

第一,大规模的生产制造行为推高了GDP增速,但是各种基础设施及大宗商品的建设一旦遇到经济波动就容易反应剧烈。而较为发达国家的GDP结构中第三产业比重较高,经济的稳定性反而较强。

第二,整个国家的经济实体在这一进程中往往需要大额的资本支出以确保高水平的投资来带动经济发展,这虽然带来GDP的增长,但却降低了经济实体盈利的现金流并且导致了更高比例的固定资产折旧率。

第三,宏观经济的不稳定性,经济发展初中期社会保障措施的缺失,都会降低人们参与股票投资的意愿,特别是长期投资,并不可避免地放大了"一日暴富"的投机性。

美国自20世纪80年代中期到1999年一轮史上最长最大的牛市,自1982年算起足有1300%的涨幅。但那个时期恰是美国工业生产量处于历史上波动最低的周期。就美国本身的不同发展阶段来看,也体现出GDP增幅与股市回报的负相关性(当然前提是GDP保持增长,而不是衰退):

美国不同时间段经济增长与股票盈利、股利增长的对比

时间段	实际GDP增长率	每股实际盈利增长率	每股股利收益增长率
1871~2006年	3.57%	1.88%	1.32
1871~1945年	3.97%	0.66%	0.74
1946~2006年	3.09%	3.40%	2.03%

图片来自作者博客

日本股票市场的整体走势也曾表现出与经济增长背离的特征。在20世纪60年代,日本经济增长的中枢为9.7%,而20世纪70年代其增长中枢为6.5%,可以说是大幅下挫。但是,股票市场却与经济周期走出背离的走势,日经225指数从20世纪70年代中期开始启动,持续高速上涨至1973年,此后维持高位震荡上行的格局。即便是20世纪70年代末期的第二次石油危机爆发之后,股市仍然坚持高位格局。

综合来看,长期影响股票投资回报的最重要因素,实际上取决于"经济长期平稳发展"。在GDP高速但粗放发展的阶段反而不容易产生高的投

资收益，进入GDP略低且波动性明显降低的"风调雨顺"时期，反而更容易产生长期的良好投资回报。

反过来讲，实际上最让人担心的反而是经济继续沿着老的模式一路狂奔。粗放和低水平的增长在特定的历史阶段是必要和合理的，因为从差异化定位的角度来看那是后发国家唯一的竞争优势，并且快速增长的规模确实在解决就业和配套基础设施方面是不可或缺的。但时至今日，粗放发展的负面结果已经越来越明显，主动的以一定程度的增速放缓来实现整个国家经济质量的提升，与真正的经济萧条和衰退完全不同。这一过程中的波折在所难免，但方向性的正确反而更值得期待。

2．足够的空间和余地

我们都知道，一个拥有结构化优势的好公司好过一个顶级CEO管理下的山穷水尽的企业。

中国未来无论从经济还是股市的结构来看都还有广阔的机会，远远没有将发展的潜力充分发挥出来。即使中国的GDP在未来10年左右成为世界第一（结合实际增长率和人民币对美元的升值），人均GDP也不过1.3万～1.5万美元。这一水平以2010年的人均GDP国际排名来看，只处于45名左右，排在捷克、斯洛伐克、爱沙尼亚、巴巴多斯、克罗地亚等国之后。

这说明什么呢？说明中国要达到这一目标并不需要在产业升级上出现重大的奇迹，而只需要在国际的产业分工中稳步上升达到中等偏上水平即可。如果拿日本来比较，日本在经济发展高峰期也曾强烈希望成为世界第一大经济体。但客观来看，如果日本要成为最大的经济体，按2012年数据计算需要达到人均11万美元GDP（15万亿美元/1.27亿人口）的水平。试想，这需要日本在国际产业链中占据多么高的位置？需要掌控多少高利润率而且规模巨大的生意才能做到？毕竟占尽国际市场高端领域的美国，人均GDP也不过4.7万。小国可以靠规模很小但极高产值的生意制造出更高的人均GDP，但要想兼顾总规模和利润率，就远远没那么简单了。

所以，从常识来看人口不足是很难在总规模上达到超越美国的总量的。但至少对于中国的基本面而言，达到世界第一的经济体从历史来看不过是"回归正常"，从现实来看也并不具有产业升级上遥不可及的困难。而且这个GDP的世界第一与清朝时的世界第一却被列强轻松打倒的虚弱绝对不可同日而语。清时期的GDP规模虽然巨大，但绝大部分产值完全是农业和基本服务业，几乎没有任何科技含量。而今天乃至未来的中国GDP的根基则是完整的工业化体系。事实上，中国现在是世界上唯一拥有联合国产业分类中全部工业门类的国家（美国位居第二）。从我国出口产品的结构来看，历史上都是茶叶、香料、瓷器工艺品以及衣帽为主，而现在对外出口中机电产品占比已经占到出口总值的57%以上。

我曾经看到过一个统计数据：截至2012年年底，美股前100大市值公司的最后一名大概是550亿美元（近3 500亿人民币）的规模。假设未来10年中国GDP追平美国（考虑人民币升值的因素），且股市市值恢复到与GDP相当的程度，那么是否可以认为届时A股前100大公司的市值起码应该是1 000亿甚至2 000亿人民币起步？而当前（2013年中）A股第100大公司的市值只有300亿出头。所以我们也许该想想，哪些公司有机会在这一市值盛宴中成为未来十年的赢家？

对此问题，我曾经在2011年以中美两国之间一些典型的蓝筹企业的当前市值进行过一个粗略的对比（见下表），以当今中国的产业龙头在老牌的世界级企业帝国面前大致处于一个什么发展阶段为视角，有时能带来一些有趣的启发。下列美国企业主要选取的是金融、高端制造业、高科技、医药、日常消费品，以及文化创业等几个建立了全球经济优势的关键领域。中国的对应企业也是市场中广为人知的蓝筹股（数据截至2010年年末）：

美国公司	市值（亿美元）	对应中国企业	市值（亿人民币）
富国银行	1 343	招商银行	2 331
花旗银行	1 011	中国银行	6 452
高盛	831	建设银行	1 702
摩根大通	1 548	工商银行	11 354
福特汽车	541	上海汽车	1 414
卡特彼勒	552	三一重工	1 070
杜邦	439	烟台万华	311
波音	485	中国南车	678
西门子	1 036	美的电器	504
戴尔	267	联想集团	558（港元）
苹果	2 863	无	
微软	2 399	无	
SAP	579	用友软件	210

续表

美国公司	市值（亿美元）	对应中国企业	市值（亿人民币）
罗氏制药	1 210	上海医药	498
辉瑞	1 126	恒瑞医药	419
星巴克	241	无	
强生	1 725	云南白药	433
麦当劳	866	味千中国	150（港币）
可口可乐	1 502	汇源果汁	82（港币）
耐克	428	李宁	231（港币）
宝洁	1 820	上海家化	157
谷歌	1 810	百度	380（美元）
迪士尼	695	无	
亚马逊	765	阿里巴巴	746（港币）

从上述的对比中我们看到，就市值而言最为接近的是金融领域。中国在此领域可谓是"东风压倒西风"：工行稳坐世界第一的宝座，其他如中行、农行、招行、建行、兴业等也都动辄几千亿的市值（不算H股）。在制造业、高端化工材料等领域，中国企业与国际龙头的差距还很明显。但是最近十多年的追赶让中国的龙头企业与原来的国际巨头已经大幅缩短了距离，一些领域的企业市值基本上达到巨头的30%左右了。差距最大的在于医疗、消费品和IT，龙头企业市值不到人家的10%，完全是大象与蚂蚁的对比。从中我们能读到些什么呢？

与这个对比相关联的另一项数据也很有意思。中国证监会2012年5月31日发布的数据显示，A股上市公司中民营企业占比超过50%。具体来看，主板上市公司中民营企业占比近1/3；中小企业板上市公司民营企业占比近80%；创业板上市公司民营企业占比超过95%。

我个人认为，如果说过去多年中国的证券市场主要解决了国企和央企的融资和脱困（应该承认，这一目标完成得非常出色），那么未来10年乃至更长时期内中国股市主要的服务对象和将在其中大放异彩的，将一定是民营企业。如果说国企的强项在于整合资源及获取不同程度的垄断经营资格，那么民营企业的优势就在于创新和企业家精神。

如果说过去十几年中，那些解决了中国的基本消费短缺和基础设施匮乏的企业成为了时代的宠儿，那么在中国经济从粗放增长向着更高产业链的升级的阶段，那些以创新为核心竞争要素、能够对提升中国人的生活品质、提升经济运行效率和产品质量的产业将获得突破性的增长机会。也许在未来的10年中我们会看到医疗健康、软件及互联网、环保和休闲娱乐等领域将持续崛起一批构成中国股市中坚力量的"新蓝筹"。

16.3 该听谁的呢

不管历史曾经给出过多少可参考的数据和案例，现实又具有多少逻辑推理上的发展潜力，未来总是不确定的。这既是投资必须面对的问题，某种程度上而言也正是投资最大的魅力所在。诚然，从一个个具体问题来看似乎到处都是难缠的挑战甚至是解不开的死结。一些长期活跃在大众视野中的经济学家也靠着对这些问题激情四溢的发言而引来巨大的关注。

当然，学术领域的激烈争论是好事，至少它让议论问题不再是少数人才能具有的特权。但对于投资者来说，陷入这种"各有道理"的大争论中去却不那么明智。这一方面是因为经济学家在历史上对于宏观经济的预测从统计案例中来看是非常不可靠的——美国的一项研究表明，过去的几十年总体来看经济学家几乎没有预测到任何一次重大的经济转折。经济学家更趋向于在一种情况出现后，再引经据典地对此进行一番塞满了各种专业术语的解释——事实上，这一行为在很大程度上并不是学术研究的需要，而是一门不错的生意了。虽然每次总是不乏几个准确预计到重大事件的学者，但他们几乎都会在之后的问题上"失灵"了。这种"概率上的幸存者"现象在股市中早已有之，并不让人奇怪。

另一个投资者没必要太关注经济学家的高谈阔论的原因，在于从他们所谈论的各种宏观问题到落实到一个个具体的投资决策上还差着至少"十万八千里"。除了凯恩斯外，宏观经济界的学者甚少有用自己的理论指导实践从而在证券市场里获得巨大财富的例子。像美国长期资本管理公司那样拥有1997年诺贝尔经济学奖获得者、原美联储的副主席和一大堆哈佛商学院教授的投资公司，在短暂的辉煌后也遭受了灭顶之灾。

所以我个人对经济学家并不感冒，我的体会是可以听听启发一些思维但有意义的参考并不多。与这些学者相比，我更看重的是具有长期成功的实际投资经验并对经济大势具有敏锐直觉的投资大师的观点。这些从实战中获取了巨大财富，亲身经历过多轮的经济环境转换，又具有全球视野的投资大师往往并没有那么多让人眼花缭乱的数据和专业术语，但他们的观点往往更加直指问题的本质，简单、直白而深邃，并且更少带有意识形态和情感上的干扰。那他们对于中国的未来又是怎样看待的呢？

在几次的伯克希尔股东大会中和后续的采访中，巴菲特都对中国发表过评论："中国正在发生巨大的变化。中国人正在开始释放他们的能量。过去几个世纪，中国人有能力，但体制不允许人们做事。现在中国人的能量开始被释放出来了，你们也看到中国经济增长的速度。我认为，这种增长还会持续。

我认为中国经济在一段时间内还会高速增长。但并不表示每个月每一年都增长，中间也会遇到障碍。想想过去二十年中国所发生的好事情，想想有多少发展，就知道发展不会停止，经济将继续增长。但是，也可能会有不好的情况出现，或者几年经济都不是很好，所有经济体都出现过这样的问题，不过那将是距离现在10年或20年的时候"。

作为巴菲特的完美搭档，芒格也对这个问题发表过看法："很多人对中国的不完美感到苦恼。我倒要问问，与几十年前相比，中国是更好了还是更差劲了？答案是，中国正在朝正确方向发展，那是好事。我认为，那种因为你不喜欢一个人，就死死揪住他最大缺点不放的做法是错误的。中国正在把几亿人带出贫穷，这是很了不起的。那些对中国变化步伐不够快的批评，真是太疯狂了，因为中国正在做一项史无前例的事情。"

（值得注意的是，他们都同样谈到中国房地产市场的泡沫，认为"像个大赌场"）。

作为最成功的全球投资者之一，约翰·邓普顿曾早在20世纪90年代就预言中国将成为下一个崛起的强国。邓普顿具有对日本、韩国等多个国家快速发展阶段的丰富的和成功的投资经验，他认为一个国家成功的关键要素来自三点：高储蓄率，出口和贸易顺差，勤劳及进取心，而中国完全符合这些条件。中国今天所经历的一切在他们曾经的发展历程中都似曾相识：日本曾被看作一个落后廉价的小商品制造者，韩国在发展重工业之前仅仅以纺织和假发的出口闻名。

当然对任何人的言论最多只能当作参考而不能对其迷信。对我来说，投资家的思维方式更容易被我接受。实际上他们提到了我长期以来的一个基本感受，那就是"人"的因素。随着前面讨论过的历史进程向着"开放"的特征持续前进，中国人的活力将越来越被激发出来，这才是根本性的因素。客观地讲，中国人不笨，相比之下又非常勤劳。用最朴素的观点来看，财富的创造不正是来自于智慧和勤劳吗？

其实放大一点视野来看，过去几十年中经济的发展最为成功的地区就是东亚，重点是日本和传统的四小龙（韩国、中国台湾、新加坡、中国香港）。而这些地区基本上都属于儒家文化圈的范围，这是否仅仅是一个巧合呢？勤奋、节俭、责任感、上进心、纪律性等品质加上觉醒之后饥渴地对外学习，共同造就了至今为止的亚洲奇迹。沿着这个思路来看，实际上中国的前景方向并非是一条无人走过的路，很多东西其实都是有前车之鉴的"规定动作"而已。

所以从具体问题和发展过程来看，中国的经济转型之路注定不会一帆风顺。但从历史的比较和现实的条件来看，对未来10到15年的经济前景笔者个人还是很乐观的。

投资感悟：微博摘录（三）

- 投资不是平地赛跑，而是垂直攀登。比别人更快并不代表成功，因为一个失足下坠就可以抹平所有的成绩。对于一个几乎没有尽头的高峰而言，领先的意义很小。最重要的是确保每一个动作都符合安全规范，避开危险的线路和不利的环境。为了争取阶段性的排名而忘了脚下的万丈悬崖，是最蠢的做法。

- 由于投资总体上是处于不确定性中，因此在我们的判断在"被证明是正确的"之前并无定论。而不管清晰还是模糊，这种判断大体都包含了一个被验证的时间预期。当市场表现与个人时间预期不一致甚至背道而驰的时候，将考验一个人忍耐力的极限。这正是投资的结果起源于学识但决定于人性的原因。

- 最近两年从珠宝到猪肉，全都在狂涨，只有股票不涨。但大家都忽略了，这些东西里只有企业（当然是优秀的）是可能持续长期创造更多现金的！历史已经证明，而且必将再次证明"长期来看优秀企业的股权是世界上跑赢通胀的最佳武器"。我相信，20年后人们如果有一次穿越的机会，他们会希望回到今天。

- 对于证券投资人而言，最终的成果只能靠市值的增减来衡量，这是最客观的标准。但最终靠它来衡量，与时刻都用它来衡量有着天壤之别。成熟的投资人相信市场必将有效反应内在价值，但不认为市场定价时刻都是公允的。投资过程中确实充满了偶然性，但是一个人长期投资的最终结果却都是由一点一滴的必然性所决定的。偶然性虽然可能绽放出瞬间的华彩，但大多数人最终一定都是回归其必然的那一面。

- 投资者对企业基本面将如何反应在最终价格上通常都有一个心理预期，但即便基本面的判断准确，市场实际的走势节奏和力度可能依然远远超出你的所料。这事实上证明了要想精确的对市场预测是多么的困难——即使他依据于被证明正确的判断。因为如果市场的波动是盘大菜的话,那么"事实"只是其中的作料之一而已。

- 看市场时脑子里起码要有两条线:一条是价值线,一条是价格线。就像地球围着太阳的走势诞生了"春夏秋冬",价格线围绕价值线的复杂波动也产生了"低估、合理、高估"等状态。投资思考的核心第一是对企业价值线的未来走向进行评估,第二就是对2条线"当前偏离度"对未来收益率的影响进行评估。

- 很多人总是关心波动性,而忽略了总目标的达成。就像总是对技巧性的东西着迷,却意识不到最值钱的是规律性的东西。看问题是就现象研究现象,还是从现象看到本质,是能否进步的关键性差异。踏实不是来自短期的收益率,而是每年自己是否都在进步?看不见的努力,总有一天会以看得见的结果显示出来。

- 当出现一个出奇好的阶段业绩的时候,可能更需要的不是自信而是谨慎。出奇好的业绩往往体现出投资人一种危险的倾向:追求极端态。但极端态的成功背后有巨大的风险:漠视其中重要的运气成分,难以重现的市场环境,过分自信甚至习惯于赌身家等等。别忘了,风险总是喜欢在你忘记它的时候来串门。

- 对历史的认知直接影响到对未来的前瞻。人类的文明史实际上是一个互相影响和模仿的过程、一个先进驱动力不断渗透和复制的过程。纠结在报表的小小天地里,是不可能在思维和行为上实现超越的。为什么长期比短期在某种意义上更容易预测?是因为时间过滤了大量偶然性后,你会看到一些更具确定性的东西。

总结篇

好生意，好企业，好投资

曾经有朋友问我，如果用一句话来描述对于投资的理解和投资的理念是什么？我的回答是：好生意，好企业，好投资。这九个字既是目前为止笔者对于投资成功最关键要素的精炼，也可以算是这本书的一个概括性的总结。

记得初涉股市时，虽然在很短的时间内就认识到了价值投资的意义，但在具体的投资中却总是不得其法。投资大师的书读了不少，各种经典语录已经倒背如流，还下了挺大的功夫去弥补财务知识上的不足，但一进入具体的公司价值分析层面依然会一筹莫展。在当时，我最大的困惑就是根本不知道什么才叫"好"。历史业绩好？资产负债表好？企业前景好？管理层好？好像都对，但好像又都不尽然。直到有一天，把生意、企业和投资之间的关系捋顺了，才开始有一种前所未有的认识上的明朗和通透感。

为什么把好生意和好企业分开？因为一个行业的基本生意模式是客观的，也是外部环境的基本面（供需、生命周期）所决定的，这种生意上的属性是很难靠一个优秀的企业来逆转或者随意创造的。优秀的企业可以去改善，可以去努力，但大体都是在一个基本限定的边界内的自选动作。比如造纸行业很难通过什么主观能动性去改变它的同质化和低利润率的特征——就像一个优秀的游泳运动员要完成100米起码需要50秒左右，但一个优秀的短跑选手可以轻松地以十几秒就完成同样的长度，这是竞技规则和物理定律所决定的，是再优秀的运动员也难以改变的。

所以在我的投资理念中，最重要和首要的就是判断这究竟是不是一个好生意？在投资实践中，我经常感觉由于专业知识的隔阂而无法非常确切地了解一些业务和经营的细节问题，但这并不是致命伤。甚至可以这样讲：如果一笔投资必须要投资者成为这个行业的业务专家，那么这很可能是个危险的选择。投资者与实业经营者的区别就在这里：作为经营者，局面是既定的，他需要动用一切智慧在现有的局面下去尽量做到最好；而作为投资者，面对的是一个开放性的选择，他存在的最大价值就是找到局面最佳的对象，找到大概率和高赔率的机会。

懂不懂得对生意判断优劣，往往决定了一个投资者在实践中到底是"事倍功半"还是"事半功倍"。做一个好生意的收藏家，既是我的投资目标也是对自己的定位。当然要做到这一点，必须以对生意特性的深刻理解为前提。价值的来源、DCF三要素、高价值企业的原理就是认识生意特性的必备基础。

好生意的选择就像是寻找一个商业上的富矿。至于该怎么挖，什么角度和什么深度及具体动用什么技术，这些交给企业经营者为代表的专业人士去做就好了——但也因此，就需要对于挖掘者予以较高的置信区间。所以除了一个富矿之外，一个优秀的矿工也是必不可少的。

好企业正是这种优秀矿工的代表。再好的生意也经不住不作为和胡作为，这就像再高的天赋也经不住无止境的挥霍一样。即便是天然的富矿，也得靠专业的技能和辛勤的劳作来将它从一种"商业预期"变为真实的"现金流"。一流的好生意如果遇到三流的差企业，那么其经营绩效也最多只有二流水准，甚至浪费掉大好机会而最终根本不入流。商业的本质是竞争，天下没有白捡的生意。所以懂得挑选一个高素质的企业，以严苛的标准衡量企业的经营水准和管理能力是否优秀，是否足够成为让股东放心的行使代理经营的对象就非常关键。

从技术层面来看，好企业首先要有一个坚实的物质基础，这就需要从财务角度去衡量它是否具备发展的财务条件和资源条件。好企业的核心是强烈的进取心和企业家精神，雄心勃勃但又专注和耐得住寂寞，善待客户、员工和股东，具有优秀的战略视野和强大的执行力。好企业的最终和最高表现形式就是强大的差异化竞争优势。当然，这一切判断都需要通过对经营过程的动态监控和评估来确认和修正，所以投资者不仅要会定性、也要会从具体的经营数据中去定量地观测，更好地知道什么是假象和陷阱。定性好比一个对好矿工的面试过程，但实际工作中的业绩考核依然不能掉以轻心。

当一个先天优质的富矿配上一个优秀又值得信赖的矿工，这样的前景显然是让人期待的。但这样的组合就一定能带来很好的回报吗？很遗憾，即使是真正的好生意和好企业，最终却可能是一笔让人黯然神伤的差投资。把好生意和好企业变为最终的好投资，还需要跨过一系列的障碍。

把好生意和好企业变为好投资首要的门槛，就是学会要在合适的时机才出手。合适的时机有两个层面的意思：

第一，在这笔好生意和这个好企业只处于发展的初、中级阶段的时候持有它，并在发展到成熟阶段的时候离开；

第二，在市场对这个企业或者这个生意产生重大误解（或者远远没有充分认识）的时候买入并持有，并在对其预期高度透支的时刻离开。

这两个层面可以单独运用，但最佳的选择是组合运用。只不过针对不同的对象特点，有时可能更侧重于第一层面，有时是给第二层面赋予更多的权重。这既需要学会对市场中令人眼花缭乱的不同行业的公司按照发展态势进行基本的分类，也需要对市场定价的规律、特点，以及企业本身和市场预期之间的关系有所认识。决定市场价格的因素是复杂的，认识到市场什么时候是"精明"的、什么时候是"间歇性愚蠢症"发作了，既是投资者的基本功课，也是一个艰难和将永远面对的难题。

　　然而好价格也仅仅是好投资的一个侧面。被证明的聪明决策如果没有足够的仓位，那么结果只能是更多的遗憾。同样，即使真的押对了对象又下够了足够的注，但无法坚持到最终丰收的一刻，而被过程中的风风雨雨吓跑了，只能是增添了又一个苦涩的回忆。我曾说过"看得准，敢下手，拿得住"是获得优秀回报的九字真言，但敢下手和拿得住靠的不是勇气，而是"眼力"。眼力不是天生的，没有对企业价值和市场定价机制的深刻理解，是不可能自信"看得准"的，那么后面的那六个字也就成了一句空话了。

　　如果再延伸一下这个话题，"好投资"站在不同的角度可能会透露出更多的含义，比如：

　　站在收益率角度，未来1年潜在收益率50%的应该要比20%的好。但站在风险负担的角度，20%收益率但几乎无风险的投资可能就要比50%收益率但潜在风险极大的好；

　　站在不同的时间周期角度，未来1年就可能收获50%收益率但必须交割落袋的投资，可能不如每年预期只有25%收益率但至少可以持续5年的投资好；

　　对于身价1亿的投资者或者财富自由并且年龄也较大的人而言，好的投资可能就是不承担任何大的风险，只需要基本保持和通货膨胀率一样的收益率避免被动贬值就可以了。但对于很年轻而又资本金不足的投资者来说，更高的收益弹性可能才是更关键的；

　　对于资产结构过于偏重固定资产和稳定收益的家庭而言，考虑向股市投入更大的长期投资份额可能是明智的。但对于资产已经高度集中在股票上的家庭而言，适时地从股票向固定资产或者稳健类资产进行平衡是一个聪明的选择——资金管理是门学问，而且资金量越大越值得研究。但反过来讲，资金量很小时，不能说它不值得研究，但是更值得研究的地方还有很多。换句话说，资金分来分去，换到哪个口袋里，本身是不产生价值的，但是可以规避风险。而不同情况的人应该有所侧重，比如资产总额为5万元的情况下靠把几万块分来分去弄得再精彩也无法对财富增长带来什么实质性的影响。而资产总额为5 000万元的情况就正好相反了。

好投资还有一个含义，就是投资能否让生活变得更美好，让理财的生涯更具有可持续性。诚然纯粹从赚钱的角度来说，也有一些方法可能是有效的。但其中的一些方法必须将人牢牢地锁定在计算机之前，通过无休止的交易来获得收益。短期来看似乎问题并不大，但以3年、5年甚至10年来看，这个理财的代价似乎就高了些。如果某种赚钱模式需要一个人不知疲倦周而复始地保持在战斗状态成为一个交易的机器——不能去旅游、不能去发展自己的兴趣爱好、甚至不能生病，否则赚钱模式就会中断，这样的方法真的美好吗？这样赚钱真的提高了生活质量吗？在我看来，投资最美好的一面恰恰是在你自由的选择生活方式的时候，却分享到了这个时代和社会中最优秀的生意和企业家的伟大劳动成果。

另外一些只能在小资金条件或者具有潜在高风险性的方法，也面临同样的问题。有朝一日，当资金量已经无法用过去的方式持续下去的时候，再想改条路谈何容易。长期的思维惯性，交易习惯，对新模式的学习和理解，知行合一过程的融合，这些都会在未来造成巨大的挑战——年轻而没有钱的时候这种挑战的风险并不大，因为还有时间和未来。但在富有起来并且年龄也越来越大之后，这种转型的挑战所可能导致的损失风险就非常高，因为这个时候的人生已经输不起了。

所以，从一开始选择一个符合自己向往的生活方式的、且未来根本不需要改变而可以一直精进下去的投资模式格外重要。真正的好投资，不但能赚钱，而且可以通过投资带来更美好的生活和充分的自由，可以随着资金量的扩大而越来越从容，可以在必要的时候在全世界的不同市场中予以复制。

所以说投资到底是简单还是复杂呢？说复杂，好像"好生意，好企业，好投资"这9个字已经足够。但说简单，什么是好生意呢？怎样判断是好企业呢？好生意就一定是好企业吗？好企业就是好生意吗？好生意加好企业就一定是好投资吗？这里面的每一个问题又都没有那么简单。

所以成为一个好的投资者，既需要懂得投资成功的各种基本元素和能力，更需要的是具备在不同的环境背景下熟练运用各种知识点的能力。就好像如何去成为一个优秀的拳击手，需要好的直拳？需要好的勾拳？需要灵活的步法？需要充沛的体力？还是需要足够的抗击打能力？答案是，需要这一切的综合。一个仅将直拳练到极致的人永远无法成为优秀的拳手。同样，一个只看到投资中某一个要素的重要性而不会将各种重要元素协调运用的人，不但无法成为优秀的投资者，甚至有可能由于严重的偏执而走入一条充满危险的山崖。因此，开放的胸怀、持续的学习和反思，也是在投资道路上成长不可或缺的素质。

《论语·子罕》中说：可与之共学（可一起学习相同的东西），未可与适道（但却未必有同样的追求）；可与之适道（有同样的追求），未可与立（却未必都坚韧不拔）；可与立（可能一样坚韧不拔），未可与权（却又未必都懂得灵活的权变运用）。可见，从学习到入门，从入门到在实践环境中坚持做对的事情，再学会在死的原则之上和书本教条之外融会贯通和"有原则的灵活"，每一步的提升都是对努力、悟性和品性的挑战。投资之难，其实正在于此。而投资人的自我修养的方向，其实也正在于此。

最后，让我们整体回顾一下这次小小的投资思考之旅。

我们从投资基本的思维方式开始进入这个奇妙而生动的世界，通过对这个世界中特有的"自然规律"的理解开始，对它存在的陷阱和可以利用的武器建立概念，开始认识到哪些是不可为的，哪些是应该努力做到的。在基本的准备完毕后，我们怀着憧憬进入了复杂和宏大的企业内在价值的迷宫。在这里，我们试图从纷繁多变的企业生态群中找到一些我们称之为"高价值企业"的堆满宝藏的城堡，我们试图去理解它们之所以称为"高价值"的本质因素，去思考这个生态群中那些成功的理由和失败的原因。我们摸索着去对它们的共有特征进行抽象和描绘，慢慢地从最模糊的印象，到大致的轮廓，再到更具体的可衡量的量化因素，它们像是一个个隐形的坐标指引着我们一步步走出认知的迷宫而抵达目的地。最后，我们更进一步地去拜访了传说中伟大而多变的市场先生。在与他的对话中，我们回顾了他令人惊奇而感叹的传奇历史，小心翼翼地揣测着他的性格和行为规律。市场先生既慷慨地对所有发生的事实直言不讳，但又对于我们关于下一次他会怎么做只报以神秘而意味深长的微笑。

我们真的已经掌握了投资世界核心的奥秘和规律吗？我们真的已经洞悉了企业内在价值这个巨大迷宫的出口吗？我们真的读懂了市场先生的笑

容吗？我并不那么确定。但我知道，想在一个"注定少数人获胜的游戏"中成为最终的胜利者，我们除了不断去学习思考和总结，别无他法。作为一个普通的投资者，一个毫无特殊之处的普通散户，我所能想到的最好的办法只有按照屈原的《离骚》中所说的那样，抱着"路漫漫其修远兮，吾将上下而求索"的态度谨慎而坚定地走下去。

这就是一个散户的自我修养。

参考文献

[1] 杰米里·西格尔著.股市长线法宝（原书第4版·珍藏版）.机械工业出版社，2012.

[2] 蒂姆·科勒，理查德·多布斯，比尔·休椰特著.价值:公司金融的四大基石.电子工业出版社，2012.

[3] 马修·奥尔森，德里克·范·贝弗著.雪球为什么滚不大.中国人民大学出版社，2010.

[4] 约翰·涅夫，斯蒂芬·明茨著.约翰·涅夫的成功投资.机械工业出版社，2012.

[5] 詹姆斯·蒙蒂尔著.价值投资：通往理性投资之路.机械工业出版社，2011.

[6] 本杰明·格雷厄姆著.聪明的投资者（原本第4版）.人民邮电出版社，2011.

[7] 劳伦·C·邓普顿·斯科特·菲利普斯著.邓普顿教你逆向投资：牛市和熊市都稳赚的长赢投资法.中信出版社，2010.